Hannah Arendt · Menschen in finsteren Zeiten

Hannah Arendt

Menschen in finsteren Zeiten

Herausgegeben von Ursula Ludz

Piper
München Zürich

Die Originalausgabe erschien 1968 unter dem Titel »Men in Dark Times« im Verlag Harcourt, Brace and World, New York. Sie wurde für diese deutsche Erstausgabe um vier Beiträge erweitert. Soweit die Texte nicht von der Verfasserin auf deutsch vorgelegt wurden, besorgten die Übersetzung aus dem Amerikanischen: Meino Büning, Wolfgang von Einsiedel, Hellmut Jaesrich und Ursula Ludz.

ISBN 3-492-03360-1
2. Auflage, 4.–5. Tausend 1989

Copyright © 1955, 1965, 1966, 1967, 1968 by Hannah Arendt
Copyright renewed 1983 by Mary McCarthy West
Published by arrangement with Harcourt Brace Jovanovich, Inc.
© der deutschen Ausgabe: R. Piper GmbH & Co. KG, München 1989
Gesetzt aus der Bembo-Antiqua
Gesamtherstellung: H. Mühlberger, Gersthofen
Printed in Germany

Inhalt

Zu dieser Ausgabe
   Editorische Einleitung von Ursula Ludz 7

Vorwort 13
Gedanken zu Lessing:
   Von der Menschlichkeit in finsteren Zeiten 17
Rosa Luxemburg 49
Angelo Giuseppe Roncalli – der christliche Papst 75
Laudatio auf Karl Jaspers 89
Karl Jaspers: Bürger der Welt 99
Isak Dinesen (d. i. Tania Blixen) 113
Hermann Broch 131
Martin Heidegger ist achtzig Jahre alt 172
Walter Benjamin 185
Bertolt Brecht 243
Robert Gilbert 290
Nathalie Sarraute 298
Waldemar Gurian 310
Ich erinnere an Wystan H. Auden 324
Randall Jarrell 335

Anmerkungen 341
Namensregister 368

Zu dieser Ausgabe

Die Sammlung *Men in Dark Times* erschien im Jahre 1968 in Amerika und England; eine deutsche Ausgabe hat es bisher nicht gegeben. Einige der aufgenommenen Essays (Lessing, Benjamin, Brecht) waren auf deutsch in Einzelausgaben (in der Serie Piper), andere (Luxemburg, Roncalli) in Zeitschriften veröffentlicht worden, weitere über andere Autoren (Jaspers, Broch) zugänglich, während eine dritte Gruppe (Dinesen, Gurian, Jarrell), einschließlich des Vorworts, zu Arendts Lebzeiten nicht in deutscher Sprache publiziert worden ist.

In *Men in Dark Times* hat Hannah Arendt diejenigen ihrer Veröffentlichungen in Aufsatzform zusammengefaßt, in deren Mittelpunkt »Personen« stehen, genauer: Personen, von denen es ein vorzugsweise literarisch manifestes »Werk« und ein durch das Werk geprägtes »Leben« gibt; viele von ihnen sind Menschen, die sie persönlich gekannt, ja die ihr nahegestanden haben. Die Porträts verdanken ihre Entstehung, wie es im Vorwort des Buches heißt, bestimmten »Anlässen« (Preisverleihungen, Geburtstagen, Totenfeiern) oder »Gelegenheiten« (Aufträgen von Verlagen und Zeitschriftenredaktionen). Nur äußerlich gesehen jedoch hat solche Charakterisierung ihre Berechtigung. Um »Gelegenheitsarbeiten« handelt es sich lediglich insofern, als die Aufsätze eher zufalls- und/oder fremdbestimmt sind und damit formal außerhalb einer Ordnung stehen, wie sie mit der Entfaltung des Arendtschen Werkes von der Dissertation (*Der Liebesbegriff bei Augustin*), die sie mit 21–22 Jahren niederschrieb, bis zum anspruchsvoll konzipierten, nicht vollendeten Alterswerk über die Vita contemplativa (postum veröffentlicht als *Vom Leben des Geistes*) gegeben sein mag. Bei genauerem Hinsehen nämlich sind diese personengebundenen »Essays und Artikel« sehr gewichtig. Denn offensichtlich hat Hannah Arendt den jeweiligen Anlaß, die jeweilige Gelegenheit als eine Herausforderung empfunden und aus der Fülle ihrer persönlichen Lebenserfahrung und ihres lebenslangen Nachdenkens über das Menschsein und Menschbleiben in unserem Jahrhundert mit dem ihr eigenen Temperament reagiert. Dadurch sind Studien entstanden, in denen der Leser – aus originaler Perspektive – etwas über die porträtierten Persönlichkeiten, deren Leben und Werk und die jeweiligen lebens- und werkgeschichtlichen Zusammenhänge erfährt. Aber mehr noch: Er kann sich, was ihm natürlich anheimgestellt bleibt, ein zusätzliches Lesevergnügen bereiten, indem er das Gesagte auf die Autorin rückbezieht und jene vielen Stellen aufspürt, an denen sich autobiographische Schätze verbergen, wo er Aufschluß über die Person Hannah Arendt erhält.

In Arendts intellektueller Biographie ist die Beschäftigung mit Personen erstmals Ende der zwanziger Jahre nachzuweisen, in dem seinerzeit fast vollendeten, aber erst sehr viel später veröffentlichten Buch über Rahel Varnhagen. Das Interesse setzte sich, nun an Personen des zwanzigsten Jahrhunderts orientiert, in ihrer Lehrtätigkeit in den USA fort, um seinen Ausdruck in *Men in Dark Times* zu finden. Wie auch das Rahel-Buch sind die in dieser Publikation zusammengestellten Studien zu und über Personen nicht Lebensbeschreibungen, sie sind nicht in erster Linie an der Biographie als literarischer Gattung orientiert. Es geht in ihnen darum, ein Leben und dessen literarische Manifestationen in seine Zeit hineinzustellen und unter Berücksichtigung der jeweils besonderen gesellschaftlichen, politischen, geschichtlichen Umstände zu verstehen. Die (exemplarischen) Berührungspunkte von individuell gelebtem Leben und politisch-geschichtlicher Zeit sind es, welche vornehmlich interessieren. So ist auch hier Hannah Arendt als die politische Philosophin, »politische Theoretikerin« in der Selbsteinschätzung, gegenwärtig. Doch zeigt sie sich noch von einer anderen Seite: als Liebhaberin und Kennerin von Dichtung und Philosophie, als außerhalb der professionellen Zuordnungen stehende Leserin, die sich über das Menschlich-Allzumenschliche auch der Denker und Dichter Gedanken macht und wie die meisten von ihnen fasziniert ist vom bunten Welttheater oder besser, weil sie diesen Begriff selbst gebraucht: der Comédie humaine.

Die literarischen Porträts bilden in Arendts Gesamtwerk eine Abteilung für sich, und deren Titel, bei dem Brechts Klageruf: »Wirklich, ich lebe in finsteren Zeiten!« Pate gestanden hat, trägt weit. So lag es nahe, anläßlich einer neuen, postum erscheinenden Ausgabe eine Erweiterung der Sammlung in Betracht zu ziehen. Entscheidungshilfe hierbei kam von Hannah Arendt selbst; denn auf ihren Wunsch hin war der Essay »Martin Heidegger ist achtzig Jahre alt« in die französische Ausgabe *Vies politiques* (1974) aufgenommen worden, und sie verhandelte mit ihrem amerikanischen Verleger über eine zweite, erweiterte Auflage des Buches, zu der es jedoch vor ihrem Tod (1975) und auch danach niemals gekommen ist.

Bei den Überlegungen zu einer Erweiterung war nicht nur der Essay über Heidegger zu berücksichtigen, sondern auch das Nachwort, das Arendt zu einem Gedichtband von Robert Gilbert geschrieben hatte, ferner die Rezension über verschiedene Werke von Nathalie Sarraute und die Rede zum Gedenken an Wystan Hugh Auden. Andere literarische Porträts (über Kafka, St. Zweig, Heine, Lazare, Chaplin) konnten unberücksichtigt bleiben, weil sie in eine bestimmte Thematik des Gesamtwerkes, die »Judenfrage«, eingebunden sind und in einer entsprechenden Veröffentlichung (*Die verborgene Tradition*) ihren Platz haben.

Die Aufsätze über Heidegger, Gilbert, Sarraute und Auden sind bisher nur einzeln veröffentlicht gewesen. Ihre Aufnahme in die vorliegende Ausgabe, die – dem Gliederungsprinzip des englischen Originals folgend – nach dem Geburtsjahr der Porträtierten erfolgt, scheint deshalb gerechtfertigt. Sie fällt um so leichter, als zwischen ihnen und der englischen Porträtsammlung eine Reihe von Querverbindungen bestehen, etwa in der Verwendung der Metapher von den »finsteren Zeiten« im Heidegger-Essay und, andererseits, der Heranziehung Heideggers an prominenter Stelle im Vorwort zu *Men in Dark Times*. Ähnliche Verbindungslinien lassen sich von den Essays über Gilbert, Sarraute und Auden her und hin zu ihnen ziehen. Im übrigen erfüllen alle Hinzugekommenen die Kriterien, die Arendt im Vorwort für die Aufnahme in den Kreis der »Men in Dark Times« formuliert.

Menschen in finsteren Zeiten enthält fünfzehn Texte, deren Entstehungsgeschichten unterschiedlich sind: Die Essays über Lessing, Jaspers, Broch, Heidegger, Benjamin, Gilbert hat Arendt zunächst oder überhaupt nur (Gilbert) in deutscher Sprache geschrieben. Von allen übrigen ist die Originalfassung eine amerikanisch-englische, wobei wiederum zu unterscheiden ist zwischen denjenigen, die Arendt selbst ins Deutsche übertrug (Brecht), und denjenigen, die mit Hilfe eines oder mehrerer Übersetzer zustande kamen und zu Arendts Lebzeiten mit ihrem Einverständnis in Deutschland veröffentlicht wurden (Luxemburg, Roncalli, Sarraute), sowie schließlich denjenigen, die postum und, bis auf eine Ausnahme (Dinesen), in dieser Ausgabe erstmals auf deutsch erscheinen (Gurian, Auden, Jarrell).

In allen Fällen, in denen gedruckte deutsche Fassungen vorhanden waren, werden diese hier, unter Vereinheitlichung von Orthographie und Zeichensetzung, nachgedruckt. Sie wurden durchgesehen und, soweit in *Men in Dark Times* enthalten, mit dieser englischen Fassung verglichen, wobei die Texte formal (Untergliederung, Absatzgestaltung) der englischen Veröffentlichung angepaßt und die Anmerkungen überarbeitet worden sind. Inhaltlich wurde grundsätzlich von einer Vermischung der jeweiligen deutschen und englischen Fassung abgesehen, jede vielmehr als eigenständig behandelt, das heißt auf Abweichungen nur im Anmerkungsteil aufmerksam gemacht. Druckfehler, Unkorrektheiten beim Zitieren sowie stilistische oder Verständnis-Selbstkorrekturen der Verfasserin sind im allgemeinen stillschweigend verbessert worden.

Abweichungen zwischen deutscher und englischer Fassung werden nicht annotiert, wenn sie, wie im Falle des Benjamin- und des Brecht-Essays, so umfangreich sind, daß das Verhältnis beider zueinander nicht mehr im Sinne zweier Texte bestimmt werden kann, von denen der eine als Original, der andere als Übersetzung anzusehen wäre. Ferner ist die Annotierung solcher Abweichungen unterblieben, die, nach Auffassung der Herausgeberin, auf sprachliche Besonderheiten zurückzuführen oder daraus zu erklären sind, daß Erläuterungen für das jeweils andere Publikum hinzugefügt wurden. Auch jene Unterschiede, die tendenziell nur den Fachmann interessieren (das gilt insbesondere bei dem Essay »Karl Jaspers: Bürger der Welt«), bleiben unberücksichtigt; denn dies ist keine Veröffentlichung, die sich an den Editionsprinzipien historisch-kritischer Gesamtausgaben ausrichtet. Es werden also, positiv formuliert, alle Abweichungen angemerkt, von denen angenommen werden kann, daß sie im Hinblick auf ein breiteres Publikum das Verständnis des jeweiligen Zusammenhanges erleichtern und zusätzliche Informationen bieten.

Unter Zuhilfenahme der englischen Fassungen und weiterer Materialien habe ich mich bemüht, die wörtlichen Zitate in den Texten zu überprüfen und bisher nicht belegte Stellen nachzuweisen. Dies ist leider nicht immer möglich gewesen; ein paar offene Stellen sind geblieben, die vielleicht mit Hilfe interessierter Leser in einer späteren zweiten Auflage beseitigt werden können. Anders war die Lage in einigen Fällen, wo ich glaubte, aus grundsätzlicheren Erwägungen heraus auf Anmerkungen verzichten zu können. Wenn etwa, wie in dem Dinesen- und dem Sarraute-Essay, der Inhalt eines Romans unter Benutzung von etlichen Zitaten geschildert wird, sind, so denke ich, im vorliegenden Zusammenhang Belege überflüssig. Oder im Falle Gilbert: Hannah Arendt hätte sich sicherlich nicht schlecht amüsiert (oder wäre gar ärgerlich geworden), wenn ihrem Lobgesang auf den volkstümlichen Poeten ein Anmerkungsapparat angehängt worden wäre. Jeder Text also wird, was die Anmerkungen angeht, entsprechend seinen Besonderheiten behandelt. Auskunft über das Vorgehen geben die Bemerkungen, die den jeweiligen Anmerkungen (s. S. 341 ff.) vorangestellt sind; dort sind auch die Drucknachweise zu finden.

Feldafing, Frühjahr 1989   Ursula Ludz

Vorwort

Die im Laufe von zwölf Jahren geschriebenen Artikel und Essays, die in diesem Buch gesammelt sind, verdanken ihre Entstehung bestimmten Anlässen oder Gelegenheiten. Hauptsächlich befassen sie sich mit Personen – mit der Art und Weise, wie diese ihr Leben lebten, wie sie sich in der Welt bewegten, und wie sie von der geschichtlichen Zeit berührt wurden. Die Menschen, die hier zusammengebracht werden, könnten kaum verschiedener sein, und man kann sich unschwer vorstellen, wie sie sich, wenn befragt, gewehrt hätten, sozusagen in einem gemeinsamen Raum versammelt zu werden. Denn weder in ihren Begabungen noch in ihren Überzeugungen, weder hinsichtlich ihres Berufs noch in bezug auf ihr Milieu weisen sie Gemeinsamkeiten auf; sie haben auch kaum etwas voneinander gewußt. Doch waren sie Zeitgenossen, als solche allerdings verschiedenen Generationen zugehörig – ausgenommen natürlich Lessing, der aber im einleitenden Essay so behandelt wird, als sei er ihr Zeitgenosse. Gemeinsam also ist allen das Zeitalter, in das ihre Lebenszeit fiel, die Welt der ersten Hälfte des zwanzigsten Jahrhunderts mit ihren politischen Katastrophen, moralischen Desastern und einer erstaunlichen Entwicklung von Kunst und Wissenschaft. Und wiewohl dieses Zeitalter einige von ihnen tötete und Leben und Werk anderer bestimmte, gibt es ein paar nahezu Unberührte und keinen, von dem behauptet werden könnte, daß er durch dieses Zeitalter bedingt sei. Wer Ausschau hält nach epochalen Figuren, nach Menschen, die zum Sprachrohr des Zeitgeistes wurden, nach Exponenten *der* Geschichte: der wird hier vergeblich suchen.

Dennoch ist, denke ich, überall in diesem Buch die geschichtliche Zeit, sind die im Titel angesprochenen »finsteren Zeiten«

sichtbar. Ich entnehme den Ausdruck Brechts berühmtem Gedicht »An die Nachgeborenen«, in dem von der Unordnung und dem Hunger die Rede ist, von den Schlachten und Schlächtern, von der Empörung über Ungerechtigkeit und der Verzweiflung, »wenn da nur Unrecht war und keine Empörung«, vom legitimen Haß, der gleichwohl häßlich macht, vom wohlbegründeten Zorn, der die Stimme heiser werden läßt.[1] All dies war durchaus wirklich, weil es sich in der Öffentlichkeit abspielte; es hatte nichts Geheimes oder Mysteriöses an sich. Dennoch war es keineswegs für alle sichtbar, ja überhaupt nur schwer wahrnehmbar; denn bis zu dem Augenblick, da die Katastrophe alles und jeden überraschte, war es zugedeckt – nicht von Wirklichem, sondern von dem in höchstem Maße wirkungsvollen und doppelzüngigen Gerede nahezu aller Amtsträger, die unliebsame Tatsachen und berechtigte Besorgnisse unaufhaltsam und einfallsreich weginterpretierten. Wenn wir an finstere Zeiten denken und an Menschen, die darin leben und sich bewegen, dann müssen wir diese Camouflage, die vom »Establishment« – oder dem »System«, wie es seinerzeit hieß – ausging und gefördert wurde, mitberücksichtigen. Falls es die Funktion des öffentlichen Bereichs ist, Licht auf die menschlichen Angelegenheiten zu werfen – durch Bereitstellung eines Erscheinungsraumes, in dem die Menschen mit Taten und Worten, zum Guten oder Schlechten, zeigen können, wer sie sind und was sie tun können –, so ist es dunkel, wenn dieses Licht gelöscht wird von »Glaubwürdigkeitslücken« und »unsichtbarer Herrschaft«, von einer Rede, die das, was ist, nicht offenlegt, sondern unter den Teppich kehrt, von moralischen und sonstigen Ermahnungen, die unter dem Vorwand, alte Wahrheiten hochzuhalten, jede Wahrheit in bedeutungslose Trivialität verwandeln.

Nichts von all dem ist neu. Es sind dies die Bedingungen, die bereits vor dreißig Jahren Sartre in seinem Roman *Der Ekel* (den ich noch immer für sein bestes Buch halte) in den Begriffen der Unaufrichtigkeit und des »esprit de sérieux« beschrieben hat: eine Welt, in der jeder, der öffentliche Anerkennung genießt, zu den »salauds« gehört, und in der alles, was ist, in einer undurchsichtigen, bedeutungslosen Diesseitigkeit, welche die Sinne trübt und

Ekel erregt, existiert.[2] Und es sind die gleichen Bedingungen, die vor vierzig Jahren Heidegger (wenn auch mit ganz anderen Absichten) unheimlich treffsicher in jenen Paragraphen von *Sein und Zeit* beschrieb, die sich mit dem »Man«, dem »Gerede« beschäftigen,[3] allgemein gesprochen mit allem, was, unverborgen und von der Privatheit des Selbst nicht geschützt, in der Öffentlichkeit erscheint. In der menschlichen Existenz, wie er sie beschrieb, wird alles, was wirklich oder authentisch ist, von der überwältigenden Macht des »Geredes« angegriffen. Jenes wächst unwiderstehlich aus dem öffentlichen Bereich heraus und bestimmt jeden Aspekt der alltäglichen Existenz; es antizipiert und nihiliert den Sinn oder Unsinn all dessen, was die Zukunft bringen mag. Aus der »Unverständlichkeit der Trivialität« dieser gemeinsamen Alltagswelt gibt es, nach Heidegger, keinen anderen Ausweg als den Rückzug in jene Einsamkeit, die die Philosophen seit Parmenides und Plato dem politischen Bereich entgegengesetzt haben. Wir befassen uns hier nicht mit der philosophischen Relevanz von Heideggers Analysen (die m. E. unleugbar ist), noch mit der hinter ihnen stehenden Denktradition,[4] sondern ausschließlich mit gewissen unterschwelligen Zeiterfahrungen und ihrer begrifflichen Beschreibung. Der entscheidende Punkt in unserem Zusammenhang ist, daß die sarkastische, widersinnig klingende Feststellung: das Licht der Öffentlichkeit verdunkelt alles,[5] die Sache im Kern trifft, ja nichts anderes ist als die prägnanteste Zusammenfassung bestehender Bedingungen.

»Finstere Zeiten« – in dem weiteren Sinne, in dem ich den Ausdruck hier verwenden will – sind als solche mit den Ungeheuerlichkeiten dieses Jahrhunderts nicht identisch; denn jene sind, wie wir wissen, von einer erschreckenden Neuheit. Finstere Zeiten sind, im Gegenteil, nicht nur nichts Neues in der Geschichte, sondern auch nichts Seltenes, selbst wenn es sie vielleicht in der amerikanischen Geschichte nicht gegeben hat – einer Geschichte, die allerdings, in Vergangenheit und Gegenwart, ein anderes durchaus vergleichbares Maß an Verbrechen und Katastrophen aufzuweisen hat. Die Überzeugung, daß wir selbst dann, wenn die Zeiten am dunkelsten sind, das Recht haben, auf etwas Erhellung zu hoffen, und daß solche Erhellung weniger von Theorien und Begriffen als von jenem unsicheren, flackernden und oft schwachen Licht ausgehen könnte, welches einige Männer und Frauen unter beinahe allen Umständen in ihrem Leben und ihren Werken anzünden und über der ihnen auf der Erde gegebenen Lebenszeit leuchten lassen – diese Überzeugung bildet den unausgesprochenen Hintergrund für die hier vorgelegten Persönlichkeitsprofile. Ob das Licht dieser Menschen das einer Kerze oder einer strahlenden Sonne war: Das vermögen wir mit unseren so sehr an die Dunkelheit gewöhnten Augen wohl kaum zu sagen. Doch eine objektive Bewertung dieser Art scheint mir von zweitrangiger Bedeutung zu sein; sie kann ruhig den Nachgeborenen überlassen werden.

Januar 1968

Gedanken zu Lessing

Von der Menschlichkeit in finsteren Zeiten

I

Die Auszeichnung, die eine freie Stadt verleiht, und ein Preis, der sich auf den Namen Lessings beruft, sind eine große Ehrung. Ich gebe zu, daß ich nicht weiß, wie ich dazu gekommen bin, und auch, daß es mir nicht ganz leicht gefallen ist, damit zu Rande zu kommen. Dabei darf ich von der heiklen Frage des Verdienstes ganz absehen. Gerade in dieser Hinsicht erteilt uns die Ehrung ja eine sehr eindringliche Lektion in Bescheidenheit, indem sie uns einfach die Kompetenz abspricht, über uns selbst und unsere eigenen Verdienste so urteilen zu können, wie wir über die Verdienste und Leistungen anderer Menschen urteilen. In der Ehrung meldet sich die Welt zu Wort, und wenn wir sie annehmen und für sie danken, so können wir es nur ohne alle Selbstreflexion im Rahmen unserer Haltung zur Welt, zu einer Welt und Öffentlichkeit nämlich, welcher wir den Raum verdanken, in den wir sprechen und in dem wir gehört werden.

Aber die Ehrung mahnt uns nicht nur auf besondere, unüberhörbare Weise an die Dankbarkeit, die wir der Welt schulden; sie ist darüber hinaus in einem sehr hohen Maße weltverpflichtend, weil sie uns, da wir sie ja auch immer ablehnen können, in unserer Stellung zur Welt nicht nur bestärkt, sondern uns auch auf sie festlegt. Daß ein Mensch in der Öffentlichkeit überhaupt erscheint, daß die Öffentlichkeit ihn akzeptiert und bestätigt, ist keineswegs selbstverständlich. Nur das Genie wird von seiner Begabung selbst in die Öffentlichkeit gedrängt und braucht sich zu ihr nicht erst zu entschließen. In diesem einzigen Fall setzt die Ehrung dann den Einklang mit der Welt nur fort, läßt den Grundakkord nochmals in aller Öffentlichkeit erklingen, der unabhängig von Überlegungen und Entschlüssen, unabhängig auch von allen Verpflichtungen, gleichsam wie ein Naturphänomen bereits in die Menschengesellschaft geklungen ist. Hier gilt in der Tat, was Lessing einmal, in zwei seiner schönsten Verszeilen über den genialen Mann gesagt hat:[1]

> Was ihn bewegt, bewegt; was ihm gefällt, gefällt.
> Sein glücklicher Geschmack ist der Geschmack der Welt.

Nichts, scheint mir, ist in unserer Zeit fragwürdiger als unsere Haltung zur Welt, nichts weniger selbstverständlich als der Einklang mit der Öffentlichkeit, zu der die Ehrung verpflichtet und den sie bestätigt. In unserem Jahrhundert hat selbst das Geniale sich nur im Widerspruch und Streit mit der Welt und ihrer Öffentlichkeit entfalten können, wiewohl es natürlich wie eh und je den ihm eigenen Einklang in die Menschengesellschaft findet. Aber die Welt und die Menschen, welche sie bewohnen, sind nicht dasselbe. Die Welt liegt zwischen den Menschen, und dies Zwischen – viel mehr als, wie man häufig meint, die Menschen oder gar der Mensch – ist heute der Gegenstand der größten Sorge und der offenbarsten Erschütterung in nahezu allen Ländern der Erde. Selbst wo die Welt noch halbwegs in Ordnung ist oder halbwegs in Ordnung gehalten wird, hat die Öffentlichkeit doch die Leuchtkraft verloren, die ursprünglich zu ihrem eigensten Wesen gehört. Mehr und mehr Menschen in den Ländern der westlichen Welt, die seit dem Untergang der Antike die Freiheit von Politik als eine der Grundfreiheiten begreift, machen von dieser Freiheit Gebrauch und haben sich von der Welt und den Verpflichtungen in ihr zurückgezogen. Dieser Rückzug aus der Welt braucht den Menschen nicht zu schaden, er kann sogar große Begabungen bis ins Genialische steigern und so auf Umwegen wieder der Welt zugute kommen. Nur tritt mit einem jeden solchen Rückzug ein beinahe nachweisbarer Weltverlust ein; was verloren geht, ist der spezifische und meist unersetzliche Zwischenraum, der sich gerade zwischen diesem Menschen und seinen Mitmenschen gebildet hätte.

Wenn man sich so überlegt, wie es denn eigentlich um Ehrungen und Preise der Öffentlichkeit unter den gegenwärtigen Weltumständen bestellt sei, kann man wohl auf den Gedanken kommen, der Hamburger Senat habe eine dem Ei des Kolumbus nicht unähnliche Lösung des Problems gefunden, als er beschloß, den Preis der Stadt gerade mit dem Namen Lessings zu verbinden. Denn Lessing hat den Einklang in die Welt und die Öffentlichkeit nie gefunden, wohl auch nie finden wollen, und hat sich doch auf seine Weise ihr immer verpflichtet gefühlt. Dabei waren besondere, einmalige Umstände mit im Spiel. Die deutsche Öffentlichkeit war auf ihn nicht vorbereitet und hat ihn, wohl auch zu Lebzeiten, nie geehrt. Ihm selbst fehlte, seinem eigenen Urteil zufolge, der glücklich-natürliche Einklang mit der Welt, die Verkettung von Verdienst und Glück, die er wie Goethe für das Zeichen des Genies hielt. Lessing glaubte, der Kritik etwas zu schulden, was »dem Genie sehr nahekommt«, was aber dennoch das natürliche Eingespieltsein mit der Welt, wo Fortuna lächelt, wenn Virtù sich zeigt, niemals erreicht. All das mag wichtig genug gewesen sein, war aber nicht ausschlaggebend. Man möchte meinen, er habe irgendwann einmal sich entschlossen, das Genie, den Mann des »glücklichen Geschmacks«, zwar zu bewundern, selbst aber denen nachzugehen, die er einmal halb ironisch die »Weltweisen« genannt hat, die »überall, wo sie ihre Augen hinfallen lassen, ... die Stützen der bekanntesten Wahrheiten (erzittern)«[2] machen. Seine Haltung zur Welt war weder positiv noch negativ, sondern radikal kritisch und, was die Öffentlichkeit anlangte, durchaus revolutionär; aber sie blieb der Welt verpflichtet, verließ ihren Boden niemals und übersteigerte nichts in die Schwärmerei einer Utopie. Das Revolutionäre paarte sich bei Lessing mit einer eigentümlichen Parteiischkeit, die ihn mit einer manchmal fast übertrieben anmutenden Genauigkeit an das konkrete Detail band und die vielen Mißverständnissen ausgesetzt gewesen ist. Lessings Größe nämlich bestand unter anderem darin, daß er sich niemals von einer sogenannten Objektivität oder Sachlichkeit dazu verführen ließ, das eigentliche Weltverhältnis und den Weltstand der von ihm angegriffenen oder gepriesenen Sachen und Männer aus den Augen zu verlieren. Das ist ihm gerade in Deutschland schlecht genug bekommen, wo man noch weniger als anderswo begreifen mag, was Kritik ist, und daß Gerechtigkeit mit Objektivität im gewöhnlichen Verstande wenig zu tun hat.

Lessing hat mit der Welt, in der er lebte, seinen Frieden nie gemacht. Sein Vergnügen war, »den Vorurteilen die Stirne zu bieten« und dem »vornehmen Hofpöbel... die Wahrheit zu sagen«; und wie teuer er für diese Vergnügungen bezahlt haben mag, es waren Vergnügungen im wörtlichen Sinne. Er selbst hat einmal – als er sich darüber Rechenschaft zu geben suchte, worin eigentlich die »tragische Lust« bestände – gesagt, daß »alle Leidenschaften, auch die allerunangenehmsten, als Leidenschaften angenehm« sind, weil »wir uns bei... (ihnen) eines größern Grads unsrer Realität bewußt sind«[3]. Dieser Satz mahnt auf auffällige Weise an die griechische Affektenlehre, die den Zorn zum Beispiel unter die angenehmen Gemütsempfindungen rechnete, dafür aber die Hoffnung zusammen mit der Furcht als Übel verbuchte. Genau wie bei Lessing ist diese Unterscheidung an dem Grad der Realität orientiert, allerdings nicht in dem Sinne, daß die Realität an der Stärke gemessen würde, mit der der Affekt die Seele erschüttert, sondern daran, wie viel Wirklichkeit die Leidenschaft der Seele vermittelt. In der Hoffnung überspringt die Seele die Wirklichkeit, wie sie in der Furcht sich vor ihr zurückzieht. Aber der Zorn, und vor allem der Lessingsche Zorn, stellt die Welt bloß, so wie das Lessingsche Lachen in der *Minna von Barnhelm* dazu anlocken will, sich mit der Welt zu versöhnen, in ihr einen Platz zu finden, aber lachend-ironisch, das heißt ohne sich ihr zu verschreiben. Das gesteigerte Realitätsbewußtsein, das als solches Lust ist, entstammt einer leidenschaftlichen Weltoffenheit und Weltliebe, die sich in der »tragischen Lust« nicht einmal dadurch beirren läßt, daß der Mensch an der Welt zugrunde geht.

Wenn die Lessingsche Ästhetik im Gegensatz zu der des Aristoteles selbst die Furcht noch als eine Abart des Mitleids erkennen möchte, als das Mitleid, das wir mit uns selbst empfinden, so ist es, als sollte hier die Weltflucht der Furcht rückgängig gemacht werden, um auch sie noch als Leidenschaft zumindest zu retten, als einen Affekt nämlich, in dem wir von uns selbst so affiziert sind wie sonst von anderen Menschen in der Welt. Damit hängt aufs engste zusammen, daß für Lessing das Wesen der Poesie Handlung war (wie Haym richtig erkannte), und nicht, wie für Herder, eine Kraft – »die Zauberkraft, die auf meine Seele... wirkt« –, oder wie für Goethe eine gestaltete Natur. Ihm ging es gerade nicht um »die Vollendung des Kunstwerks in sich selbst«, die Goethe für »die ewige, unerläßliche Forderung« hielt, sondern – und darin ist er mit Aristoteles wieder ganz einig – um die Wirkung auf den Zuschauer, der gleichsam die Welt, nämlich das, was sich zwischen dem Künstler oder Dichter und seinen Mitmenschen als eine ihnen gemeinsame Welt gebildet hat, repräsentiert.

Lessing hat die Welt im Zorn und im Lachen erfahren, und Zorn und Lachen sind ihrem Wesen nach parteiisch. Deshalb war er unfähig oder nicht willens, ein Kunstwerk »in sich selbst« zu beurteilen, unabhängig von seinem »Effekt« in der Welt, und deshalb konnte er in seinen Polemiken angreifen oder verteidigen, je nachdem wie die in Frage stehende Sache gerade in der Öffentlichkeit beurteilt wurde, und ganz unabhängig davon, wie wahr oder falsch sie sein mochte. Es ist nicht nur Noblesse, wenn er sagte, daß von ihm jeder Frieden habe, auf den alle losschlagen,[4] es ist auch eine zum Instinkt gewordene Besorgnis um das relative Recht, das gemeinhin auch die Meinungen und Standpunkte haben, welche aus guten Gründen den kürzeren ziehen. So hat er selbst in dem Streit um das Christentum keine ein für allemal festgelegte Stellung bezogen, sondern ist, wie er in großartiger Selbsterkenntnis einmal sagte, unwillkürlich an ihm zweifelhaft geworden, »je bündiger mir der eine (es) erweisen wollte«, und hat es unwillkürlich in seinem »Herzen aufrecht zu erhalten« getrachtet, »je mutwilliger und triumphierender mir es der andere ganz zu Boden treten wollte«.[5] Dies aber heißt, daß er da, wo alle sich um die »Wahrheit« des Christentums stritten, vorzüglich für seine Stellung in der Welt eintrat – heute besorgt, es könnte wieder einen Anspruch auf Herrschaft geltend machen, und morgen schon wieder in Angst, es könnte aus der Welt ganz und gar verschwinden. Lessings so vieles vorwegnehmende Einsicht, daß die aufgeklärte Theologie seiner Zeit »uns unter dem Vorwande, uns zu vernünftigen Christen zu machen, zu höchst unvernünftigen Philosophen« mache, war nicht nur eine Parteinahme für die Vernunft. Sie war vor allem eine Parteinahme für die Freiheit, welche von denen, die »den Glauben durch Beweise erzwingen« wollen, in erheblich größere Gefahr geraten war als durch diejenigen, welche den Glauben als eine Gnade Gottes ansahen. Sie war aber darüber hinaus eine Parteinahme für die Welt, in der seiner Ansicht nach sowohl Religion wie Philosophie ihren Platz haben sollten, aber voneinander geschiedene Plätze, damit hinter der »Scheidewand... eine jede ihren Weg fortgehen (könne), ohne die andere zu hindern«.[6]

Kritik im Sinne Lessings ist diese Gesinnung, die immer Partei ergreift im Interesse der Welt, ein jegliches von seiner jeweiligen weltlichen Position her begreift und beurteilt und so niemals zu einer Weltanschauung werden kann, die von weiteren Erfahrungen in der Welt unabhängig bleibt, weil sie sich auf eine mögliche Perspektive festgelegt hat. Uns täte es schon not, uns von Lessing in dieser Gesinnung belehren zu lassen, und was uns das Lernen so schwer macht, ist nicht unser Mißtrauen gegen die Aufklärung oder den Humanitätsglauben des achtzehnten Jahrhunderts. Nicht das achtzehnte, sondern das neunzehnte Jahrhundert steht zwischen Lessing und uns; seine Geschichtsbesessenheit und Ideologieverschworenheit sind gerade im politischen Denken unserer Zeit noch so wirksam, daß wir ein ganz und gar freies Denken, das sich weder der Geschichte noch des logischen Zwanges als Krücken bedient, für unverbindlich zu halten geneigt sind. Daß zum Denken nicht nur Intelligenz und Tiefsinn, sondern vor allem auch Mut gehört, ist uns noch halbwegs vertraut; viel erstaunlicher für uns ist, daß Lessings Parteinahme für die Welt so weit gehen konnte, daß er für sie sogar die Widerspruchslosigkeit mit sich selbst, die wir doch bei allen, die schreiben und sprechen, als selbstverständlich voraussetzen, opfern konnte. Denn er meinte in allem Ernst: »Ich bin... nicht verpflichtet, alle die Schwierigkeiten aufzulösen, die ich mache. Meine Gedanken mögen immer sich weniger zu verbinden, ja wohl gar sich zu widersprechen scheinen: wenn es denn nur Gedanken sind, bei welchen (die Leser) Stoff finden, selbst zu denken.«[7] Er wollte nicht nur von niemandem gezwungen werden, sondern auch niemanden zwingen, weder mit Gewalt noch durch Beweise; und er hat die Tyrannei derer, die durch Räsonieren und Vernünfteln, durch zwingendes Argumentieren, das Denken zu beherrschen suchen, für die Freiheit für gefährlicher gehalten als die Orthodoxie. Er hat vor allem aber sich selbst niemals gezwungen, und statt mit einem widerspruchslosen System seine Identität in der Geschichte festzulegen, hat er, wie er selbst wußte, »nichts als Fermenta cognitionis« in die Welt gestreut.

So ist das berühmte Lessingsche Selbstdenken keineswegs eine Tätigkeit, die aus einem in sich einheitlichen und geschlossenen, organisch gewachsenen und gebildeten Individuum aufsteigt, um sich dann gewissermaßen umzusehen, wo in der Welt der günstigste Platz für seine Entfaltung liegen könne, um so das Individuum auf dem Umwege über das Denken in Harmonie mit der Welt zu bringen. Das Lessingsche Denken steigt nicht aus dem Menschen auf, und in ihm gibt sich nicht ein Selbst kund, sondern der Mensch – nach Lessing zum Handeln und nicht zum Vernünfteln geschaffen – entschließt sich zu ihm, weil er im Denken schließlich auch eine Art und Weise entdeckt, sich in Freiheit in der Welt zu bewegen. Von allen spezifischen Freiheiten, die uns in den Sinn kommen mögen, wenn wir das Wort Freiheit hören, ist die Bewegungsfreiheit nicht nur die historisch älteste, sondern auch die elementarste; das Aufbrechen-Können, wohin man will, ist die ursprünglichste Gebärde des Frei-seins, wie umgekehrt die Einschränkung der Bewegungsfreiheit seit eh und je die Vorbedingung der Versklavung war. Auch für das Handeln, in dem menschliche Freiheit in der Welt primär erfahren wird, ist Bewegungsfreiheit die unabläßliche Bedingung. Daß Menschen, wenn ihnen der weltliche Raum, der durch Zusammenhandeln konstituiert wird und sich dann mit Ereignissen und Geschichten anfüllt, geraubt ist, sich auf ihre Denkfreiheit zurückziehen, ist natürlich sehr alt; und irgendein solches Rückzugsphänomen scheint auch bei Lessing vorzuliegen. Wenn wir von solchem Rückzug auf Gedankenfreiheit aus weltlicher Versklavung hören, fällt uns naturgemäß das stoische Vorbild ein, weil es geschichtlich das wirksamste gewesen ist. Dies Vorbild aber stellt genau genommen nicht so sehr einen Rückzug aus dem Handeln auf das Denken dar als eine Flucht aus der Welt in das eigene Selbst, von dem man hofft, es würde in souveräner Unabhängigkeit von der Außenwelt sich halten können. Davon ist bei Lessing keine Rede. Lessing zog sich auf das Denken zurück, aber ganz und gar nicht auf sein Selbst, und wenn es für ihn eine geheime Verbundenheit zwischen Handeln und Denken gegeben hat (was ich in der Tat glaube, aber nicht belegen kann), so lag sie darin, daß beide, Handeln wie Denken, in der Form einer Bewegung vor sich gehen, daß also die Freiheit, die beiden zugrunde liegt, die Bewegungsfreiheit ist.

Lessing hat wohl nie geglaubt, daß das Handeln durch Denken ersetzt werden könne oder daß Denkfreiheit ein Ersatz für die nur dem Handeln eigentümliche Freiheit sein könne. Er wußte sehr gut, daß er in dem damals »sklavischsten« Lande Europas lebte, wiewohl es in ihm sehr wohl möglich war, »gegen die Religion so viel Sottisen zu Markte zu bringen, als man« wollte; unmöglich nämlich war, »für die Rechte der Untertanen, ... gegen Aussaugung und Despotismus seine Stimme« zu erheben, also zu handeln.[8] Der heimliche Bezug, den sein Selbstdenken mit dem Handeln verband, lag gerade darin, daß er sein Denken nie an Resultate band, ja, daß er auf Resultate, sofern sie die endgültige Auflösung von Schwierigkeiten bringen sollten, die das Denken sich selbst macht, ausdrücklich verzichtete, und zwar sogar um den Preis der Wahrheit, weil ja jede Wahrheit notwendigerweise das Denken als reine Tätigkeit zum Stillstand bringen muß. Die Fermenta cognitionis, die Lessing in die Welt streute, sollten keine Erkenntnisse mitteilen, sondern andere zum Selbstdenken anregen, und dies eigentlich für keinen anderen Zweck, als um ein Gespräch zwischen Denkenden in Gang zu bringen. Das Lessingsche Denken ist nicht ein Sprechen mit sich selbst, sondern ein vorweggenommenes Sprechen mit anderen, und dies ist der

Grund, warum es wesentlich polemisch ist. Aber selbst wenn es ihm gelungen wäre, sein Gespräch mit anderen Selbstdenkenden in Gang zu bringen und so einer Einsamkeit zu entkommen, die gerade ihm sich lähmend über alle Fähigkeiten legte, so hätte er sich schwerlich je weismachen lassen, daß damit nun alles in bester Ordnung sei. Was nicht in Ordnung war und was auch durch kein Gespräch und kein Selbstdenken hätte in Ordnung kommen können, war die Welt – das nämlich, was zwischen den Menschen entsteht, und wo das, was ein jeder durch Geburt mitbringt, sichtbar und hörbar werden kann. In den zweihundert Jahren, die uns von Lessings Lebenszeit trennen, hat sich in dieser Hinsicht manches geändert, aber weniges zum Besseren. Die »Stützen der bekanntesten Wahrheiten« (um in der von ihm geprägten Metapher zu bleiben), die damals erzitterten, liegen heute am Boden, und um sie zu erschüttern, bedarf es keiner Kritik mehr und keines Weltweisen. Wir dürfen unsere Augen nur nicht schließen, um zu erkennen, daß wir uns in einem wahren Trümmerfeld solcher Stützen befinden.

Nun könnte dies in gewissem Sinne ein Vorteil sein, nämlich für ein Denken, das sich ohne Stützen und Krücken, gewissermaßen ohne das Geländer der Tradition frei bewegt. Aber es ist schwer, dieses Vorteils in der Welt froh zu werden. Denn es hat sich längst herausgestellt, daß die Stützen der Wahrheiten auch die Stützen der weltlich-politischen Ordnung gewesen sind, und die Welt – im Unterschied zu den sie bewohnenden und in ihr frei sich bewegenden Menschen – bedarf der Stützen, um die Beständigkeit und Dauerhaftigkeit zu garantieren, ohne welche sie den sterblichen Menschen nicht die relativ gesicherte, relativ unvergängliche Heimat bieten kann, derer sie bedürfen. Man könnte wohl sagen, daß die lebendige Menschlichkeit eines Menschen in dem Maße abnimmt, in dem er auf das Denken verzichtet und sich den Resultaten, den bekannten oder auch unbekannten Wahrheiten anvertraut und sie ausspielt, als seien sie Münzen, mit denen man alle Erfahrungen begleichen kann. Aber mit der Welt steht es gerade umgekehrt. Die Welt wird unmenschlich, ungeeignet für menschliche Bedürfnisse, welche die Bedürfnisse von

Sterblichen sind, wenn sie in eine Bewegung gerissen wird, in der es keinerlei Bestand mehr gibt. So hat man denn auch seit dem großen Fehlschlag der Französischen Revolution die alten Stützen, die damals schon eingestürzt waren, immer wieder aufgerichtet, um dann immer wieder zusehen zu müssen, wie sie erst erzitterten und dann von neuem einstürzten. An die Stelle der »bekanntesten Wahrheiten« haben sich die furchtbarsten Irrlehren gesetzt, aber der Irrtum dieser Lehren ist kein Beweis, keine neue Stütze für die alten Wahrheiten. So kann auch im Politischen die Restauration niemals ein Ersatz werden für eine notwendig gewordene Neugründung; sie ist bestenfalls eine Notmaßnahme, die allerdings unvermeidlich ist, wenn die Neugründung nicht gelingt. Gleichermaßen unvermeidlich aber ist, daß in einer solchen Konstellation, noch dazu wenn sie sich über so lange Zeiträume erstreckt, das Mißtrauen der Menschen gegen Welt und Öffentlichkeit ständig wächst. Denn die Zerbrechlichkeit dieser immer wieder restaurierten Stützen der öffentlichen Ordnung wird naturgemäß nach jedem Einsturz evidenter, so daß schließlich die Öffentlichkeit gerade diejenigen »bekanntesten Wahrheiten« als allen ohne weiteres einleuchtend voraussetzt, an die doch im geheimen kaum noch einer glaubt.

II

In der Geschichte sind die Zeiten, in denen der Raum des Öffentlichen sich verdunkelt und der Bestand der Welt so fragwürdig wird, daß die Menschen von der Politik nicht mehr verlangen, als daß sie auf ihre Lebensinteressen und Privatfreiheit die gehörige Rücksicht nehme, nicht selten. Man kann sie mit einigem Recht »finstere Zeiten« (Brecht) nennen. Denjenigen, die in solchen Zeiten leben und von ihnen erzogen worden sind, hat es wohl immer nahe gelegen, die Welt und ihre Öffentlichkeit gering zu achten, sie so weit als möglich zu ignorieren, oder auch sie zu überspringen und gleichsam hinter sie zu greifen – als wäre die Welt nur eine Fassade, hinter der sich Menschen verbergen –, um sich dann mit Menschen ungeachtet der Welt, die zwischen ihnen liegt, zu verständigen. In solchen Zeiten entfaltet sich, wenn es gut geht, eine Menschlichkeit eigener Art. Um ihre Möglichkeiten recht einzuschätzen, brauchen wir nur an *Nathan den Weisen* zu denken, dessen eigentliches Thema: »Es genügt ein Mensch zu sein«, das Schauspiel durchherrscht und dem der Appell: »Sei mein Freund!«, der wie ein Leitmotiv durch das Ganze klingt, entspricht. Wir könnten mit gleichem Recht an die *Zauberflöte* denken, die ebenfalls eine solche Menschlichkeit zum Thema hat, deren Humanität tiefer liegt, als wir gemeinhin meinen, wenn wir nur an die durchschnittlichen Theorien des achtzehnten Jahrhunderts von einer einheitlichen Menschennatur denken, die hinter der Vielfalt der Nationen, Völker, Rassen und Religionen liegen sollte, in die das Menschengeschlecht sich aufteilt. Wenn es eine solche Menschennatur geben sollte, so wäre sie ein Naturphänomen, und ein ihr entsprechendes Verhalten menschlich zu nennen, würde voraussetzen, daß menschliches und natürliches Verhalten ein und dasselbe sind. Der größte und geschichtlich wirksamste Vertreter dieser Menschlichkeit im achtzehnten Jahrhundert war Rousseau, für den sich die allen Menschen gemeinsame Menschennatur nicht in der Vernunft, sondern im Mitleid manifestierte, in einem eingeborenen Widerwillen, wie er sagte, einen Mitmenschen leiden zu sehen. In merkwürdiger Übereinstimmung hat auch Lessing gemeint, der mitleidigste Mensch sei der beste Mensch. Aber im Unterschied zu Rousseau, den der egalitäre Charakter des Mitleids nicht störte – die Tatsache, daß wir, wie Lessing betonte, »etwas Mitleidähnliches« auch dem Bösewicht gegenüber empfinden –, und der daher ganz im Sinne der Französischen Revolution, die sich dann auf ihn berief, die Verwirklichung der Menschlichkeit in der »fraternité«, in der Brüderlichkeit erblickte, hat Lessing die Freundschaft, die ja so wählerisch ist wie das Mitleid egalitär ist, für das zentrale Phänomen gehalten, in dem allein sich Menschlichkeit beweisen könne.

Bevor wir auf diesen Lessingschen Begriff von Freundschaft und seine politische Relevanz zu sprechen kommen, müssen wir noch etwas bei der Brüderlichkeit, wie sie das achtzehnte Jahrhundert verstand, verweilen; und dies nicht nur, weil auch Lessing sie gut kannte, wenn er von den »philanthropischen Empfindungen« spricht, von einer brüderlichen Zuneigung zu den Menschen nämlich, die aus einem Haß auf die Welt, in der Menschen »unmenschlich« behandelt werden, entspringt, sondern vor allem weil in solcher Brüderlichkeit sich Menschlichkeit in der Tat am häufigsten in »finsteren Zeiten« zeigt und erweist. Diese Art der Menschlichkeit wird sogar unausweichlich, wenn die finsteren Zeiten sich für bestimmte Menschengruppen so verdüstern, daß es für sie gar keiner Erkenntnis oder freien Entscheidung mehr bedarf, um sich aus der Welt zurückzuziehen. Als ein geschichtlich beschreibbares und geradezu fixierbares Phänomen finden wir die Menschlichkeit im Sinne der Brüderlichkeit eigentlich bei allen verfolgten Völkern und allen versklavten Menschengruppen, und es muß im Europa des achtzehnten Jahrhunderts sehr nahe gelegen haben, sie gerade bei den Juden zu erfahren. Diese Menschlichkeit ist das große Vorrecht der Pariavölker, sie ist das, was die Parias dieser Welt immer und unter allen Umständen vor allen anderen voraushaben können. Dies Vorrecht ist teuer genug bezahlt; ihm entspricht oft ein so radikaler Weltverlust, eine so furchtbare Verkümmerung aller Organe, mit denen wir der Welt zugewandt sind – von dem Gemeinsinn oder gesunden Menschenverstand angefangen, mit dem wir uns in einer gemeinsamen Welt orientieren, bis zu dem Schönheitssinn oder Geschmack, mit dem wir die Welt lieben –, daß man in extremen Fällen, in denen das Pariatum über Jahrhunderte angedauert hat, von wirklicher Weltlosigkeit sprechen kann. Und Weltlosigkeit ist leider immer eine Form der Barbarei.

Bei dieser gewissermaßen natürlich gewachsenen Menschlichkeit ist es, als ob unter dem Druck der Verfolgung die Verfolgten so eng zusammengerückt sind, daß der Zwischenraum, den wir Welt nannten (und der zwischen ihnen vor der Verfolgung natürlich auch bestand und sie in Distanz voneinander hielt), einfach verschwunden wäre. Dabei entsteht leicht eine Wärme menschlicher Beziehungen, die diejenigen, die einige Erfahrung mit solchen Menschengruppen haben, fast wie ein physikalisches Phänomen anmuten mag. Das soll natürlich nicht heißen, daß diese Wärme verfolgter Völker nicht eine große Sache ist. In ihrer vollen Entfaltung kann sie der Nährboden einer Güte werden, deren Menschen sonst kaum je fähig sind. Auch ist hier oft eine Vitalität beheimatet, eine Freude des schier Lebendigseins, bei der es ist, als käme das Leben zu seinem vollen Recht erst unter denen, die, weltlich gesprochen, die Erniedrigten und Beleidigten sind. Dabei darf man aber nicht vergessen, daß der Charme und die Intensität der Atmosphäre, die sich hier entwickelt, auch dem geschuldet sind, daß die Parias dieser Welt das große Privileg genießen, von der Sorge um die Welt unbelastet zu sein.

Die Brüderlichkeit, welche die Französische Revolution der Freiheit und Gleichheit, die seit eh und je die politische Sphäre des Menschen charakterisierten, hinzufügte, hat ihren natürlichen Ort in der Lebenssphäre der Unterdrückten und Verfolgten, der Ausgebeuteten und Erniedrigten, welche das achtzehnte Jahrhundert die Unglücklichen, »les malheureux«, und das neunzehnte Jahrhundert die Elenden, »les misérables«, nannte. Das Mitleid, das bei Lessing wie Rousseau, wenn auch in sehr verschiedenen Zusammenhängen, eine so außerordentliche Rolle für die Entdeckung und Bestätigung einer allen Menschen gemeinsamen Menschennatur spielte, ist dann bei Robespierre zum ersten Mal zu dem zentralen Motiv des Revolutionärs geworden; seither gehört es untrennbar und unübersehbar in die Geschichte der europäischen Revolutionen. Nun ist das Mitleid zweifellos ein natürlich-kreatürlicher Affekt, von dem jeder normal geartete Mensch unwillkürlich beim Anblick auch des fremdesten Leides noch ergriffen wird, und es scheint daher sehr nahe zu liegen, diesen Affekt zur Grundlage eines Fühlens zu machen, das sich auf die ganze Menschheit erstrecken sollte, um dann eine Menschengesellschaft zu etablieren, in welcher wirklich alle Menschen Brüder werden. Durch das Mitleid versuchte die revolutionär gesinnte Humanität des achtzehnten Jahrhunderts, sich mit dem Unglück und dem Elend zu solidarisieren, gleichsam in die Sphäre zu dringen, in der die Brüderlichkeit beheimatet ist. Dabei stellte sich sehr bald heraus, daß diese Art der Menschlichkeit, wie sie in ihrer reinsten

Ausprägung ein Vorrecht der Parias ist, nicht übertragbar ist und von denen, die nicht dazugehören, nicht ohne weiteres, auch nicht durch den Affekt des Mitleids oder selbst durch Mitleiden, angeeignet werden kann. Auf das Unheil, das das Mitleid in die modernen Revolutionen getragen hat, weil es versuchte, die Unglücklichen glücklicher zu machen, anstatt für alle Gerechtigkeit zu etablieren, können wir hier nicht eingehen. Aber wir mögen, um ein wenig Abstand von uns selbst und der modernen Art des Fühlens zu gewinnen, uns kurz erinnern, wie die in allem Politischen so viel erfahrenere antike Welt das Mitleid und die Menschlichkeit der Brüderlichkeit eingeschätzt hat.

In einem sind Neuzeit und Antike sich einig: Beide sehen im Mitleid etwas ganz Natürliches, dem sich der Mensch ebensowenig entziehen kann wie etwa der Furcht. Um so auffallender ist, daß, wenn es zur Beurteilung des Mitleids kommt, die Antike im schärfsten Widerspruch zu der großen Schätzung des Mitleids in der Neuzeit steht. Für sie war der mitleidigste Mensch so wenig der beste Mensch wie der furchtsamste Mensch, gerade weil sie so deutlich den rein affektiven Charakter des Mitleids erkannte, von dem wir wie von der Furcht befallen werden, ohne uns wehren zu können, und das als reines Erleiden auf jeden Fall das Handeln unmöglich macht. Dies ist der Grund, warum Aristoteles Mitleid und Furcht zusammen behandelt, wobei es ganz abwegig wäre, das Mitleid auf die Furcht – als errege fremdes Leid in uns die Furcht für uns selbst – oder die Furcht auf das Mitleid – als ob wir in der Furcht mit uns selbst Mitleid empfänden – zu reduzieren. Noch überraschender für uns ist, wenn wir von Cicero[9] hören, daß die Stoiker das Mitleid mit dem Neid auf eine Stufe stellten: Wer Leid empfindet an eines anderen Unglück, der leidet auch an eines anderen Glück. Cicero selbst kommt dem, worum es sich hier handelt, allerdings erheblich näher, wenn er in dem gleichen Zusammenhang fragt: Sollen wir beklagen anstatt zu helfen, sollten wir etwa unfähig sein, Hilfe zu leisten, ohne von Mitleid befallen und affiziert zu sein?[10] Sollten, mit anderen Worten, Menschen so schäbig sein, daß sie ohne den Affekt des Mitleids, ohne von ihrem eigenen Mit-leiden angestachelt und gleichsam gezwungen zu werden, unfähig sind, sich menschlich zu verhalten?

Wir können schwerlich umhin, bei Beurteilungen dieser Affekte die Frage der Selbstlosigkeit oder besser die Frage der Offenheit für andere, die in der Tat Vorbedingung der Menschlichkeit in jedem Verstande ist, aufzuwerfen. Aber gerade da scheint es evident, daß die Mitfreude dem Mitleiden an Offenheit absolut überlegen ist. Gesprächig ist die Freude, nicht das Leid, und das wahrhaft menschliche Gespräch unterscheidet sich von der bloßen Diskussion dadurch, daß es von Freude an dem anderen und dem, was er sagt, ganz durchdrungen ist, gleichsam auf den Ton der Freude gestimmt ist. Das, was diese Freude unmöglich macht, ist der Neid, der in der Welt der Humanität das böseste Laster ist; aber das eigentliche Gegenteil des Mitleids ist die Grausamkeit, die genau wie das Mitleid ein Affekt ist, nämlich eine Perversion, die Lust empfindet, wo natürlicherweise Schmerz empfunden wird, wobei entscheidend ist, daß Lust und Schmerz wie alles Natürlich-Kreatürliche in die Stummheit drängt und von sich aus wohl zum Ton, aber nicht zur Sprache und zum Gespräch findet.

Dies alles sagt nur auf andere Weise, daß die Menschlichkeit der Brüderlichkeit denen nicht zusteht, die nicht zu den Erniedrigten und Beleidigten gehören und nur durch das Mitleid an ihr Anteil haben können. Das Recht auf die Wärme der Pariavölker erstreckt sich nicht mehr auf diejenigen, die auf Grund ihrer andersgearteten Stellung in der Welt eine Verpflichtung für die Welt haben und die Unbekümmertheit des Parias nicht teilen dürfen.[11] Aber es ist richtig, daß in »finsteren Zeiten« die Wärme, die den Parias das Licht ersetzt, eine große Faszination hat für alle, die sich der Welt, so wie sie ist, so schämen, daß sie sich in die Unsichtbarkeit flüchten möchten. Und in der Unsichtbarkeit, in dem Dunkel, in dem man selbst verborgen auch die sichtbare Welt nicht mehr zu sehen braucht, kann allerdings nur die Wärme und die Brüderlichkeit der eng aneinander gerückten Menschen für die unheimliche Realitätslosigkeit entschädigen, die menschliche Beziehungen überall da annehmen, wo sie schlechterdings weltlos, unbezogen auf eine den Menschen gemeinsame Welt, sich entfalten. In dieser

Welt- und Realitätslosigkeit liegt nichts näher, als zu meinen, daß das den Menschen Gemeinsame nicht die Welt sei, sondern eine so oder anders gedeutete Menschennatur – wobei es verhältnismäßig gleichgültig ist, ob man den Akzent auf eine allen Menschen gleiche Vernunft oder eine ihnen allen gleichermaßen zukommende Empfindung, zum Beispiel die Fähigkeit des Mitleids, legt. Der Rationalismus und die Sentimentalität des achtzehnten Jahrhunderts sind nur zwei Seiten der gleichen Sache, die beide gleichwohl in den schwärmerischen Überschwang führen konnten, in dem man sich allen Menschen brüderlich verbunden fühlt. Auf jeden Fall waren diese Rationalität und diese Sentimentalität nur der innere, im Unsichtbaren lokalisierte Ersatz für den Verlust der gemeinsamen, sichtbaren Welt.

Was nun diese Menschennatur und die ihr entsprechende Menschlichkeit anlangt, so gilt für sie leider nicht nur, daß sie sich nur im Dunklen manifestiert und also weltlich nicht feststellbar ist, sondern auch, daß sie in der Sichtbarkeit sich gleich einem Phantom in nichts auflöst. Die Menschlichkeit der Erniedrigten und Beleidigten hat die Stunde der Befreiung noch niemals auch nur um eine Minute überlebt. Das heißt nicht, daß sie nichts sei, sie macht in der Tat die Erniedrigung tragbar; aber es heißt, daß sie politisch schlechterdings irrelevant ist.

III

Diese und ähnliche Fragen der richtigen Haltung in »finsteren Zeiten« sind natürlich der Generation und der Menschengruppe, der ich angehöre, besonders vertraut. Ist schon der Einklang mit der Welt, den die Ehrung verlangt, in unserer Zeit und unter unseren Weltumständen nirgends selbstverständlich, so gilt dies für uns in erhöhtem Maße. Uns sind Ehrungen sicher nicht an der Wiege gesungen worden, und es wäre nicht zu verwundern, wenn wir die Weltoffenheit und Unbefangenheit, das, was die Welt im guten gibt, einfach dankbar hinzunehmen, nicht mehr erlernen können. Auch diejenigen unter uns, die sich im Reden und Schreiben an die Öffentlichkeit wagten, taten dies nicht aus einer ursprünglichen Lust am Öffentlichen, und sie haben schwerlich erwartet, von der Öffentlichkeit je bestätigt zu werden. Ihnen mußte es erheblich näher liegen, sich auch in der Öffentlichkeit nur menschlich zu verhalten, wiewohl man dies eigentlich nie kann; sie waren jedenfalls geneigt, auch hier sich nur an Freunde zu wenden und an jene unbekannten, vereinzelten Leser und Hörer, mit denen sich natürlich jeder, der überhaupt schreibt und spricht, unwillkürlich verbrüdert weiß.[12] Ich fürchte, ihre Bemühungen fühlten sich der Welt sehr wenig verpflichtet und waren eher von der Hoffnung geleitet, in einer unmenschlich gewordenen Welt nicht nur so etwas wie Menschlichkeit zu bewahren, sondern auch, so gut es eben gehen wollte, der unheimlichen Realitätslosigkeit der reinen Menschlichkeit zu widerstehen – jeder auf seine Weise, und einige Wenige dadurch, daß sie nach Möglichkeit auch das Unmenschliche noch zu verstehen und auch das Ungeheuerliche in der Vorstellung noch nachzuvollziehen suchten.[13]

Ich betone meine Zugehörigkeit zu der Gruppe der aus Deutschland in verhältnismäßig jungem Alter vertriebenen Juden so ausdrücklich, weil ich gewissen Mißverständnissen zuvorkommen möchte, die sich, wenn man von der Menschlichkeit spricht, nur allzu leicht ergeben. Ich darf in diesem Zusammenhang nicht verschweigen, daß ich lange Jahre hindurch auf die Frage: Wer bist Du? die Antwort: Ein Jude, für die einzig adäquate gehalten habe, nämlich für die einzige, die der Realität des Verfolgtseins Rechnung trug. Ich hätte sicher eine Haltung, die im Sinne – nicht im Wortlaut – des Nathan auf die Aufforderung: »Tritt näher, Jude!« mit einem: Ich bin ein Mensch, antwortet, für ein groteskes und gefährliches Ausweichen vor der Wirklichkeit gehalten.

Und um gleich ein anderes naheliegendes Mißverständnis aus dem Weg zu räumen: Ich habe mit dem Wort »Jude« keineswegs irgendeine hervorragende Art des Menschseins andeuten wollen, als sei das jüdische Schicksal stellvertretend oder exemplarisch für das Schicksal der Menschheit. (Dies konnte man ohne ideologische Verzerrung erst in dem letzten Stadium der Naziherrschaft mit einem gewissen Recht behaupten, als nämlich in der Tat die

Juden und der Antisemitismus nur noch dazu benutzt wurden, um den rassischen Ausmerzungsprozeß dieser Form der totalen Herrschaft loszulassen und in Schwung zu halten. Aber wenn auch die Nazibewegung von vornherein ins Totalitäre tendierte, so war doch die Herrschaft des Dritten Reiches in den ersten Jahren nach 1933 noch keineswegs total. Und ich habe hier diese erste Periode, die bis zum Jahre 1938 dauerte, im Auge.) Ich meinte mit meinem »Ein Jude« noch nicht einmal eine geschichtlich belastete oder ausgezeichnete Realität, sondern nichts als die schlichte Anerkennung einer politischen Gegenwart, die eine Zugehörigkeit diktiert hatte, in welcher gerade die Frage der personalen Identität im Sinne des Anonymen, des Namenlosen mitentschieden war.[14] Dazu könnte man heute, da ein solches Verhalten wie eine Pose wirken müßte, leicht bemerken, diejenigen, die so reagierten, hätten es eben in der Menschlichkeit nie sonderlich weit gebracht, sie hätten sich von Hitler bluffen lassen und wären auf ihre Weise seinem Einfluß erlegen. Leider gilt hier der an sich so einfache und doch gerade in Zeiten der diffamierenden Verfolgung so schwer verständliche Grundsatz, daß man sich immer nur als das wehren kann, als was man angegriffen ist. Diejenigen, die solche Identifizierungen einer feindlichen Welt ablehnen, mögen sich der Welt wunderbar überlegen fühlen; aber eine solche Überlegenheit ist dann wirklich nicht mehr von dieser Welt, sie ist die Überlegenheit eines besser oder schlechter ausstaffierten Wolkenkuckucksheims.

Wenn ich den personalen Hintergrund meiner Überlegungen so unverhohlen aufdecke, mag es denen, die das jüdische Schicksal nur vom Hörensagen kennen, leicht scheinen, ich plaudere aus einer Schule, in die sie nicht gegangen sind und deren Lektionen sie nicht betreffen. Nun hat es aber in Deutschland in dem gleichen Zeitraum das Phänomen der »inneren Emigration« gegeben, und diejenigen, die mit diesem Erfahrungshintergrund vertraut sind, dürften gewisse Fragen und Konflikte wiedererkennen, die mit den von mir erwähnten Problemen eine mehr als nur formalstrukturelle Verwandtschaft aufweisen. Wie schon ihr Name andeutet, war die innere Emigration ein eigentümlich zweideutiges

Phänomen; es besagte einerseits, daß man sich innerhalb Deutschlands wie ein nicht mehr zu diesem Lande Gehöriger, wie ein Ausgewanderter verhielt; und meinte doch andererseits, daß man in Wirklichkeit nicht ausgewandert war, sondern sich in ein Inneres zurückgezogen hatte, in die Unsichtbarkeit des Denkens und Fühlens. Es ist ein Irrtum zu meinen, daß es diese Form der Emigration, das Auswandern aus der Welt in ein Inneres, nur in Deutschland gegeben hätte, wie es ein Irrtum ist zu meinen, sie hätte mit dem Ende des Dritten Reiches ihr Ende gefunden. Nur war in jener finstersten Zeit hüben wie drüben die Versuchung noch stärker, angesichts einer untragbar scheinenden Wirklichkeit die Welt und ihre Öffentlichkeit in ein Innenleben zu überspringen oder sie zugunsten einer eingebildeten Welt, »wie sie sein sollte« oder wie sie einmal gewesen war, einfach zu ignorieren.

Hinter der neuerlich in Deutschland vielfach diskutierten und leider nur zu verbreiteten Neigung, so zu tun, als habe es die Jahre von 1933 bis 1945 gar nicht gegeben, als könne man getrost dieses Stück der deutschen und der europäischen und damit der Weltgeschichte aus den Lehrbüchern streichen, als käme alles darauf an, das »Negative« zu vergessen und das Furchtbare ins Sentimentale zu verfälschen (wobei der Welterfolg von Anne Franks Tagebuch ja deutlich zeigt, daß solche Neigungen nicht auf Deutschland beschränkt sind); hinter den grotesken Zuständen, daß man deutschen Jugendlichen verheimlicht, was in einer Entfernung von wenigen Kilometern jedes Schulkind weiß – hinter all dem steckt natürlich eine echte Ratlosigkeit. Und gerade diese Unfähigkeit, nachträglich dem zu begegnen, was Wirklichkeit war, könnte noch ein direktes Erbe aus der inneren Emigration sein, wie sie zweifellos zu einem guten Teil und noch direkter eine Folge der Hitlerherrschaft ist, eine Folge nämlich der organisierten Schuld, in welche die Nazis alle Bewohner des deutschen Territoriums verstrickt hatten, die inneren Emigranten nicht weniger als die überzeugten Parteimitglieder oder die schwankenden Mitläufer, und die dann von den Alliierten in der verhängnisvollen These von der Kollektivschuld erst einmal einfach übernommen wurde. Hier hat natürlich auch die dem Außenstehenden so auffällige, tiefe Ungeschicklichkeit der Deutschen ihren Grund, sich in einem Gespräch über die Fragen der Vergangenheit überhaupt zu bewegen. Wie schwer es sein muß, hier einen Weg zu finden, kommt vielleicht am deutlichsten in der gängigen Redensart zum Ausdruck, das Vergangene sei noch unbewältigt, und in der gerade Menschen guten Willens eigenen Überzeugung, man müsse erst einmal daran gehen, »die Vergangenheit zu bewältigen«. Dies kann man wahrscheinlich überhaupt mit keiner Vergangenheit, sicher aber nicht mit dieser. Das Höchste, was man erreichen kann, ist zu wissen und auszuhalten, daß es so und nicht anders gewesen ist, und dann zu sehen und abzuwarten, was sich daraus ergibt.

Dies läßt sich vielleicht am besten an einem weniger belasteten Beispiel erläutern. Nach dem Ersten Weltkrieg erlebten wir die Bewältigung der Vergangenheit in einer Flut von Kriegsdarstellungen aller Art und der verschiedensten Qualität, und dies natürlich nicht nur in Deutschland, sondern in allen betroffenen Ländern. Es hat nichtsdestoweniger nahezu vierzig Jahre gedauert, bis eine Dichtung erschien, welche die innere Wahrheit des Geschehens so transparent in die Erscheinung brachte, daß man sagen konnte: Ja, so ist es gewesen. Und in diesem Roman, nämlich in der *Legende* von William Faulkner, ist sehr wenig beschrieben, weniger noch erklärt und gar nichts »bewältigt«; sein Ende sind Tränen, die der Leser mitweint, und was darüber hinaus verbleibt, ist der »tragische Effekt« oder die »tragische Lust«, deren Erschütterung uns instand setzt, uns damit abzufinden, daß sich so etwas wie dieser Krieg überhaupt ereignet hat. Ich erwähne absichtlich die Form der Tragödie, weil sie mehr als andere Formen der Dichtung einen Erkennungsprozeß darstellt. Der tragische Held wird wissend, indem er das Getane noch einmal in der Form des Erleidens erfährt, und in diesem »Pathos«, in dem Erleiden des Gehandelten, wird das Geflecht der Taten überhaupt erst zum Geschehen. Die Tragödie zeigt den Umschwung vom Handeln zum Erleiden, darin besteht ihre Peripetie. Aber auch nicht tragische Handlungsabläufe werden zu einem echten Geschehen erst, wenn sie in einer rückwärts gewendeten, erkennenden Erinnerung nochmals in der Form des Erleidens erfahren werden. Solches Erinnern kann erst zu Worte kommen, wenn Empörung und gerechter Zorn, die uns im Handeln antreiben, zum Schweigen gekommen sind, und dafür bedarf es der Zeit. Bewältigen können wir die Vergangenheit so wenig, wie wir sie ungeschehen machen können. Wir können uns aber mit ihr abfinden. Die Form, in der das geschieht, ist die Klage, die aus aller Erinnerung steigt. Es ist, wie Goethe[15] gesagt hat:

Der Schmerz wird neu, es wiederholt die Klage
Des Lebens labyrinthisch irren Lauf.

Die tragische Erschütterung der wiederholenden Klage betrifft eines der Grundelemente allen Handelns; sie legt seinen Sinn und die in die Geschichte eingehende, bleibende Bedeutung fest. Im Unterschied zu anderen dem Handeln eigentümlichen Elementen – vor allem im Unterschied zu den vorgefaßten Zielen, den treibenden Motiven und den es leitenden Prinzipien, die alle im Verlauf der Handlung sichtbar werden – erscheint der Sinn eines Gehandelten erst, wenn das Handeln selbst zum Abschluß gekommen und als eine Geschichte erzählbar geworden ist. Sofern es überhaupt ein »Bewältigen« der Vergangenheit gibt, besteht es in dem Nacherzählen dessen, was sich ereignet hat; aber auch dies Nacherzählen, das Geschichte formt, löst keine Probleme und beschwichtigt kein Leiden, es bewältigt nichts endgültig. Vielmehr regt es, solange der Sinn des Geschehens lebendig bleibt – und dies kann durch sehr lange Zeiträume der Fall sein – zu immer wiederholendem Erzählen an. Die Dichter in einem sehr allgemeinen, die Geschichtsschreiber in einem sehr speziellen Sinn haben die Aufgaben, dies Erzählen in Gang zu bringen und uns in ihm anzuleiten. Und wir, die wir gemeinhin weder Dichter noch Historiker sind, kennen das, was hier vorgeht, aus unserer eigenen Lebenserfahrung sehr gut, in der wir ja auch das Bedürfnis haben, uns das, was in unserem Leben eine Rolle spielte, in die Erinnerung zu rufen, indem wir es nach- und uns vorerzählen. Dadurch bereiten wir das Dichten als eine menschliche Möglichkeit ständig vor, sind gleichsam ständig darauf gefaßt, daß es irgendwo in einem Menschen zum Durchbruch gelangt. Wenn dies geschieht, kommt das erinnernde Erzählen erst einmal zu einem Stillstand, und eine vorläufig fertige Erzählung wird als ein Ding, ein Weltding unter anderen Weltdingen, dem Bestand der Welt hinzugefügt. In der Verdinglichung durch den Dichter oder auch den Historiker hat die Erzählung der Geschichte die Beständigkeit und Dauerhaftigkeit gefunden, die es ermöglicht, sie in die uns überdauernde Welt einzuordnen, wo sie weiterleben kann – eine Geschichte unter vielen Geschichten. Einen von diesen Geschichten ganz und gar ablösbaren Sinn gibt es nicht, und auch dies wissen wir bereits aus unserer eigenen, nicht-dichterischen Lebenserfahrung. Keine Lebensweisheit, keine Analyse, kein Resultat, kein noch so tiefsinniger Aphorismus kann es an Eindringlichkeit und Sinnfülle mit der recht erzählten Geschichte aufnehmen.

Ich bin nur scheinbar von meinem Thema abgekommen. Es geht um die Frage, wieviel Wirklichkeit auch in einer unmenschlich gewordenen Welt festgehalten werden muß, um Menschlichkeit nicht zu einer Phrase oder einem Phantom werden zu lassen. Oder anders gewendet, wie weit man der Welt auch dann noch verpflichtet bleibt, wenn man aus ihr verjagt ist oder sich aus ihr zurückgezogen hat. Denn ich möchte natürlich keineswegs behaupten, daß die innere Emigration, die Flucht aus der Welt in die Verborgenheit, aus der Öffentlichkeit in die Anonymität – wenn sie nur wirklich vollzogen wurde und nicht nur ein Vorwand war, mit innerlichen Vorbehalten zu tun, was alle taten, um sich vor sich selbst zu salvieren – nicht eine berechtigte und in vielen Fällen sogar die einzig mögliche Haltung gewesen ist. Die Weltflucht in den finsteren Zeiten der Ohnmacht ist immer zu rechtfertigen, solange die Wirklichkeit nicht ignoriert wird, sondern als das, wovor man flieht, in der ständigen Präsenz gehalten wird. Wo Menschen sich so verhalten, kann auch das Private eine zwar immer noch ohnmächtige, aber keineswegs belanglose Wirklichkeit erhalten. Nur muß man sich darüber klar sein, daß der Realitätscharakter dieser Wirklichkeit nicht in der Innerlichkeit liegt und auch nicht dem Privaten als solchem entstammt, sondern der Welt, der man noch eben entkam. Man muß wissen, daß man sich ständig auf der Flucht befindet und daß die Flucht die Wirklichkeit ist, in der die Welt sich meldet. So stammt denn auch die eigentliche Kraft der Weltflucht aus der Verfolgung, und die persönliche Stärke der Fliehenden wächst, je größer Verfolgung und Gefahr werden.

Dabei darf man aber die Grenze der politischen Bedeutung einer solchen Existenz, selbst wenn sie rein durchgehalten wird, nicht übersehen. Die Grenze liegt darin, daß Kraft und Macht nicht dasselbe sind, daß Macht nur dort entsteht, wo Menschen zusammen handeln, aber nicht, wo Menschen als einzelne stärker werden. Keine Stärke ist je groß genug, um Macht ersetzen zu können; wo Stärke mit Macht konfrontiert ist, wird sie immer erliegen. Aber auch die Kraft, zu fliehen und in der Flucht zu widerstehen, die gerade noch im Bereich dessen liegt, was dem einzelnen in seiner Menschlichkeit möglich ist,[16] kann sich nicht bilden, wo die Wirklichkeit übersprungen oder vergessen wird – sei es, daß man sich selbst für zu gut und edel hält, um mit einer solchen Welt überhaupt konfrontiert zu werden, oder daß man das schlechterdings »Negative« der gerade herrschenden Weltumstände nicht aushält. So anziehend es sein mag, solchen Versuchungen nachzugeben und sich in dem Asyl des eigenen Inneren häuslich einzurichten – und wer wäre nicht versucht gewesen, das unter anderem auch unerträglich dumme Geschwätz der Nazis einfach zu überhören? –, das Resultat wird immer sein, daß man die Menschlichkeit mit der Wirklichkeit wie das Kind mit dem Bade ausgeschüttet hat.

So wäre es etwa unter den Verhältnissen des Dritten Reiches im Falle einer Freundschaft zwischen einem Deutschen und einem Juden nicht ein Zeichen von Menschlichkeit gewesen, wenn die Freunde gesagt hätten: Sind wir nicht beide Menschen? Damit wären sie der Wirklichkeit und der ihnen damals gemeinsamen Welt bloß ausgewichen; sie hätten sich nicht in der Verborgenheit und auf der Flucht vor ihr gegen sie gestellt.[17] Im Sinne einer Menschlichkeit, welche die Wirklichkeit nicht wie den Boden unter den Füßen verloren hat, nämlich einer Menschlichkeit inmitten der Wirklichkeit der Verfolgung, hätten sie schon sagen müssen:

ein Deutscher und ein Jude, und Freunde. Wo immer aber eine solche Freundschaft damals (natürlich nicht etwa heute!) gelang und in Reinheit, das heißt ohne falsche Schuldkomplexe auf der einen und ohne falsche Überheblichkeit oder Minderwertigkeitskomplexe auf der anderen Seite, durchgehalten wurde, war in der Tat ein Stück Menschlichkeit in einer unmenschlich gewordenen Welt verwirklicht worden.

IV

Mit dem Beispiel der Freundschaft, an dem ich exemplifizierte, weil sie mir aus mancherlei Gründen eine ausgezeichnete Bedeutung für die Frage der Menschlichkeit zu haben scheint, sind wir wieder zu Lessing zurückgekommen. Die Alten meinten bekanntlich, daß ein menschliches Leben nichts weniger entbehren könne als Freunde, ja daß ein Leben ohne Freunde nicht eigentlich lebenswert sei. Dabei spielte aber für sie die Überlegung, daß wir der Hilfe von Freunden im Unglück bedürfen, kaum eine Rolle; sie waren umgekehrt eher der Überzeugung, daß es für Menschen kein Glück geben kann, an dem sich nicht ein anderer, ein Freund mitfreut. Natürlich ist etwas an der Sprichwortweisheit, daß man seine wahren Freunde erst im Unglück kennt; aber diejenigen, die wir von uns aus, ohne vom Unglück belehrt zu sein, für unsere wahren Freunde halten, sind eher diejenigen, vor denen wir uns nicht scheuen, ein Glück zu zeigen, und auf deren Mitfreude wir zählen.

Wir sind heute gewohnt, in der Freundschaft ausschließlich ein Phänomen der Intimität zu sehen, in der die Freunde unbehelligt von der Welt und ihren Ansprüchen einander die Seelen eröffnen. Der beste Vertreter dieser Ansicht ist Rousseau, nicht Lessing, und ihr entspricht die Weltentfremdung des modernen Individuums, das sich in der Tat nur fern aller Öffentlichkeit in der Intimität und unter vier Augen offenbaren kann. So fällt es uns auch schwer, die politische Relevanz der Freundschaft zu verstehen, und wenn wir etwa bei Aristoteles lesen, daß die »philia«, die

Freundschaft zwischen den Bürgern, eines der Grunderfordernisse des gesunden Gemeinwesens sei, so sind wir geneigt zu glauben, er habe von nicht mehr gesprochen als von der Abwesenheit der Parteikämpfe und des Bürgerkriegs im Innern der Stadt. Für die Griechen aber lag das eigentliche Wesen der Freundschaft im Gespräch, und sie waren der Meinung, daß das dauernde Miteinander-Sprechen erst die Bürger zu einer Polis vereinige. Im Gespräch manifestiert sich die politische Bedeutung der Freundschaft und der ihr eigentümlichen Menschlichkeit, weil dies Gespräch (im Unterschied zu den Gesprächen der Intimität, in welchen individuelle Seelen über sich selbst sprechen), so sehr es von der Freude an der Anwesenheit des Freundes durchdrungen sein mag, der gemeinsamen Welt gilt, die in einem ganz präzisen Sinne unmenschlich bleibt, wenn sie nicht dauernd von Menschen besprochen wird. Denn menschlich ist die Welt nicht schon darum, weil sie von Menschen hergestellt ist, und sie wird auch nicht schon dadurch menschlich, daß in ihr die menschliche Stimme ertönt, sondern erst, wenn sie Gegenstand des Gesprächs geworden ist. Wie sehr wir von den Dingen der Welt betroffen sein mögen, wie tief sie uns anregen und erregen mögen, menschlich werden sie für uns erst, wenn wir sie mit unseresgleichen besprechen können. Was nicht Gegenstand des Gesprächs werden kann, mag erhaben oder furchtbar oder unheimlich sein, es mag auch eine Menschenstimme finden, durch die es in die Welt hineintönt; menschlich gerade ist es nicht. Erst indem wir darüber sprechen, vermenschlichen wir das, was in der Welt, wie das, was in unserem eigenen Innern vorgeht, und in diesem Sprechen lernen wir, menschlich zu sein.

Diese Menschlichkeit, die sich in den Gesprächen der Freundschaft verwirklicht, nannten die Griechen »philanthropia«, eine »Liebe zu den Menschen«, die sich daran erweist, daß man bereit ist, die Welt mit ihnen zu teilen. Ihr Gegensatz, die Misanthropie oder der Menschenhaß, bestand darin, daß der Misanthrop niemanden findet, mit dem er die Welt teilen möchte, daß er niemanden gleichsam für würdig erachtet, sich mit ihm an der Welt und der Natur und dem Kosmos zu erfreuen. Diese griechische Philanthropie hat dann in der römischen »humanitas« manche Abwandlungen erfahren, deren wichtigste die ist, daß ihr in Rom die politische Tatsache entsprach, daß Menschen der verschiedensten Herkunft und Abstammung das römische Bürgerrecht erhalten und so in das Gespräch zwischen den gebildeten Römern über die Welt und das Leben aufgenommen werden konnten. Und es ist dieser politische Hintergrund, der die römische »humanitas« von dem, was die Moderne Humanität nennt und worunter sie oft ein bloßes Bildungsphänomen versteht, unterscheidet.

Daß das Humane nicht schwärmerisch auftritt, sondern nüchtern und kühl; daß die Menschlichkeit sich nicht in der Brüderlichkeit erweist, sondern in der Freundschaft; daß die Freundschaft nicht intim persönlich ist, sondern politische Ansprüche stellt und auf die Welt bezogen bleibt – all dies scheint uns so ausschließlich kennzeichnend für die Antike, daß es uns eher verwirrt, wenn wir ganz verwandte Züge im *Nathan* wiederfinden, der, wiewohl er modern ist, mit einigem Recht das klassische Schauspiel der Freundschaft genannt werden könnte. Hierhin gehört auch, was uns an dem Stück so absonderlich anmutet, nämlich daß das »Wir müssen, müssen Freunde sein«, mit dem Nathan sich an den Tempelherrn und eigentlich an alle wendet, die ihm begegnen, für Lessing offenbar so viel wichtiger war als die Leidenschaft der Liebe, daß er die Liebesgeschichte kurzerhand abschneiden und in eine Beziehung umwandeln kann, die auf Freundschaft verpflichtet und Liebe unmöglich macht. Noch befremdlicher vielleicht für moderne Menschen, aber wieder in eigentümlicher Nähe zu Gesinnungen und Konflikten, wie wir sie aus der Antike kennen, ist, daß die dramatische Spannung des Stückes einzig in dem Konflikt liegt, in den Freundschaft und Menschlichkeit mit der Wahrheit geraten können. Schließlich und endlich besteht ja die Weisheit des Nathan nur darin, daß er bereit ist, die Wahrheit der Freundschaft zu opfern.

Lessing hat bekanntlich über die Wahrheit sehr unorthodoxe Meinungen gehabt. Er hat sie selbst von der Vorsehung nicht akzeptieren wollen, und er hat sie sich weder von anderen noch auch von seinem eigenen Räsonnement je aufzwingen lassen. Hätte man ihn vor die platonische Alternative von »doxa« und »aletheia«, von Meinung und Wahrheit, gestellt, es ist gar keine Frage, wie er sich entschieden hätte. Er war froh, daß – in seinem Gleichnis gesprochen – der echte Ring, wenn es ihn je gegeben haben sollte, verloren gegangen ist, und zwar um der unendlichen Möglichkeiten der Meinungen willen, in denen die Welt zwischen den Menschen besprochen werden kann. Gäbe es den echten Ring, so wäre es um das Gespräch und damit um die Freundschaft und damit um die Menschlichkeit schon getan. Darum war er es auch so sehr zufrieden, zu dem Geschlecht der »eingeschränkten Götter«, wie er die Menschen gelegentlich genannt hat, zu gehören, und hat gemeint, daß der Menschengesellschaft ebensowenig Schaden aus denen erwächst, »welche sich mehr Mühe geben, Wolken zu machen als sie zu zerstreuen«, als »vielen Schaden ihr diejenigen tun, welche die Denkungsart aller Menschen unter das Joch der ihrigen bringen wollen«.[18] Dies hat mit Toleranz in gewöhnlichem Verstande sehr wenig zu tun (Lessing selbst war ja keineswegs ein besonders toleranter Mensch), aber es hat sehr viel mit Begabung für Freundschaft, mit Weltoffenheit und schließlich mit echter Menschenliebe zu tun.

Das Thema von den »eingeschränkten Göttern«, von dem beschränkten Menschenverstand, den die spekulative Vernunft in seine Schranken weist und gerade dadurch übersteigt, wurde dann der große Gegenstand der Kantischen Kritiken. Aber soviel Kants Gesinnung mit der Lessings gemein haben mag – und dies ist in der Tat sehr viel –, in einem unterschieden sie sich doch entscheidend. Kant sah ein, daß es absolute Wahrheit für den Menschen nicht geben kann, jedenfalls nicht im theoretischen Verstand; er wäre sicher auch bereit gewesen, die Wahrheit der Möglichkeit menschlicher Freiheit zu opfern: wenn wir die Wahrheit besäßen, könnten wir nicht frei sein. Aber er dürfte schwerlich mit Lessing darin übereingestimmt haben, daß man die Wahrheit, auch wenn es sie geben sollte, unbedenklich der Menschlichkeit, der Möglichkeit der Freundschaft und des Gesprächs zwischen Menschen opfern könne. Daß es ein Absolutes gibt, die Pflicht des kategorischen Imperativs, die über den Menschen steht, in allen menschlichen Angelegenheiten entscheidet und auch um der Menschlichkeit in jeglichem Verstande nicht gebrochen werden darf – dies ist ja den Kritikern der Kantischen Ethik oft als etwas durchaus Unmenschliches und Unbarmherziges aufgefallen. Aber diese Unmenschlichkeit ist nicht dem geschuldet, daß die Forderung des kategorischen Imperativs etwa die Möglichkeit einer zu schwachen Menschennatur überforderte, sondern einzig und allein dem, daß er absolut gesetzt ist und in seiner Absolutheit den zwischenmenschlichen Bereich, der seinem Wesen nach aus Bezügen und Relationen besteht, auf etwas festlegt, das seiner grundsätzlichen Relativität widerspricht. Gerade weil Kant die Wahrheit im praktischen Verstande etablieren wollte, kommt die Unmenschlichkeit, die dem Begriff der einen Wahrheit anhaftet, bei ihm besonders klar zum Ausdruck; es ist, als hätte er, der den Menschen im Bereich des Erkennens so unerbittlich auf seine Eingeschränktheit verwiesen hatte, es nicht ausgehalten zu denken, daß er auch im Handeln es nicht einem Gotte gleichtun könne.

Was Lessing aber betrifft, so hat ihn das gefreut, was die Philosophen seit eh und je, zum mindesten seit Parmenides und Plato so bekümmert hat, nämlich daß die Wahrheit, sobald sie geäußert wird, sich sofort in eine Meinung unter Meinungen verwandelt, bestritten wird, umformuliert, Gegenstand des Gespräches ist wie andere Gegenstände auch. Nicht nur die Einsicht, daß es die eine Wahrheit innerhalb der Menschenwelt nicht geben kann, sondern die Freude, daß es sie nicht gibt und das unendliche Gespräch zwischen den Menschen nie aufhören werde, solange es Menschen überhaupt gibt, kennzeichnet die Größe Lessings. In dem Meinungsstreit, in dem dieser Ahnherr und Meister aller Polemik in deutscher Sprache zu Hause war, und in dem er immer eine sehr bestimmte, sehr ausgesprochene Meinung als die seinige vertrat, hätte die eine Wahrheit, wenn es sie überhaupt geben sollte, sich nicht anders denn als eine Katastrophe auswirken können.[19]

Uns fällt es heute schwer, den zwar dramatischen, aber untragischen Konflikt des Nathan so nachzuvollziehen, wie Lessing ihn gemeint hat. Das liegt zum Teil daran, daß es uns so selbstverständlich geworden ist, uns, was die Wahrheit anlangt, tolerant zu verhalten, wenn auch aus Gründen, die mit den Gründen Lessings kaum etwas zu tun haben. Es kommt wohl noch hie und da vor, daß einer die Frage im Stile wenigstens des Lessingschen Gleichnisses von den drei Ringen stellt – so etwa in dem großartigen Ausspruch Kafkas: »Es ist schwer, die Wahrheit zu sagen, denn es gibt zwar nur eine, aber sie ist lebendig und hat daher ein lebendig wechselndes Gesicht.«[20] Aber auch hier ist von der eigentlich politischen Pointe des Lessingschen Konfliktes als eines möglichen Widerstreits zwischen Wahrheit und Menschlichkeit nicht mehr die Rede. Zudem begegnen uns heute kaum noch Leute, die die Wahrheit zu haben glauben; statt dessen sind wir ständig mit solchen konfrontiert, die überzeugt sind, recht zu haben. Der Unterschied ist deutlich: Die Frage der Wahrheit war immerhin zu Lessings Zeit noch eine Frage der Philosophie und der Religion, während unser Problem des Rechthabens im Rahmen der Wissenschaft ersteht und von einem sich an der Wissenschaft orientierenden Denken jeweils entschieden wird. Dabei will ich hier ganz davon absehen, ob dieser Wandel der Denkungsart sich zu unserem Heil oder Unheil auswirkt. Es ist einfach eine Tatsache, daß das Rechthaben im Sinne der Wissenschaft auch Menschen, die ganz und gar unfähig sind, das spezifisch Wissenschaftliche eines Argumentes zu beurteilen, ebenso in Atem hält wie die Frage der Wahrheit noch die Menschen des achtzehnten Jahrhunderts. Und sie lassen sich merkwürdigerweise davon auch nicht dadurch abbringen, daß die Wissenschaftler, solange sie wirklich wissenschaftlich verfahren, genau wissen, daß ihre »Wahrheiten« niemals endgültig sind und in der lebendigen Forschung dauernd radikal revidiert werden.

Trotz des Unterschiedes zwischen der Meinung, man habe die Wahrheit, und der, man habe recht, haben diese beiden Standpunkte doch eines gemeinsam: Diejenigen, die sich auf einen von ihnen stellen, sind gemeinhin so wenig bereit, ihren Standpunkt der Menschlichkeit oder der Freundschaft im Falle eines Konflikts zu opfern, daß sie sogar glauben, sie verletzten damit eine höhere Pflicht, die Pflicht zur »Sachlichkeit«, so daß, wenn sie es doch tun, sie damit keineswegs im Sinne ihres Gewissens handeln, sondern sich obendrein ihrer Menschlichkeit noch schämen und oft ausgesprochen schuldig fühlen. Im Sinne der Zeit, in der wir leben, und im Sinne der rechthaberischen Meinungen, von denen unser Denken beherrscht wird, können wir den Lessingschen Konflikt abwandeln, ohne seinen Kern zu zerstören, indem wir ihn an den zwölf Jahren des Dritten Reiches und seiner herrschenden Ideologie exemplifizieren. Sehen wir für einen Augenblick davon ab, daß die Rassenlehre des Nazismus prinzipiell unbeweisbar ist, weil sie in Widerspruch steht mit der »Natur« des Menschen, und nehmen wir einmal an, diese »wissenschaftlichen« Theorien, die ja keineswegs eine Erfindung der Nazis oder auch nur eine spezifisch deutsche Erfindung waren, wären zwingend erwiesen gewesen – daß die praktisch-politischen Konsequenzen, welche die Nazis aus ihren Lehren zogen, durchaus stichhaltig waren, ist ohnehin nicht zu leugnen –, hätte der wissenschaftliche Nachweis von der Minderwertigkeit irgendwelcher Rassen es gerechtfertigt, sie auszurotten? Aber die Antwort auf diese Frage ist noch zu leicht, weil sie sich auf das »Du sollst nicht töten« berufen kann, das in der Tat das Grundgebot geworden ist, an dem sich das gesamte abendländische juristische wie moralische Denken seit dem Sieg des Christentums über die Antike orientiert hat. Im Sinne einer weder juristisch noch moralisch noch religiös gebundenen Denkweise – und so ungebunden, »lebendig wechselnd« war die Denkweise Lessings – müßte man die Frage so stellen: Wäre eine solche zwingend erwiesene Lehre es überhaupt wert gewesen, ihr auch nur eine einzige Freundschaft zwischen zwei Menschen zu opfern?

Damit sind wir wieder bei dem angelangt, wovon ich ausgegangen bin, bei dem erstaunlichen Mangel an Sachlichkeit und »Objektivität« in der Lessingschen Polemik, seiner ständig wachen Parteilichkeit, die mit Subjektivität nicht das geringste zu tun hat, weil sie nie an sich selbst, sondern immer an das Weltverhältnis der Menschen und ihrer Positionen und Meinungen denkt. Lessing wäre die Antwort auf die Frage, die ich eben stellte, nicht schwer gefallen. Keine Einsicht in das Wesen des Islam oder das Wesen des Judentums oder das Wesen des Christentums hätte ihn davon abhalten können, sich mit einem überzeugten Mohammedaner oder einem frommen Juden oder einem gläubigen Christen in eine Freundschaft und das Gespräch der Freundschaft einzulassen. Gegen eine Lehre, welche die Freundschaft zwischen zwei Menschen prinzipiell unmöglich macht, hätte er vor seinem so sicheren, aber ganz ungebundenen Gewissen keine zwingenden Beweise gebraucht, um sie als Irrlehre auch »objektiv« zu entlarven.[21] Er hätte sich sofort auf die Seite der Menschen geschlagen und sich um die gelehrte oder ungelehrte Diskussion hüben und drüben nicht mehr sehr viel gekehrt. Das war Lessings Menschlichkeit.

Diese Menschlichkeit erschien in einer politisch versklavten Welt, deren Grundlagen zudem schon erschüttert waren. Auch Lessing lebte bereits in »finsteren Zeiten«, und er ist auf seine Weise an ihrer Finsternis zugrunde gegangen. Wir sahen, wie sehr Menschen in solchen Zeiten das Bedürfnis haben, näher aneinander heranzurücken, um in der Wärme der Intimität den Ersatz für die Leuchtkraft zu suchen, den nur das Öffentliche spenden kann. Das heißt aber, daß sie den Streit vermeiden und möglichst nur mit Menschen zu tun haben wollen, mit denen sie nicht in einen Streit geraten können. Für eine Natur wie die Lessings war in einer solchen Zeit und einer solchen Welt der Enge wenig Raum; wo man zusammenrückte, um sich aneinander zu wärmen, rückte man von ihm ab. Und gerade er, der bis zur Streitsüchtigkeit polemisch war, konnte die Einsamkeit so wenig ertragen wie die Distanzlosigkeit einer alle Unterschiede verwischenden Brüderlichkeit. Ihm ging es ja nie darum, sich mit dem anderen, mit dem er in einen Streit geraten war, wirklich zu entzweien, sondern einzig darum, durch das unaufhörliche und immer wieder entfachte Sprechen über die Welt und die Dinge der Welt auch das Unmenschliche noch zu vermenschlichen. Er wollte vieler Menschen Freund, aber keines Menschen Bruder sein.

Diese Freundschaft in der Welt mit den Menschen im Streit und im Gespräch ist ihm nicht gelungen und hat ihm unter den damals herrschenden Umständen in deutschsprachigen Gebieten schwerlich gelingen können. Für einen Mann, der »mehr wert war als alle seine Talente« und dessen Größe »in seiner Individualität lag« (Friedrich Schlegel), hat man gerade in Deutschland wohl niemals allzuviel Verständnis gehabt, weil dies ein Verständnis sein müßte, das aus der Politik im eigentlichsten Sinne stammt. Weil Lessing ein so durchaus politischer Mensch war, hat er darauf bestanden, daß es Wahrheit nur geben kann, wo sie durch das Sprechen vermenschlicht wird, nur wo ein jeder sagt, nicht was ihm gerade einfällt, aber was ihm gerade »Wahrheit dünkt«. Ein solches Sagen aber ist in der Einsamkeit nahezu unmöglich; es ist an einen Raum gebunden, in dem es viele Stimmen gibt und wo das Aussprechen dessen, was »Wahrheit dünkt«, sowohl verbindet wie voneinander distanziert, ja diese Distanzen zwischen den Menschen, die zusammen dann die Welt ergeben, recht eigentlich schafft. Jede Wahrheit außerhalb dieses Raumes, ob sie nun den Menschen ein Heil oder ein Unheil bringen mag, ist unmenschlich im wörtlichsten Sinne, aber nicht, weil sie die Menschen gegeneinander aufbringen würde und voneinander entfernen, sondern eher umgekehrt, weil sie zur Folge haben könnte, daß alle Menschen sich plötzlich auf eine einzige Meinung einigten, so daß aus vielen einer würde, womit die Welt, die sich immer nur zwischen den Menschen in ihrer Vielfalt bilden kann, von der Erde verschwände.[22] Darum ist, was das Verhältnis von Wahrheit und Menschlichkeit angeht, das Tiefste in einem Satz von Lessing gesagt, in dem es auch ist, als zöge er aus allen seinen eigenen Werken der Weisheit letzten Schluß. Der Satz lautet:[23] »Jeder sage, was ihm Wahrheit dünkt, und die Wahrheit selbst sei Gott empfohlen!«

Rosa Luxemburg

1871–1919

I

Die endgültige Biographie im englischen Stil – lang, gründlich dokumentiert, mit zahlreichen Anmerkungen und reichlich mit Zitaten gespickt – gehört zu den bewunderungswürdigsten Spielarten der Geschichtsschreibung. Es war ein genialer Einfall von Peter Nettl, ein so unwahrscheinliches Thema wie das Leben Rosa Luxemburgs dafür auszuwählen, denn dies ist ja die klassische Form für die Lebensbeschreibung großer Staatsmänner und ähnlicher Persönlichkeiten, und Rosa Luxemburg war alles andere als das. Selbst in ihrer eigenen Welt der europäischen sozialistischen Bewegung war sie eher eine Randfigur, die nur in relativ kurzen Augenblicken Glanz und große Brillanz entwickelte, deren Einfluß in Taten und niedergeschriebenen Worten kaum mit dem ihrer Zeitgenossen, mit Plechanow, Trotzki und Lenin, mit Bebel und Kautsky, mit Jaurès und Millerand verglichen werden kann.

Wie hat Peter Nettl seine Aufgabe nur erfüllen können – mit dieser Frau, die ganz jung aus ihrem heimatlichen Polen in die Sozialdemokratische Partei verschlagen wurde, die weiterhin eine entscheidende Rolle in der halb unbekannten, vernachlässigten Geschichte des polnischen Sozialismus spielte und die dann für ungefähr zwei Jahrzehnte, ohne je offiziell anerkannt zu werden, die umstrittenste und mißverstandenste Gestalt der deutschen Linken werden sollte? Erfolg oder Mißerfolg dieses Typs der englischen Biographie hängen nämlich nicht allein von dem Ruhm des ausgewählten Gegenstandes oder von dem Interesse ab, das dessen Lebensgeschichte erregen kann. In dieser Gattung wird die Geschichte nicht als der unvermeidliche Hintergrund einer bestimmten Lebensphase behandelt, es ist vielmehr, als würde das farblose Licht der historischen Zeit durch einen bedeutenden Charakter hindurchgeschickt und von ihm wie in einem Prisma gebrochen, so daß sich in dem entstehenden Spektrum die völlige Einheit des Einzellebens und der Welt verwirklicht. Mit anderen Worten: Der äußere Erfolg erscheint fast als unabdingbare Voraussetzung für den Erfolg in dieser schriftstellerischen Gattung. Und gerade der Erfolg – selbst der Erfolg in ihrer eigenen Welt von Revolutionären – ist Rosa Luxemburg im Leben, im Tode und nach dem Tode vorenthalten geblieben. Ist es möglich, daß dies Versagen aller ihrer Anstrengungen, was offizielle Anerkennung anlangt, irgendwie mit dem traurigen Versagen der Revolution in unserem Jahrhundert zusammenhängt? Wird sich die Geschichte anders ausnehmen, wenn wir sie durch das Prisma ihres Lebens und Werkes betrachten?[1]

Wie es sich damit auch verhalten mag, ich kenne kein Buch, das mehr Licht auf diese entscheidende Epoche des europäischen Sozialismus wirft, von den letzten Jahrzehnten des neunzehnten Jahrhunderts bis zu dem verhängnisvollen Tage im Januar 1919, an dem Rosa Luxemburg und Karl Liebknecht, die beiden Führer des Spartakusbundes, des Vorläufers der Kommunistischen Partei Deutschlands, in Berlin ermordet wurden, vor den Augen und möglicherweise mit dem Einverständnis des an der Macht befindlichen Regimes. Die Mörder gehörten ultra-nationalistischen und offiziell verbotenen Freikorps an, einer paramilitärischen Organisation, aus deren Reihen Hitlers SA bald ihre verheißungsvollsten Totschläger rekrutieren sollte. Daß zu jener Zeit die Regierungsgewalt praktisch in den Händen der Freikorps war, da sie die »volle Unterstützung Noskes« genossen, des Wehrfachmannes der Sozialdemokraten, der damals die militärischen Angelegenheiten unter sich hatte, ist erst kürzlich durch Hauptmann Pabst bestätigt worden, einen der letzten überlebenden Beteiligten an der Ermordung. Die Bonner Regierung, in dieser wie in anderer Hinsicht nur allzu eifrig bemüht, die bedenklicheren Züge der Weimarer Republik aufleben zu lassen, hat zu verstehen gegeben, daß es sich bei der Ermordung von Liebknecht und Rosa Luxemburg um eine Hinrichtung in Übereinstimmung mit den Kriegsgesetzen und somit um einen legalen Vorgang gehandelt habe.[2] Dies geht noch über die Behauptungen der Weimarer Republik hinaus, denn diese hatte immerhin die Mörder »bestraft«, und zwar den Soldaten Runge mit zwei Jahren und zwei Wochen Gefängnis wegen »versuchten Totschlags« (er hatte Rosa Luxemburg im Korridor des Hotels Eden auf den Kopf geschlagen) und den Leutnant Vogel mit vier Monaten (er war der diensthabende Offizier, der ihr im Auto einen Kopfschuß gab und sie dann in den Landwehrkanal warf) wegen unterlassener Meldung einer Leiche und illegaler Beseitigung derselben. Während des Prozesses diente eine Fotografie von Runge und seinen Kameraden bei der Siegesfeier am nächsten Tag in demselben Hotel als Beweisstück, was bei dem Angeklagten große Heiterkeit hervorrief. »Angeklagter Runge, Sie müssen sich ordentlich betragen. Das ist keine Angelegenheit zum Lachen«, sagte der Vorsitzende des Gerichtshofes. Über vierzig Jahre später trugen sich während des Frankfurter Auschwitz-Prozesses ganz ähnliche Szenen zu, und etwa dieselben Worte fielen.

Durch den Mord an Rosa Luxemburg und Liebknecht wurde die Spaltung der europäischen Linken in sozialistische und kommunistische Parteien unwiderruflich: »Der Abgrund, von dem die Kommunisten bisher theoretisch gesprochen hatten, war mit den Morden Wirklichkeit geworden: es war der Abgrund des Grabes.« Und da dieses frühe Verbrechen von der Regierung geduldet und unterstützt worden war, leitete es den Totentanz im Nachkriegsdeutschland ein. Die Mörder der extremen Rechten begannen damit, die hervorragenden Führer der extremen Linken zu liquidieren – Hugo Haase und Gustav Landauer, Leo Jogiches und Eugen Leviné – und gingen schnell zur Mitte und zu den Halb-Rechten über – zu Walther Rathenau und Matthias Erzberger, die beide zur Zeit ihrer Ermordung Regierungsmitglieder waren. Auf diese Weise wurde Rosa Luxemburgs Tod zu einer Art Scheitelpunkt zwischen zwei Epochen der deutschen Geschichte und außerdem zu einem »point of no return« für die deutsche Linke. Alle, die aus bitterer Enttäuschung über die Sozialdemokratische Partei zu den Kommunisten übergegangen waren, wurden durch die schnell einsetzende moralische Zerrüttung und politische Desintegration der Kommunistischen Partei noch ärger enttäuscht, hatten aber das Gefühl, daß die Rückkehr in die Reihen der Sozialdemokratischen Partei bedeutete, die Ermordung Rosa Luxemburgs nachträglich gutzuheißen. Persönliche Reaktionen dieser Art, die nur selten öffentlich zugegeben wurden, gehören zu den kleinen Mosaiksteinen, aus denen sich das große Rätsel der Geschichte zusammensetzt. Im Falle Rosa Luxemburgs bilden sie einen Teil der Legende, die sich bald um ihren Namen rankte. Solche Legenden haben ihren eigenen Wahrheitsgehalt, aber Peter Nettl hat mit vollem Recht diesem Rosa-Mythos so gut wie keine Beachtung geschenkt. Seine hinreichend schwierige Aufgabe war es, ihr historisches Leben zu rekonstruieren.

Kurz nach ihrem Tode, nachdem alle konfessionellen Schattierungen der Linken schon beschlossen hatten, daß sie immer »geirrt« habe (ein »wahrhaft hoffnungsloser Fall«, wie George Lichtheim als letzter einer langen Reihe von Autoren schrieb[3]), fand eine merkwürdige Veränderung in ihrer Beurteilung statt. Zwei Bändchen mit ihren Briefen waren veröffentlicht worden und genügten vollauf, als ganz persönliche Zeugnisse und in ihrer einfachen, anrührend menschlichen und manchmal geradezu poetischen Schönheit, das falsche Bild von der blutdürstigen »Roten Rosa« zu zerstören, wenigstens außerhalb der engstirnigsten antisemitischen und reaktionären Kreise. Dafür entstand nun eine neue Legende, die sentimentale Vorstellung von der Blumen- und Vogelfreundin, von der die Gefängniswärter sich unter Tränen verabschiedeten, wenn sie aus der Haft entlassen wird – als ob sie nicht weiterleben könnten ohne diese seltsame Gefangene, die darauf bestanden hatte, sie wie Menschen zu behandeln. Diesen Vorfall, der mir als Kind getreulich berichtet wurde, erwähnt Nettl nicht, er wurde mir später von Kurt Rosenfeld, ihrem Freund und Anwalt, der ihn selbst miterlebt haben will, ausdrücklich bestätigt. Wahrscheinlich stimmt er genau, doch werden seine etwas peinlichen Züge einigermaßen aufgewogen durch eine andere überlieferte Anekdote, die Nettl anführt. Im Jahre 1907 war

Rosa einmal mit ihrer Freundin Clara Zetkin (die später zur »grand old woman« des deutschen Kommunismus wurde) spazierengegangen, hatte darüber die Zeit vergessen und sich zu einer Verabredung mit August Bebel verspätet, der sich um ihren Verbleib gesorgt hatte. Darauf schlug Rosa als Grabinschrift für die beiden Verlorengegangenen vor: »Hier ruhen die letzten beiden Männer der Sozialdemokratischen Partei Deutschlands.« Sieben Jahre später, im Februar 1914, hatte sie Gelegenheit, den grausamen Scherz wahrzumachen, als sie sich in einer großartigen Rede vor der Strafkammer verteidigte, vor der sie wegen Aufwiegelung und Aufforderung zum Ungehorsam im Kriegsfall stand. (Im übrigen kein schlechtes Zeichen für eine Frau, die »immer unrecht hatte«, fünf Monate vor Ausbruch des Weltkrieges, den die meisten »ernstzunehmenden« Menschen für unmöglich hielten, unter solcher Anklage vor Gericht zu stehen!) Nettl hat dankenswerterweise den vollständigen Text der Ansprache abgedruckt; an »Männlichkeit« hat er in der Geschichte des deutschen Sozialismus nicht seinesgleichen.

Es brauchten nur ein paar Jahre zu vergehen und ein paar Katastrophen sich zu ereignen, um die Rosa-Luxemburg-Legende zum Inbegriff der Sehnsucht nach der guten alten Zeit der Bewegung werden zu lassen, als die Hoffnung noch grünte, die Revolution unmittelbar vor der Tür stand und vor allen Dingen der Glaube an die Fähigkeiten der Massen und die moralische Integrität der kommunistischen Führung noch unangetastet war. Es spricht nicht nur für Rosa Luxemburg selbst, sondern auch für die Qualitäten dieser älteren Generation der Linken, daß diese Legende – so unbestimmt, verworren und in den meisten Einzelheiten ungenau sie sein mochte – sich über die ganze Welt verbreiten und immer wieder zu neuem Leben erwachen konnte, sobald sich irgendwo eine »Neue Linke« auftat. Aber neben diesem verschönten Erinnerungsbild lebten auch die alten Klischees von dem »zänkischen Weib« und von der »Romantikerin« fort, die weder »realistisch« noch wissenschaftlich war (Konformismus war ihre Sache nicht) und deren Arbeiten, besonders das große Buch über den Imperialismus (*Die Akkumulation des Kapitals,* 1913), immer mit einem

Achselzucken beiseite geschoben wurden. Eine jede Bewegung der »Neuen Linken« aber begrub, sobald sie sich in eine »Alte Linke« verwandelte, also meist, wenn ihre Mitglieder die Vierzig überschritten hatten, ihre ursprüngliche Begeisterung für Rosa Luxemburg zusammen mit ihren Jugendträumen, und da sie sich gewöhnlich nicht die Mühe gemacht hatten zu lesen, geschweige denn zu verstehen, was sie zu sagen hatte, fiel es ihnen leicht, sie mit dem herablassenden Philistertum ihres frischerworbenen Status abzutun. Der »Luxemburgismus«, der postum aus polemischen Gründen von Partei-Schreiberlingen erfunden worden war, brachte es nicht einmal zu der Ehre, offiziell als »Verrat« angeklagt zu werden, sondern galt als harmlose Kinderkrankheit. Nichts von dem, was Rosa Luxemburg geschrieben oder gesagt hatte, überlebte, mit Ausnahme ihrer überraschend genauen Kritik an der bolschewistischen Politik während der frühen Stadien der Russischen Revolution, und auch diese nur, weil sie von enttäuschten Exkommunisten als bequeme, wenn auch völlig unzulängliche Waffe gegen Stalin verwendet worden konnte. (»Es liegt etwas Unanständiges darin, Rosas Namen und ihre Schriften als Wurfgeschosse des Kalten Krieges zu verwenden«, schrieb der Rezensent des vorliegenden Buches im *Times Literary Supplement*). Ihre neuen Bewunderer hatten ebensowenig mit ihr gemein wie ihre Verächter. Ihr hochentwickeltes Verständnis für die eigentlichen Unterschiede und ihre untrügliche Menschenkenntnis, ihre persönlichen Neigungen und Abneigungen, würden es ihr unter keinen wie immer gearteten Umständen erlaubt haben, Lenin und Stalin in einen Topf zu werfen – ganz abgesehen davon, daß sie niemals zu den »Gläubigen« gehört, niemals die Politik als Religionsersatz aufgefaßt und sich immer gehütet hatte, wie Nettl feststellt, die Religion anzugreifen, wenn sie sich gegen die Kirche wandte. Kurz gesagt, wenn für sie »die Revolution ebenso nah und wirklich war wie für Lenin«, so galt sie ihr doch genausowenig als Glaubensartikel wie der Marxismus. Lenin war in erster Linie ein Mann der Tat und würde sich in jedem Fall politisch betätigt haben, sie dagegen, die nach ihren eigenen halb ernstgemeinten Aussagen »zum Gänsehüten« auf die Welt gekommen war, hätte sich genausogut in Botanik oder Zoologie vertiefen können oder in Geschichte, Nationalökonomie, Mathematik, wenn nicht die Zeitläufte ihren Sinn für Gerechtigkeit und Freiheit verletzt hätten.

Damit gibt man natürlich zu, daß sie keine orthodoxe Marxistin war, ja so wenig orthodox, daß sich bezweifeln läßt, ob sie überhaupt Marxistin war. Nettl stellt mit Recht fest, daß Marx in ihren Augen nichts anderes war als »der beste aller Ausdeuter der Wirklichkeit«, und es verrät ihren Mangel an persönlicher Bindung, daß sie an Hans Diefenbach am 8. März 1917 schreiben konnte: Mir ist »der vielgerühmte erste Band des Marxschen Kapital mit seiner Überladung an Rokoko-Ornamenten im Hegelschen Stil jetzt ein Greuel... (wofür vom Parteistandpunkt 5 Jahre Zuchthaus und 10 J. Ehrverlust verwirkt sind)«.[4] Worauf es ihrer Meinung nach am meisten ankam, mehr noch als auf die Revolution, war die Wirklichkeit in allen ihren erschütternden Aspekten. Ihre Unorthodoxie war unbefangen und unpolemisch; sie empfahl ihren Freunden, Marx zu lesen wegen der Kühnheit seiner Gedanken, der Weigerung, irgend etwas als feststehend anzunehmen eher als um seiner Schlußfolgerungen willen; seine Irrtümer waren augenscheinlich, weshalb sie sich gar nicht erst die Mühe einer ausführlichen Kritik machte. All das tritt ganz deutlich in der *Akkumulation des Kapitals* zutage, die allein Franz Mehring vorurteilsfrei genug war, »einfach genial«, eine »wahrhaft großartige hinreißende Leistung« zu nennen, die seit Marx' Tode ihresgleichen nicht habe.[5] Die Hauptthese dieses eigenartigen, genialen Werkes ist einfach genug. Da der Kapitalismus keine Anzeichen des Zusammenbruchs »unter dem Druck seiner ökonomischen Widersprüche« gebe, begann sie nach einer äußeren Ursache für sein fortdauerndes Bestehen und Anwachsen zu suchen. Sie entdeckte sie in der sogenannten Dritter-Mann-Theorie, das heißt in der Tatsache, daß der Vorgang des Anwachsens nicht allein die Folge von der kapitalistischen Produktion innewohnenden Gesetzen, sondern auch dem Vorhandensein von vorkapitalistischen Sektoren des betreffenden Landes zu danken ist, die der »Kapitalismus« erobert und in seinen Einflußbereich einbringt. Hat sich dieser

Prozeß dann auf das ganze Land ausgedehnt, werden die Kapitalisten gezwungen, nach anderen Gebieten der Erde Ausschau zu halten – nach weiteren vorkapitalistischen Gebieten – und diese in den Vorgang der Kapitalakkumulation einzubeziehen, der sich sozusagen von allem ernährt, was außerhalb seiner liegt: »Faktisch ist die Kapitalakkumulation als geschichtlicher Prozeß in allen ihren Beziehungen auf nichtkapitalistische Gesellschaftsschichten und -formen angewiesen.«[6] Mit anderen Worten, Marx' ursprüngliche Akkumulation des Kapitals war nicht, wie die Erbsünde, ein Einzelereignis, ein einmaliger Akt der Expropriation durch die entstehende Bourgeoisie, der einen Prozeß der Akkumulation auslöst, der dann »mit eiserner Notwendigkeit« das ihm innewohnende Gesetz bis zum endgültigen Zusammenbruch erfüllen muß. Im Gegenteil, die Expropriation muß immer wieder von neuem wiederholt werden, um das System in Gang zu halten. Daraus folgt, daß der Kapitalismus kein in sich geschlossenes System ist, das seine eigenen Widersprüche hervorbringt und »mit Revolution schwanger« geht; er lebt von äußeren Faktoren, und sein *automatischer* Zusammenbruch kann, wenn überhaupt, erst dann erfolgen, wenn die gesamte Erdoberfläche von ihm erobert und verschlungen worden ist.

Lenin begriff sofort, daß diese Darstellung, was immer ihre Vor- oder Nachteile sein mochten, dem Wesen nach unmarxistisch ist. Sie widerspricht den eigentlichen Grundlagen der Marxschen und Hegelschen Dialektik, nach der die bürgerliche Gesellschaft ihre eigene Antithese schafft und der Gesamtvorgang von dem Prinzip beherrscht bleibt, das ihn hervorgerufen hat. So wies Lenin darauf hin, daß vom Standpunkt des dialektischen Materialismus »ihre These, daß die erweiterte kapitalistische Reproduktion in einer geschlossenen Volkswirtschaft unmöglich sei und daß der Kapitalismus, um funktionieren zu können, vorkapitalistische Wirtschaftssysteme verschlingen müsse, (ein) ›grundlegender Fehler‹« sei.[7] Das Dumme ist nur, daß das, was innerhalb der abstrakten marxistischen Theorie sich als Fehler ausnimmt, in Wahrheit eine außerordentlich wirklichkeitsnahe Analyse der Verhältnisse liefert. Auch ihre »sorgfältige Beschreibung der Negermißhandlungen in Südafrika« war »unmarxistisch«, aber wer würde heute wohl leugnen, daß sie in ein Buch über Imperialismus notwendig gehört?

II

In historischer Hinsicht ist Nettls größte und originellste Leistung die Entdeckung der polnisch-jüdischen »Gruppe von Ebenbürtigen« (»peer group«) und Rosa Luxemburgs lebenslängliche enge und sorgfältig verborgen gehaltene Verbindung zur polnischen Partei, die daraus hervorging. In der Tat liegt hier eine hochbedeutsame und gänzlich vernachlässigte Quelle, nicht so sehr für die Revolution als für den revolutionären Geist des zwanzigsten Jahrhunderts. Dieses Milieu, das schon in den zwanziger Jahren seine ganze öffentliche Bedeutung eingebüßt hatte, ist heute vollkommen verschwunden. Sein Kern bestand aus assimilierten Juden aus bürgerlichen Familien, deren kultureller Hintergrund deutsch war (Rosa Luxemburg kannte Goethe und Mörike in- und auswendig, und ihr literarischer Geschmack war hervorragend, dem ihrer deutschen Freunde weit überlegen), während ihre politische Orientierung russisch war und ihre Moralbegriffe im privaten wie im öffentlichen Bereich ganz ausschließlich ihre eigenen waren. Diese Juden, eine äußerst kleine Minorität im Osten und ein womöglich noch kleinerer Prozentsatz des assimilierten Judentums im Westen, standen außerhalb aller sozialen Schichten, und zwar sowohl der jüdischen wie der nicht-jüdischen, und hatten infolgedessen keine wie immer gearteten Vorurteile; vielmehr hatten sie in ihrer »splendid isolation« so etwas wie einen eigenen Ehrenkodex entwickelt, von dem sich dann eine Anzahl von Nicht-Juden angezogen fand, darunter Julian Marchlewski und Felix Dserschinski, die sich beide später den Bolschewisten anschlossen. Eben dieses einzigartigen moralischen Hintergrundes wegen hatte Lenin Dserschinski zum ersten Chef der Tscheka ernannt – nämlich jemanden, den seiner Meinung nach keine Macht der Welt korrumpieren konnte, hatte er doch selber darum gebeten, die Kindererziehung und Sozialfürsorge übernehmen zu dürfen.

Nettl unterstreicht mit Recht die ausgezeichneten Beziehungen, die Rosa Luxemburg zu ihrer Familie hatte, zu ihren Eltern, ihren Brüdern, ihrer Schwester und ihrer Nichte, die allesamt niemals die geringste Neigung zu sozialistischen Anschauungen oder revolutionären Aktivitäten zeigten, die aber für sie alles taten, was sie nur konnten, wenn es galt, sie vor der Polizei zu verstecken, oder wenn sie im Gefängnis saß. Das verdient hervorgehoben zu werden; denn es vermittelt einen Einblick in dieses einzigartige jüdische Familienmilieu, ohne das die Herausbildung der ethischen Standards der »peer group« so gut wie unbegreiflich wäre. Der verborgene Generalnenner für diese Menschen, die einander, aber kaum jemand anderen als ebenbürtig betrachteten, war das im Grunde ganz einfache Erlebnis einer Kindheit, in der wechselseitige Achtung und uneingeschränktes Vertrauen, eine allumfassende Menschlichkeit und eine echte, fast naive Verachtung für alle sozialen und nationalen Unterschiede als Selbstverständlichkeit betrachtet wurden. Allen Mitgliedern dieser »peer group« war etwas gemeinsam, was man nur als »moralische Haltung« bezeichnen kann und was grundverschieden von »moralischen Prinzipien« ist. Die Authentizität ihrer Moral verdankten sie dem Umstand, in einer Welt aufgewachsen zu sein, die nicht aus den Fugen war. Sie gab ihnen das seltene Selbstbewußtsein, das für die Welt, in die sie später gerieten, etwas so Beunruhigendes haben und so peinlich als Arroganz und Einbildung empfunden werden mußte. In diesem Milieu, und niemals in der deutschen Partei, war und blieb Rosa Luxemburg zu Hause. Diese Heimat war bis zu einem gewissen Maße beweglich, und da sie in erster Linie jüdisch war, fiel sie mit keinem bestimmten Vaterland zusammen.

Es ist natürlich sehr einleuchtend, daß die Sozialdemokratie des Königreichs Polen und Litauen (SDKPiL), die Partei dieser überwiegend jüdischen Gruppe, sich von der offiziellen polnischen Sozialistischen Partei, der PPS, abspaltete, weil diese für die Unabhängigkeit Polens eintrat (Pilsudski, der faschistische Diktator Polens nach dem Ersten Weltkrieg, war ihr berühmtestes und erfolgreichstes Produkt), und daß die Mitglieder der Gruppe nach der Spaltung besonders leidenschaftliche Anhänger eines häufig doktrinären Internationalismus wurden. Sogar noch einleuchtender ist es, daß man Rosa Luxemburg einzig und allein in der nationalen Frage den Vorwurf der Selbsttäuschung und des mangelnden Tatsachensinnes machen kann. Unleugbar hat das etwas mit ihrem Judentum zu tun, wenngleich es natürlich »beklagenswert absurd« ist, in ihrem Antinationalismus eine »spezifisch jüdische Eigenschaft« erblicken zu wollen. Der nichts verbergende Nettl geht mit großer Vorsicht um die »Judenfrage« herum, und angesichts des niedrigen Niveaus, auf dem das Thema gewöhnlich behandelt wird, kann man ihn zu diesem Entschluß nur beglückwünschen. Bedauerlicherweise hat diese verständliche Abneigung ihm den Zugang zu den wenigen wichtigen Tatsachen auf diesem Gebiet verschlossen, was um so mehr zu beklagen ist, als diese an sich ganz einfachen und elementaren Fakten auch dem sonst so beweglichen und wirklichkeitsnahen Geist von Rosa Luxemburg unzugänglich geblieben sind.

Zu diesen Fakten gehört, was, soviel ich weiß, nur Nietzsche klar gesehen hat, nämlich daß die Position und Funktion der Juden in Europa sie unweigerlich zu den »guten Europäern« par excellence machen mußte. Der jüdische Mittelstand in Paris und London, Berlin und Wien, Warschau und Moskau war in Wirklichkeit weder kosmopolitisch noch international, obwohl sich die Intellektuellen in seinen Reihen dafür hielten. Er war vielmehr europäisch, was man von keiner anderen Gruppe behaupten konnte. Und zwar war dies keine Frage der Überzeugung, sondern eine objektive Tatsache. Mit anderen Worten: Während die Selbsttäuschung der assimilierten Juden gewöhnlich in dem Irrtum bestand, sich für ebenso deutsch wie die Deutschen, ebenso französisch wie die Franzosen zu halten, lag die Selbsttäuschung der intellektuellen Juden in dem Glauben, daß sie kein »Vaterland« hätten, während ihr Vaterland in Wahrheit Europa war. Das galt besonders für die osteuropäische Intelligenz, die mehrsprachig war – Rosa Luxemburg selbst sprach polnisch, russisch, deutsch und französisch fließend und konnte sehr gut englisch und italienisch.

Sie konnten niemals ganz begreifen, warum das Schlagwort: »Das Vaterland der Arbeiterklasse ist die sozialistische Bewegung« sich als so katastrophal falsch gerade für die arbeitenden Klassen erweisen sollte. Es ist allerdings mehr als beunruhigend, daß Rosa Luxemburg selbst mit ihrem untrüglichen Wirklichkeitssinn und ihrer Ablehnung jeden Klischees nicht herausgehört hat, was an dem Schlagwort grundsätzlich falsch war. Ein Vaterland ist schließlich in erster Linie ein Land, und eine Organisation ist eben nichts dergleichen, nicht einmal im metaphorischen Sinn. So liegt tatsächlich eine grimmige Berechtigung in der späteren Abwandlung des Schlagwortes: »Das Vaterland aller Werktätigen ist die Sowjetunion«, denn Rußland war wenigstens ein »Land«, und damit war dem utopischen Internationalismus dieser Generation ein Ende gesetzt.

Man wird noch mehr solcher Tatsachen anführen und dennoch kaum behaupten können, daß Rosa Luxemburg in der nationalen Frage ganz und gar unrecht hatte. Was hat schließlich mehr zu dem katastrophalen Niedergang Europas beigetragen als der wahnwitzige Nationalismus, der den Niedergang des Nationalstaates im Zeitalter des Imperialismus begleitete? Die von Nietzsche als »gute Europäer« Bezeichneten – eine sehr kleine Minderheit auch unter den Juden – sind höchstwahrscheinlich die einzigen gewesen, die eine Vorahnung von den unseligen weiteren Auswirkungen hatten, wenn sie auch nicht in der Lage waren, die ungeheure Kraft des Nationalismus innerhalb eines sich auflösenden politischen Organismus genau zu ermessen.

III

Im engsten Zusammenhang mit Nettls Entdeckung der polnischen »peer group« und ihrer fortdauernden Bedeutung für Rosa Luxemburgs öffentliches und privates Leben steht seine Erschließung bisher unzugänglicher Quellen, die ihm ermöglicht haben, Einzelheiten ihrer Biographie zu rekonstruieren – die ganze Wirklichkeit von Lieben und Leben. Es stellt sich jetzt heraus, daß wir so gut wie nichts über ihr Privatleben wußten, aus dem einfachen Grunde, daß sie sich so sorgfältig vor allem Bekanntwerden abzudecken verstanden hat. Das ist keine bloße Angelegenheit der Quellenforschung. Man kann wirklich von Glück sagen, daß das neue Material Nettl in die Hände gefallen ist. Er wiederum ist vollauf berechtigt, sich über seine wenigen Vorgänger hinwegzusetzen; denn diese waren nicht so sehr durch den fehlenden Zugang zu den Tatsachen behindert als durch die Unfähigkeit, sich auf dem gleichen Niveau wie der Gegenstand ihrer biographischen Bemühungen zu bewegen, zu denken oder zu fühlen. Dies nun fällt Nettl gar nicht schwer, und seine Behandlung dieser delikaten Fragen ist mehr als nur feinfühlig. Er liefert das erste »con amore«, mit Takt und großer Delikatesse gezeichnete, in sich geschlossene Porträt dieser außergewöhnlichen Frau. Es ist, als habe sie in ihm ihren letzten Verehrer gefunden, und gerade deshalb fühlt man sich bewogen, über einige seiner Urteile mit ihm zu streiten.

Ganz gewiß irrt er sich, wenn er ihren Ehrgeiz und das Interesse für eine Karriere unterstreicht. Hält er ihre heftige Verachtung für die Karrieremacher und Statusgläubigen innerhalb der deutschen Partei und für deren Entzücken, in den Reichstag einziehen zu können, einfach für unehrlich? Glaubt er, daß ein wirklich »ehrgeiziger« Mensch es fertiggebracht hätte, so generös wie Rosa zu sein? (Auf einem internationalen Kongreß hatte Jaurès einmal gerade eine beredsame Ansprache beendet, in der er »die irregeleitete Leidenschaft« von Rosa Luxemburg lächerlich gemacht hatte, da ergab sich plötzlich, daß niemand zur Übersetzung vorhanden war, worauf Rosa aufsprang und die ganze flammende Rede aus dem Französischen in ein ebenso ausdrucksvolles Deutsch übertrug). Und wie kann Nettl das, wenn er nicht Unaufrichtigkeit oder Selbsttäuschung voraussetzt, mit dem bezeichnenden Satz aus einem ihrer Briefe an Jogiches vereinen: »Ich habe verdammte Lust, glücklich zu sein, und bin bereit, Tag um Tag mit dem Starrsinn eines Tauben um mein Portiönchen Glück zu feilschen.«[8] Was er fälschlich für Ehrgeiz hält, ist die natürliche Kraft eines Temperaments, das nach ihren eigenen Worten imstande war, »eine ganze Prärie in Brand zu setzen«, das sie nolens volens ins öffentliche Leben hineinstieß und sogar die meisten ihrer intellektuellen Unternehmungen bestimmte. Obwohl Nettl immer wieder die hohen moralischen Grundsätze der »peer group« hervorhebt, scheint er doch noch immer nicht eingesehen zu haben, daß diese Standards solche Dinge wie Ehrgeiz, Karriere, Status und sogar den bloßen Erfolg unter ein striktes Tabu setzten.

Es gibt noch einen anderen Aspekt ihrer Persönlichkeit, den Nettl unterstreicht, aber in seinen Auswirkungen nicht zu begreifen scheint: daß sie ganz bewußt Frau war. Das allein schon setzten ihrem Ehrgeiz gewisse Grenzen – und Nettl schreibt ihr nicht mehr zu, als bei einem Mann von gleichen Talenten und Möglichkeiten natürlich gewesen wäre. Ihr Abscheu vor der Emanzipationsbewegung, von der sich alle anderen Frauen ihrer Generation und politischen Überzeugung außerordentlich angezogen fühlten, war sehr ausgeprägt. Auf den Gleichheitsruf der Suffragetten hätte sie gewiß gern erwidert: »Vive la petite différence!« Sie war eine Außenseiterin, nicht nur als polnische Jüdin in einem Land, das ihr mißfiel, und in einer Partei, die sie bald verachtete, sondern eben auch als Frau. Nettl muß man natürlich seine männlichen Vorurteile nachsehen, sie würden auch nicht weiter gestört haben, wenn sie ihn nicht daran gehindert hätten, die Rolle von Leo Jogiches in ihrem Leben ganz zu verstehen, ihres ersten und vielleicht einzigen Liebhabers und – in jeder praktischen Hinsicht – Ehemanns. Der tödlich ernste Streit, der durch Jogiches' kurze Liebesaffäre mit einer anderen Frau hervorgerufen und durch Rosas wütende Reaktion darauf unendlich kompliziert wurde, war für ihre Zeit und ihr Milieu sehr typisch, ebenso wie das Nachspiel, seine Eifersucht und ihre jahrelange Weigerung, ihm zu verzeihen. Diese ganze Generation glaubte noch fest daran, daß es nur eine große Liebe im Leben gibt, und ihre Gleichgültigkeit gegenüber dem Standesamt darf nicht mit dem Glauben an freie Liebe verwechselt werden. Nettls Unterlagen zeigen, daß Rosa Freunde und Bewunderer hatte und daß sie dies auch genoß, aber es geht kaum daraus hervor, daß es jemals noch einen anderen Mann in ihrem Leben gegeben hatte. An den Parteiklatsch zu glauben, daß sie

Heiratspläne mit »Hänschen« Diefenbach gehabt habe, den sie immer nur gesiezt und nicht im Traum als ebenbürtig behandelt hatte, erscheint mir rundheraus albern. Nettl nennt die Geschichte von Leo Jogiches und Rosa Luxemburg »eine der großen und tragischen Liebesgeschichten des Sozialismus«, und man könnte ihm beipflichten, wenn man davon ausgeht, daß nicht »blinde und selbstzerstörerische Eifersucht« das tragische Ende ihrer Beziehungen herbeigeführt habe, sondern der Krieg und die Gefängnisjahre, die zum Scheitern verurteilte deutsche Revolution und das blutige Ende.

Leo Jogiches, dessen Namen Nettl ebenfalls vor der Vergessenheit bewahrt hat, war eine sehr bemerkenswerte und dabei typische Erscheinung unter den Berufsrevolutionären. In Rosa Luxemburgs Augen war er entschieden masculini generis, was für sie von großer Bedeutung war. Sie bevorzugte Graf Westarp, den Führer der konservativen Partei, vor allen sozialdemokratischen Prominenten, weil er, wie sie sagte, »ein *Mann*« war. Sie respektierte nur wenige Leute, und Jogiches stand an der Spitze einer Liste, auf der mit völliger Gewißheit nur die Namen von Lenin und Franz Mehring standen. Er war entschieden ein Mann der Tat, er wußte, was Handeln ist und was Leiden. Es ist verlockend, ihn mit Lenin zu vergleichen, mit dem er eine gewisse Ähnlichkeit hatte, außer in seiner Leidenschaft für Anonymität und für das Drahtziehen im verborgenen. Diese Neigung für das Konspirative und die Gefahr muß ihm einen zusätzlichen erotischen Reiz verliehen haben: Er war gewissermaßen ein Lenin manqué, einschließlich der Unfähigkeit zu schreiben (die bei ihm »total« war, wie Rosa es in einem gescheiten, aber sehr liebevollen Porträt von ihm in einem ihrer Briefe schildert) und der Mittelmäßigkeit als Redner. Beide hatten großes Talent für die Aktion und die Menschenführung, aber für nichts anderes, und fühlten sich infolgedessen machtlos und überflüssig, wenn sie sich selbst überlassen waren. Im Falle Lenins fällt es nicht so auf, weil er niemals völlig isoliert war. Doch Jogiches hatte sich schon frühzeitig mit der russischen Partei überworfen, auf Grund eines Streites mit Plechanow, der den selbstsicheren jüdischen Jüngling, der frisch aus

Polen angekommen war, für eine »Miniaturausgabe von Netschajew« hielt.⁹ Die Folge war, daß er sich, nach Rosa Luxemburgs Schilderung, viele Jahre »ganz entwurzelt fühlte« und »in ewiger Erbitterung vegetierte«, bis ihm die Revolution von 1905 die erste Gelegenheit zur Bewährung gab: »Er errang sich nicht nur ganz plötzlich die Stellung des Führers in der polnischen Bewegung, sondern in der russischen.«¹⁰ (Die SDKPiL trat während der Revolution stärker in Erscheinung und wurde in den folgenden Jahren noch wichtiger. Obwohl Jogiches selber »so gut wie nichts geschrieben hatte«, blieb er »nichtsdestoweniger Leib und Seele« ihrer Publikationen.) Er hatte seine letzte große Stunde, als er, »innerhalb der SPD vollkommen unbekannt«, während des Ersten Weltkrieges eine geheime Opposition in der deutschen Armee organisierte. Ohne ihn hätte es keinen Spartakusbund gegeben – eine Vereinigung, die wie keine andere organisierte Gruppe der Linken in Deutschland für kurze Zeit so etwas wie eine ideale »peer group« darstellte. (Womit wahrlich nicht gesagt sein soll, daß Jogiches die deutsche Revolution gemacht habe. Sie wurde wie alle Revolutionen von niemandem gemacht. Auch der Spartakusbund »lief den Ereignissen eher hinterher«, und die offizielle Ansicht, daß der Spartakus-Aufstand im Januar 1918 von den Führern des Bundes – Luxemburg, Liebknecht, Jogiches – ausgelöst oder inspiriert wurde, ist ein Mythos.)

Wir werden niemals wissen, wieviel von Rosa Luxemburgs politischen Ideen von Jogiches stammte; in einer Ehe ist es nicht immer einfach, die Gedanken der einzelnen Partner auseinanderzuhalten. Aber daß Jogiches versagte, wo Lenin Erfolg hatte, beruht mindestens ebenso auf den äußeren Umständen – daß er Jude und Pole war – wie auf einem geringeren persönlichen Format. Rosa Luxemburg wäre gewiß die letzte gewesen, ihm das vorzuwerfen. Die Mitglieder der »peer group« beurteilten sich gegenseitig nicht nach derartigen Kategorien. Jogiches mochte Eugen Leviné, russischer Jude wie er, doch jüngeren Alters, zugestimmt haben, von dem der Ausspruch stammt: »Wir sind Tote auf Urlaub.« Durch diese Stimmung unterscheidet er sich von den anderen; denn weder Lenin noch Trotzki noch Rosa Luxemburg selbst haben wahrscheinlich so empfunden. Nach Rosas Tod weigert er sich, zu seiner Sicherheit aus Berlin wegzugehen. Radek erinnerte sich seiner Reaktion: »Er antwortete lächelnd, das sei kein Argument, denn es müsse jemand bleiben, der seinen Nekrolog schreibe.«[11] Zwei Monate nach dem Mord an Liebknecht und Rosa Luxemburg wurde er verhaftet und auf der Polizeiwache hinterrücks erschossen. Der Name seines Mörders war bekannt, doch kein Versuch wurde je gemacht, ihn zu bestrafen; er brachte noch einen zweiten Menschen auf dieselbe Weise um und setzte dann mit Beförderung seine weitere Laufbahn in der preußischen Polizei fort. So ging es in der Weimarer Republik zu.

Beim Lesen und Erinnern dieser alten Geschichten wird einem schmerzhaft der Unterschied zwischen den deutschen Genossen und den Mitgliedern von Rosa Luxemburgs Gruppe bewußt. Als sie während der Russischen Revolution in Warschau verhaftet wurde und ihre Freunde Geld für die Kaution sammelten (das wahrscheinlich aus Deutschland stammte), wurde die Zahlung ergänzt »durch eine inoffizielle Drohung mit Repressalien: falls Rosa irgend etwas geschähe, würde man mit Aktionen gegen hochgestellte Beamte kontern«. Den deutschen Genossen ist ein solcher Gedanke an »Aktionen« nie gekommen, weder vor noch nach der Welle politischer Morde, bei der die Straflosigkeit derartiger Taten deutlich genug zutage getreten war.

IV

Beklemmender als ihre angeblichen Irrtümer, jedenfalls schmerzlicher für sie selbst, erscheinen im Rückblick die wenigen entscheidenden Fälle, in denen Rosa Luxemburg nicht »aus der Reihe tanzte«, sondern sich in Übereinstimmung mit den herrschenden Mächten der deutschen sozialistischen Bewegung befand. Dies waren ihre eigentlichen Irrtümer, und es war keiner darunter, den sie nicht schließlich als solchen erkannt und bitter bereut hat.

Der harmloseste betraf die nationale Frage. Rosa war 1898 nach Deutschland aus Zürich gekommen, wo sie ihr Doktorexamen mit einer hervorragenden Dissertation über die industrielle Entwicklung in Polen bestanden hatte (nach Aussage von Professor Julius Wolf, der sich in seiner Autobiographie liebevoll seiner begabtesten Schülerin erinnert) – einer Dissertation, der die ungewöhnliche Auszeichnung der sofortigen Publikation in einem kommerziellen Verlag zuteil wurde und die heute noch zur Unterrichtung über die polnische Geschichte dient. Ihre These war, daß die wirtschaftliche Entwicklung Polens ganz und gar vom russischen Markt abhinge und jeglicher Versuch, »einen national oder sprachlich abgegrenzten Staat zu bilden, die Leugnung aller Fortschritte der letzten fünfzig Jahre bedeutet hätte«. Daß sie in wirtschaftlicher Hinsicht recht hatte, wurde mehr als deutlich durch das chronische Malaise Polens zwischen den beiden Weltkriegen bewiesen. Sie wurde daraufhin zur Polen-Expertin der deutschen Partei und deren Propagandistin bei der polnischen Bevölkerung der östlichen deutschen Provinzen, womit sie in die unangenehme Nachbarschaft derjenigen rückte, die am liebsten die Polen bis zum völligen Verschwinden germanisiert und alle Polen, einschließlich der polnischen Sozialisten, von Herzen gern hinauskomplimentiert hätten, wie ihr ein SPD-Sekretär einmal sagte. Ganz gewiß hat die Aureole offizieller Anerkennung für Rosa einen verdächtigen Schimmer gehabt.

Sehr viel ernster war ihre trügerische Übereinstimmung mit der Parteiobrigkeit in der Revisionismus-Debatte, in der sie eine führende Rolle spielte. Diese berühmte Debatte war durch Eduard Bernstein ausgelöst worden. In der Geschichte ist der Revisionismus festgelegt als Reform im Gegensatz zur Revolution.[12] Doch diese Parole ist aus zwei Gründen irreführend. Einmal wirkt sie so, als ob die SPD um die Jahrhundertwende überhaupt noch auf die Revolution festgelegt war (und das ist unzutreffend), und zweitens verbirgt sie die objektive Richtigkeit von vielem, was Bernstein zu sagen hatte. Seine Kritik an Marxens nationalökonomischen Ideen befand sich in der Tat, wie er behauptete, »in voller Übereinstimmung mit der Wirklichkeit«. Er hob hervor, daß die gewaltige Vermehrung des sozialen Wohlstandes nicht einhergehe mit einer abnehmenden Zahl von großen Kapitalisten, sondern mit einer zunehmenden Zahl von Kapitalisten aller Größenordnungen; daß die zunehmende Verengung des Kreises der Wohlhabenden und die Zunahme der Verelendung der Armen sich nicht ereignet hätten und daß Marxens Behauptung, der Proletarier habe kein Vaterland, nicht länger zutreffend sei. Das allgemeine Wahlrecht habe ihm politische Rechte, die Gewerkschaften einen Platz in der Gesellschaft und die neuimperialistische Entwicklung ein klares Interesse an der Außenpolitik der Nation gegeben. Die Reaktion der deutschen Partei auf diese unwillkommenen Wahrheiten war zweifellos hauptsächlich dem tiefsitzenden Widerwillen geschuldet, ihre theoretischen Grundlagen kritisch zu überprüfen.[13] Zudem aber ging es um die Rolle der SPD als »Staat im Staate«. Die Partei war mittlerweile zu einer riesigen und wohlorganisierten Bürokratie herangewachsen, die außerhalb der Gesellschaft ihren angestammten Platz hatte und der nur daran gelegen war, diese Position zu halten. Ein Revisionismus à la Bernstein würde die Partei in die deutsche Gesellschaft zurückgeführt haben, und eine solche »Integration« empfand man als mindestens ebenso gefährlich für die Partei wie eine Revolution.

Nettls brillante Analyse der Lage der SPD beruht auf einer interessanten Theorie, die er in seinem Aufsatz »The German Social-Democratic Party 1890–1914 as a Political Model«[14] entwickelt hat. Er spricht von der »Paria-Stellung« der SPD innerhalb der deutschen Gesellschaft und von ihrem Versäumnis, sich an der Regierung zu beteiligen. Ihre Mitglieder waren der Ansicht, daß die Partei »in ihren eigenen Reihen eine überlegene Alternative zum korrupten Kapitalismus anbieten konnte«. In der Tat erzeugte sie, indem sie die »Verteidigungsposten gegen die Gesellschaft an allen Fronten intakt« hielt, ein unechtes Gefühl der Zusammengehörigkeit (von »togetherness«, wie Nettl sagt), das die französischen Sozialisten mit großer Verachtung behandelten.[15] In jedem Fall war es offensichtlich, daß in dem Maße, wie die Zahl der Parteimitglieder wuchs, der radikale Elan »wegorganisiert« wurde. In diesem »Staat im Staate« ließ sich höchst angenehm leben, solange man die Reibung mit der Gesellschaft im ganzen vermied und sich einer moralischen Überlegenheit erfreute, die keine Konsequenzen forderte. Es war nicht einmal notwendig, den Preis ernsthafter Entfremdung zu zahlen, da die Paria-Gesellschaft in Wahrheit nichts anderes darstellte als ein »verkleinertes Spiegelbild« der deutschen Gesellschaft. Diese Sackgassenentwicklung der deutschen sozialistischen Bewegung konnte nun von entgegengesetzten Standpunkten aus zutreffend analysiert werden – also entweder aus dem Blickwinkel des Bernsteinschen Revisionismus, der die Emanzipation der Arbeiterklasse in der kapitalistischen Gesellschaft als vollendete Tatsache ansah und die Forderung erhob, nicht weiter von einer Revolution zu reden, an die sowieso niemand dachte; oder aber aus der Sicht derjenigen, die nicht nur der bürgerlichen Gesellschaft entfremdet waren, sondern die Welt zu verändern wünschten.

Letzteres war der Standpunkt der Revolutionäre im Osten, die den Angriff gegen Bernstein führten – Plechanow, Parvus und Rosa Luxemburg – und die von Karl Kautsky, dem bedeutendsten Theoretiker der deutschen Sozialdemokratie, unterstützt wurden, obwohl er wahrscheinlich besser mit Bernstein zurecht kam als mit diesen neuen Verbündeten. Sie erzielten denn auch nur einen Pyrrhussieg: Er »verschärfte die Entfremdung durch das Abschieben der Realität«. Denn das wahre Problem war weder ein theoretisches noch ein wirtschaftliches. Es ging vielmehr um Bernsteins schamhaft in einer Fußnote verborgene Überzeugung, daß »das Bürgertum – das deutsche nicht ausgenommen – im großen und ganzen nicht nur ökonomisch, sondern auch *moralisch*... noch ziemlich gesund« sei.[16] Das war der Grund, warum Plechanow ihn einen Philister nannte, und warum Parvus und Rosa Luxemburg die Auseinandersetzung für die Zukunft der Partei für so entscheidend erachteten. Denn der springende Punkt war, daß sich Bernstein und Kautsky in ihrer Aversion gegenüber der Revolution trafen (das »eiserne Gesetz der Notwendigkeit« war für Kautsky die beste Entschuldigung, nichts zu tun). Die Gäste aus Osteuropa waren die einzigen, die sich nicht damit zufrieden gaben, an die Revolution als eine theoretische Notwendigkeit zu »glauben«, sondern irgend etwas dafür tun wollten, gerade weil sie die bestehende Gesellschaft *moralisch*, aus Gründen der Gerechtigkeit, für untragbar hielten. Bernstein und Rosa Luxemburg wiederum hatten gemeinsam, daß sie ehrlich waren (das mag Bernsteins »heimliche Zuneigung« zu ihr erklären), daß sie analysierten, was sie sahen, daß sie die Realität in Rechnung stellten und Marx kritisch betrachteten; Bernstein war sich dessen bewußt und bemerkte in seiner Entgegnung auf Rosa Luxemburgs Angriffe mit Recht, daß sie ebenfalls »alle marxistischen Voraussagen über die künftige gesellschaftliche Entwicklung« in Frage gestellt habe, »soweit diese auf der Krisentheorie basierten«.

Rosa Luxemburgs frühe Erfolge in der deutschen Partei beruhten auf einem doppelten Mißverständnis. Um die Jahrhundertwende galt der SPD »der Neid und die Bewunderung der Sozialisten in der ganzen Welt«. August Bebel, ihr »großer alter Mann«, der von der Reichsgründung bis zum Ausbruch des Ersten Weltkrieges ihre Politik und ihren Geist bestimmte, hatte immer wieder verkündet: »Ich will der Todfeind dieser bürgerlichen Gesellschaft und dieser Staatsordnung bleiben.«[17] Klang das nicht wie der Geist der polnischen »peer group«? Konnte man angesichts einer solchen herausfordernden Haltung nicht annehmen, daß die SPD ein vergrößertes Abbild der SDKPiL sei? Es dauerte fast ein Jahrzehnt – bis sie aus der ersten russischen Revolution zurückkehrte –, ehe Rosa Luxemburg entdeckte, daß das Geheimnis dieser stolzen Ablehnung in der entschlossenen Nichteinmischung in die öffentlichen Angelegenheiten der Welt und der ausschließlichen Beschäftigung mit dem Anwachsen des Parteiapparats lag. Aus dieser Erfahrung heraus entwickelte sie nach 1910 ihr Programm der konstanten Reibung mit der Gesellschaft, ohne die – wie sie damals erkannte – der Quell des revolutionären Geistes zum Austrocknen verdammt war. Es lag ihr fern, ihr Leben in einer Sekte zu verbringen, wie groß diese auch immer sein mochte. Ihre Beschäftigung mit der Revolution war in erster Linie eine moralische Angelegenheit, und das bedeutete, daß sie weiterhin leidenschaftlich am öffentlichen Leben Anteil nahm und die Geschicke der Welt im Auge behielt. Ihr Engagement in der europäischen Politik außerhalb der unmittelbaren Interessen der Arbeiterklasse und weit über den Horizont aller Marxisten hinaus äußert sich am überzeugendsten in ihrer wiederholten Forderung nach einem »republikanischen Programm« für die deutsche und für die russische Partei.

Dies war einer der Hauptpunkte ihrer berühmten *Junius-Broschüre*, die sie im Gefängnis während des Krieges schrieb und die dann später dem Spartakusbund als Programm diente. Ohne zu wissen, wer der Verfasser war, hatte Lenin sofort erklärt, die Ausrufung der Republik bedeute praktisch die Ausrufung der Revolution mit einem falschen revolutionären Programm. Nun, ein Jahr später brach die russische Revolution aus, ohne ein wie immer geartetes Programm zu haben, und ihre erste Leistung war die Abschaffung der Monarchie und die Errichtung einer Republik, was sich dann ebenfalls in Deutschland und Österreich ereignen sollte. Diese Tatsache hat selbstverständlich die russischen, polnischen und deutschen Genossen niemals gehindert, Rosa Luxemburg in diesem Punkt auf das heftigste zu widersprechen. In Wahrheit trennte die republikanische Frage sie noch entscheidender von allen anderen als die nationale Frage. In dieser Hinsicht stand sie vollständig allein, genauso allein, wenn auch weniger prononciert, wie in ihrer Betonung, daß Freiheit, nicht nur Gedankenfreiheit, sondern politische Freiheit, unter allen Umständen garantiert werden müsse.[18]

Ein anderes Mißverständnis steht im unmittelbaren Zusammenhang mit der Revisionismus-Debatte. Rosa Luxemburg hielt irrtümlich Kautskys Widerstreben, Bernsteins Analysen zu akzeptieren, für eine authentische Verpflichtung zur Revolution. Doch nach der ersten Russischen Revolution von 1905, zu der sie eigens mit falschen Papieren nach Warschau zurückgeeilt war, konnte sie sich nicht länger mehr darüber täuschen. Für sie waren diese Monate nicht nur ein umwälzendes Erlebnis, sondern auch die »glücklichste Zeit meines Lebens«. Nach ihrer Rückkehr versuchte sie, die Ereignisse mit ihren Freunden in der deutschen Partei durchzusprechen. Sie machte schnell die Erfahrung, daß das Wort Revolution »nur mit einer echten revolutionären Situation in Berührung zu kommen braucht, um alsbald in bedeutungslose Silben zu zerfallen«. Die deutschen Sozialisten waren überzeugt, daß solche Dinge nur in weit entfernten barbarischen Ländern passieren konnten. Das war der erste Schock, von dem Rosa sich niemals erholen sollte. Der zweite kam 1914 und brachte sie an den Rand des Selbstmords.

Natürlich hatte die erste Berührung mit einer richtigen Revolution sie mehr und Besseres gelehrt als Desillusionierung und die Künste der Verachtung und des Mißtrauens. Sie gewann daraus auch ihren Einblick in die Natur politischen Handelns, den Nettl mit Recht als ihren wichtigsten Beitrag zur politischen Theorie bezeichnet. Vor allen Dingen lernte sie von den revolutionären Arbeiterräten (den Sowjets), daß gute Organisation der Aktion nicht voraufgeht, sondern erst ihr Ergebnis ist, daß »die Organisation der revolutionären Aktion nur in der Revolution selbst erlernt werden kann, so wie man Schwimmen nur im Wasser lernen kann«, daß Revolutionen von niemandem »gemacht« werden, sondern »spontan ausbrechen«, und daß der »Druck zur Aktion« immer »von unten« kommt. Eine Revolution »ist so lange groß und stark, als die Sozialdemokraten (damals noch die einzige revolutionäre Partei) sie nicht zerschlagen«.

Zwei Aspekte des Vorspiels von 1905 entgingen ihr jedoch vollständig. Einmal gab es immerhin die Tatsache, daß die Revolution nicht nur in einem rückständigen und nichtindustrialisierten Lande ausgebrochen war, sondern auf einem Gebiet, in dem keine starke sozialistische Bewegung mit Massenbasis vorhanden war. Eine zweite ebenso wenig wegzuleugnende Tatsache war, daß die Revolution als Ergebnis der russischen Niederlage im Kriege mit Japan eintrat. Lenin zog aus den Ereignissen die folgenden beiden Lehren: Man brauchte keine große Organisation – eine kleine, straff organisierte Gruppe mit einem Führer, der genau wußte, was er wollte, genügte vollauf, um die Macht zu ergreifen, sobald die Autorität des alten Regimes hinweggefegt war. Und da Revolutionen nicht »gemacht« werden, sondern als Ergebnis von Umständen und Ereignissen entstehen, die niemand beeinflussen kann, sind Kriege durchaus willkommen,[19] große revolutionäre Organisationen dagegen hinderlich. Der zweite Punkt lag Rosa Luxemburgs Meinungsverschiedenheit mit Lenin während des Ersten Weltkrieges zugrunde, der erste ihrer Kritik an Lenins Taktik während der Russischen Revolution von 1917. Denn sie weigerte sich von Anfang bis zum Ende kategorisch, im Krieg etwas anderes als das schrecklichste Unheil zu erblicken, was auch immer dabei herauskommen mochte – nach ihrer Meinung waren die Kosten an Menschenleben, besonders proletarischer Menschen, in jedem Falle zu hoch. Außerdem ging es ihr einfach gegen den Strich, die Revolution als Nutznießerin von Krieg und Blutvergießen zu betrachten – was Lenin nicht das geringste ausmachte. Was die Frage der Organisation anging, so glaubte sie nicht an einen Sieg, an dem die breite Masse keinen Anteil und kein Mitspracherecht hatte, ja, sie hielt so wenig davon, um jeden Preis die Macht in Händen zu halten, daß »sie eine deformierte Revolution weit mehr als eine erfolglose fürchtete« – im Grunde der Hauptunterschied zwischen ihr und den Bolschewiken.

Haben die Ereignisse ihr nicht recht gegeben? Ist die Geschichte der Sowjetunion nicht ein einziger langer Beweis für die schrecklichen Gefahren von »deformierten Revolutionen«? Hat nicht der »moralische Zusammenbruch«, den sie vorhersah – ohne freilich die Errichtung eines Verbrecherstaats unter Stalin zu ahnen –, der Sache der Revolution, wie sie sie auffaßte, mehr geschadet als »jede nur erdenkliche Niederlage... im ehrlichen Kampf gegen überlegene Kräfte und gegen den Strom der historischen Entwicklung«? Hatte sie nicht recht mit ihrem Urteil, daß Lenin »völlig im Irrtum war über die von ihm angewandten Mittel«, und daß die einzige Rettung in der »Schule des öffentlichen Lebens selber lag, in der unumschränktesten, breitesten Demokratie und öffentlichen Meinungsäußerung«, daß der Terror jedermann »demoralisiere« und alles zerstöre?

Sie lebte nicht lange genug, um noch zu sehen, in welchem Maße sie recht gehabt hatte, um noch die fürchterliche und fürchterlich schnelle moralische Zersetzung der kommunistischen Parteien, der unmittelbaren Nachkommen der Russischen Revolution, überall auf der Welt zu beobachten. Ebensowenig war das übrigens Lenin beschieden, der trotz allen seinen Fehlern mehr mit der ursprünglichen »peer group« gemeinsam hatte als mit irgendeinem, der nach ihm kam. Das kam deutlich zum Ausdruck, als Paul Levi, der Nachfolger von Leo Jogiches in der Führung des Spartakus, drei Jahre nach Rosa Luxemburgs Tod ihre eben zitierten Bemerkungen über die Russische Revolution publizierte, die sie 1918 »nur für sich«, also ohne den Gedanken an eine Veröffentlichung niedergeschrieben hatte. (Es liegt eine gewisse Ironie darin, daß ausgerechnet diese Broschüre, *Die russische Revolution*, als einzige ihrer Schriften heute noch allgemein bekannt ist.) »Es war eine ziemlich peinliche Situation«, sowohl für die deutsche wie für die russische Partei, und man könnte Lenin verzeihen, wenn er scharf und unbeherrscht darauf geantwortet hätte. Doch er schrieb: »Wir antworten mit ... einer trefflichen russischen Fabel: Wohl traf's sich, daß des Adlers Flug ihn niedriger, als Hühner fliegen, trug, doch fliegen Hühner nie auf Adlershöh'n. Rosa Luxemburg irrte ... Aber trotz aller ihrer Fehler war sie und bleibt sie ein Adler.«[20] Er fuhr dann fort, indem er die Veröffentlichung ihrer Biographie und einer »vollständigen« Ausgabe ihrer Werke verlangte, einschließlich ihrer Irrtümer, und die deutschen Genossen tadelte, diese ihre Verpflichtung unglaublicherweise vernachlässigt zu haben. Das war im Jahre 1922. Drei Jahre später hatten Lenins Nachfolger beschlossen, die deutsche Partei zu »bolschewisieren« und infolgedessen einen »ganz spezifischen Angriff auf Rosa Luxemburgs Erbe« angeordnet. Die Aufgabe wurde von einer jungen Genossin namens Ruth Fischer, die gerade aus Wien eingetroffen war, freudig übernommen. Sie teilte den deutschen Genossen mit, daß Rosa Luxemburg und ihr Einfluß nichts anderes als ein »Syphilisbazillus« seien.

Die Gosse hatte sich geöffnet, und was nun nach oben gespült wurde, war, was Rosa Luxemburg »eine andere zoologische Spezies« genannt hätte. Weder »Agenten der Bourgeoisie« noch sozialistische Verräter wurden länger benötigt, um die wenigen Überlebenden der »peer group« zu vernichten und die letzten Reste ihres Geistes der Vergessenheit anheimfallen zu lassen. Es erübrigt sich zu sagen, daß keine vollständige Ausgabe von Rosa Luxemburgs Werken je erschien. Nach dem Zweiten Weltkrieg wurden in Ost-Berlin Auswahlbände veröffentlicht, »mit sorgfältigen, die Irrtümer hervorhebenden Anmerkungen«. Einer zweibändigen Ausgabe folgte eine »vollständige Analyse von Rosa Luxemburgs System von Irrtümern« durch Fred Oelssner, die schnell in Vergessenheit geriet, weil sie plötzlich »zu stalinistisch« geworden war. Das entsprach gewiß nicht Lenins Forderung, noch konnte es, wie er gehofft hatte, der »Erziehung vieler Generationen von Kommunisten« dienen.

Nach Stalins Tod begannen die Dinge sich zu wandeln, freilich nicht in Ostdeutschland, wo die Revision stalinistischer Geschichtsschreibung bezeichnenderweise die Form eines »Bebel-Kultes« annahm. (Der einzige, der gegen diesen neuen Unfug protestierte, war der arme alte Hermann Duncker, der letzte Überlebende von Distinktion, der sich noch »an die wundervollste Zeit meines Lebens erinnern konnte, als ich als junger Mensch mit Rosa Luxemburg, Karl Liebknecht und Franz Mehring bekannt war und mit ihnen arbeitete«.) Die Polen dagegen haben, wenngleich ihre eigene zweibändige Werk-Auswahl von 1959 sich teilweise mit der deutschen deckt, »ihren Ruhm fast unverändert aus dem Sarg gehoben, in dem er seit Lenins Tode aufbewahrt war«, und seit 1956 ist eine ganze Flut von polnischen Publikationen über sie erschienen. Höchst bedauerlich ist, daß Nettl diese Literatur in seiner Bibliographie nicht aufführt und im Text nicht behandelt.[21] Man möchte die Hoffnung nicht aufgeben, daß mit großer Verspätung doch noch erkannt wird, wer Rosa Luxemburg war und was sie geleistet hat – ebenso wie man weiter hoffen möchte, daß sie endlich ihren Platz im Pensum der Politologen der westlichen Welt finden möge. Denn Nettl sagt mit Recht: »Wo immer ernsthaft die Geschichte der politischen Ideen gelehrt wird, da müssen auch ihre Ideen genannt werden.«

Angelo Giuseppe Roncalli –
der christliche Papst

Bemerkungen zum Geistlichen Tagebuch Johannes XXIII.

Welch ein merkwürdig enttäuschendes und merkwürdig faszinierendes Buch! Zum großen Teil während geistlicher Exerzitien geschrieben, besteht das *Geistliche Tagebuch* Johannes XXIII.[1] aus endlos wiederholten frommen Ergüssen und Selbstermahnungen, »Gewissenserforschungen« und Aufzeichnungen über »inneren Fortschritt«, mit nur ganz seltenen Hinweisen auf wirkliche Ereignisse, so daß es sich Seiten und Seiten lang liest wie ein elementarer Leitfaden über das Thema, wie man gut sein und das Böse vermeiden kann. Und dennoch gelingt es ihm, auf seine eigene merkwürdige und ungewohnte Art, eine klare Antwort auf Fragen zu geben, die viele Menschen vor nunmehr fast drei Jahren bewegten, als Angelo Giuseppe Roncalli, der den Namen Johannes XXIII. angenommen hatte, im Sterben lag. Ein römisches Zimmermädchen brachte sie mir damals ganz einfach und unmißverständlich zum Bewußtsein: »Gnädige Frau«, sagte sie, »dieser Papst war ein wirklicher Christ. Wie ist das möglich? Und wie konnte ein wirklicher Christ auf den Heiligen Stuhl zu sitzen kommen? Mußte er denn nicht zuerst zum Bischof und Erzbischof und Kardinal ernannt werden, bevor er schließlich zum Papst gewählt wurde? Hatte denn keiner eine Ahnung, wer er war?« Die letzte ihrer drei Fragen kann wohl eindeutig mit »nein« beantwortet werden. Er gehörte nicht zu den »papabile«, als er das Konklave betrat; kein Gewand, das ihm gepaßt hätte, war von den Vatikanschneidern vorbereitet worden. Er wurde gewählt, weil die Kardinäle sich nicht einigen konnten und überzeugt waren, wie er selber schrieb, daß er »ein provisorischer Übergangspapst sein würde«, ohne besondere Bedeutung. »Aber da bin ich nun«, fuhr er fort, »schon am Anbruch des vierten Jahres meines

Pontifikats, mit einem ungeheuren Arbeitsprogramm vor mir, das unter den Blicken der ganzen Welt geleistet werden muß, die zusieht und wartet.« Das Erstaunliche ist nicht, daß er nicht unter den »papabile« war, sondern daß irgendwer ihn für eine Gestalt ohne Bedeutung hatte halten können.

Aber das ist nur im Rückblick erstaunlich. Die Kirche predigt zwar seit fast zweitausend Jahren die Imitatio Christi, und keiner vermag zu sagen, wie viele unbekannt gebliebene Gemeindepfarrer und Mönche in all den Jahrhunderten sich wie der junge Roncalli sagten: »Hier also ist mein Vorbild: Jesus Christus«, wobei er schon mit achtzehn Jahren genau wußte, daß »dem guten Jesus gleich« zu sein nur bedeuten konnte, als »Verrückter behandelt« zu werden: »Man sagt und glaubt, ich sei närrisch. Vielleicht bin ich's auch, aber mein Stolz erlaubt mir nicht, so etwas zu glauben. Das ist das Komische an der Sache.« Aber die Kirche ist eine Institution und befaßt sich, besonders seit der Gegenreformation, mehr mit der Aufrechterhaltung dogmatischer Glaubenssätze als mit schlichter Frömmigkeit. Sie öffnete die kirchliche Berufslaufbahn nicht leicht denen, die die Aufforderung: »Folge mir nach« wörtlich nahmen. Nicht daß sie bewußt zurückschreckte vor den deutlich anarchistischen Elementen in einer unverwässerten, authentisch christlichen Lebensführung; sie glaubte einfach, daß »Leiden und verachtet sein für Christus und mit Christus« falsche Politik ist.

Und gerade dies meinte Roncalli nicht. Er hat sein Leben lang diese Worte des Hl. Johannes vom Kreuz mit leidenschaftlicher Begeisterung zitiert. Von der Zeremonie der Bischofsweihe trug er »den klaren Eindruck der Ähnlichkeit... mit dem gekreuzigten Christus« davon, um sich dann wieder und wieder zu beklagen, daß »ich bis jetzt zu wenig gelitten habe«; er hoffte und erwartete, daß »der Herr mir Prüfungen besonders schmerzlicher Art schikken wird«, »irgendein großes Leiden und eine Betrübnis des Körpers und der Seele«. So hieß er den schmerzhaften Tod als eine große »Betrübnis der Seele«, da das vorzeitige Ende ihn aus der geliebten Arbeit riß, aber zugleich als Bestätigung seiner Berufung willkommen: das notwendige »Opfer« für das große Unternehmen, das er unvollendet zurücklassen mußte.[2]

Vielleicht gab es eine Zeit, da man in der Kirchenhierarchie im Sinne des Großinquisitors von Dostojewski dachte und, in Luthers Worten, fürchtete, daß »die Welt um Gottes Worten willen immer wieder in Aufruhr versetzt wird, denn die Lehre Gottes will die ganze Erde ändern und neu beleben«, also Unordnung stiften »in dem Maß, in dem die Welt sich von ihr angehen läßt«. Solche Zeiten aber waren längst vorbei. Man hatte vergessen, daß »Sanftmut und Demut ... nicht dasselbe sind wie Schwäche und Nachgiebigkeit«, wie Roncalli gelegentlich anmerkt. Diesen Unterschied hat er seiner Umgebung schnell beigebracht, und war auch die Feindschaft gegen diesen einzigartigen Papst in gewissen Kreisen groß, so spricht es doch für die Kirche und die Hierarchie, daß sie nicht noch größer war und daß er so viele der hohen Würdenträger, der Kirchenfürsten, für sich gewinnen konnte.

Gleich zu Beginn seines Pontifikats, vom Herbst 1958 an, hatte die ganze Welt und nicht nur die katholische um eben der Gründe willen auf ihn geblickt, die er selber anführt: erstens, weil er »einfach und unbefangen die Ehre und die Bürde annahm«, nachdem er immer »höchst bedacht« gewesen war, »alles zu vermeiden, was die Aufmerksamkeit auf mich hätte lenken können«. Zweitens, weil er »fähig war, gewisse Ideen, die ... ganz einfach, aber in ihrer Wirkung weitreichend und voller Verantwortung für die Zukunft waren, sofort zu verwirklichen«. Und wenn ihm auch, seinem eigenen Zeugnis zufolge, »der Gedanke eines Ökumenischen Konzils, einer Diözesan-Synode und die Revision des Codex des kanonischen Rechts« »ohne jede vorherige Überlegung« eingefallen war, ja, sogar »in völligem Gegensatz zu (seinen) früheren Überlegungen ... zu diesem Thema« stand, so erschienen diese Gedanken den Außenstehenden doch als die beinahe logische oder zumindest natürliche Wesensäußerung dieses Mannes und seiner erstaunlichen Glaubensstärke.

Jede Seite dieses Buches legt von diesem Glauben Zeugnis ab, und doch ist keine davon, und ganz gewiß nicht alle zusammen, so überzeugend wie die zahllosen Geschichten und Anekdoten, die während der langen vier Tage seines Todeskampfs in Rom die Runde machten. Das war zu einer Zeit, da die Stadt wie gewöhnlich unter der Invasion von Touristen erzitterte, zu denen sich nun um dieses Sterbens willen, das früher als erwartet eintraf, noch Legionen von Seminaristen, Mönchen, Nonnen und Priestern aller Farben und Länder gesellten. Jeder, den man traf, vom Taxifahrer zum Schriftsteller und Redakteur, vom Kellner zum Kleinhändler, Gläubige und Ungläubige jeglicher Konfession, sie alle wußten eine Geschichte darüber zu erzählen, was er getan und gesagt, wie er sich bei dieser oder jener Gelegenheit verhalten habe. Einige von ihnen hat Kurt Klinger unter dem Titel *Ein Papst lacht*[3] gesammelt, und andere sind in der anwachsenden Literatur über den »guten Papst Johannes« veröffentlicht, alle mit dem Nihil obstat und dem Imprimatur versehen.[4] Aber diese Art von Hagiographie hilft einem nur wenig, wenn man verstehen will, warum die ganze Welt ihre Blicke auf diesen Menschen richtete; denn sie vermeidet ängstlich, wahrscheinlich um dem »Ärgernis« aus dem Weg zu gehen, mitzuteilen, wie sehr die gewöhnlichen Maßstäbe der Welt, die der Kirche einbegriffen, den geistigen und praktischen Vorschriften widersprechen, die Jesus von Nazareth gelehrt hat. Mitten in unserem Jahrhundert hatte dieser Mann es fertig gebracht, alles, was ihm je als Glaubensartikel angeboten worden war, wortwörtlich zu glauben, ohne alle symbolischen Fisimatenten. Er wollte wirklich von der Welt »zermalmt, verschmäht, mißachtet werden um der Liebe Christi willen« und hatte darum sein Selbstbewußtsein und einen beträchtlichen Ehrgeiz in den langen Exerzitien nicht unterdrückt, aber doch so gebändigt und verwandelt, daß ihm schließlich »die Urteile der Welt, auch der kirchlichen Welt nichts« mehr bedeuteten. Mit einundzwanzig Jahren sagte er sich bereits: »Auch wenn ich Papst würde, ... müßte ich doch vor dem himmlischen Richter bestehen, und was wäre ich dann wert? Nicht viel.« Und am Ende seines Lebens konnte er im »Geistigen Testament« für seine Familie zuversichtlich schreiben, daß »der Todesengel ... mich, wie ich sicher erwarte, ins Paradies tragen wird«.

Die enorme Kraft dieses Glaubens war nirgends so offenbar wie in den »Skandalen«, die sie unschuldig hervorrief.[5] So sind denn die größten und gewagtesten Geschichten, die damals von Mund zu Mund gingen, nicht berichtet worden, und sie können, das versteht sich von selbst, nicht überprüft werden. Ich erinnere mich an einige und hoffe, daß sie authentisch sind; aber selbst, wenn ihre Authentizität geleugnet werden sollte, so wären sie doch, eben als Erfindungen, charakteristisch genug für den Menschen und dafür, wie man ihn sah, um sie zu erzählen. Die erste, unanstößigste Geschichte steht im Einklang mit den nicht sehr zahlreichen Stellen im *Tagebuch*, die bezeugen, wie leicht es ihm fiel, nicht herablassend, sondern wirklich von gleich zu gleich mit Arbeitern und Bauern zu verkehren, also sich in einem Milieu zu bewegen, aus dem er zwar herkam, das er aber verlassen hatte, als er im Alter von elf Jahren im Priesterseminar von Bergamo Einlaß fand. (Er erlebte seine erste direkte Berührung mit der »Welt«, als er seinen Militärdienst ableistete, und fand sie »häßlich, schmutzig und widerlich«: »Werde ich mit den Teufeln in die Hölle geschickt werden? Ich weiß, was das Leben in der Kaserne ist – schon beim Gedanken daran schaudert mir«.) Die Geschichte berichtet, daß Installateure im Vatikan etwas reparierten. Der Papst hörte, wie einer von ihnen im Namen der Heiligen Familie fluchte. Er kam heraus und fragte höflich: »Muß das sein? Kannst du nicht ›merde‹ sagen, wie unsereiner auch?«

Meine drei nächsten Geschichten berühren viel ernstere Dinge. In dem *Tagebuch* gibt es einige, sehr wenige Stellen, die von den ziemlich gespannten Beziehungen zwischen dem Bischof Roncalli und Rom sprechen. Die Schwierigkeiten fingen anscheinend 1925 an, als er zum Apostolischen Visitator in Bulgarien ernannt wurde, was einer halben Verbannung gleichkam, in der man ihn zehn Jahre lang ließ. Er vergaß nie, wie unglücklich er da gewesen war – fünfundzwanzig Jahre später spricht er noch von der »Eintönigkeit jener Tage, die eine einzige lange Folge von täglichen Nadelstichen und Verletzungen« waren. Damals bemerkte er fast sofort »viele Plagen ... (die) nicht von den Bulgaren, ... sondern von den Zentralstellen der Kirchenverwaltung ausgehen. Dies ist eine Form der Demütigung und Erniedrigung, die ich nicht erwartet hatte und die mich tief verletzt.« Und schon 1926 fängt er an, diesen Konflikt mit Rom als sein »Kreuz« zu bezeichnen. Im Jahre

1935 wurde das etwas besser, als er zur Apostolischen Delegation in Istanbul versetzt wurde, wo er noch einmal zehn Jahre bleiben sollte, bis er 1944 seinen ersten wichtigen Posten als Apostolischer Nuntius in Paris erhielt. Aber auch in Istanbul bleibt es dabei, daß »der Unterschied zwischen meiner Art, die Lage an Ort und Stelle zu sehen, und gewissen Beurteilungen derselben Dinge in Rom mich beträchtlich verletzt; das ist mein einzig wirkliches Kreuz«. Solche Klagen werden während der Jahre in Frankreich nicht laut. Allerdings nicht deshalb, weil er nun anders dachte; er hatte sich, wie es scheint, lediglich an die offizielle Welt der kirchlichen Würdenträger gewöhnt. In dieser Stimmung bemerkt er 1948: »Mir ist immer noch jede Art von Mißtrauen oder Unhöflichkeit gegen ... das einfache Volk, die Armen oder gesellschaftlich Geringeren ... (von seiten dieser meiner Kollegen, alles gute Kirchenmänner) unerträglich«, und »alle Neunmalklugen dieser Welt und alle Schlauen, auch die in der vatikanischen Diplomatie, machen eine armselige Figur im Lichte der Schlichtheit und Gnade, das ... Jesus und seine Heiligen verbreiten!«

Im Hinblick auf sein Wirken in der Türkei, wo er während des Krieges in Berührung mit jüdischen Organisationen kam (und in einem Fall die türkische Regierung daran hinderte, einige Hundert jüdischer Kinder, die aus dem nazibeherrschten Europa geflohen waren, nach Deutschland zurückzuschicken), erhob er einen der sehr seltenen Vorwürfe gegen sich selbst – denn allen »Gewissenserforschungen« zum Trotz hatte er keinerlei Neigung zur Selbstkritik. »Hätte ich nicht«, schrieb er, »mehr tun können, mehr tun sollen, mit entschlossener Anstrengung gegen die Neigungen meiner Natur angehen sollen? Hat nicht vielleicht die Suche nach Ruhe und Frieden, die ich mehr im Einklang mit dem Geist des Herrn fand, eine gewisse Unlust zu kämpfen maskiert?« Zu jener Zeit aber hat er sich nur einen Ausfall gestattet. Beim Ausbruch des Krieges mit Rußland trat der deutsche Botschafter Franz von Papen an ihn heran und ersuchte ihn, seinen Einfluß in Rom für eine deutlich ausgesprochene Unterstützung Deutschlands von seiten des Papstes geltend zu machen. »Und was soll ich über die Millionen Juden sagen, die Ihre Landsleute in Polen und Deutschland ermorden?« Dies war 1941, als die Massenmorde eben begonnen hatten.

Dinge solcher Art werden in den folgenden Geschichten berührt. Und da, soviel ich weiß, keine der vorliegenden Biographien von Papst Johannes je den Konflikt mit Rom erwähnt, klänge selbst eine Leugnung ihrer Authentizität nicht völlig überzeugend. Da gibt es zunächst die Anekdote über seine Audienz bei Pius XII. vor seiner Abreise nach Paris im Jahre 1944. Pius XII. leitete die Audienz damit ein, daß er seinem neuernannten Nuntius mitteilte, er habe nur sieben Minuten zur Verfügung, worauf Roncalli sich mit den Worten verabschiedete: »In diesem Fall sind die übrigen sechs Minuten überflüssig.« Zweitens ist da die köstliche Geschichte von dem jungen ausländischen Priester, der sich viel im Vatikan zu schaffen machte, darauf bedacht, auf die hohen Würdenträger einen guten Eindruck zu machen, um seine Karriere zu fördern. Der Papst soll zu ihm gesagt haben: »Mein lieber Sohn, mach dir doch nicht so viele Sorgen. Du kannst versichert sein, daß dich Jesus beim Jüngsten Gericht nicht fragen wird: Und wie bist du mit dem Heiligen Offizium ausgekommen?« Und schließlich erzählt man, daß man ihm in den Monaten vor seinem Tod Hochhuths *Stellvertreter* zu lesen gab und ihn dann fragte, was man dagegen tun könne. Worauf er geantwortet haben soll: »Dagegen tun? Was kann man gegen die Wahrheit tun?«

So viel zu den Geschichten, die nie veröffentlicht wurden. Man findet noch genug in der Literatur über ihn, obwohl einige sonderbar verwandelt sind. (Der »mündlichen Tradition« zufolge, falls wirklich diese die Quelle war, hat der Papst die erste jüdische Abordnung mit den Worten empfangen: »Ich bin euer Bruder Joseph«, mit den Worten also, mit denen Joseph sich in Ägypten seinen Brüdern zu erkennen gab. Jetzt berichtet man, sie seien gesprochen worden, als er die Kardinäle zum erstenmal nach seiner Wahl empfing. Diese Version klingt, fürchte ich, plausibler; aber, während die erste von wirklicher Größe gewesen wäre, ist die letztere kaum mehr als sehr hübsch.) Alle Geschichten zeugen von der völligen Unabhängigkeit, die durch eine echte Loslösung von den Dingen dieser Welt entsteht, von der herrlichen Unbekümmertheit um Vorurteile und Konventionen, die sich oft in einem fast Voltaireschen Witz und einer erstaunlichen Behendigkeit, den Spieß umzudrehen, manifestierte. So etwa, als er dagegen protestierte, daß man während seiner täglichen Spaziergänge die vatikanischen Gärten schloß, wobei man ihm sagte, es zieme seiner Stellung nicht, den Blicken gewöhnlicher Sterblicher ausgesetzt zu sein. Da fragte er: »Warum sollen mich die Leute denn nicht sehen? Ich benehme mich doch nicht unanständig?« Dieselbe witzige Geistesgegenwart, die die Franzosen »esprit« nennen, wird auch durch eine andere unveröffentlichte Geschichte bezeugt. Als er Apostolischer Nuntius in Frankreich war, wollte einer der Herren beim Bankett des Diplomatischen Korps ihn in Verlegenheit bringen und ließ die Fotografie einer nackten Frau herumgehen. Roncalli besah sich die Fotografie und gab sie Herrn N. mit der Bemerkung zurück: »Die Frau Gemahlin, nehme ich an.«

In seiner Jugend hatte es ihn gefreut, sich zu unterhalten, in der Küche herumzustehen und zu diskutieren, und er rügte an sich »eine natürliche Neigung für salomonische Urteile«, eine Vorliebe, »Hinz und Kunz darüber zu belehren..., wie man sich in gewissen Situationen zu verhalten hat«, sich in alle möglichen Angelegenheiten, »Zeitungen, Bischöfe, Tagesfragen« betreffend, einzumischen und »eine Lanze für all das zu brechen, was, wie ich glaubte, ungerechterweise angegriffen wird und zu dessen Fürsprecher ich mich ausersehen dünkte«. Sicher hat er gegen diese Eigenschaften eines primär politischen Temperaments angekämpft, und seine Umwelt scheint wenig von ihnen bemerkt zu haben. Nach der Wahl zum Papst jedenfalls brachen sie mächtig hervor. Nach einem langen Leben voller »Demütigungen« und »Erniedrigungen« (die er als sehr notwendig für die Heiligung seiner Seele erachtete) hatte er plötzlich die einzige Stellung in der katholischen Hierarchie erreicht, wo keine Stimme eines Vorgesetzten ihm den »Willen Gottes« mehr mitteilen konnte. Er wußte, so schreibt er im *Tagebuch*, daß er »diesen Dienst aus reiner Ergebenheit in den Willen des Herrn angenommen (hatte), der mir durch die Stimme des Kardinalskollegiums übermittelt wurde«; das heißt, er hat nie gemeint, daß die Kardinäle ihn gewählt hätten, sondern immer, daß »der Herr mich erwählte« – eine Überzeugung, in der ihn seine Kenntnis von den Umständen, die zu der Wahl geführt hatten, erheblich bestärken mußte. Eben deshalb, weil er wußte, daß es dabei, menschlich gesprochen, nicht mit rechten Dingen zugegangen war und das Ergebnis auf einem Mißverständnis beruhte, konnte er dann, nicht als dogmatischen Gemeinplatz, sondern deutlich auf sich selber bezogen, schreiben: »Der Stellvertreter Christi weiß, was Christus von ihm will.« Der Herausgeber des *Tagebuchs*, Papst Johannes' früherer Sekretär Monsignore Loris Capovilla, erwähnt in seiner Einleitung, was vielen ein großes Ärgernis und den meisten ein Rätsel sein mußte: »seine ständige Demut vor Gott und sein klares, so bestürzend klares Bewußtsein seines eigenen Wertes vor den Menschen.« Seiner selbst völlig sicher und niemandes Rat suchend, verfiel er dennoch nicht in den Fehler, sich eine Kenntnis der Zukunft oder der letzten Konsequenzen dessen, was ihm vorschwebte, anzumaßen. Er war es immer zufrieden gewesen, »von Tag zu Tage zu leben«, ja, »von einer Stunde zur andern«, wie die Lilien auf dem Felde, und jetzt stellte er als »Grundregel des Verhaltens« für seinen neuen Stand auf: »keine Sorge für die Zukunft zu tragen«, »keine menschlichen Verfügungen für sie« zu treffen und sich zu hüten, »zuversichtlich und selbstverständlich darüber zu irgendwem zu sprechen«. Der Glaube und nicht Theorie, theologische oder politische, bewahrte ihn davor, »auf irgendeine Weise mit dem Bösen zu paktieren in der Hoffnung, daß er dadurch irgendeinem nützlich sein könnte«.

Diese völlige Freiheit von Ängsten und Sorgen war seine Form der Demut; was ihn frei machte, war, daß er ohne gedanklichen oder gefühlsmäßigen Vorbehalt sagen konnte: »Dein Wille geschehe.« Es ist nicht leicht, im *Tagebuch* unter den vielen Schichten frommer Gemeinplätze, die in unseren Ohren, aber nie in seinen, leicht wie Phrasen klingen, diesen einfachen Grundakkord zu entdecken, auf den sein Leben gestimmt war. Noch weniger würden wir die lachende Unbekümmertheit erwarten, die sich wie eine Variation aus dieser Grundmelodie ergab. Was anderes aber als

Demut predigte er, wenn er seinen Freunden erzählte, wie die neuen, ehrfurchtgebietenden Verantwortungen des Pontifikats ihn anfangs geängstigt und sogar nachts nicht hatten schlafen lassen, bis er eines Morgens zu sich sagte: »Giovanni, nimm dich nicht so wichtig!« und von da an immer gut schlief.

Es glaube aber keiner, daß es Demut war, was es ihm so leicht machte, mit jedem umzugehen und sich gleicherweise wohlzufühlen in der Gesellschaft von Sträflingen, »Sündern«, den Arbeitern in seinem Garten, den Nonnen in seiner Küche, Mrs. Kennedy und Chruschtschows Tochter und Schwiegersohn. Es war viel eher seine enorme Selbstsicherheit, die es ihm ermöglichte, jeden, hoch oder gering, als seinesgleichen zu behandeln. Und er ging recht weit, um diese Gleichstellung da herzustellen, wo sie sich nicht von selbst einstellen konnte. So sprach er etwa die Einbrecher und Mörder im Gefängnis mit »Söhne und Brüder« an, und um zu beweisen, daß dies keine leere Floskel sei, erzählte er ihnen, wie er als Kind einen Apfel gestohlen hatte, ohne ertappt zu werden, und wie einer seiner Brüder beim Wildern aufgegriffen worden war. Und als man ihn »zu dem Zellenblock (führte), wo die Unverbesserlichen eingesperrt waren«, befahl er plötzlich »im Kommandoton: ›Macht die Tore auf! Trennt sie nicht von mir. Sie sind alle Kinder unseres Herrn.‹«

Gewiß, all dies ist nichts weiter als rechtgläubige, traditionelle christliche Lehre, aber es war lange nur Lehre geblieben, und nicht einmal *Rerum Novarum*, die Enzyklika Leos XIII., »des großen Papstes des arbeitenden Volks«, hatte den Vatikan daran gehindert, seinen Angestellten Hungerlöhne zu zahlen. Die beunruhigende Gewohnheit des neuen Papstes, mit allen zu sprechen, ließ ihn fast sofort auf diesen Skandal aufmerksam werden. »Wie sieht es bei dir aus?« fragte er einen der Arbeiter. »Schlecht, schlecht, Euer Eminenz«, sagte der Mann und teilte ihm mit, was er verdiente und wie viele hungrige Mäuler er zu füttern habe. »Da müssen wir also etwas tun. Denn, ganz unter uns, ich bin nicht Eure Eminenz; ich bin der Papst«, womit er sagen wollte: Laß die Titel weg, hier habe ich zu sagen, ich kann die Dinge ändern. Als man ihm später sagte, den neuen Ausgaben könne man nur durch Verringerung der Mildtätigkeit begegnen, blieb er ungerührt: »Dann müssen wir sie eben verringern. Denn... Gerechtigkeit geht vor Mildtätigkeit.«

Das Ergötzliche an diesen Geschichten ist die beharrliche Weigerung, sich der allgemeinen Annahme zu beugen, »daß auch die Umgangssprache des Papstes voller Geheimnis und Ehrfurchtsschauer sein müsse«, was Papst Johannes als klaren Widerspruch zu »dem Beispiel Jesu« empfand. Und es geht einem wirklich das Herz auf, wenn man hört, daß es ganz im Einklang mit Jesu »Beispiel« war, die höchst umstrittene Audienz mit den Vertretern des kommunistischen Rußland mit dieser Ankündigung zu beschließen: »Und nun ist, mit Ihrer Erlaubnis, die Zeit für einen kleinen Segen gekommen. So ein kleiner Segen kann doch schließlich nicht schaden. Nehmen Sie ihn so auf, wie er gegeben wird.«[6]

Die Einfalt dieses Glaubens, von keinem Zweifel verwirrt, von keiner Erfahrung erschüttert, von keinem Fanatismus – »der auch bei unschuldiger Absicht immer schädlich ist« – verzerrt, ist großartig als Tat und lebendiges Wort, aber auf der gedruckten Seite eintönig und lahm, ein toter Buchstabe. Das gilt sogar für die wenigen Briefe, die dieser Ausgabe beigegeben sind, und die einzige Ausnahme ist das »Geistige Testament ›für die Familie Roncalli‹«, in dem er seinen Brüdern und ihren Kindern und Enkeln erklärt, warum er sich gegen allen Brauch geweigert habe, ihnen Titel zu verleihen, warum er sie auch jetzt noch, wie früher, »in der anständigen und zufriedenen Armut« belasse, in der er »ihnen manchmal ausgeholfen (hatte), wie arme Leute einander helfen«, warum er nie »um irgend etwas – Stellung, Geld oder Gefälligkeiten – weder für mich selbst noch für meine Verwandten und Freunde« gebeten hatte. Denn »arm geboren... macht es mich besonders glücklich, arm zu sterben, da ich... alles, was mir in den Jahren meines Priestertums und Episkopats in die Hände kam – und das war sehr wenig – weggegeben habe«. Diese Stellen klingen ein bißchen nach Entschuldigung, als ob er wüßte, daß die Armut seiner Familie nicht ganz so «zufrieden« war, wie er behauptete. Viel früher hatte er notiert, daß die dauernden »Sorgen und Leiden«, die sie heimsuchten, »ihnen anscheinend nicht zum Guten gereichten, sondern ihnen eher schadeten«, und dies ist eines der wenigen Beispiele, wo man zumindest ahnen kann, aus welchen Erfahrungen er vorzog, keine Konsequenzen zu ziehen. Ebenso wie man hier den ungeheuren Stolz des armen Jungen erraten kann, der sein ganzes Leben lang betonen sollte, daß er nie jemanden um eine besondere Gunst gebeten habe, und den der Gedanke tröstete, daß ihm alles, was er empfing – »Wer ist ärmer als ich? Seit ich auf dem Seminar war, habe ich nie andere Kleider getragen, als die mir aus Wohltätigkeit geschenkt worden waren« –, von Gott verliehen war, so daß ihm seine Armut zu einem deutlichen Zeichen für seine Berufung wurde: »Ich bin von derselben Familie wie Christus – was kann ich da noch wollen?«

Generationen moderner Intellektueller haben, soweit sie nicht Atheisten waren, das heißt zu wissen vorgaben, was sie nicht wissen konnten, von Kierkegaard, Dostojewski, Nietzsche und ihren zahllosen Anhängern innerhalb und außerhalb des existentiellen Lagers gelernt, Religion und theologische Fragen »interessant« zu finden. Sie werden es ohne Zweifel schwer haben, einen Menschen zu verstehen, der in frühester Jugend nicht nur »der materiellen Armut«, sondern auch »der Armut im Geiste« »Treue geschworen« hatte. Was oder wer Papst Johannes XXIII. auch war, er war weder interessant, noch brillant, und dies ganz abgesehen davon, daß er ein ziemlich mittelmäßiger Student und in seinem späteren Leben ohne irgendwelche besonderen intellektuellen oder gelehrten Interessen war. (Außer Zeitungen, die er liebte, scheint er fast keine weltlichen Schriften gelesen zu haben). Wenn ein kleiner Junge sich wie Aljoscha sagt: »Es steht geschrieben: Verteile dein Gut und folge mir nach, wenn du vollkommen sein willst... (Da kann ich) doch nicht an Stelle meines ganzen Gutes nur zwei Rubel geben, und anstatt des ›folge mir nach‹ zur Frühmesse gehen!« Und wenn der Erwachsene sich immer wieder fragt: »Mache ich Fortschritte?«, sich Termine setzt und mit gewissenhafter Sorgfalt notiert, wie weit er gekommen ist (wobei er, nebenbei bemerkt, sehr sanft mit sich verfährt, darauf bedacht, sich nicht zuviel vorzunehmen und gegen seine Fehler »einen nach dem andern« und nicht gegen alle zusammen anzugehen, so daß er nie in Verzweiflung gerät), dann ist es nicht sehr wahrscheinlich, daß das Ergebnis von besonderem »Interesse« ist. Ein Terminkalender für Vollkommenheit ist so wenig Ersatz für Begebenheiten – was kann man da erzählen, wo es »Versuchung und Versagen, nie, nie«, weder »Todsünden noch läßliche Sünden« je gab? –, daß sogar die wenigen Beispiele intellektueller Entwicklung im *Tagebuch* merkwürdig unbeachtet von seinem Autor blieben, der es wieder durchlas und während seiner letzten Lebensmonate zur postumen Veröffentlichung vorbereitete. Er berichtet nie, wann er aufhörte, in Protestanten »arme Unglückliche außerhalb der Kirche« zu sehen, und zu der Überzeugung gelangte, daß »alle, ob getauft oder nicht, Jesus rechtmäßig gehören«; noch war es ihm bewußt, wie sonderbar es war, daß er, der in »Herz und Seele eine Liebe zu den Regeln, Vorschriften und Verfügungen« der Kirche fühlte, »zum erstenmal in tausend Jahren den Meßkanon veränderte«, wie Alden Hatch sagt, und überhaupt seine ganze Kraft sofort daran wandte, »zurechtzurücken, zu reformieren und ... in allem Verbesserungen durchzuführen«, ganz sicher, daß sein Ökumenisches Konzil »eine wirkliche und neue Epiphanie sein wird«.

Es war ohne Zweifel diese »Armut im Geiste«, die ihn »vor Ängsten und lästigen Konflikten« bewahrte und ihm die »Kraft zu dem Wagemut des Einfachen« gab. Sie enthält auch die Antwort auf die Frage, wie es geschehen konnte, daß der wagemutigste Mann gewählt wurde, als man einen bequemen und nachgiebigen haben wollte. Es war ihm gelungen, »unbekannt und wenig geachtet zu sein«, wie es Thomas a Kempis' *Nachfolge Christi*, eines seiner Lieblingsbücher, empfiehlt; Worte, die er schon 1903 zu seinem Motto gewählt hatte. Viele hielten ihn vermutlich für eher dumm – schließlich lebte er ja unter Intellektuellen –, nicht für einfach, sondern für einfältig. Und es ist unwahrscheinlich, daß diejenigen, die Jahrzehnte lang beobachtet hatten, wie er wirklich »nie irgendeine Versuchung zum Ungehorsam verspürt« hatte, den ungeheuren Stolz und die Selbstsicherheit dieses Mannes verstanden, der keinen Augenblick sein eigenes Urteil aufgab, wenn er dem gehorchte, was für ihn nicht der Wille seiner Vorgesetzten, sondern der Wille Gottes war. Sein Glaube war: »Dein Wille geschehe«, und es ist wahr, obgleich er es selber sagt, daß dieser Glaube »ganz im Sinne der Evangelien« war, und wahr auch, daß er »allgemeine Achtung verlangte und erfuhr und viele erbaute«. Dieser selbe Glaube gab ihm sein größtes Wort ein, als er im Sterben lag: »Jeder Tag ist ein guter Tag geboren zu werden, jeder Tag ist ein guter Tag zu sterben.«

Laudatio auf Karl Jaspers

Der Friedenspreis, zu dessen Verleihung wir uns heute hier versammelt haben, gilt – wenn ich mich auf ein Wort des Bundespräsidenten berufen darf – nicht nur dem »ausgezeichneten literarischen Werk«, sondern zugleich auch »einer Bewährung im tätigen und erlittenen Leben«. Er gilt also einer Person, und er gilt dem Werk, sofern dieses noch gesprochenes und gehandeltes Wort ist, das heißt sich noch nicht abgelöst hat von dem, der es schuf, um seinen ungewissen, immer auch abenteuerlichen Gang durch die Geschichte anzutreten. Daher gehört zur Verleihung des Preises die Laudatio, die nicht das Werk betrachtet und lobt, sondern die Person rühmen und preisen soll. Denn in der Laudatio muß in der Tat alles, wie die Römer, die in diesen Dingen erfahrener waren als wir, meinten, auf die Dignität der Person bezogen bleiben: »in laudationibus... ad personarum dignitatem omnia referrentur,«[1] auf die Würde nämlich, die einem Menschen eigen ist, sofern er mehr ist als alles, was er schafft. Diese Würde zu erkennen und zu feiern, ist nicht Sache der Fachkollegen und Experten; sie kann sich nur in der Öffentlichkeit bewähren und beweisen; und die Preisung bestätigt nur das, was diese Öffentlichkeit längst weiß.

Die Laudatio kann also nur das auszusprechen versuchen, was Sie alle wissen. Darin liegt ein großer Sinn, weil das Gehörtwerden dem in der Verborgenheit der je einzelnen Gewußten eine Leuchtkraft verleiht, die es als Erscheinung in der Wirklichkeit bestätigt. Aber ich sage Ihnen nichts Unerwartetes, wenn ich gestehe, daß ich dies »Wagnis der Öffentlichkeit«, wie Jaspers es nennt, nur zögernd und eigentlich verzagend auf mich genommen habe. Es geht mir darin wie vermutlich der großen Mehrzahl von Ihnen auch, die wir ja alle moderne Menschen sind und in der

Öffentlichkeit uns nur mit Mißtrauen und Ungeschick bewegen. In unseren modernen Vorurteilen befangen meinen wir, nur das »Objektive«, das von der Person ablösbare Werk, gehöre in die Öffentlichkeit, die dahinterstehende Person aber und ihr Leben seien etwas Privates und die ihr geltenden Gefühle etwas Subjektives, das, wenn es in der Öffentlichkeit bloßgestellt wird, schon nicht mehr echt, sondern pathetisch wird. Als der deutsche Buchhandel für die Verleihung des Preises eine Laudatio für unumgänglich erklärte, hat er eigentlich auf ein älteres und angemesseneres Gefühl für Öffentlichkeit zurückgegriffen, demzufolge es gerade die Person ist, die zu ihrer vollen Verwirklichung der Öffentlichkeit bedarf und in ihr erscheint. Damit verlangt er von uns, daß wir umlernen und auf unsere gewohnten Gleichsetzungen von subjektiv und persönlich, objektiv und sachlich-unpersönlich verzichten sollen. Diese Gleichsetzungen stammen aus dem Bereich der Wissenschaften und sind in ihm sinnvoll. Sie sind offenbar unsinnig im Bereich des Politischen, wo Menschen im wesentlichen als handelnde und sprechende Personen auftreten und wo das Persönliche ganz und gar keine Privatsache ist. Aber auch in dem öffentlichen geistigen Leben, das ja den akademischen Raum umgreift und um ein Beträchtliches übersteigt, sind sie unangemessen.

Um hier angemessen zu reden, müssen wir nicht das Subjektive und das Objektive, sondern das Subjektive und das Personhafte voneinander unterscheiden lernen. Das Subjekt legt in der Tat ein objektives Werk der Öffentlichkeit vor und gibt es ihr preis; das Subjektive hieran, etwa der Arbeitsprozeß, in dem das Werk hergestellt wurde, geht die Öffentlichkeit gar nichts an. Ist dies Werk nun aber nicht nur akademisch, sondern das Resultat eines »tätigen und erlittenen Lebens«, so erscheint mit dem Werk ein lebendiges Handeln und Sprechen, dessen Träger die Person selbst ist. Was hier erscheint, ist dem, der es zeigt, selbst unbekannt; er kann darüber nicht verfügen, wie er über sein Werk verfügt, das er für die Veröffentlichung, das Erscheinen vorbereitete. (Wer bewußt versucht, seine Person ins Werk hereinzuspielen, schauspielert und hat damit die eigentliche Chance des Öffentlichen für sich und andere bereits verspielt.) Das Personhafte entzieht sich der Verfügungsgewalt des Subjekts und ist daher das genaue Gegenteil des Nur-Subjektiven. Aber gerade das Subjektive ist »objektiv« viel leichter zu fassen und steht auch dem Subjekt viel eher zur Verfügung. (In der Selbstbeherrschung zum Beispiel meinen wir ja nichts anderes, als daß wir dies rein Subjektive an uns in den Griff bekommen können, um über es nach Belieben zu verfügen.)

Ganz anders steht es mit der Person. Sie ist sehr schwer zu fassen und gleicht vielleicht noch am ehesten jenem griechischen »daimon«, jenem Schutzgeist, der jeden Menschen durch sein Leben begleitet, ihm aber immer nur über die Schultern guckt, so daß er von allen, die einem Menschen begegnen, eher gekannt werden kann als von ihm selbst. Es ist der tiefe, über alles im gewöhnlichen Sinne Politische hinweggreifende Sinn des Öffentlichen, daß dieser »daimon«, der gar nichts Dämonisches an sich hat, also dies Personhafte in einem Menschen, nur da erscheinen kann, wo es einen öffentlichen Raum gibt. Dies ist ein geistiger Raum, und in ihm erscheint, was die Römer die »humanitas« nannten und worunter sie etwas zuhöchst Menschliches verstanden, weil es gültig war, ohne objektiv zu sein. Es ist das gleiche, was Kant und dann Jaspers unter Humanität verstehen, das gültig Personhafte, das einen Menschen, der es gewonnen hat, nie wieder verläßt, auch wenn alle anderen Körper- und Geistesgaben dem Ruin der Zeit verfallen. Gewonnen wird die Humanität nie in der Einsamkeit und nie dadurch, daß einer sein Werk der Öffentlichkeit übergibt. Nur wer sein Leben und seine Person mit in das »Wagnis der Öffentlichkeit« nimmt, kann sie erreichen, wobei er riskieren muß, etwas zu zeigen, was nicht »subjektiv«, und eben darum für ihn weder erkennbar noch verfügbar ist. Dadurch wird das »Wagnis der Öffentlichkeit«, in dem die »humanitas« gewonnen wird, ein Geschenk an die Menschheit.

Wenn ich das Personhafte, das mit Jaspers in der Öffentlichkeit erscheint, als »humanitas« andeute, so möchte ich damit anzeigen, daß keiner wie er uns so helfen kann, unser Mißtrauen gegen die Öffentlichkeit zu überwinden und die Ehre und Freude zu empfinden, die dem zuteil wird, der von allen gehört preisen darf, wen er liebt. Denn Jaspers hat nie das allgemeine Vorurteil der Gebildeten geteilt, daß die Helle des Öffentlichen alle Dinge flach und platt mache, daß in ihm nur das Durchschnittliche zur Geltung komme und daß daher der Philosoph sich aus ihm entfernen müsse. Sie werden sich erinnern, daß Kant der Meinung war, daß der Prüfstein, ob die in einer philosophischen Schrift enthaltene Schwierigkeit echt oder ein bloßer »Dunst von Scharfsinn« sei, in der Fähigkeit zur Popularität liegt. Und Jaspers, der in dieser wie eigentlich jeder Hinsicht der einzige Nachfolger ist, den Kant je gehabt hat, hat ja nicht nur, wie auch Kant, den akademischen Raum und seine Begriffssprache mehr als einmal verlassen, um sich an das lesende Publikum überhaupt zu wenden; zweimal, einmal vor mehr als 25 Jahren in *Die geistige Situation der Zeit* und jetzt in *Die Atombombe und die Zukunft des Menschen*, hat er unmittelbar in Fragen der Tagespolitik eingegriffen, weil er gleich dem Staatsmann weiß, daß es sich in solchen Fragen um nichts weniger als das nur Alltägliche handelt.[2]

Jaspers' Ja zur Öffentlichkeit ist einzigartig, weil es ein Philosoph ausspricht, und weil es sachlich der Grundüberzeugung seines gesamten Philosophierens entspringt: Philosophie hat mit Politik gemeinsam, daß sie alle angeht. Dies ist der Grund, daß sie in die Öffentlichkeit gehört, wo nur die Person und ihre Bewährung zählen. Der Philosoph – im Gegensatz zum Wissenschaftler – gleicht dem Staatsmann darin, daß er für seine Meinungen mit seiner Person haftet. Wobei allerdings der Staatsmann noch in der gewissermaßen glücklichen Lage ist, nur dem eigenen Volk verantwortlich zu sein, während Jaspers, zumindest in allen Schriften, die nach 1933 entstanden sind, immer so schreibt und spricht, als müsse er gegebenenfalls sich vor der ganzen Menschheit verantworten.

Diese Verantwortung ist für ihn keine Bürde, und sie hat mit moralischen Imperativen nicht das mindeste zu tun. Sie erwächst ihm vielmehr ungezwungen aus einer ursprünglichen Lust am Offenbar-werden-lassen, am Erhellen des Dunklen, und sein Ja zum Öffentlichen ist letztlich nur die Folge davon, daß er die Helle liebt und sie so lange geliebt hat, bis sie seine gesamte Person geprägt hat. In den Werken der großen Autoren kann man fast immer eine durchgehende Metapher finden, die nur diesem Autor eigentümlich ist und in der sich das ganze Werk wie in einem Brennpunkt vereinigen läßt. Eine solche Metapher ist in Jaspers' Werk das Wort »Helle« – von der »Existenzerhellung« über die »Weisen des Umgreifenden«, welche durch Vernunft »zur Helligkeit« gebracht werden, bis zu dem Worte Vernunft selbst, deren Wahrheitsqualität sich als »Weite und Helle« ausweist. Was immer der Helle standhält, sich in ihrem Licht nicht in Dunst auflöst, gehört hier zur »humanitas«; und die Verantwortung vor der Menschheit für jeden Gedanken auf sich nehmen heißt: in dieser Helle leben und in ihr sich und alles, was man denkt, bewähren.

Sie wissen, daß Jaspers lange vor dem Jahr 1933, wie man sagt, »berühmt« war, so wie andere Philosophen es auch sind; daß er aber erst im Verfolg der Hitlerzeit und vor allem in den Jahren danach eine öffentliche Figur im vollen Wortsinne geworden ist. Nichts wäre falscher als zu meinen, dies sei lediglich den Umständen geschuldet, die ihn erst in die Verborgenheit der Verfolgten drängten, um ihn dann zum Symbol einer gewandelten Zeit und Gesinnung zu machen. Wenn die Umstände hier überhaupt etwas machten, so haben sie ihn nur an den Platz geschoben, an den er ohnehin seinem Wesen nach gehörte – in das volle Licht der Welt-Öffentlichkeit. Dies ging nicht etwa so zu, daß er erst etwas erlitt, dann in diesem Leiden sich bewährte, um schließlich, als Not am Mann war, so etwas wie »das andere Deutschland« zu repräsentieren. In diesem Sinne repräsentiert er gar nichts. Er hat immer ganz allein gestanden und war von allen Gruppenbildungen unabhängig, auch von der deutschen Widerstandsbewegung. Es ist das Großartige an dieser Position, die nur von dem Gewicht der Person getragen ist, daß er, ohne irgend etwas anderes zu repräsentieren als die eigene Existenz, die Gewähr dafür bieten konnte, daß auch in der Finsternis der Gewaltherrschaft, in der alles Gute, das es noch geben mag, schlechthin unsichtbar und daher unwirksam geworden ist, die Vernunft nur vernichtet werden kann, wenn wirklich und wortwörtlich alle Vernünftigen totgeschlagen sind.

Seine Unantastbarkeit, das heißt nicht die selbstverständliche Tatsache, daß er inmitten der Katastrophe fest blieb, sondern – was viel weniger selbstverständlich war – daß all dies für ihn niemals auch nur zu einer Versuchung werden konnte, besagte für diejenigen, die von ihm wußten, viel mehr noch als Widerstand und Heldentum: Es besagte ein Vertrauen, das keinerlei Bestätigung bedurfte, ein Zutrauen, daß in einer Zeit, in der alles möglich schien, eines eben doch unmöglich blieb. Was Jaspers damals, als er ganz allein war, repräsentierte, war nicht Deutschland, wohl aber die »humanitas« in Deutschland. Es war, als könnte er allein in seiner Unantastbarkeit den Raum erhellen, den die Vernunft zwischen den Menschen schafft und garantiert, und als könnte die Helle und Weite dieses Raumes auch dann überdauern, wenn nur noch einer in ihm übrig bleiben sollte. Nicht daß dies nun tatsächlich so war oder auch nur so hätte sein können. Jaspers hat oft gesagt: »Der einzelne für sich allein kann nicht vernünftig sein.«[3] In diesem Sinne war er nie allein und hat auch nie von der Einsamkeit sehr viel gehalten. Die »humanitas«, die er gewährleistete, erwuchs ihm aus dem Raum, in welchem sein Denken beheimatet ist, und dieser Raum war niemals unbevölkert. Was Jaspers auszeichnet, ist, daß er in diesem Raum der Vernunft und Freiheit besser zu Hause ist, sich in ihm mit größerer Sicherheit auskennt als andere, die ihn wohl kennen mögen, aber es nicht aushalten, ständig in ihm zu leben. Weil es die Leidenschaft zur Helle selbst ist, die seine Existenz geprägt hat, konnte es kommen, daß er in der Dunkelheit wie ein Licht war, das aus einer verborgenen Helle leuchtete.

Daß ein Mensch unantastbar, unversuchbar, unbeirrbar sein kann, hat etwas Hinreißendes. Will man es sich psychologisch-biographisch erklären, so darf man wohl an Jaspers' Elternhaus denken, das noch eng verbunden dem hochgemuten friesischen Bauerntum war, dem ein in Deutschland ganz ungewohnter Sinn für Unabhängigkeit eignete. Nun, Freiheit ist mehr als Unabhängigkeit, und erst Jaspers hat aus der Unabhängigkeit das denkende

Bewußtsein einer Freiheit entwickelt, in welchem der Mensch sich als sich selbst geschenkt erfährt. Aber die souveräne Selbstverständlichkeit – der »Übermut«, wie er wohl gelegentlich selbst sagt –, mit der er, der sich in seiner Existenz so sehr der Öffentlichkeit auszusetzen liebt, gleichzeitig von allen Stimmungen und Meinungen, die jeweils gerade im Schwange sind, unabhängig bleibt, ist doch wohl auch jener heimatlichen Selbstsicherheit geschuldet, jedenfalls aus ihr erwachsen. Er braucht sich gleichsam immer nur in seinen persönlichen Ursprung zurück- und aus ihm heraus wieder in die Weite der Humanität vorzuträumen, um sich zu vergewissern, daß er auch in der Vereinzelung nicht eine Privatmeinung vertritt, sondern eine andere, noch verborgene Öffentlichkeit – einen »Fußsteig«, wie Kant meinte, der sich wohl noch eines Tages zur großen »Heeresstraße« verbreitern möchte.

In solcher Unbeirrbarkeit des Urteils und Souveränität der Gesinnung kann eine Gefahr liegen. Eine Haltung, die Versuchungen nicht ausgesetzt ist, kann zur Erfahrungslosigkeit führen oder doch zu einer Unerfahrenheit in dem, was die jeweilige Zeit gerade als Realität anzubieten hat. In der Tat, was könnte den Erfahrungen unserer Zeit ferner liegen als die hochgemute Unabhängigkeit, aus der Jaspers herkommt, die fröhliche Unbekümmertheit um das, was man so sagt und meint, die nicht einmal die Rebellion gegen die Konventionen kennt, weil sie sie immer nur als Konventionen anerkannt, nie als Maßstäbe ernst genommen hat? Was könnte ihr[4] konträrer sein als das dieser Unabhängigkeit heimlich und tief zugrundeliegende Vertrauen in die Menschen, in die »humanitas« des Menschengeschlechts?

Und da wir schon dabei sind, das Subjektiv-Psychologische nachzurechnen: Jaspers war fünfzig Jahre alt, als Hitler zur Macht kam. Das ist ein Alter, in dem die überwiegende Mehrheit der Menschen längst aufgehört hat, Erfahrungen zu machen, und in welchem gerade die Gebildeten sich zumeist längst so auf ihre Meinungen versteift haben, daß sie in allem wirklich sich Ereignendem nur noch ihre Bestätigung wahrzunehmen vermögen. Nun, Jaspers hat, wie Sie alle wissen, auf die entscheidenden Ereignisse der Zeit, die er so wenig wie irgendein anderer vorausgesehen hat und auf die er vielleicht noch weniger vorbereitet war als manche andere, weder mit einem Rückzug auf seine eigene Philosophie noch mit einer Verneinung der Welt noch mit Verdüsterung reagiert. Man könnte nach 1933, also nach Abschluß seiner dreiteiligen *Philosophie*, und wieder nach 1945, also nach Abschluß des Buches *Von der Wahrheit*, von neu einsetzenden Produktivitätsepochen sprechen, wenn man hiermit nicht allzu ausschließlich die Vorstellung einer bei großen Begabungen manchmal eintretenden vitalen Erneuerung verbände. Bei Jaspers aber liegt das Großartige darin, daß er sich erneuert, weil er unverändert bleibt – nämlich der Welt so verbunden wie immer, und den Ereignissen der Zeit mit unveränderter Treffbarkeit und Fähigkeit zur Sorge folgend.

Nicht nur *Die Atombombe*, sondern auch *Die großen Philosophen* stehen ganz und gar im Erfahrungshorizont der jüngsten Gegenwart. Diese bis ins hohe Alter andauernde Gegenwärtigkeit ist wie ein Glück, das nicht mehr auf Leistung zu befragen ist. Es ist das gleiche Glück, daß Jaspers in seinem Leben zwar isoliert werden, aber nicht vereinsamen konnte; und es ruht auf einer Ehe, in der eine ebenbürtige Frau seit der Jugend immer daneben stand. Zwischen zwei Menschen, wenn sie in der Bindung nicht der Illusion verfallen, eines zu werden, kann schon wieder eine Welt entstehen, und gerade für Jaspers ist wohl dies Glück, in das er seine und der Frau Herkunft[5] hineinzunehmen und zu bewahren verstand, nie ein nur Privates gewesen, sondern eine Welt en miniature, in der er modellartig erfuhr, wie es in der Welt zuging oder zugehen konnte. Denn in dieser kleinen Welt entfaltete und übte sich seine unvergleichliche Fähigkeit für das Gespräch, die herrliche Genauigkeit des Zuhörens, die ständige Bereitschaft, Rede und Antwort zu stehen, die Geduld, bei der einmal besprochenen Sache zu verweilen; ja mehr noch, die Fähigkeit, das sonst Verschwiegene in den Gesprächsraum zu locken, es sprechwürdig zu machen und so alles im Sprechen und Hören zu verändern, erweitern, verschärfen – oder, wie er selbst am schönsten sagen würde: zu erhellen.

In diesem durch ein ständig sprechendes und hörendes Denken erhellten Raum ist Jaspers zu Hause; er ist seine geistige Heimat, weil er ein Raum in des Wortes buchstäblicher Bedeutung ist, so wie die Denkwege, die seine Philosophie lehrt, Gedanken*gänge* in des Wortes ursprünglicher Bedeutung sind, Gänge nämlich, die einen Raum erschließen. Jaspers' Denken ist räumlich, weil es immer auf die Welt und die Menschen in ihr bezogen bleibt; nicht weil es an einen vorhandenen Raum gebunden wäre, sondern umgekehrt, weil seine tiefste Intention ist, einen »Raum zu schaffen«, in welchem die »humanitas« des Menschen rein und hell erscheinen kann. Immer »an das Mitdenken dessen (gebunden), was der andere denkt«, ist ein solches Denken auch dann politisch, wenn es von Dingen handelt, die mit Politik nichts zu tun haben; denn es bestätigt immer jene Kantische »erweiterte Denkungsart«, welche die politische par excellence ist.

Um den Raum der »humanitas«, der seine Heimat wurde, zu erschließen, bedurfte Jaspers der großen Philosophen, und diese Hilfe, möchte man meinen, hat er ihnen vergolten, indem er mit ihnen ein »Geisterreich« gründete, in welchem sie noch einmal als sprechende – aus dem Totenreich her sprechende – Personen auftreten, die, weil sie dem Zeitlichen entronnen sind, zu immerwährenden Raumgenossen im Geistigen werden können. Ich wünschte, ich könnte Ihnen eine Vorstellung von der Freiheit, der Unabhängigkeit des Denkens geben, deren es bedurfte, um dies Geisterreich zu gründen. Galt es doch vor allem die durch Tradition bestimmte Ordnung zu verlassen, in der es ist, als gäbe es ein Nacheinander, eine Folge, in der immer der eine dem Nächsten die Wahrheit in die Hand legt. Zwar hat diese Tradition schon seit geraumer Zeit ihre inhaltliche Gültigkeit für uns verloren; aber das hinderte nicht, daß das zeitliche Schema des Tradierens selbst uns so zwingend schien, daß es war, als irrten wir ohne seinen Ariadnefaden hilflos in der Vergangenheit umher, ohne die Möglichkeit einer Orientierung. In dieser Situation, in der es um die Stellung des modernen Menschen zu seiner Vergangenheit überhaupt ging, hat Jaspers das, was wir nur noch als zeitliches Nacheinander zu erfahren wußten, in ein räumliches Nebeneinander gehoben, so daß Nähe und Ferne nicht mehr an den Jahrhunderten hängt, die uns von einem Denker trennen, sondern ausschließlich an der in Freiheit gewählten Stelle, von der her wir dies Geisterreich betreten, das so lange währen und sich mehren wird, als es Menschen auf der Erde gibt.

Dies Reich, in dem Jaspers beheimatet ist und zu dem er uns die Wege eröffnet, liegt nicht im Jenseits und ist keine Utopie, es ist nicht von gestern und nicht von morgen, es ist von dieser Welt. Vernunft hat es geschaffen, und Freiheit regiert in ihm. Es ist nicht zu fixieren und nicht zu organisieren, es reicht in alle Länder der Erde und in all ihre Vergangenheiten, und obwohl es weltlich ist, ist es unsichtbar. Es ist das Reich der »humanitas«, zu dem ein jeder kommen kann aus dem ihm eigenen Ursprung. Diejenigen, die in es eintreten, erkennen sich, denn sie sind dann »wie Funken, aufglimmend zu hellerem Leuchten, verschwindend bis zur Unsichtbarkeit, welchselnd in ständiger Bewegung. Die Funken sehen sich, und jeder flammt heller, weil er andere sieht.«

Ich spreche hier im Namen derjenigen, welche Jaspers einmal in dies Reich geführt hat. Wie ihnen zumute ist, hat Stifter schöner gesagt, als ich es könnte: »Es entstand nun ein Erstaunen über den Mann, und es erhob sich eine Lobpreisung desselben.«

Karl Jaspers: Bürger der Welt

Niemand kann ein Weltbürger sein, wie er ein Staatsbürger ist. In *Vom Ursprung und Ziel der Geschichte* erörtert Jaspers ausführlich die Möglichkeiten und die Implikationen eines Weltstaates und eines Weltimperiums.[1] Welche Form immer eine solche Weltregierung, deren Macht sich über den ganzen Erdball erstrecken würde, annehmen würde, es liegt in der Natur der Sache, daß mit ihrer Verwirklichung die furchtbarste Tyrannis sich der Herrschaft über die Menschen bemächtigt hätte; denn die Souveränität der Staaten ist nur erträglich, weil sie durch die Souveränität ihrer Nachbarn prinzipiell begrenzt und kontrolliert ist, und das Staatsmonopol aller Gewaltmittel erdrückt den Staatsbürger nur darum nicht, weil die Grenze in den Nachbarstaat und eine andersgeartete Verfassung in Notzeiten immer offen steht. Der Weltstaat kann seinem Wesen nach nur die Form der Tyrannis annehmen, er wäre die furchtbarste Form der Tyrannis, weil er effektiv allen Arten der Politik, wie wir sie kennen, ein Ende machen würde. Politik und alle Begriffe, die aus diesem Bereich erwachsen, setzen Pluralität, Unterschiedenheit und gegenseitige Begrenzung voraus. Der Begriff Bürger bedeutet grundsätzlich: ein Bürger unter anderen Bürgern eines Landes unter anderen Ländern. Staatsbürgerliche Rechte und Pflichten sind definiert und begrenzt nicht nur durch die Existenz der Mitbürger des betreffenden Landes, sondern auch von den Grenzen des Territoriums. Die Philosophie mag eine Vorstellung von der Erde überhaupt als der Heimat des Menschengeschlechts haben, für das in seiner Gesamtheit ein ewiges, überall gültiges, ungeschriebenes Gesetz existiert; die Politik hat mit Menschen im Plural und nicht mit einem Menschengeschlecht oder dem Menschen überhaupt zu tun, und diese Menschen sind Bürger vieler Nationen und Erben vieler Vergangenheiten. Sie leben innerhalb des positiven Rechts, und ihre Gesetze sind die festen Gehege, welche den Raum, in dem Freiheit kein Begriff und keine Vorstellung, sondern eine lebendige politische Realität ist, einschließen, ihn schützen und abgrenzen. Die Verwirklichung eines souveränen Weltstaates ist weder die Vorbedingung des Weltbürgertums noch der Gipfel der Weltpolitik, weil eine Weltregierung nahezu automatisch das Ende allen Bürgertums und aller Politik bedeuten würde.

Diese Einsicht, daß ein Weltstaat im Sinne eines souveränen Nationalstaates von gigantischen Ausmaßen oder ein Weltreich im Sinne des römischen Imperiums (dessen Herrschaft über die zivilisierten und barbarischen Teile der damaligen Welt überhaupt nur erträglich war, weil sie sich noch von einem dunklen, unbekannten und furchteinflößenden Hintergrund unbekannter Teile der Erde abhob) kein Ideal, sondern ein Alptraum sind, ist nur negativer Natur und bildet in keiner Weise die Lösung unserer höchst aktuellen politischen Probleme. Denn die Menschheit, für jede frühere Generation nicht mehr als eine Vorstellung oder ein Ideal oder ein regulativer Begriff, gibt es inzwischen wirklich. Europa hat, wie Kant voraussagte, seine Gesetze allen anderen Kontinenten vorgeschrieben; aber das Resultat, das Zustandekommen einer Menschheit, die gleichzeitig fortfährt, national organisiert weiter zu existieren, ist von dem, was sich Kant unter der »bürgerlichen Vereinigung in der Menschengattung« noch »in weiter Ferne« vorstellte,[2] radikal verschieden.

Weder die Träume der Humanisten noch die Begriffe der Philosophen und nicht einmal politisches Handeln haben zu der »Vereinigung in der Menschengattung« geführt, sondern nahezu ausschließlich die Entwicklung der abendländischen Technik. Hinzu kommt, daß, als Europa im Ernst anfing, seine Gesetze allen anderen Kontinenten vorzuschreiben, es selbst schon sein Vertrauen in sie verloren hatte. Ebenso evident wie die Tatsache, daß die Technik die Welt vereinigt hat, ist, daß Europa in diese von ihm geeinte Welt vor allem auch seine eigenen Auflösungsprozesse exportiert hat, den Zerfall aller geistigen, religiösen und politischen Traditionen, der die grandiose Entwicklung der Naturwissenschaften und den Sieg des Nationalstaates über alle anderen Staatsformen begleitete. Aber die Kräfte, die in Europa immerhin Jahrhunderte brauchten, bis die Sitten der Völker und die Institutionen ihrer Gemeinwesen wirklich unterminiert waren und welche den Ursprung ausschließlich in der geschichtlichen Entwicklung des Abendlandes haben, sprengten in wenigen Jahrzehnten die so anders gearteten Traditionen in allen übrigen Teilen der Welt.

Zwar haben zum ersten Mal in der Geschichte alle Völker der Erde eine gemeinsame Gegenwart: Jedes Volk ist der unmittelbare Nachbar jedes anderen geworden, und Erschütterungen auf der einen Seite des Erdballs teilen sich mit außerordentlicher Geschwindigkeit der gesamten Erdoberfläche mit. Aber diese faktische gemeinsame Gegenwart fußt nicht auf einer gemeinsamen Vergangenheit und garantiert nicht im mindesten eine gemeinsame Zukunft. Die Technik, die die Welt »geeint« hat, kann sie genausogut zerstören, und zwar gerade weil sie geeint ist. Daß die Mittel des globalen Verkehrs gleichzeitig mit den Mitteln globaler Zerstörung erfunden wurden, ist kein bloßer Zufall. Jedenfalls dürfte es kaum ein eindringlicheres Symbol für die Einheit des Menschengeschlechts im gegenwärtigen Stadium geben als die Tatsache, daß ein jedes Land, das im Besitz atomarer Waffen ist, jederzeit beschließen kann, allem menschlichen und wahrscheinlich allem organischen Leben auf der Erde ein Ende zu bereiten. Sofern überhaupt ein Solidaritätsgefühl der technischen Einigung des Erdballs entspricht, dürfte es vor allem negativer Natur sein. Es mag sich in dem gemeinsamen Interesse an einem globalen Vertrag, der den Gebrauch atomarer Waffen verbietet, äußern, aber selbst dieses Interesse ist nicht sehr verläßlich, weil ja ein solcher Vertrag mit allen anderen Verträgen das unsichere Geschick teilt, sich auf Treu und Glauben stützen zu müssen. Was alle Völker heute miteinander gemein haben dürften, ist die Sehnsucht nach einer Welt, die ein bißchen weniger geeint ist.

Diese auf die Furcht vor globaler Zerstörung gegründete negative Solidarität ist begleitet von einer weniger evidenten, aber nicht weniger wirksamen Befürchtung politischer Natur. Positive Solidarität im Politischen kann es nur geben auf Grund gemeinsamer Verantwortlichkeit. Bürger eines Landes zu sein heißt, die Verantwortung für das, was öffentlich von der Regierung im Namen dieses Landes getan wird, mittragen zu müssen, und zwar ganz unabhängig von individueller »Schuld« oder »Unschuld«. Die Solidarität der Menschheit könnte eine globale Verantwortlichkeit in sich bergen, die schlechterdings untragbar ist. Es ist nur natürlich, daß die Reaktion auf die ungeheuren Gefahren und untragbaren Lasten der »Weltpolitik« politische Apathie ist, die sich auch in einem isolationistischen Nationalismus oder einer verzweifelten Rebellion gegen moderne Technik äußern kann. Allein die Tatsache, daß wir in eine globale Gegenwart gezwungen sind, der keine gemeinsame Vergangenheit entspricht und die daher alle Traditionen entleert und allen vergangenen geschichtlichen Ereignissen ihr spezifisches Gewicht raubt, würde genügen, uns den Idealismus, in dem der Humanismus und die Aufklärung den Begriff der Menschheit konzipierten, wie ruchlosen oder jedenfalls wirklichkeitsfremden Optimismus erscheinen zu lassen.

Jaspers hat ein für einen Philosophen ganz ungewöhnlich waches Bewußtsein dieser politischen und geistigen Realitäten der Gegenwart, und sie bilden den Hintergrund, gegen den man seinen neuen Begriff der Menschheit und die Vorschläge seiner Philosophie halten muß. Kant schlug einst den Historikern seiner Zeit vor, eine »Geschichte in weltbürgerlicher Absicht« zu schreiben. Man könnte leicht nachweisen, daß Jaspers' gesamtes philosophisches Werk von den Anfängen in der *Psychologie der Weltanschauungen* (1919) bis zu der im Entstehen begriffenen »Weltgeschichte der Philosophie«[3] in solch »weltbürgerlicher Absicht« konzipiert worden ist. Wenn die Solidarität der Menschheit sich auf etwas Zuverlässigeres stützen soll als auf die berechtigte Furcht vor des Menschen dämonischen Möglichkeiten, wenn die neue universale Nachbarschaft aller Länder ein Ergebnis haben soll, das mehr verspricht als einen gewaltigen Zuwachs an gegenseitigem Haß und ein gewissermaßen universales Sich-gegenseitig-auf-die-Nerven-fallen, dann muß in gigantischem Ausmaß ein

Prozeß gegenseitigen Verstehens und fortschreitender Selbsterklärung einsetzen. Und genau wie die Voraussetzung für Welt-Regierung nach Jaspers' Meinung Verzicht auf Souveränität zugunsten einer weltumfassenden »federation« ist, so ist die Voraussetzung für diese allgemeine Verständigung Verzicht, nicht auf eigene Tradition und politische Vergangenheit, sondern auf die bindende Autorität und allgemeine Gültigkeit, die Tradition und Vergangenheit stets für sich in Anspruch nahmen. Mit diesem Bruch, nicht mit Tradition, aber mit der Autorität von Tradition, betrat Jaspers das Gebiet der Philosophie. Die *Psychologie der Weltanschauungen* bestreitet den absoluten Charakter jeder Lehre und stellt an ihren Platz eine allgemeine Relativierung, in welcher jeder spezifische philosophische Inhalt Mittel für individuelles Philosophieren wird. Das Gehäuse der traditionellen Autorität wird aufgebrochen, und die großen Inhalte der Vergangenheit werden frei und »spielerisch« miteinander in Verbindung gesetzt durch das gegenwärtige lebendige Philosophieren, das mit ihnen kommuniziert. In dieser universellen Kommunikation, die durch die existentielle Erfahrung des gegenwärtigen Philosophen zusammengehalten wird, werden alle dogmatischen metaphysischen Inhalte in Prozesse aufgelöst, in Gedankengänge, die durch ihre Wichtigkeit für mein gegenwärtiges Existieren und Philosophieren ihre chronologisch fixierte historische Position verlassen und in ein Geisterreich eintreten, in dem alle Zeitgenossen sind. Was immer ich denke, muß in dauernder Kommunikation bleiben mit allem, was je gedacht worden ist. Nicht nur weil »in der Philosophie das absolut Neue ein Einwand gegen Wahrheit wäre«, sondern weil in der Gegenwart Philosophie nur das notwendige und natürliche Ergebnis abendländischen Denkens bis zu diesem Zeitpunkt sein kann, die Synthese, die ein Prinzip zustande bringt, das weit genug ist, alles zu umfassen, was in irgendeinem Sinne wahr ist. Dies Prinzip ist Kommunikation: Wahrheit, die niemals als dogmatischer Inhalt erfaßt werden kann, erscheint als existentielle Substanz, geklärt und deutlich gemacht durch Vernunft, sich selbst mitteilend und appellierend an das Vernünftigsein des andern, faßlich und fähig, alles andere zu fassen. »Existenz wird nur durch Vernunft sich hell; Vernunft hat nur durch Existenz Gehalt.«[4]

Die Angemessenheit dieser Betrachtungen für eine philosophische Grundlage der Einheit der Menschheit ist offenbar: »Grenzenlose Kommunikation«, die gleichzeitig den Glauben an die Faßlichkeit aller Wahrheit bedeutet wie den guten Willen, sich mitzuteilen und den andern anzuhören, als die wesentliche Bedingung für alles menschliche Zusammensein ist eine, wenn nicht die zentrale Idee der Jaspersschen Philosophie. Der springende Punkt ist, daß hier zum erstenmal Kommunikation nicht konzipiert ist als »Ausdrücken« von Gedanken, das damit zweitrangig ist im Vergleich zum Denken der Gedanken. Die Wahrheit selber ist kommunizierend, sie verschwindet und kann außerhalb der Kommunikation nicht konzipiert werden; im existentiellen Bereich sind Wahrheit und Kommunikation dasselbe. »Denn Wahrheit ist, was uns miteinander verbindet.«[5] Nur in der Kommunikation zwischen Zeitgenossen oder zwischen Lebenden und Toten enthüllt sich die Wahrheit.

Eine Philosophie, die Wahrheit und Kommunikation als ein und dasselbe faßt, hat den sprichwörtlichen Elfenbeinturm bloßer Betrachtung verlassen. Denken wird praktisch, wenn auch nicht pragmatisch; es ist eine Art Praxis zwischen Menschen, nicht die Verrichtung eines Individuums in seiner selbstgewählten Einsamkeit. Jaspers ist, soviel ich weiß, der erste und einzige Philosoph, der je gegen Einsamkeit protestiert hat, dem Einsamkeit »verderblich« erscheint und der gewagt hat, »alle Gedanken, alle Erfahrungen, alle Inhalte« in Frage zu stellen unter dem einen Gesichtspunkt: »Was bedeuten sie für Kommunikation? Sind sie geeignet, Kommunikation zu fördern oder zu hemmen? Sind sie Verführer zur Einsamkeit oder Erwecker zur Kommunikation?«[6] Die Philosophie demütigt sich nicht mehr vor der Theologie, aber sie überhebt sich auch nicht mehr über das tägliche Leben der Menschen, sie ist »ancilla vitae«[7] geworden.

Diese Haltung ist von besonderer Wichtigkeit innerhalb der deutschen philosophischen Tradition. Obwohl Kant als erster die Fähigkeit des gesunden Menschenverstandes, Wahrheit zu begreifen, radikal bezweifelte, scheint er doch der letzte große Philosoph gewesen zu sein, der noch volles Vertrauen hatte, verstanden zu werden und imstande zu sein, Mißverständnisse zu zerstreuen. Hegels Worte auf seinem Totenbett[8] sind berühmt geworden: Niemand hat mich verstanden außer einem, und der hat mich mißverstanden. Seither ist es, als hätten die wachsende Isolierung der Philosophen in einer Welt, die sich um die Philosophie nicht kümmerte, weil sie vollkommen von der Naturwissenschaft in Bann geschlagen war, und die seltsame Zweideutigkeit alles ganz einsamen, unkommunikativen Denkens sich miteinander verschworen, eine gängige Meinung zu schaffen, die Größe geradezu identifiziert mit Nicht-verstanden-werden. Jaspers' zahlreiche Äußerungen nach dem Kriege, seine Aufsätze, Vorlesungen, Radiosendungen, zeigen alle eine fast vorsätzliche Neigung zum Popularisieren, zum Philosophieren ohne philosophische Terminologie; sie sind geleitet von der Überzeugung, daß Vernunft und existentielles Betroffensein in allen Menschen gleich ist, daß Philosophie an alle appellieren kann. Philosophisch gesprochen war das nur möglich, weil Wahrheit und Kommunikation als dasselbe angesetzt wurden.

Die Gefahr, die der neuen Realität der Menschheit innewohnt, scheint für das philosophische Denken darin zu liegen, daß eine Einheit, die sich auf die technische Beherrschung der Verkehrsmittel und das Monopol der Gewaltmittel stützt, alle nationalen Traditionen sprengt und die echten Ursprünge menschlichen Daseins überspült. Diese Destruktion, sofern sie alle Unterschiedenheiten abträgt und eine einheitliche Oberfläche herstellt, kann sogar als notwendige Voraussetzung angesehen werden für eine schließliche Verständigung zwischen Menschen aller Kulturen, Zivilisationen, Rassen und Nationen. Ihr Ergebnis würde eine Oberflächlichkeit sein, die den Menschen, wie wir ihn aus fünftausend Jahren überlieferter Geschichte kennen, bis zur Unkenntlichkeit umwandeln würde. Es wäre, als ob die Dimension der Tiefe als solche, ohne welche Denken überhaupt nicht möglich ist, auch nicht auf dem Niveau technischer Erfindungen, einfach verschwände. Die Einebnung und das Absinken des Niveaus würde tiefer gehen als bis zum untersten uns geläufigen Grad. Von dem gemeinsamen Nenner, auf dem man sich schließlich wirklich einigen könnte, haben wir kaum eine Vorstellung.

Solange man Wahrheit als getrennt und unterschieden von ihrem Ausdruck begreift, als etwas, das sich aus sich selbst nicht mitteilt und weder an Vernunft noch an existentielle Erfahrung appelliert, scheint dieser destruktive Prozeß fast unvermeidlich, das automatische Resultat des Automatismus, der die Welt zu einer Einheit machte und in gewissem Sinne die Menschheit einte. Dem Anschein nach ist die historische Vergangenheit der Nationen in ihrer außerordentlichen Verschiedenheit und Disparatheit, in ihrer verwirrenden Vielfalt und erschreckenden Fremdheit, nur ein Hindernis auf dem Wege zu einer grauenhaft flachen Einheit. Doch ist dies natürlich eine Illusion; sollte die Tiefendimension, aus der moderne Wissenschaft und Technik sich entwickelt haben, jemals zerstört werden, so könnte wahrscheinlich nicht einmal die neue technische Einheit der Menschheit bestehen bleiben. So scheint alles abzuhängen von der Möglichkeit, nationale Vergangenheiten in ihrer ursprünglichen Unterschiedenheit miteinander in Verbindung und so in Gleichschritt zu bringen mit dem globalen Kommunikationssystem, das die Erdoberfläche deckt.

Im Licht solcher Überlegungen hat Jaspers die große historische Entdeckung gemacht, die zum Grundstein seiner Geschichtsphilosophie wurde. Die Idee von dem einen Ursprung der Menschheit, symbolisiert im Schöpfungsmythos der Genesis, und von dem einen Ziel, symbolisiert in der christlichen Lehre von der Erlösung und vom jüngsten Gericht, ist jenseits des Wissens und jenseits von Beweisen. Die christliche Geschichtsphilosophie von Augustin bis Hegel sah in der Erscheinung Christi die Wende und das Zentrum der Weltgeschichte. Dies hat Gültigkeit nur für christlich Gläubige; und wenn es Allgemeingültigkeit für sich in Anspruch nimmt, dann ist es einer Einigung der Menschheit ebensosehr im Wege wie jeder andere bestimmte Glaube, der aus irgendeinem historischen Ursprung kommt.[9]

Im Gegensatz zu dieser und ähnlichen Geschichtsphilosophien, die das Konzept einer Weltgeschichte auf der Basis der historischen Erfahrung eines Volkes oder eines bestimmten Teiles der Welt hegen, hat Jaspers eine empirisch gegebene »Achse der Weltgeschichte« entdeckt, aus der »für alle Völker ein gemeinsamer Rahmen geschichtlichen Selbstverständnisses erwachsen würde. Diese Achse der Weltgeschichte scheint nun rund um 500 v. Chr. zu liegen, in dem zwischen 800 und 200 stattfindenden geistigen Prozeß,«[10] der Konfuzius und Laotse in China, die Upanischaden und Buddha in Indien, Zarathustra in Persien, die Propheten in Palästina, Homer, die Philosophen und die Tragiker in Griechenland umfaßt. Charakteristisch für die Ereignisse während dieser Ära ist, daß sie vollkommen unverbunden stattfanden, daß sie die Ursprünge großer historischer Welt-Zivilisationen waren und daß diese Ursprünge in all ihrer Verschiedenheit etwas einzigartig Gemeinsames hatten. Dieses eigentümliche Gleichsein kann man auf verschiedenartigste Weise betrachten und definieren: Es ist die Zeit, wo Mythologien fallen gelassen oder gebraucht wurden als Fundamente für die großen Weltreligionen mit der Vorstellung des einen transzendenten Gottes; wo Philosophie überall in Erscheinung tritt; wo der Mensch das Sein als Ganzes entdeckt und sich selber als grundlegend verschieden von allen anderen Wesen. Zum ersten Mal wird der Mensch (nach Augustins Worten) sich selbst zur Frage, entdeckt das Bewußtsein, fängt an, über das Denken zu denken. Überall treten große Persönlichkeiten auf, die sich nicht länger auffassen, und nicht aufgefaßt werden wollen, als bloße Mitglieder bestimmter sozialer Gebilde, sondern die sich selber als Individuen begreifen und neue individuelle Lebensweisen entwerfen – das Leben des Weisen, das Leben des Propheten, das Leben des Einsiedlers, der sich von aller Gemeinsamkeit zurückzieht in eine ganz neue Innerlichkeit und Geistigkeit. Alle für uns maßgeblichen Denkkategorien und alle grundlegenden Glaubenslehren wurden während dieser Periode geschaffen. Die Menschheit entdeckte gleichsam zum ersten Mal die menschlichen Grundbedingungen, so daß von da an aus der bloßen Chronik der Menschenrasse ihre Geschichte werden konnte,[11] sinnvoll und verständlich für menschliche Vernunft. Die historische Achse der Menschheit ist also »ein Zeitalter um die Mitte des letzten Jahrtausends vor Christus, für das alles Vorhergehende wie Vorbereitung erscheinen kann, und auf das sich alles Folgende faktisch und oft in hellem Bewußtsein zurückbezieht. Die Weltgeschichte des Menschseins hat von hier her ihre Struktur. Es ist keine Achse, von der wir Absolutheit und Einzigkeit für immer behaupten dürften. Sondern es ist die Achse der bisherigen kurzen Weltgeschichte, das, was im Bewußtsein aller Menschen den Grund ihrer solidarisch anerkannten geschichtlichen Einheit bedeuten könnte. Dann wäre diese reale Achsenzeit die Inkarnation einer idealen Achse, um die sich das Menschsein in seiner Bewegung zusammenfindet.«[12]

In dieser Perspektive könnte die neue Einheit der Menschheit ihre eigne Vergangenheit sich gewinnen durch ein Kommunikationssystem, in dem die verschiedenen Ursprünge der Menschheit gerade in ihrem Gleichsein sichtbar werden. Aber dieses Gleichsein ist weit entfernt von Uniformität; genau wie Mann und Frau nur gleich sein können, menschlich nämlich, indem sie voneinander absolut verschieden sind, so kann der Angehörige jeglichen Landes in die Weltgeschichte der Menschheit nur eintreten, indem er bleibt, was er ist, und daran festhält. Ein Weltbürger, der unter der Tyrannei eines Welt-Imperiums lebt und eine Art glorifizierten Esperanto redet, wäre genauso ein Monster wie ein Hermaphrodit. Das Band zwischen Menschen ist subjektiv der »Wille zu grenzenloser Kommunikation« und objektiv das Faktum universaler Verständigungsmöglichkeit. Die Einheit der Menschheit und ihre Solidarität kann nicht bestehen in einem universalen Weltabkommen über eine Religion, eine Philosophie oder eine Regierungsform, sondern nur in dem Vertrauen, daß das Vielfältige hindeutet auf ein Eins-Sein, das durch Verschiedenheiten gleichzeitig verhüllt und enthüllt wird.

Mit der Achsen-Zeit begann die Entwicklung der großen Welt-Zivilisationen, die gemeinsam darstellen, was wir Weltgeschichte zu nennen pflegen, und mit ihr endete eine Epoche, die wir wegen dieser späteren Entwicklung prähistorisch nennen. Wenn wir an unsere eigne Ära im Rahmen dieses historischen Plans denken, können wir sehr wohl zu der Folgerung kommen, daß das Auftreten der Menschheit als greifbare politische Realität das Ende der in der Achsen-Zeit beginnenden Weltgeschichte kennzeichnet. Jaspers teilt gewissermaßen das weitverbreitete Gefühl, daß unsere Zeit zu einem Abschluß gekommen ist, aber er teilt nicht die Untergangsstimmung, von der solche Diagnosen gemeinhin begleitet werden. »Wir leben, als ob wir pochend vor den Toren ständen, die noch geschlossen sind.«[13] Was scheinbar ein Ende ist, kann man besser verstehen als einen Anfang, dessen innere Bedeutung wir noch nicht erfassen können. Unsere Gegenwart existiert, als sei sie suspendiert, zwischen einem Nichtmehr und einem Nochnicht. Was jetzt nach dem Ende der Weltgeschichte beginnt, ist die Geschichte der Menschheit. Was das schließlich sein wird, wissen wir nicht. Wir können uns dafür vorbereiten durch eine Philosophie der Menschheit, deren zentraler Inhalt Jaspers' Konzept von Kommunikation sein würde. Diese Philosophie soll die großen philosophischen Systeme der Vergangenheit nicht abschaffen, nicht einmal kritisieren, sie soll sie nur von ihren dogmatischen metaphysischen Forderungen entblößen, sie auflösen gleichsam in Gedankengänge, die sich treffen und kreuzen, miteinander kommunizieren, und schließlich nur zurückbehalten, was allgemein kommunizierbar ist. Eine Philosophie der Menschheit unterscheidet sich von einer Philosophie des Menschen dadurch, daß sie darauf besteht, daß nicht *der* Mensch, im einsamen Dialog zu sich selbst redend, die Erde bevölkert, sondern *die* Menschen, die miteinander reden und sich verständigen. Selbstverständlich kann die Philosophie der Menschheit keine bestimmten politischen Aktivitäten vorschlagen, aber sie könnte einen Begriff von Politik als einem der großen menschlichen Lebensbereiche entwerfen (im Gegensatz zu allen früheren Philosophien, die seit Plato den »bios politikos« für sekundär und Politik für ein notwendiges Übel erachten) oder als, in Madisons Worten, »the greatest of all reflections on human nature«[14].

Man sollte sich Kants Begriff der Menschheit und Hegels Begriff der Weltgeschichte ins Gedächtnis rufen, um die philosophische Relevanz von Jaspers' Begriff von Menschheit und Weltbürgertum richtig zu erfassen; denn diese beiden bilden seinen traditionellen Hintergrund. Kant betrachtete die Menschheit als mögliches Endresultat der Geschichte. Geschichte, sagte er, wäre ein »trostloses Ungefähr«[15], wenn es keine berechtigte Hoffnung gäbe, daß die unzusammenhängenden und nicht voraussagbaren Handlungen der Menschen nicht schließlich die Menschheit als eine politisch geeinte Gemeinschaft hervorbrächten. Das »trostlose Ungefähr« der Geschichte kann Sinn nur haben, wenn wir annehmen, daß eine »List der Natur« existiert, die hinter dem Rücken der Menschen am Werke ist.[16] Es ist interessant und charakteristisch für unsere Tradition des politischen Denkens, daß schon Kant, und nicht erst Hegel, eine listige geheime Kraft annehmen mußte, um überhaupt irgendeinen Sinn in der Geschichte zu finden. Dahinter steht nichts anderes als hinter Hamlets Erfahrung: »Our thoughts are ours, their ends none of our own«, nur daß diese Erfahrung erniedrigend war für eine Philosophie, deren Mittelpunkt die Würde und Autonomie des Menschen bildete. Für Kant war die Menschheit jener ideale Zustand in »unabsehbarer Ferne«, wo die Würde des Menschen zusammenfallen sollte mit den Zuständen auf Erden. Aber dieser Idealstaat würde notwendigerweise Politik und politischer Aktion, wie wir sie kennen und von deren »trostlosem Ungefähr« die Geschichte Kunde gibt, ein Ende setzen. Kant sieht eine weit entfernte Zukunft voraus, in der vergangene Geschichte wirklich, nach Lessings Wort, »die Erziehung des Menschengeschlechts« geworden ist. Dann würde Menschen-Geschichte von keinem größeren Interesse sein als Naturgeschichte, wo wir den gegenwärtigen Zustand jeder Gattung betrachten als das Telos, das aller früheren Entwicklung innewohnt, als den Endzweck, der Ende und Zweck zugleich ist.

Für Hegel manifestiert sich die Menschheit im Weltgeist; in ihrem Wesen ist sie immer präsent in einer ihrer historischen Entwicklungsstadien, aber sie kann niemals eine politische Realität werden. Sie ist auch hervorgebracht durch eine geheim waltende, listige Kraft; aber die »List der Vernunft« unterscheidet sich von Kants »List der Natur« dadurch, daß sie nur von dem betrachtenden Blick des Philosophen bemerkt werden kann, für den allein die Kette von sinnlosen und willkürlichen Ereignissen sinnvoll werden kann. Der Höhepunkt der Weltgeschichte ist nicht das tatsächliche Erscheinen der Menschheit, sondern jener Moment, wenn der Weltgeist sich seiner selbst bewußt wird in einer Philosophie, das heißt wenn sich das Absolute schließlich dem Gedanken enthüllt. Weltgeschichte, Weltgeist und Menschheit haben, trotz der starken politischen Impulse des jungen Hegel, kaum irgendwelche politische Bedeutung in Hegels Werk. Sie hatten einen unmittelbaren führenden Einfluß auf die Geschichtswissenschaft, aber blieben ohne erhebliche Einwirkung auf die Staatswissenschaft. Nur bei Marx gewann der Hegelsche Geschichtsbegriff politische Relevanz, und dies nur, weil Marx Hegel »vom Kopf auf die Füße stellte«, das heißt das Interpretieren von Geschichte in ein Geschichte-»machen« umwandelte.

Wie weit entfernt oder wie nah auch die Verwirklichung der Menschheit sein mag, ganz offenbar kann man ein Weltbürger nur sein innerhalb des Rahmens der Kantschen Kategorien. Innerhalb des Hegelschen Systems der historischen Offenbarung des Weltgeistes kann ein Individuum bestenfalls das Glück haben, im richtigen Land und rechten historischen Augenblick geboren zu werden, so daß seine Geburt zusammentreffen würde mit der Offenbarung des Weltgeistes. Ein Glied der Menschheit zu sein konnte für Hegel nur heißen, im 5. Jahrhundert v. Chr. Grieche zu sein und nicht Barbar, oder ein römischer Bürger und kein Grieche in den ersten Jahrhunderten unserer Zeitrechnung zu sein, Christ und nicht Jude zu sein im Mittelalter usw.

Mit Kant verglichen ist Jaspers' Konzept von Menschheit und Weltbürgertum historisch; es ist politisch verglichen mit Hegel. In gewisser Weise vereint es die Tiefe von Hegels historischer Erfahrung mit Kants großer politischer Weisheit. Entscheidend aber ist, was Jaspers von beiden unterscheidet. Weder glaubt er an das »trostlose Ungefähr« von politischer Aktion und verbürgter Geschichte, noch an die listige Geheimkraft, die den Menschen in die Einsicht hineinmanipuliert. Er hat Kants Begriff des »guten Willens« aufgegeben, der unfähig ist zum Handeln, weil er nur auf Vernunft sich gründet.[17] Er hat in der Philosophie sowohl mit der Verzweiflung wie mit dem Trost des deutschen Idealismus gebrochen. Wenn Philosophie »ancilla vitae« werden soll, kann kein

Zweifel daran bestehen, welche Aufgabe sie zu erfüllen hat: In Kants Worten wird sie »ihrer gnädigen Frauen« die Fackel vortragen, nicht die Schleppe nachtragen müssen.[18]

Die Geschichte der Menschheit, die Jaspers voraussieht, ist nicht Hegels Weltgeschichte, wo der Weltgeist in den Stadien seiner fortschreitenden Entwicklung ein Land nach dem andern, ein Volk nach dem andern braucht und verbraucht. Und die Einheit der Menschheit in der Realität der Gegenwart ist weit entfernt davon, Trost oder Lohn für alle vergangene Geschichte zu sein, wie Kant erhoffte. Politisch gesehen kann die neue zerbrechliche Einheit, wie sie die Herrschaft der Technik über die Welt gebracht hat, nur im Rahmen allgemeiner gegenseitiger Abkommen garantiert werden, die schließlich zu einem weltumspannenden Gebilde von verbündeten Staaten führen würden. Dafür kann politische Philosophie schwerlich mehr tun, als neue Prinzipien politischer Aktion zu beschreiben und vorzuschreiben. So wie, nach Kant, im Kriege nie etwas sich ereignen sollte, das einen künftigen Frieden unmöglich macht, sollte als Folgerung aus Jaspers' Philosophie in der heutigen Politik nichts geschehen, was zu der tatsächlich bestehenden Solidarität der Menschheit im Gegensatz stünde. Das mag auf die Dauer bedeuten, daß Krieg aus dem Arsenal der politischen Mittel ausgeschieden werden muß, nicht nur, weil die Möglichkeit eines Atomkrieges das Fortbestehen der Menschheit gefährdet, sondern weil jeder Krieg selbst mit begrenzt angewandten Mitteln und auf begrenztem Gebiet die ganze Menschheit unmittelbar und direkt betrifft. Gleich der Abschaffung einer Vielheit von souveränen Staaten würde die Abschaffung von Kriegen bestimmte Gefahren in sich bergen; die nationalen Armeen mit ihren alten Traditionen und mehr oder weniger respektierten Ehrenkodizes würden durch eine internationale Polizeitruppe ersetzt werden müssen, und unsere Erfahrungen mit modernen Polizeistaaten, die alle die alte begrenzte Macht der Armee mit einer allmächtigen Polizei ersetzten, sind nicht geeignet, uns dieser Aussicht mit übergroßem Optimismus entgegensehen zu lassen. All dies aber liegt noch in einer fernen Zukunft.

Isak Dinesen

1885–1962

> Les grandes passions sont rares
> comme les chefs-d'œuvre.
>
> Balzac

Die Baronesse Karen Blixen, geborene Karen Christentze Dinesen – von ihrer Familie Tanne genannt, Tania zuerst von ihrem Liebhaber, dann auch von ihren Freunden –, war jene dänische Schriftstellerin von seltenem Rang, die aus Loyalität zur Sprache ihres toten Geliebten englisch schrieb und – im Geiste guter altmodischer Koketterie – ihre Urheberschaft halb verbarg, halb anzeigte, indem sie ihrem Mädchennamen ein männliches Pseudonym voranstellte: Isak – der Lachende.[1] Das Lachen sollte wohl den Umgang mit mehreren recht lästigen Problemen erleichtern, deren geringstes vielleicht darin lag, daß sie der festen Überzeugung war, einer Frau stehe es nicht gut an, Autorin, also öffentliche Figur zu sein; denn das Licht, das den öffentlichen Raum erhellt, ist viel zu grell, als daß es schmeichelhaft sein könnte. Sie hatte in dieser Hinsicht ihre Erfahrungen gemacht, denn ihre Mutter war eine Suffragette gewesen und hatte aktiv für das Frauenwahlrecht in Dänemark gekämpft – wahrscheinlich war sie eine jener herausragenden Frauen, die niemals einen Mann in die Versuchung bringen, sie zu verführen. Mit zwanzig hatte Karen Blixen einige Kurzgeschichten veröffentlicht und war ermuntert worden weiterzumachen; sie entschloß sich jedoch sofort, damit wieder aufzuhören. Sie »wollte niemals eines Tages Schriftstellerin sein«, sie »hatte eine intuitive Furcht, in eine Falle zu geraten«,[2] und jeder Beruf hätte sich, weil er unweigerlich eine bestimmte Rolle im Leben zuweist, als eine solche Falle erwiesen, die ihr die unbegrenzten Möglichkeiten des Lebens versperrt hätte. Sie war in ihren späten Vierzigern, als sie professionell zu schreiben begann, und fast fünfzig, als ihr erstes Buch erschien: *Sieben phantastische*

Geschichten. Zu jener Zeit hatte sie entdeckt (wie wir aus »Die Träumer« wissen), daß die größte Falle im Leben die eigene Identität ist – »Ich will nie mehr nur eine Person sein... Niemals wieder will ich es so einrichten, daß mein Herz und mein ganzes Leben in nur einer Frau aufgehen« – und daß der beste Rat, den man seinen Freunden geben konnte (Markus Cocoza zum Beispiel, in der Kurzgeschichte), darin bestand, sich »um Markus Cocoza nicht zu viel zu grämen«, denn dies bedeute, »in Wahrheit sein Sklave und Gefangener« zu sein. Folglich bestand die Falle weniger im Schreiben beziehungsweise im professionellen Schreiben, als vielmehr darin, sich ernst zu nehmen und die Frau mit der Autorin zu identifizieren, die sich ihre Identität unausweichlich in der Öffentlichkeit bestätigen läßt. Daß der Kummer darüber, das Leben und den Geliebten in Afrika verloren zu haben, aus ihr eine Schriftstellerin gemacht und ihr eine Art zweiten Lebens beschert haben könnte, war am besten als Scherz zu verstehen, und »Gott liebt einen Scherz« wurde zu ihrer Maxime im späteren Teil ihres Lebens. (Sie liebte es, nach solchen Motti zu leben, und hatte mit »navigare necesse est, vivere non necesse est« begonnen, um später Denys Finch-Hattons »Je responderay« zu übernehmen – Ich werde antworten und Rechenschaft ablegen.)

Aber es war nicht nur die Furcht, in eine Falle zu geraten, die sie in einem Interview nach dem anderen dazu bewog, sich emphatisch gegen die allgemeine Auffassung zu verteidigen, sie sei eine geborene Schriftstellerin und eine »schöpferische Künstlerin«. In Wahrheit hatte sie niemals den Ehrgeiz oder einen besonderen Drang zum Schreiben verspürt, geschweige denn den, eine Schriftstellerin zu *sein*; das wenige, was sie in Afrika geschrieben hatte, konnte sie außer acht lassen, da es nur dazu gedient hatte, »in Zeiten der Dürre« – in jedem Sinne – ihre Sorgen über die Farm zu zerstreuen und ihre Langeweile zu lindern, wenn keine andere Arbeit zu tun war. Nur einmal hatte sie »etwas geschrieben, um Geld zu verdienen«, und obwohl *Die Rache der Engel* ein bißchen Geld einbrachte, war es »schrecklich« geworden. Nein, sie hatte zu schreiben begonnen, weil sie einfach »ihren Lebensunterhalt verdienen« mußte und »nur zweierlei konnte, kochen... und, vielleicht, schreiben«. Kochen hatte sie in Paris und später in Afrika gelernt, um ihre Freunde zu erfreuen, und zur Unterhaltung von Freunden und Eingeborenen hatte sie sich auch darin geübt, Geschichten zu erzählen. »Hätte ich in Afrika bleiben können, wäre ich niemals Schriftstellerin geworden.« Denn: »Moi, je suis une conteuse, et rien qu'une conteuse. C'est l'histoire elle-même qui m'intéresse, et la façon de la raconter.«[3] Zum Geschichtenerzählen brauchte sie nur das Leben und die Welt, fast jede Art Welt oder Milieu; denn die Welt steckt voller Geschichten, voll von Ereignissen, Vorfällen und seltsamen Geschehnissen, die nur darauf warten, erzählt zu werden, und der einzige Grund, warum sie gewöhnlich nicht erzählt werden, liegt, Isak Dinesen zufolge, in mangelnder Vorstellungskraft; denn nur wer sich vorstellen kann, was ohnehin geschieht, und es in der Phantasie wiederholt, wird die Geschichten erkennen, und nur wer die Geduld hat, sie wieder und wieder zu erzählen (»Je me les raconte et reraconte«), wird sie gut erzählen können. Gerade das hatte sie ihr Leben lang getan, aber nicht, um eine Künstlerin zu werden, nicht einmal, um jenen weisen und alten Geschichtenerzählern zu gleichen, denen wir in ihren Büchern begegnen. Wer das Leben nicht in der Vorstellung wiederholt, wird niemals ganz lebendig sein können; »der Mangel an Vorstellungskraft« hindert die Menschen daran, wirklich zu »existieren«. »Sei treu gegenüber der Geschichte«, ermahnt eine ihrer Geschichtenerzählerinnen die Jungen, »sei immer und unentwegt treu gegenüber der Geschichte«,[4] und das bedeutet nicht weniger als: Sei treu gegenüber dem Leben, erfinde nichts, sondern akzeptiere, was das Leben dir bietet, erweise dich all seiner Möglichkeiten würdig, indem du dich erinnerst, darüber nachdenkst und es so in der Vorstellung wiederholst; so bleibst du lebendig. Und dies war von Anfang an und bis zum Ende ihr einziges Ziel, ihr einziger Wunsch: »Mein Leben, ich lasse dich nicht, du segnest mich denn, aber dann werde ich dich lassen.« Die Belohnung für das Geschichtenerzählen liegt darin, etwas loslassen zu können. »Wenn der Erzähler der Geschichte gegenüber treu ist..., wird

am Ende die Stille sprechen. Wurde die Geschichte verraten, ist die Stille leer. Aber wir, die Getreuen, werden, wenn wir unser letztes Wort gesprochen haben, die Stimme der Stille vernehmen.«[5]
Das verlangt natürlich ein bestimmtes Können, und in diesem Sinne ist das Geschichtenerzählen nicht nur ein Teil des Lebens, sondern kann zu einer eigenen Kunstform werden. Künstler zu werden bedarf auch der Zeit und einer gewissen Abgehobenheit vom hitzigen, berauschenden Tun des schieren Lebens, die vielleicht nur der geborene Künstler inmitten des Lebens erreichen mag. Bei ihr aber gibt es eine scharfe Linie, die ihr Leben trennt von ihrem Nach-Leben als Autorin. Erst als sie verloren hatte, was ihr Leben gewesen war, ihr Heim in Afrika und ihren Geliebten, erst als sie als vollständiger »Versager« nach Rungstedlund heimgekehrt war, mit nichts in Händen als Trauer, Sorgen und Erinnerungen, wurde sie zu der Künstlerin, errang sie jenen »Erfolg«, den sie sonst niemals errungen hätte – »Gott liebt einen Scherz«, und göttliche Scherze sind, wie die Griechen so gut wußten, häufig grausam. Was sie dann tat, war in der zeitgenössischen Literatur einzigartig, obwohl bei einigen Schriftstellern des neunzehnten Jahrhunderts ähnliches zu finden wäre – Heinrich Kleists Anekdoten und Kurzgeschichten etwa und einige Erzählungen von Johann Peter Hebel, insbesondere »Unverhofftes Wiedersehen«. Eudora Welty hat es letztgültig in einem kurzen Satz mit äußerster Präzision umrissen: »Aus einer Geschichte gewann sie eine Essenz, aus der Essenz ein Elixier, und aus dem Elixier begann sie aufs neue, die Geschichte zusammenzufügen.«[6]
Das Leben eines Künstlers mit seinem Werk zu verknüpfen hat immer peinliche Probleme aufgeworfen, und unser Eifer, all das öffentlich aufgezeichnet, ausgebreitet und diskutiert zu sehen, was einstmals rein private Angelegenheiten waren und niemanden etwas anging, ist wohl weniger legitim, als unsere Neugier zuzugeben bereit wäre. Unglücklicherweise sind die Fragen, die Parmenia Migels Biographie[7] aufwirft, nicht von dieser Art. Diesem Buch fehlt, um es freundlich zu sagen, die eigene Handschrift, und trotz der fünf Forschungsjahre, die angeblich »genug Material... für ein Monumental-Werk« erbrachten, erhalten wir selten

mehr als Zitate aus bereits veröffentlichtem Material, entweder aus Büchern und Interviews der Heldin oder aus *Isak Dinesen: A Memorial*[8]. Die wenigen erstmals enthüllten Tatsachen werden mit einer Nachlässigkeit behandelt, die jedem Lektor hätte auffallen müssen. (Von einem Mann kurz vor dem Selbstmord, ihrem Vater, läßt sich kaum sagen, er habe »eine Vorahnung... von seinem nahen Tod« gehabt. Auf Seite 36 werden wir belehrt, daß ihre erste Liebe »namenlos bleiben sollte«, aber sie bleibt es nicht; auf Seite 210 wird uns mitgeteilt, wer es war. Beiläufig erfahren wir, ihr Vater habe »mit den Kommunarden sympathisiert und linke Neigungen« gehabt, während mit der Stimme einer Tante mitgeteilt wird, er sei von den Schrecken, die er während der Commune von Paris erlebt hatte, »zutiefst erschüttert gewesen«. Ein Mann also, der sich eines besseren belehren ließ, könnten wir folgern, wüßten wir nicht aus dem bereits erwähnten Erinnerungsband, daß er später Memoiren geschrieben hat, in denen er »dem Patriotismus und Idealismus der Kommunarden Gerechtigkeit widerfahren ließ«. Sein Sohn bestätigt die Sympathie für die Commune und fügt hinzu: »Im Parlament war seine Partei die Linke.«) Schlimmer als solche Nachlässigkeiten ist die in die falsche Richtung zielende Delikatesse, mit der die bei weitem relevanteste neue Tatsache, die das Buch enthält, behandelt wird: die Geschlechtskrankheit – jene »Erbschaft einer Krankheit«, die ihr der Mann, von dem sie sich hatte scheiden lassen, dessen Namen und Titel sie jedoch behielt (wegen »der Befriedigung, als Baronesse angeredet zu werden«, wie ihre Biographin nahelegt?), hinterlassen hatte und an deren Folgen sie ihr ganzes Leben litt. Die Krankheitsgeschichte wäre tatsächlich interessant gewesen. So erzählt ihre Sekretärin, daß ihr späteres Leben von »einem heroischen Kampf gegen die unüberwindliche Übermacht der Krankheit« beherrscht wurde: »Wie ein Mensch, der sich allein gegen eine Lawine zu stemmen versucht«, habe sie gekämpft. Am schlimmsten jedoch ist die gelegentliche, fast unschuldige Unverschämtheit, die so typisch ist für die berufsmäßigen Bewunderer im Umkreis der meisten Berühmtheiten: Hemingway, der in seiner Rede beim Empfang des Nobelpreises recht großzügig gesagt hatte, der Preis hätte der »schönen Schriftstellerin Isak Dinesen« verliehen werden sollen, »konnte nicht anders, als (Tania) um ihre Gelassenheit und Kultiviertheit zu beneiden« und »mußte töten, um seine Männlichkeit zu beweisen, um die Unsicherheit auszulöschen, die er niemals wirklich überwand«. Dies alles hier zu erwähnen würde sich erübrigen, ja das ganze Unternehmen übergingen wir am besten mit Schweigen, wäre da nicht die unglückselige Tatsache, daß Isak Dinesen selbst es gewesen ist (oder war es eher die Baronesse Karen Blixen?), die diese Biographie sozusagen in Auftrag gegeben und Stunden und Tage mit Frau Migel verbracht hatte, um sie zu informieren; die sie kurz vor ihrem Tode noch einmal an »*mein* Buch« erinnert und das Versprechen eingefordert hatte, es zu beenden. Nun, Eitelkeit oder das Bedürfnis nach Bewunderung, jenem traurigen Surrogat für die höchste, nur durch die Liebe, die gegenseitige Liebe zu erlangende Existenzbestätigung, gehören sicherlich nicht zu den Todsünden; aber wenn wir Hilfen brauchen, um uns zum Narren zu machen, sind sie unübertrefflich.

Offensichtlich hätte niemand die Geschichte ihres Lebens besser erzählen können als sie selbst, und die Frage, warum sie keine Autobiographie geschrieben hat, bleibt ebenso faszinierend wie unbeantwortet. (Wie schade, daß ihre Biographin ihr diese naheliegende Frage anscheinend niemals gestellt hat.) Denn *Afrika – dunkel lockende Welt*, das häufig als autobiographisch bezeichnet wird, bleibt eigentümlich zurückhaltend, verschwiegen in allen Fragen, die ihr Biograph aufwerfen müßte. Es erzählt uns nichts über die unglückliche Ehe und die Scheidung, und nur der aufmerksame Leser wird daraus entnehmen, daß Denys Finch-Hatton mehr war als ein regelmäßiger Besucher und Freund. Das Buch ist tatsächlich, worauf Robert Langbaum, ihr bei weitem bester Kritiker, hinwies, »ein authentisches Pastorale, vielleicht die beste pastorale Prosa unserer Zeit«,[9] und weil es ein Pastorale ist und überhaupt nicht dramatisch, nicht einmal in der Schilderung von Denys Finch-Hattons Tod bei einem Flugzeugunglück oder in der Darstellung der letzten trostlosen Wochen in leeren Räumen auf gepackten Kisten, kann es viele Geschichten umschließen, aber nur mit äußerst sparsamen und seltenen Anspielungen auf die zugrundeliegende Geschichte einer »grande passion« hinweisen, die damals die Quelle ihres Geschichtenerzählens war und es anscheinend bis zum Schluß geblieben ist. Zu keinem Zeitpunkt ihres Lebens, auch nicht in Afrika, hat sie etwas verborgen; man erhält den Eindruck, daß sie stolz war, die Geliebte dieses Mannes gewesen zu sein, der in ihren Beschreibungen eigenartig leblos bleibt. Aber in *Afrika – dunkel lockende Welt* gesteht sie ihre Beziehung nur implizit ein:

Er »hatte in Afrika kein Heim außer der Farm; zwischen seinen Safaris lebte er in meinem Haus«, und wenn er zurückkam, hieß die Farm ihn »in ihrer Sprache willkommen, der Sprache, deren eine Kaffeepflanzung fähig ist, wenn die ersten Regenschauer sie mit Blüten überschütten«; dann »fingen alle Dinge der Farm zu reden an und sagten, wes Wesens sie seien«. Und sie, die »sich immer viele Geschichten ausdachte, während er fort war«, saß dann »wie Scheherazade mit gekreuzten Beinen am Boden«.

Wenn sie sich vor diesem Hintergrund Scheherazade nannte, meinte sie mehr als die Literaturkritiker, die später ihrer Selbstdarstellung folgten, mehr als das bloße Geschichtenerzählen – das »Moi, je suis une conteuse et rien qu'une conteuse«. Die tausendundein Nächte – deren »Geschichten sie über alles andere stellte« – vergingen nicht nur mit Geschichtenerzählen; drei Knaben gingen aus ihnen hervor. Und ihr Geliebter, der, »wenn er auf die Farm kam, fragte: ›Weißt du eine Geschichte?‹«, unterschied sich gar nicht so sehr von dem arabischen König, der sich, wenn er ruhelos war, auf die Erzählung einer Geschichte freute.[10] Denys Finch-Hatton und sein Freund Berkeley Cole gehörten zu jener Generation junger Männer, die der Erste Weltkrieg für immer unfähig gemacht hatte, die Konventionen des täglichen Lebens zu ertragen, Alltagspflichten zu erfüllen, ihre Karriere zu verfolgen und ihre Rollen in einer Gesellschaft zu spielen, die sie bis zur Raserei langweilte. Einige wurden Revolutionäre und lebten im Traumland der Zukunft; andere entschieden sich für das Traumland der Vergangenheit und lebten wie in »einer Welt, die es nicht mehr gab«. Sie trafen sich in der grundsätzlichen Überzeugung, daß »sie nicht in ihr Jahrhundert gehörten«. (In politischen Begriffen könnte man sie antiliberal nennen, insoweit Liberalismus bedeutet, die Welt, wie sie ist, zusammen mit der Hoffnung auf ihren »Fortschritt« anzunehmen; Historiker wissen, bis zu welchem Ausmaß konservative und revolutionäre Kritik an der bourgeoisen Welt zusammenfallen.) In jedem Falle wollten sie »Ausgestoßene« sein, »Deserteure«, sicherlich eher bereit, »für ihre Halsstarrigkeit zu bezahlen« als sich niederzulassen und eine Familie zu gründen. Wie auch immer, Denys Finch-Hatton kam und ging, wie es ihm beliebte, und offensichtlich lag ihm nichts ferner als der Gedanke, sich durch eine Ehe zu binden. Nichts konnte ihn fesseln und zurücklocken als die Flamme der Leidenschaft. Und der sicherste Weg, diese am Leben zu halten – gegen die verstreichende Zeit und die unvermeidliche Wiederholung, gegen die Gefahr, einander und alle Erzählungen nur zu genau zu kennen –, lag darin, unerschöpflich zu sein im Erfinden neuer Geschichten. Gewiß war sie ebenso begierig zu unterhalten wie Scheherazade, sicherlich wußte sie ebensogut, daß es ihr Tod sein würde, gelänge es ihr nicht mehr zu gefallen.

Daher »la grande passion« vor der perfekten Kulisse des wilden, noch ungebändigten Afrika. Dort konnte man die Trennungslinie »zwischen Ehrbarkeit und Anstand« ziehen, und wir »teilten unsere Bekannten, Menschen und Tiere, dementsprechend ein. Wir bezeichneten Haustiere als ehrbar und wilde Tiere als anständig und hielten dafür, daß sich bei jenen Existenz und öffentliches Ansehen aus ihrem Verhältnis zur Gemeinschaft bestimmten, wohingegen das wilde Tier in unmittelbarer Beziehung zu Gott stand. Schweine und Stallgeflügel, sagten wir, verdienten unsere Achtung, insoweit sie getreulich heimzahlten, was man in sie investierte, und sich... erwartungsgemäß verhielten... Uns selbst reihten wir unter die Wildtiere ein, wobei wir betrübt bekennen mußten, wie unzulänglich es bei uns mit den Rückzahlungen an die Gemeinschaft – und an die Hypothekengläubiger! – bestellt war, immer aber mit der Erkenntnis, daß wir unmöglich, auch dann nicht, wenn es uns die höchste Anerkennung der Umwelt eingetragen hätte, die direkte Berührung mit Gott aufgeben konnten, die wir mit Flußpferd und Flamingo teilten.«[11]

»La grande passion« verhält sich in der Welt der Gefühle gegenüber dem, was gesellschaftlich akzeptabel ist, ebenso destruktiv und reagiert auf das, was »unsere Achtung verdient«, mit ebensolcher Verachtung wie die Ausgestoßenen und Deserteure gegenüber der zivilisierten Gesellschaft, der sie entstammten. Aber das Leben wird in der Gesellschaft gelebt, und aus diesem Grund kann die Liebe – nicht die romantische Liebe natürlich, die doch nur die ehelichen Freuden vorbereitet – Leben auch zerstören, wie wir von all jenen berühmten Liebespaaren aus Geschichte und Literatur wissen, deren Liebe unweigerlich im Leid endete. Der Gesellschaft zu entrinnen – könnte das nicht bedeuten, daß einem nicht nur eine Leidenschaft, sondern ein leidenschaftliches Leben gewährt wird? War das nicht der Grund gewesen, aus dem sie Dänemark verließ, um sich einem Leben zu stellen, das nicht von der Gesellschaft geschützt wäre? »Was hatte mich nur geheißen, mein Herz an Afrika zu hängen?« fragte sie, und die Antwort schenkte ihr »ein großer Meister«, dessen »Wort meines Fußes Leuchte (war) und ein Licht auf meinem Wege«:

Wer Ehrgeiz sich hält fern,
lebt in der Sonne gern,
Selbst sucht, was ihn ernährt
Und was er kriegt, verzehrt,
Komm geschwinde! geschwinde! geschwinde!
Hier nagt und sticht
Kein Feind ihn nicht
Als Wetter, Regen und Winde.

Besteht ein dummer Tropf
Auf seinem Eselskopf,
Läßt seine Füll und Ruh
Und läuft der Wildnis zu,
Duc ad me, duc ad me, duc ad me:
Hier sieht er mehr

So Narrn wie er
Wenn er zu mir will kommen her.¹²

Scheherazade, mit allem, was der Name hervorruft, inmitten von Shakespeares »gross fools«, die den Ehrgeiz meiden und das Leben in der Sonne lieben, Scheherazade hat einen Ort gefunden, »neuntausend Fuß hoch«, von dem sie »auf den Ehrgeiz der Neuangekommenen in den Missionen, unter den Geschäftsleuten und in der Regierung selbst, Afrika zu einem respektablen Erdteil zu machen«, herablachen kann und nichts anderes im Sinn zu haben braucht, als die Eingeborenen, die wilden Tiere und die noch wilderen Ausgestoßenen und Europa-Deserteure, die zu Fremdenführern und Safari-Jägern gewordenen Abenteurer in »ihrer Unschuld der Zeit vor dem Sündenfall« zu schützen. So wollte sie sein, so wollte sie leben, und so erschien sie sich selbst, was nicht unbedingt heißt, daß sie auch anderen so erschien und insbesondere nicht ihrem Geliebten. Tania hatte er sie genannt, und dann hatte er daraus Titania gemacht. (»Es ist so viel Magie in den Menschen und dem Land hier«, hatte sie zu ihm gesagt, und Denys hatte »sie mit zärtlicher Herablassung angelächelt. ›Die Magie ist nicht in den Menschen, und nicht im Land, sondern im Auge des Betrachters... Du bringst deine eigene Magie hinein, Tania... Titania.‹«¹³) Diesen Namen hat Parmenia Migel für den Titel ihrer Biographie benutzt, und das wäre keine schlechte Wahl gewesen, hätte sie sich daran erinnert, daß er mehr impliziert als nur die Elfenkönigin und ihre »Magie«. Die beiden Liebenden, zwischen denen der Name zuerst fiel, wußten es natürlich besser, weil sie einander ständig Shakespeare zitierten; sie wußten, daß die Königin der Elfen durchaus fähig ist, sich in Zettel zu verlieben, und daß sie ihre eigenen magischen Fähigkeiten recht unrealistisch einschätzte:

Ich will vom Erdenstoffe dich befrei'n
Daß du so luftig sollst wie Geister sein.

Nun, Zettel verwandelte sich nicht in einen Luftgeist, und Puck verrät uns des Pudels Kern:

Herr, meine Fürstin liebt ein Ungeheuer
... Da wacht Titania auf, wie sich's ergibt,
Und sieht den Esel und ist gleich verliebt.

Das Problem war: Magie hatte sich wieder einmal als völlig unwirksam erwiesen. Die Katastrophe, die schließlich über sie kam, hatte sie selbst heraufbeschworen, als sie sich entschloß, auf der Farm zu bleiben, obwohl sie gewußt haben muß, daß eine Kaffeeplantage »in diesen Höhen... absolut keinen Gewinn abwirft«, und um alles noch schlimmer zu machen: Sie »wußte nicht viel über Kaffee und lernte auch nichts dazu, sondern beharrte auf ihrer unerschütterlichen Überzeugung, daß ihre intuitiven Fähigkeiten ihr eingeben würden, was zu tun sei« – wie ihr Bruder in sensiblen und zarten Erinnerungen nach ihrem Tode anmerkte.[14] Erst als sie von dem Land vertrieben worden war, das ihr siebzehn lange Jahre, unterstützt vom Geld ihrer Familie, erlaubt hatte, Königin zu sein, eine Königin der Elfen, erst da dämmerte ihr die Wahrheit. In der Erinnerung an ihren afrikanischen Koch Kamante schrieb sie in *Afrika – dunkel lockende Welt*: »Wo einst der große Küchenchef tief versonnen voller Weisheit wandelte, sieht heute niemand mehr etwas anderes als einen kleinen säbelbeinigen Kikuyu, einen Zwerg mit stummem, flachem Gesicht.« Ja, niemand mehr außer ihr, die alles in der Magie der Vorstellung, aus der die Geschichten entstehen, zu wiederholen pflegte. Der Kern der Sache ist jedoch, daß selbst dieses Mißverhältnis zum Stoff einer Geschichte werden kann, sobald es entdeckt ist. So begegnen wir Titania wieder in »Die Träumer«, nur heißt sie jetzt Donna Quixota de la Mancha und erinnert den weisen alten Juden, der in der Geschichte die Rolle des Puck spielt, an »tanzende Schlangen«, die er einst in Indien sah: »Gift aber hast du nicht die kleinste Menge in dir, und wenn du tötest, so tust du's ausschließlich durch die Kraft deiner Umarmung... Wenn man dich so deine gewaltigen Schlangenringe lockern sieht, wenn du dich heranwälzest, dich über das Opfer wirfst und schließlich mit all dem Aufwand eine arme Feldmaus zerquetschst – da möchte man sich vor Lachen den Bauch halten.« In gewisser Weise empfindet man eben dies, wenn man Seite für Seite über ihre »Erfolge« im späteren Leben liest, wie sie sie genoß, sie ins Maßlose vergrößerte. Daß soviel Intensität, solch kühne Leidenschaft daran verschwendet sein sollte, im Book-of-the-Month-Club eigene Titel unterzubringen und Ehrenämter in prestigeträchtigen Gesellschaften zu erhalten, daß die frühe klarsichtige Erkenntnis, Kummer sei besser als nichts – »zwischen der Trauer und dem Nichts werde ich die Trauer wählen« (Faulkner) –, schließlich mit kleiner Münze in Gestalt von Preisen, Ehrungen und Auszeichnungen entgolten werden würde – das mag in der Rückschau traurig erscheinen; das Schauspiel selbst muß wohl eher einer Komödie geähnelt haben.

Geschichten hatten ihre Liebe gerettet, und Geschichten retteten ihr Leben, nachdem das Unheil über sie gekommen war. »Alle Sorgen sind zu ertragen, wenn man sie in eine Geschichte packen oder eine Geschichte über sie erzählen kann.« Die Geschichte enthüllt die Bedeutung dessen, was sonst eine unerträgliche Folge bloßer Ereignisse bliebe. »Der schweigende, alles umschließende Genius der Ergebung«, der auch der Genius des wahren Glaubens ist – als ihr arabischer Diener vom Tod Denys Finch-Hattons erfuhr, antwortete er »Gott ist groß«, so wie im hebräischen Kaddisch vom nächsten Angehörigen nur die Worte »Es sei Sein großer Name gelobt« gesprochen werden –, entsteigt der Geschichte, weil in der Wiederholung der Vorstellung die Ereignisse zu dem werden, was sie als Geschick bezeichnet hätte. Mit seinem Geschick so eins zu sein, daß niemand den Tänzer vom Tanz unterscheiden kann, daß die Antwort auf die Frage nach dem »Wer bist du?« die des Kardinals sein wird: »Erlauben Sie mir bitte, daß ich Ihnen... auf die klassische Manier antworte, indem ich Ihnen eine Geschichte erzähle«[15]: danach zu streben ist angesichts der Tatsache, daß uns das Leben verliehen wurde, das einzig Angemessene. Das nennt man auch Stolz, und die wahre Trennungslinie zwischen den Menschen scheidet danach, ob sie fähig sind, »ihr Schicksal zu lieben«, oder ob sie »als Erfolg buchen, was andere... zum Tageskurs dafür ausgeben. Sie zittern vor ihrem Schicksal und haben guten Grund dazu.« All ihre Geschichten sind im Grunde *Schicksals-Anekdoten*; sie erzählen immer wieder davon,

wie uns am Ende das Recht auf Urteil zukommt, oder, um es anders auszudrücken, wie man überhaupt den einen der »beiden Gedankengänge, die sich für jede einigermaßen intelligente Person schicken«, verfolgen und der Frage begegnen soll: »Was bezweckte Gott, als er die Welt schuf, das Meer und die Wüste, das Pferd, den Wind, die Frau, Bernstein, Fische und Wein?«[16]
Es ist wahr: Das Geschichtenerzählen enthält den Sinn, ohne den Fehler zu begehen, ihn zu benennen; es führt zu Übereinstimmung und Versöhnung mit den Dingen, wie sie wirklich sind, und vielleicht können wir ihm sogar zutrauen, implizit jenes letzte Wort zu enthalten, das wir vom Tag des Jüngsten Gerichts erwarten. Und doch: Wenn wir auf Isak Dinesens »Philosophie« hören und ihr Lebenswerk in diesem Lichte betrachten, müssen wir gewahr werden, wie das kleinste Mißverständnis, die geringfügigste Verschiebung einer Betonung in die falsche Richtung unvermeidlich alles ruinieren wird. Wenn es, was ihre »Philosophie« nahelegt, stimmt, daß niemand, dessen Lebensgeschichte nicht erzählt werden kann, ein Leben hat, über das nachzudenken sich lohnt, folgt dann nicht, daß das Leben als Geschichte gelebt werden könnte, ja sollte, daß man im Leben darauf hinwirken muß, eine Geschichte wahr werden zu lassen? »Stolz«, schrieb sie einmal in ihr Afrika-Notizbuch, »ist der Glaube an die Idee, die Gott hatte, als er uns schuf. Ein stolzer Mensch ist sich der Idee bewußt und willens, sie zu verwirklichen.« Aus dem, was wir jetzt über ihr frühes Leben wissen, scheint recht deutlich zu werden, daß sie eben dies als junges Mädchen versuchte: eine »Idee« zu »verwirklichen« und das Geschick ihres Lebens zu antizipieren, indem sie eine alte Geschichte wahr werden ließ. Die Idee erreichte sie als Erbschaft ihres Vaters, den sie sehr geliebt hatte – sein Tod, als sie zehn Jahre alt war, bildete den ersten großen Schmerz, die Tatsache, daß er, wie sie später erfuhr, Selbstmord begangen hatte, den ersten großen Schock, aus dem befreit zu werden sie sich weigerte –, und die Geschichte, die zu spielen sie für ihr Leben geplant hatte, sollte im Grunde eine Fortsetzung der Geschichte ihres Vaters sein. »Une princesse de conte de fées, die jedermann bewunderte«, hatte zu dessen Geschichte gehört; er hatte eine solche Mär-

chenfigur vor seiner Heirat gekannt und geliebt, und sie war plötzlich, im Alter von zwanzig Jahren, gestorben. Der Vater hatte das der Tochter gegenüber nur erwähnt, aber später hatte eine Tante durchblicken lassen, daß er sich von dem Verlust niemals habe erholen können, daß sein Selbstmord das Ergebnis seiner unheilbaren Trauer gewesen sei. Das Mädchen war, wie sich herausstellte, eine Kusine ihres Vaters gewesen, und der größte Ehrgeiz der Tochter wurde es, diesem Zweig der Familie ihres Vaters anzugehören, dänischem Hochadel noch dazu, »eine völlig andere Rasse« als die Menschen ihres Milieus, wie ihr Bruder erzählt.[17] So war es nur folgerichtig, daß eine Angehörige dieses Zweiges, die eine Nichte des toten Mädchens gewesen wäre, zu ihrer besten Freundin wurde, und als sie sich »›zum ersten Mal und wirklich für immer‹ verliebte, wie sie zu sagen pflegte«,[18] verliebte sie sich in einen Vetter zweiten Grades, Hans Bror Blixen, der ein Neffe des toten Mädchens gewesen wäre. Und da jener ihr keine Beachtung schenkte, entschloß sie sich mit siebenundzwanzig Jahren, in einem Alter, in dem sie es hätte besser wissen können, zum Kummer und Erstaunen aller Angehörigen, seinen Zwillingsbruder zu heiraten und kurz vor dem Ersten Weltkrieg mit ihm nach Afrika zu fahren. Was folgte, war unbedeutend und schäbig, ganz und gar nicht von jenem Stoff, aus dem man eine Geschichte hätte machen können. (Sie trennten sich unmittelbar nach dem Krieg; 1923 wurden sie geschieden.)

Oder wäre es doch eine Geschichte geworden? Soweit ich weiß, schrieb sie niemals über diese absurde Ehe, aber sie schrieb einige Geschichten über das, was ihr als offensichtliche Lehre ihrer jugendlichen Torheiten erschienen sein muß, nämlich über die »Sünde«, eine Geschichte wahr werden zu lassen: das Leben nach einem vorgegebenen Muster beeinflussen zu wollen, anstatt geduldig darauf zu warten, daß die Geschichte dahinter zum Vorschein kommt; die Geschichte nicht in der Vorstellung zu wiederholen, sondern eine Fiktion zu schaffen und nach ihr zu leben. Die früheste dieser Erzählungen ist »Der Dichter« (in *Sieben phantastische Geschichten*); zwei weitere wurden fast fünfundzwanzig Jahre später geschrieben (Parmenia Migels Biographie enthält unglücklicherweise keine chronologischen Angaben): »Die Unsterbliche Geschichte« (in *Schicksals-Anekdoten*) und »Widerhall« (in *Widerhall*). Die erste erzählt von der Begegnung eines jungen Dichters bäuerlicher Abstammung mit seinem hochstehenden Wohltäter, einem älteren Herrn, der in seiner Jugend dem Banne Weimars und des »großen Geheimrats Goethe« verfallen war, mit dem Ergebnis, »daß für ihn nur zum Idealischen im Leben gehörte, was im Bereich der Dichtung lag«. Aber ach, ein solcher Ehrgeiz hat noch nie einen Menschen zum Dichter gemacht, und als er erkannte, »daß in seinem Leben das Dichterische von außen her kommen müsse«, entschied er sich für die Rolle des Mäzens, begann, nach einem »großen Dichter« Ausschau zu halten, der seiner Aufmerksamkeit wert wäre, und fand ihn passenderweise in der eigenen Heimatstadt. Aber ein wahrer Mäzen, ein Mann, der soviel über Poesie wußte, konnte sich kaum damit zufriedengeben, Geld bereitzustellen; er mußte auch die Tragödien und Leiden liefern, aus denen, wie er wußte, große Poesie ihre besten Eingebungen bezieht. So heiratete er eine junge Frau und sorgte dafür, daß die beiden jungen Menschen unter seiner Obhut sich ineinander verliebten – ohne jede Hoffnung auf Heirat. Nun, das Ende ist ziemlich blutig. Der junge Dichter schießt auf seinen Wohltäter, und während der alte Mann in seinem Todeskampf von Goethe und Weimar träumt, gibt ihm die junge Frau, die in einer Vision ihren Liebhaber »mit einer Schlinge um den Hals« erblickt, den Rest. »Nur weil es ihm so in den Kram paßte, daß die Welt schön sei, wollte er sie ins Schöne verhexen«, sagt sie zu sich. »Du!« schreit sie ihn an. »Du Dichter!«

Die perfekte Ironie dieser Erzählung wird vielleicht jenen am deutlichsten bewußt, die deutsche »Bildung« und ihre unglückselige Verknüpfung mit Goethe so genau kennen wie die Autorin selbst. (Die Geschichte enthält einige Anspielungen auf deutsche Gedichte von Goethe und Heine wie auch auf die Voss'sche Homer-Übersetzung. Man könnte sie auch als Geschichte über die fatalen Eigenheiten der »Bildung« lesen.)

»Die Unsterbliche Geschichte« ist im Gegensatz dazu in der Art einer Volkssage entworfen und geschrieben. Ihr Held ist ein »ungeheuer reicher Teehändler« in Kanton, der aus sehr prosaischen Gründen »an seine Allmacht glaubt« und erst am Ende seines Lebens mit Büchern in Kontakt kommt. Es beunruhigt ihn, daß sie von Dingen erzählen, die nie geschahen, und er ist geradezu entrüstet, als er erfährt, daß die einzige Geschichte, die er kennt – die Geschichte von dem Seemann, der an Land kommt, einen alten Herrn trifft, den »reichsten Mann in der Stadt«, von ihm aufgefordert wird, im Bett seiner jungen Frau »sein Bestes zu tun«, damit er ihm zu einem Sohn verhelfe, und fünf Guineen für seine Dienste erhält –, »nie geschah und ... nie geschehen wird, und eben deshalb wird sie erzählt«. So geht also der alte Mann auf die Suche nach einem Seemann, um die alte Geschichte, die in allen Häfen der Welt erzählt wird, wahr zu machen. Und alles scheint aufs beste zu geraten – nur daß der junge Seemann sich am nächsten Morgen weigert, in der Geschichte auch nur die geringste Ähnlichkeit mit dem zu erkennen, was ihm in der Nacht widerfahren; er weist die fünf Guineen zurück und hinterläßt der fraglichen Dame den einzigen Schatz, den er besitzt, »eine große, rosig schimmernde Muschel«, von der er glaubt, »daß es die kein zweites Mal auf der Welt gibt«.

»Widerhall«, die letzte Geschichte aus dieser Kategorie, ist eine verspätete Fortsetzung von »Die Träumer« in *Sieben phantastische Geschichten*, die Geschichte von Pellegrina Leoni. »Die Diva, die ihre Stimme verloren hatte«, hört auf ihren Wanderfahrten eben diese Stimme bei dem Knaben Emanuele, den sie nun nach ihrem eigenen Bilde zu formen versucht, damit ihr Traum, ihr schönster und am wenigsten eigensüchtiger Traum, wahr werde – daß die Stimme, die soviel Vergnügen schenkte, wieder auferstehe. Robert Langbaum, den ich schon zuvor erwähnte, stellte fest, daß »Isak Dinesen (hier) den Finger der Anklage gegen sich selbst richtete« und daß die Geschichte, wie schon die ersten Seiten nahelegen, »von Kannibalismus« handle – aber nichts darin bestätigt die Behauptung, daß die Sängerin »sich von dem Knaben nährte, um ihre eigene Jugend und mit ihr jene Pellegrina Leoni wieder auferstehen zu lassen, die sie zwölf Jahre zuvor in Mailand begraben hatte«.[19] (Gerade die Wahl eines männlichen Nachfolgers schließt diese Interpretation aus.) Die Schlußfolgerung der Sängerin selbst lautet: »Die Stimme Pellegrina Leonis wird nicht wieder zu hören sein.« Der Knabe hatte sie, bevor er mit Steinen nach ihr zu werfen begann, beschuldigt: »Eine Hexe bist du. Ein Blutsauger bist du. Jetzt weiß ich, ich würde sterben, wenn ich zurückmüßte zu dir« – zur nächsten Gesangsstunde. Die gleichen Anklagen hätte der junge Dichter seinem Mäzen entgegenschleudern können, der junge Seemann seinem Wohltäter, und ganz allgemein all jene Menschen, die unter dem Vorwand der Hilfe benutzt werden, um den Traum eines anderen wahr werden zu lassen. (So hatte sie selbst gedacht, sie könne ohne Liebe heiraten, weil ihr Vetter »sie brauchte und vielleicht der einzige Mensch war, der sie brauchte«[20], während sie ihn tatsächlich benutzte, um in Ostafrika ein neues Leben anzufangen und unter Eingeborenen zu leben, wie es ihr Vater getan hatte, der wie ein Eremit unter den Chippeway-Indianern gelebt hatte. »Die Indianer sind besser als die zivilisierten Menschen Europas«, hatte er seiner kleinen Tochter erzählt, deren größte Gabe es war, nicht vergessen zu können. »Ihre Augen sehen mehr als unsere, und sie sind weiser.«[21]

So hatte sie der frühere Teil ihres Lebens gelehrt, daß man zwar Geschichten über das Leben erzählen oder Gedichte darüber schreiben, nicht aber dem Leben Poesie verleihen, es nicht so leben kann, als sei es ein Kunstwerk (wie es Goethe getan hatte), oder es für die Realisierung einer »Idee« benutzen kann. Das Leben mag die »Essenz« enthalten (was sonst wäre dazu in der Lage?); die Erinnerung, die Wiederholung in der Vorstellung, mag die »Essenz«, den Sinn entziffern und das »Elixier« bereitstellen; und vielleicht mag man das Privileg erringen, etwas daraus zu »machen«, »die Geschichte zusammenzufügen«. Aber das Leben selbst ist weder Essenz noch Elixier, und wer es so behandelt, dem wird es nur seine Streiche spielen. Vielleicht war es gerade die bittere Erfahrung solcher Streiche des Lebens, die sie darauf vorbereitete (recht spät: sie war Mitte dreißig, als sie Finch-Hatton traf), sich von der »grande passion« ergreifen zu lassen – einer großen Leidenschaft, die wahrlich ebenso selten vorkommt wie ein Meisterwerk. Das Geschichtenerzählen jedenfalls machte sie schließlich weise – und, ganz nebenbei, nicht zu einer »Hexe«, »Sirene« oder »Sibylle«, wie ihre Umgebung bewundernd glaubte. Weisheit ist eine Tugend des Alters, und sie kommt wohl nur zu denen, die in ihrer Jugend weder weise waren noch besonnen.

Hermann Broch

1886–1951

I. Der Dichter wider Willen

Hermann Broch war ein Dichter wider Willen; daß er ein Dichter war und ein Dichter nicht sein wollte, war der Grundzug seines Wesens, inspirierte die dramatische Handlung seines größten Werkes und wurde der Grundkonflikt seines Lebens. Seines Lebens, nicht etwa seiner Seele; denn dies war nicht ein psychologischer Konflikt, der sich in Seelenkämpfen hätte äußern können und dann nichts zur Folge gehabt hätte, als was Broch selbst halb ironisch, halb angeekelt mit »Seelenlärm« bezeichnete. Aber es war auch nicht ein Konflikt zwischen Begabungen, etwa zwischen einer wissenschaftlich-mathematischen und einer dichterisch-visionären; solch ein Konflikt hätte sich lösen lassen oder hätte im Falle seiner Unlösbarkeit höchstens Literatur, nie aber wirkliche Dichtung produziert. Auch kann ein psychologischer oder Begabungskonflikt niemals der Grundzug des Wesens eines Menschen sein, das immer gleichsam eine Schicht tiefer liegt als alle Begabungen und Talente, als alle psychologisch beschreibbaren Eigentümlichkeiten und Qualitäten, die aus ihm erst hervorwachsen, sich seinen Gesetzen gemäß entwickeln oder an ihm zugrunde gehen. Der Lebens- und Schaffensumkreis, der Horizont, in welchem sich auch erfahrungsmäßig Brochs Werk bewegt, war eben kein Kreis, sondern glich eher einem Dreieck, dessen Seiten man am präzisesten mit den Worten: Dichten – Erkennen – Handeln bezeichnen kann und dessen räumlichen Inhalt nur sein Wesen in seiner Einmaligkeit ausfüllen konnte.

Daß diese drei grundsätzlich voneinander geschiedenen Tätigkeiten des Menschen, denen wir ganz und gar verschiedene Begabungsqualitäten zuordnen, die künstlerische, die wissenschaftliche und die politische, eigentlich zusammenfallen und eines sein müßten, war die nie ganz offen ausgesprochene, aber überall latent sich geltend machende Forderung an den Menschen und an sein irdisches Leben, mit der Broch auf die Welt gekommen ist. Was er verlangte, war, daß die Dichtung die gleiche zwingende Gültigkeit besitzen solle wie die Wissenschaft, daß die Wissenschaft die »Totalität der Welt«[1] genauso entstehen lasse wie das Kunstwerk, dessen Aufgabe »die ständige Neuschöpfung der Welt« ist,[2] und daß beide zusammen, diese erkenntnis-gesättigte Dichtung und diese visionär gewordene Erkenntnis, alles praktische, ja alltägliche Tun des Menschen in sich begreifen und einschließen sollen.

Dies war der Grundzug seines Wesens und als solcher konfliktlos. Aber innerhalb eines Lebens und vor allem innerhalb der beschränkten Zeit, die dem menschlichen Leben zubemessen ist, mußte eine solche Forderung, weil sie, jedenfalls in dem Kategoriengefüge zeitgenössischer Haltungen und Berufe, sowohl die Dichtung wie die Wissenschaft wie die Politik überfordert, zu einem Lebenskonflikt führen. Und dieser Lebenskonflikt äußerte sich in der Haltung Brochs zu der Tatsache, daß er ein Dichter war; er wurde ein Dichter wider Willen und gab in dieser Haltung sowohl dem Grundzug seines Wesens wie dem Grundkonflikt seines Lebens einen personal gültigen und adäquaten Ausdruck.

Personal-biographisch trifft die Bezeichnung vom »Dichter wider Willen« im Sinne des Lebenskonflikts wohl erst nach dem *Tod des Vergil* zu. Mit diesem Werk war die Fragwürdigkeit der Dichtung überhaupt zum thematischen Gehalt einer Dichtung selbst geworden; und da die Fertigstellung des Werkes auch noch mit den furchtbarsten Erschütterungen der Zeit, dem Massen-morden in den Vernichtungslagern, zusammenfiel, verbot sich Broch von nun an das Weiterdichten und damit den ihm gewohnten Weg zur Lösung aller Konflikte. So schlug ihm die Spannung zwischen Dichten – Erkennen – Handeln, bei der er lebensmäßig der Tat und schaffensmäßig der Erkenntnis das absolute Primat zugestand, gleichsam tagtäglich und in fast jeder Stunde des Tages in den Lebensalltag und den Arbeitstag. (Auf die sachliche Grundlage dieser Spannung, die sich daraus ergibt, daß Broch Handeln im Sinne eines Zweck orientierten Tuns und Denken im Sinne eines Resultate zeitigenden Erkennens verstand, werden wir noch zurückkommen.)

Das sah praktisch erst einmal so aus, daß jedesmal, wenn einer – nämlich nicht nur ein Freund, das wäre ja noch ein beschränkter, übersehbarer Kreis gewesen, sondern irgendein Bekannter – in Not geriet (und wann geschah dies nicht in einem Bekannten- und Freundeskreis, der zu einem großen Teil aus Emigranten bestand), also krank wurde oder kein Geld hatte oder im Sterben lag, es Broch war, der alles übernahm, ja daß es eigentlich selbstverständlich geworden war, von Broch, der weder Geld noch Zeit hatte, alle Hilfe zu erwarten. Von solchen Hilfegängen, um derentwillen er wiederum einen ganzen Kreis von Menschen kennen mußte, mit denen er sonst nichts hätte zu tun zu haben brauchen, war er frei nur, wenn er – nicht ohne eine gewisse Schadenfreude – selbst im Spital gelandet war und dort etwas von der Ruhe abbekam, die einem gebrochenen Arm oder einem gebrochenen Bein nicht gut zu verweigern war.

Dies aber war natürlich noch die gleichsam harmloseste Stufe, auf der sein Lebenskonflikt sich zu äußern begann. Ungleich belastender war, daß ihm seine Vergangenheit als Dichter nachhing und er sich, da er ja ein Dichter war, dieser Verpflichtung nicht entziehen konnte. Dies begann mit den *Schuldlosen*, die er schreiben mußte, weil ein Verleger in Deutschland alte, halbvergessene Geschichten von ihm, so wie sie waren, nach dem Krieg wieder verlegen wollte. Um dies zu verhindern, schrieb er das Buch, das heißt änderte die Geschichten, bis sie sich in die Rahmenerzählung fügen wollten, schrieb neue hinzu, darunter die herrlichste von ihnen, die Liebesgeschichte der Magd Zerline, vielleicht die schönste Liebesgeschichte der deutschen Literatur. Zweifellos, es wurde ein sehr schönes Buch, aber schreiben wollte er es nicht.

In die gleiche Kategorie gehört die Geschichte des Romans, über dem er gestorben ist und der nun in der Gesamtausgabe unter dem Titel *Der Versucher* aus dem Nachlaß erschienen ist.[3] Hier handelte es sich darum, daß der amerikanische Verleger Knopf einen Roman von Broch verlegen wollte und Broch schon aus Geldgründen sich dem nicht entziehen konnte. Es war bekannt, daß er in seinem Schubfach einen so gut wie fertigen Roman, noch aus Österreich mitgebracht, aufbewahrt hatte, und er hätte nichts zu tun brauchen, als das Manuskript dem amerikanischen Verleger zum Übersetzen zu überlassen. Statt dessen setzte er sich zum dritten Mal an die Umarbeitung – und hat bei dieser Gelegenheit etwas getan, was in der Geschichte der Literatur wohl einzigartig dasteht: Er hat den Roman, der aus einer ganz anderen Lebensepoche stammte – aus den wohl in vielem verwirrtesten Jahren seines Lebens, den ersten Jahren der Hitlerzeit –, und dessen Inhalt ihm in manchem fremd geworden war, in genau das umgeschrieben, was er selbst in dem Essay über den »Stil im mythischen Zeitalter« als Altersstil beschrieben und bewundert hat.[4] Vergleicht man die 200 Schreibmaschinenseiten der letzten Fassung mit den Kapiteln der zweiten Fassung, aus denen sie entstand, so sieht man, daß die Arbeit in nichts anderem bestanden hatte als im Auslassen, also in dem »Abstrahieren« des Altersstils. Aus dieser Abstraktion ist dann eine sparsam gereinigte Prosa von so unantastbarer Schönheit und Lebendigkeit entstanden, ein so vollkommenes Ineinander von Menschen und Landschaft, wie wir sie nur aus der Hand alter, altgewordener Meister haben.

Freilich, es bedürfte kaum des unvollendeten dichterischen Alterswerkes, um zu zeigen, daß Broch nur darum, weil er weniger und weniger ein Dichter sein wollte, nicht aufhörte, ein Dichter zu sein. Jeder der hier veröffentlichten Essays[5] ist wesentlich die Äußerung eines Dichters. Dies gilt insbesondere für die Hofmannsthal-Studie, diese großartige, mit historischen Einsichten gesättigte Arbeit, in der Broch sich mit allen gegebenen Voraussetzungen seiner eigenen dichterischen Existenz: mit der jüdischen Herkunft und der Assimilation, mit Glanz und Elend des untergehenden Österreichs, mit dem ihm verhaßten bürgerlichen Milieu und dem ihm noch verhaßteren Literatentum Wiens, der »Metropole des Wert-Vakuums«[6], auseinandersetzt. Alle seine großen historischen Einsichten: die Zuordnung von Barock und Schauspielertum und die Diagnostizierung des Theaters als letzte Zufluchtstätte des großen Stils in einer stillosen Zeit,[7] die Entdeckung, daß es ein »Novum in der Geschichte der Kunst (ist), daß der Nachruhm wichtiger als der Ruhm wird«, und der Zusammenhang dieses Phänomens mit dem bürgerlichen Zeitalter,[8] schließlich die unvergeßliche Zeichnung des letzten Kaisers und seiner Einsamkeit[9] – all dies hat sich natürlich an seinem Dichtersein entzündet, und wenn es auch, besonders die Gestalt des Kaisers, mit den Augen Hofmannsthals gesehen ist, so eben doch durch die Augen, die Dichteraugen Brochs.

Dennoch ist auch der letzte Roman, der, wenn er vollendet worden wäre, wohl nochmals eine Dichtung von dem Range des *Vergil*, wenn auch in einem ganz anderen, eben epischen und nicht lyrischen Stil, geworden wäre, bewußt wider Willen geschrieben. Denn wenn er sich vielleicht auch lebensmäßig dem Primat des Tuns oft wiederstrebend und nie ganz überzeugt unterworfen hatte, schaffens- und arbeitsmäßig war er in den letzten Jahren seines Lebens von dem Primat des Erkennens über das Dichten, der Wissenschaft über die Kunst, und schließlich sogar von einer Art Priorität, wenn auch nicht Primat, einer allgemeinen Erkenntnistheorie vor Wissenschaft und Politik (und eine solche Theorie, die sowohl die Wissenschaftstheorie wie die Politik auf eine neue Grundlage stellen sollte, schwebte ihm unter dem Titel der *Massenpsychologie* vor) völlig überzeugt. So kam es aus einem Zusammentreffen äußerer und innerer Umstände zu der eigentümlichen Hetze, in welcher der Grundzug seines Wesens, der eigentlich konfliktlos gewesen war, sich fast nur noch in Konflikten äußerte. Hinter dem Roman, an dem er arbeitete und den er (sicher zu Unrecht, aber was verschlägt das?) für ganz überflüssig hielt, stand der Torso der *Massenpsychologie*, die Last der geleisteten, die größere Last der noch unvollendeten Arbeit; aber hinter beiden stand viel drängender noch, viel bedrängender, die Sorge um die Erkenntnistheorie, die ursprünglich nur in Exkursen der Theorie der Massenpsychologie hatte niedergelegt werden sollen, um sich ihm im Zuge der Arbeit dann als das Eigentliche, ja allein Wesentliche herauszustellen. Hinter dem Roman, in dem er gegen seinen Willen seine dichterische Entwicklung in einem Altersstil beschloß, und hinter den psychologisch und historisch wissenschaftlichen Forschungsresultaten stand bis zuletzt unermüdlich und ruheverweigernd die Suche nach einem Absoluten, die ihn wohl ursprünglich auf seine Lebensbahn geschickt hatte und die ihm schließlich den Fund eines Irdisch-Absoluten in die Hand und aufs Herz legte.

Was Broch sachlich über das Schicksal, ein Dichter zu sein und ein Dichter nicht sein zu wollen, zu sagen hatte, steht in nahezu jedem seiner Essays. Letztlich bleibt für ein Verständnis doch maßgebend, wie er dichterisch die sich ergebenden Konflikte und Probleme gelöst und in welch vorläufiger Hierarchie ihm sich Dichten, Erkennen und Tun zu einer Ordnung fügten. Hierfür muß man auf den *Tod des Vergil* zurückgreifen, wo bekanntlich die *Äneis* um der Erkenntnis willen verbrannt werden soll und diese Erkenntnis dann der Freundschaftsforderung des Kaisers, hinter der sich sehr praktisch-politische Forderungen der Zeit geltend machen, geopfert wird. Daß »Dichten eine Ungeduld der Erkenntnis« sei,[10] daß gerade für die Dichtung gilt: »Bekenntnis ist nichts, Erkenntnis ist alles«,[11] daß es aber letztlich sich nicht um ein »wissenschaftliches«, sondern ein »ethisches Kunstwerk« handelt, dessen Zeit angebrochen ist,[12] obwohl die Dichtung sich um ihrer Erkenntnisfunktion willen nie dem »Geist der Epoche«, auch nicht »seiner Wissenschaftlichkeit«, entziehen darf,[13] daß schließlich und endlich es die »außerordentliche Aufgabe« zeitgenössischer Dichtung, welche »erst durch alle Höllen des l'art pour l'art (hat) hindurchgehen müssen«, sei, »alles Ästhetische in die Gewalt des Ethischen zu werfen«[14] – all dies ist ihm von Anfang seines Schaffens bis zum Ende niemals zweifelhaft gewesen. Weder das absolute, unantastbare Primat des Ethischen, das Primat des Tuns, ist ihm je als solches zum Problem geworden, noch hat er je an der spezifischen Modernität, an der, wenn man will, Zeitgebundenheit gezweifelt, durch welche sich die Grundhaltung und die Grundforderung seines Wesens lebensmäßig nur in Konflikten und Problemen äußern konnte.

Dies letztere allerdings hat er direkt nie ausgesprochen, wohl wegen der ihm eigentümlichen und für ihn sehr charakteristischen Verschwiegenheit in allen Dingen, die allzu deutlich in den privatpersönlichen Bereich schlugen. »Man as such is our time's problem; the problems of men are fading away und are even forbidden, morally forbidden. The personal problem of the individual has become a subject of laughter for the gods, and they are right in their lack of pity.«[15] Broch hat offenbar nie ein Tagebuch geführt, nicht einmal Notizbücher haben sich im Nachlaß gefunden, und es ist fast rührend zu sehen, daß das einzige Mal, wo er außerhalb der Dichtung und ihrer Transformation von diesem seinem persönlichsten Problem gesprochen hat, er seine eigene Problematik Kafka unterlegt, um so in einer nochmaligen Verkleidung das zu sagen, was er durch den *Tod des Vergil* hatte sagen wollen und doch nicht hatte sagen können, einfach weil die Dichtung des Werkes zu groß war, als daß sein Inhalt, der Angriff auf die Dichtung, noch voll hätte zur Geltung kommen können. So schreibt er in nachträglicher, versteckter Selbstauslegung von Kafka, was man mit größerem Recht von ihm hätte sagen können und was doch niemand gesagt hat: »He has reached the point of the Either-Or: either poetry is able to proceed to myth, or it goes bankrupt. Kafka, in his presentiment of the new cosmogony, the new theogony that he had to achieve, *struggling with his love for literature, his disgust for literature, feeling the ultimate insufficiency of any artistic approach*, decided (as did Tolstoy, faced with a similar decision) to quit the realm of literature und asked that his work be destroyed; he asked this for the sake of the universe whose new mythical concept had been bestowed upon him.«[16]

Was Broch sagt, geht über den Haß auf das Literatentum und seinen billigen Ästhetizismus, ja selbst über die erbitterte Kritik des l'art pour l'art, die im Zentrum seiner Zeitkritik, seiner kunstphilosophischen und seiner frühen ethisch-werttheoretischen Überlegungen steht, weit hinaus. Das Kunstwerk als solches wird hier fragwürdig. Dichtung als solche ist »letztlich unzureichend«. Eine schwer analysierbare Zurückhaltung, die man nicht mit Bescheidenheit verwechseln sollte, hinderte ihn daran, sein eigenes Werk als Modell des in der Kritik gemeinten hinzustellen; aber gemeint hat er natürlich hier ebenso den *Tod des Vergil*, wie er zehn Jahre früher, in dem Joyce-Essay, die Kritik an den *Schlafwandlern* hinter einer Bemerkung über Gide versteckt, daß nämlich Modernität noch keineswegs erreicht sei, wenn ein »Roman als Rahmenerzählung für pychoanalytische oder andere wissenschaftliche Exkurse« benützt werde[17]. Aber damals, in den ersten Versuchen wie in der frühen Selbstkritik, handelte es sich nur darum, den Roman aus seiner »Literaturhaftigkeit«, seiner Gebundenheit an die bürgerliche Gesellschaft, deren Müßiggang und Bildungshunger er »Unterhaltung und Belehrung«[18] zu liefern hatte, herauszulösen. Dies nun gerade, die Romanform trotz der ihr inhärenten literatenhaften oder naturalistischen Tendenzen in eine eigenständige Dichtungsform zu verwandeln, war zweifellos mit dem *Tod des Vergil* gelungen – und gerade an ihm erweist sich daher die Insuffizienz der Dichtung als solcher.

Warum Dichtung unzureichend ist, wird durch die Erwähnung Tolstois auf das genaueste angedeutet: Dichtung ist nicht verpflichtend, ihre Erkenntnis hat nicht den Zwangscharakter, der in einem intakten religiösen Weltbild dem Mythos zukommt, dem sie dient (Brochs Illustrationsbeispiel und Erkenntnismodell solchen Dienens, in dem die Kunst ihre Legitimation erst findet, ist von Anfang bis Ende immer das hierarchisch geordnete Lebens- und Denksystem des katholischen Mittelalters gewesen). Der Kunst, und insbesondere der Dichtung, kommt aber auch nicht der Notwendigkeitscharakter des zwingend Evidenten und Einsehbaren logischer Aussagen zu; sie geht zwar in der Sprache vor sich, aber ihr fehlt gerade der Zwangscharakter des Logos. Auf die Frage, vor die sich Broch wohl zum ersten Mal anläßlich des Ersten Weltkrieges und dann anläßlich aller weiteren Katastrophen der Zeit mit immer unausweichlicherer Eindringlichkeit gestellt sah, auf die Frage, die ihn nicht nur einmal, sondern immer wieder »wie mit einem Donnerschlag« überfiel: »Was sollen wir tun?«,[19] konnte es seiner Meinung nach eine Antwort nur geben, wenn diese Antwort den gleichen Zwangscharakter besaß, der dem Mythos einerseits, dem Logos andererseits zukommt.

Denn wiewohl die Frage: »Was sollen wir tun?« sich ihm aus

dem Zusammenhang des zwanzigsten Jahrhunderts stellte, des Jahrhunderts »der dunkelsten Anarchie, des dunkelsten Atavismus, der dunkelsten Grausamkeit«[20], so ist sie an sich doch für ihn zugleich die Grundfrage des lebendigen und zum Sterben verurteilten Menschen. Ihre Beantwortung muß daher nicht nur der Zeit, sondern dem Phänomen des Todes als solchem angemessen sein. Die Frage nach dem Tun mag sich an den Aufgaben der Zeit entzünden, sie fragt darüber hinaus im Sinne Brochs immer nach einer möglichen irdischen Todesüberwindung; ihre Beantwortung, will sie dem Tode gemäß bleiben, muß daher stets die gleiche, unausweichliche Notwendigkeit besitzen wie dieser.

Fügt man zu dieser anfänglichen und nie aufgegebenen Problemstellung, die sich für Broch immer an der Alternative von Mythos und Logos orientierte, noch hinzu, daß er in den letzten Jahren seines Lebens vermutlich nicht mehr an den »neuen Mythos«[21], der von den *Schlafwandlern* bis zum *Tod des Vergil* seine ganze Hoffnung war, geglaubt hat, daß sich ihm auf jeden Fall im Zuge der Arbeit an der *Massenpsychologie* das Gewicht seiner Resultate immer mehr von dem Mythos weg auf den Logos, von der Dichtung auf das Wissenschaftliche eines strikt logischen, beweisbaren Erkennens verschob, so sieht man, bis zu welchem Grade das, was ursprünglich konfliktloser Grundzug seines Wesens gewesen war, sich in immer schärferen Akzentuierungen zum Lebensproblem und Lebenskonflikt entwickeln mußte.

Aber selbst wenn er diesen Glauben nicht verloren hätte, hätte sich seine Stellung zur Dichtung nach dem *Tod des Vergil*, und das heißt natürlich seine Stellung zu sich selbst als einem Dichter, kaum anders gestalten können. Denn so relevant die Verschiebung in Brochs Denken vom Mythos auf den Logos war, so produktiv sie sich auf seine Erkenntnistheorie auswirkte, ja der eigentliche Ursprung dieser wurde, so wenig entscheidend war sie für diese Grundfrage des Dichter-seins und Dichter-nicht-sein-wollens. Dies war viel eher eine Frage der Zeitkritik und der Stellung des Dichters in der Zeit, eine Frage, die er auf vielen Ebenen gestellt und eigentlich fast immer negativ beantwortet hat. Da es zufolge der Brochschen Kunstphilosophie die eigentliche Erkenntnisfunktion des Kunstwerks sein muß, die sonst unerreichbare Totalität einer Epoche darzustellen, darf man sich wohl fragen, ob eine Welt im »Wertzerfall« überhaupt noch als Totalität darstellbar ist. So zum Beispiel ist die Frage in dem Essay über Joyce gestellt. Aber im Joyce-Essay ist Dichtung immerhin noch «mythische Aufgabe«[22] und mythisches Tun, während in der zwölf Jahre später geschriebenen Studie über Hofmannsthal selbst Dantes Dichtung »kaum mehr als eigentlich mythische bezeichenbar«[23] ist; und während der Joyce-Essay, der in der gleichen Stimmung geschrieben ist, die dann mächtig aus den vorwärtstreibenden lyrischen Rhythmen des *Tod des Vergil* hervorbricht, noch mit der Hoffnung auf einen »neuen Mythos«, auf eine »neu sich ordnende Welt« schließt, die am Ende allen dichterischen Bemühens der Zeit steht, hören wir in der Hofmannsthal-Studie nur von dem »Wunsch« aller Kunst, aller großen Kunst, »nochmals Mythos werden zu dürfen, nochmals die Totalität des Universums darzustellen«[24], und dieser Wunsch kommt einer Illusion schon bedenklich nahe.

Doch selbst wenn man von dieser Entwicklung absieht, von dieser, man möchte sagen: Ernüchterung, die für die Entwicklung des Dichters Broch immerhin entscheidend war, da für ihn Dichten selbst zweifellos eine Art Ekstase gewesen sein muß, eines hat er immer gewußt: nämlich daß man mit Dichtung keine Religion stiften kann und vor allem keine Religion stiften darf. Dies gerade war es, was ihn Hofmannsthal so hoch schätzen ließ (und was ihm Rilkes »dichterische Glaubenserkenntnis«[25] so verdächtig machte, obwohl er natürlich wußte, daß Rilke der größere Dichter war), daß er Religion und Dichtung nie verwechselt, das Schöne nicht mit »dem Nimbus der Religiosität« umgeben hat; und wenn er fortfahrend und über Hofmannsthal weit hinausgehend sagt, daß die Kunst »nie und nimmer zu einem Absolutum erhebbar ist und daher erkenntnisstumm bleiben muß«,[26] so hätte er dies vielleicht in jüngeren Jahren nicht so scharf und unerbittlich formuliert, aber gemeint hat er es immer.

II. Die Werttheorie

Auf ihrer untersten, gleichsam plausibelsten und zeitlich auch frühesten Stufe setzt diese Kritik des Dichters an sich selbst und am Dichten als solchem mit der Kritik an dem l'art pour l'art ein, von der auch Brochs Werttheorie ihren Ausgang nahm. Der Zerfall der Welt oder die Auflösung der Werte (daß Broch, im Gegensatz zu der so unendlich viel harmloseren und belangloseren akademischen »Wertphilosophie«, sich sehr wohl bewußt war, seinen Wertbegriff eigentlich Nietzsche zu verdanken, geht aus der einzigen Stelle, an der er sich zu Nietzsche äußert,[27] klar hervor) war für Broch das Resultat jenes Säkularisierungsprozesses des Abendlandes, in welchem nicht nur der Glaube an Gott abhanden gekommen war, sondern das platonische Weltbild, demzufolge ein oberster, absoluter und daher nicht-irdischer »Wert« allem Tun des Menschen seinen relativen und innerhalb einer Werthierarchie gestuften »Wert« und Sinn verleiht, zerbrochen war. Jedes der Bruchstücke erhob nun den Anspruch auf Absolutheit, und dadurch entstand nicht nur die »Wertanarchie«, in welcher man je nach Belieben aus einem in sich geschlossenen und stimmigen Wertsystem in das andere wechseln konnte, sondern in welchem auch jedes dieser Systeme zu dem unerbittlichen Feind aller anderen werden mußte, da ja jedes Absolutheit beanspruchte und es kein wahres Absolutum mehr gab, an welchem diese Ansprüche sich hätten messen können. Mit anderen Worten, die Anarchie der Welt und das verzweifelte Herumstrudeln der Menschen in ihr ist primär dem geschuldet, daß der Maßstab verlorenging und daß Maßlosigkeit, krebsartiges Wuchern jeglichen der sich selbst überlassenen Gebiete die Folge war. So endet das l'art pour l'art, wenn es nur den Mut zu seinen eigenen Konsequenzen besitzt, in der Idolisierung des Schönen, dem man, wenn man es sich zufällig im Bilde brennender Fackeln vorstellt, gleich Nero höchst reale Menschenleiber opfern wird.

Das, was Broch unter »Kitsch« verstand – und wer vor ihm hat diese Frage in der ihr gebührenden Schärfe und Tiefe auch nur gesehen? –, war keineswegs ein einfaches Phänomen der Entartung und verhielt sich auch nicht zur wahren Kunst etwa wie der Aberglauben einer religiös gebundenen Zeit zur Religion oder die Pseudowissenschaftlichkeit moderner Massenmenschen zur Wissenschaft, sondern Kitsch ist Kunst, oder Kunst wird unweigerlich zum Kitsch, sobald sie sich aus dem sie leitenden Wertsystem herauslöst. Gerade das l'art pour l'art, das im Gewande so vornehmer Exklusivität auftrat und dem wir, wie Broch natürlich wußte, so überzeugende Dichtungen verdanken, ist eigentlich bereits Kitsch, genauso wie im Bereich des Kommerziellen der Leitspruch des »Geschäft ist Geschäft« bereits die Unredlichkeit des skrupellosen Schiebers enthält und der im Ersten Weltkrieg sich breitmachende Wahlspruch »Krieg ist Krieg« unfehlbar den Krieg bereits in ein Massen-morden verwandelt hatte.

Das Eigentümliche dieser Wertphilosophie ist nun, daß Kitsch nicht nur »das Böse im Wertsystem der Kunst« ist, sondern daß die Gestalt des Verbrechers wie das Modell des Radikal-Bösen überhaupt sich für Broch primär in Gestalt des ästhetisierenden Literaten (denn dies war Nero in der Brochschen Interpretation, und er hat selbst Hitler als eine Art Nero gesehen) und des Kunstkitsches kundgibt. Und dies ist nicht nur und nicht einmal vorwiegend dem geschuldet, daß das Böse sich dem Dichter verständlicherweise vorerst in seinem eigenen »Wertsystem« offenbarte, sondern liegt in dem eigentümlichen Charakter der Kunst und ihrer ungeheuren Anziehungskraft auf den Menschen: Das eigentlich Verführerische des Bösen, die Qualität des Versucherischen in der Teufelsgestalt ist ein primär ästhetisches Phänomen. Ästhetisch im weitesten Sinne, ästhetisierende Literaten im »Wert-Vakuum« sind die Geschäftsleute, deren Credo das »business is business« ist, und sind die Staatsmänner, die an das »Krieg ist Krieg« glauben. Sie sind Ästheten, weil sie bezaubert sind von der Stimmigkeit des eigenen Systems, und sie werden zu Mördern, weil sie bereit sind, dieser Stimmigkeit, dieser »schönen« Geschlossenheit alles zu opfern. Aus diesen Gedankengängen, die in mancherlei Variation sich in den Essays des ersten Bandes finden, hat sich die spätere Unterscheidung von »offenen und geschlossenen Systemen« und die Identifizierung von dem »Dogmatischen« mit dem Bösen schlechthin nahezu selbstverständlich, jedenfalls bruchlos ergeben.

Wir sprachen im Vorangegangenen von Brochs Platonismus; er selbst hat sich oft in der frühen Periode seines Schaffens, die bruchlos in ihren gedanklichen und essayistischen, wenn auch nicht in ihren dichterischen Äußerungen von den *Schlafwandlern* bis zum *Tod des Vergil*, das heißt von dem Ende der zwanziger bis zum Beginn oder der Mitte der vierziger Jahre reicht, als einen Platoniker bezeichnet. Dennoch muß man sich, will man die spätere Wendung zum Irdisch-Absoluten und zu einer positivistisch-logizistischen Erkenntnistheorie in ihrem Gewicht wie in ihrer Veranlassung verstehen, darüber klar sein, daß Broch niemals ein uneingeschränkter Platoniker war. Dafür ist hier nicht entscheidend, daß er Platons Ideenlehre ausschließlich im Sinne einer Maßstabslehre verstand, das heißt die ursprünglich keineswegs absolute, sondern sehr erdgebundene Transzendenz der Ideen (im Höhlengleichnis der *Politeia* wölbt sich der Himmel der Ideen über der Erde und ist ihr keineswegs absolut transzendent) in die logisch-notwendige, absolute Transzendenz eines Maßstabs verwandelte, der ja nicht messen könnte, wenn er nicht von außen und daher absolut an die zu messenden Gegenstände angelegt würde. Dies wäre schon darum nicht entscheidend, weil man diese Verwandlung der Ideen in Maßstäbe und Standards für menschliches Verhalten bereits bei Plato findet, das Mißverständnis also, falls es sich um ein solches überhaupt handelt, bereits als ein Selbstmißverständnis Platos verstehen könnte. Entscheidend ist, daß für Broch der absolute Maßstab, der für alle »Wertgebiete« gleich welcher Art gilt, immer ein ethischer ist; nur darum konnten bei Wegfall des Maßstabes alle Wertgebiete sich in Unwertgebiete, alles Gute sich in Böses automatisch verwandeln: Der absolute und absoluttranszendente Maßstab ist ein ethisches Absolutum, das überhaupt erst dem Leben des Menschen in seinen verschiedenen Äußerungsformen den Charakter des »Wertvollen« verleiht. Und dieses nun gilt für Plato ganz und gar nicht, schon darum nicht, weil der Begriff des Ethischen, wie wir ihn in Broch finden, untrennbar mit dem Christentum verbunden ist.

Um bei Brochs Beispielen zu bleiben: Ihm zufolge ist der dem Kaufmannsstande inhärente »Wert«, an dem alles zu messen ist und der gleichzeitig auch das einzige Ziel des kaufmännischen Handelns sein darf, die Rechtschaffenheit. Der Reichtum, der aus dem kaufmännischen Handeln entspringen kann, muß für es selbst eben ein Nebenprodukt, ein nie als solcher intendierter Effekt sein, wie das Schöne für den Künstler, der nur »gut«, aber nicht »schön« arbeiten soll. Reichtum-wollen, Schönheit-wollen ist Effekthascherei moralisch gesprochen, ist Kitsch ästhetisch gesprochen, und ist dogmatische Verabsolutierung eines Spezialgebietes im Sinne der Werttheorie.[28] Hätte Plato je dieses Beispiel gewählt (er konnte es nicht wählen, gerade weil er im Kaufmann, griechischer Anschauung gemäß, nur das Erwerben und damit eine überhaupt sinnlose Beschäftigung sah), so hätte er das diesem Beruf inhärente Ziel in dem Güteraustausch zwischen den Menschen und den Nationen erblickt; die Rechtschaffenheit wäre ihm vermutlich nie in den Sinn gekommen. Oder um umgekehrt, in der Absicht, dasselbe zu zeigen, ein platonisches Beispiel zu wählen, das sich bei Broch selbst nur in Andeutung findet: Plato definiert das eigentliche Ziel aller ärztlichen Kunst als die Erhaltung oder Wiederherstellung der Gesundheit; im Zuge der Brochschen Definition und seines Denkens wäre hier an die Stelle der Gesundheit die Hilfe getreten. Der Arzt als derjenige, dem es um Gesundheit geht, der Arzt als derjenige, der hilft – diese beiden Anschauungen lassen sich schlechterdings nicht vereinen, und hierüber hat Plato selbst keinerlei Zweifel gelassen, wenn er, als verstünde sich dies von selbst, ausführt, wie es zu den Pflichten des Arztes gehöre, diejenigen, die er nicht heilen kann, sterben zu lassen, nicht aber durch unangebrachte ärztliche Kunst kranke Leben zu verlängern. Dies gerade, daß menschliches Leben nicht entscheidend wichtig ist, daß die Angelegenheiten der Menschen unter einem außermenschlichen Maßstab stehen, daß nicht nur der Mensch »nicht das Maß aller Dinge«, sondern daß das Leben nicht das Maß der menschlichen Dinge sein dürfe, steht im Zentrum der platonischen politischen Philosophie. Bei Broch, wie in aller christlichen und nachchristlichen Philosophie, wird umgekehrt, erst schweigend, dann seit dem siebzehnten Jahrhundert mit immer entschiedenerer Prägnanz vorausgesetzt, daß das Leben das höchste Gut oder der Wert an sich und daß der Unwert schlechthin der Tod sei.

Diese Grundeinschätzung von Tod und Leben ist nicht nur die sich völlig gleich bleibende Konstante im Werke Brochs von seinen Anfängen bis zum Ende, sie bildet auch die Achse, um die sich alle seine Überlegungen zeitkritischer, kunstphilosophischer, erkenntnistheoretischer, ethischer und politischer Art drehen. Sie hat ihn für die längste Zeit seines Lebens dem Christentum in einer ganz und gar undogmatischen, kirchlich nicht gebundenen Weise sehr nahe gebracht; denn schließlich war es das Christentum gewesen, das in die sterbende Welt der Antike die »gute Botschaft« von der Überwindung des Todes gebracht hatte. Was immer die Predigt von Jesus von Nazareth ursprünglich gemeint, wie immer das Urchristentum seine Worte ursprünglich verstanden haben mag, in der heidnischen Welt konnte die Botschaft nur heißen: Eure Angst um die Welt, die ihr ewig geglaubt hattet und um derentwillen ihr euch mit dem Sterben hattet abfinden können, ist berechtigt, die Welt wird untergehen, und ihr Ende ist sogar viel näher, als ihr denkt; aber dafür wird euch das, was ihr immer für das Allervergänglichste gehalten habt, das menschliche Leben in seiner individuellen, personalen Besonderheit erhalten bleiben; die Welt wird sterben, ihr aber werdet leben. So wie die »gute Botschaft« der vom Tode bedrohten Welt der Antike einst erklungen sein muß, so hat Broch, so haben seine im Dichten geschärften Ohren sie wieder in der sterbenden Welt des 20. Jahrhunderts vernommen. Das, was er einmal das »Verbrechen« der Renaissance genannt hat und was er immer wieder als das eigentlich Mörderische des Säkularisierungsprozesses, der »Erschütterung des festgefügten katholischen Weltbildes«[29] diagnostiziert, ist, daß in der Moderne offenbar um der Welt willen, also um eines Irdischen, das ohnehin dem Tode verfallen ist, das Menschenleben geopfert worden ist, und damit meinte er die absolute Sicherheit von der Ewigkeit des Lebens als solchem.

Für das Verständnis der späten Schriften Brochs ist diese Einschätzung des Christentums und der Säkularisierung nicht mehr von Belang. Was aber wohl von Belang ist, ja was allein das Verständnis auch für die abstraktesten und scheinbar, aber nur scheinbar, spezialisiertesten Gedankengänge öffnet, ist die ursprüngliche Einschätzung von Leben und Tod. Daß Tod »der Unwert an sich« ist, daß wir nur »vom negativen Pol, von dem Tode her erfahren... was ›Wert‹ bedeutet: er bedeutet Todesüberwindung, oder genauer Hinwegtäuschung über das Todesbewußtsein«,[30] daran hat er zeit seines Lebens festgehalten. Dabei erübrigt sich, den erst sich aufdrängenden Einwand zu erheben, als handle es sich hier um eine neue Variation der für die Geschichte abendländischer Moral so ausschlaggebenden Verwechslung des Übels mit dem Bösen, vom summum malum mit dem Radikal-Bösen; für Broch ist die tiefe Identität beider vielmehr die Garantie dafür, daß es eine absolute ethische Norm gibt. Weil wir wissen, daß der Tod das Übel schlechthin, das summum malum ist, können wir sagen, daß Mord das Böse schlechthin ist. Wäre das Böse nicht im Übel verankert, es gäbe schlechterdings keinen Maßstab, es zu messen.

Bei dieser Einschätzung des Todes und des Mordes, die auch die konkrete Grundlage der Absolutheitsgrenze in den zwei nachgelassenen Kapiteln der »Politik« bildet – es ist offensichtlich, daß die Konstruktion durchaus davon abhängt, daß das Schlimmste, was der Mensch dem Menschen antun kann, das Töten ist, beziehungsweise daß es im Falle der Todesstrafe keine Strafverschärfung gibt[31] –, fällt eine nicht sowohl Broch als vielmehr seiner ganzen Generation eigentümliche Erfahrungsgrenze auf. Es war für die Kriegsgeneration und die Philosophie der zwanziger Jahre in Deutschland charakteristisch, daß die Todeserfahrung zu einer vorher nie gekannten philosophischen Dignität gelangte, einer Dignität, die sie vorher nur einmal, nämlich in Hobbes' politischer Philosophie, gehabt hatte, und auch da nur scheinbar, denn wenn auch die Todesangst bei Hobbes die zentrale Rolle spielt, so handelt es sich doch nicht im mindesten um die Angst vor dem unausweichlichen, sondern um die Furcht vor dem »gewaltsamen Tod«. Nun lag zwar unzweifelhaft der Kriegserfahrung die Furcht vor dem gewaltsamen Tod zugrunde, aber charakteristisch für die Kriegsgeneration war es gerade, diese Furcht in die Todesangst überhaupt umzuinterpretieren, beziehungsweise diese Furcht zum Anlaß für die Sichtbarmachung des viel allgemeineren und viel zentraleren Angstphänomens zu nehmen. Aber gleichgültig, wie es sich mit der philosophischen Dignität der Todeserfahrung verhalten mag, sicher ist, daß Broch an diesen Erfahrungshorizont seiner Generation gebunden blieb, und entscheidend ist, daß dieser Erfahrungshorizont in der Generation, für welche die totalitären Herrschaftsformen und nicht der Krieg das entscheidende Grunderlebnis bilden, durchbrochen worden ist. Denn wir wissen heute, daß Mord bei weitem nicht das Schlimmste ist, was der Mensch dem Menschen antun kann, und daß andererseits der Tod keineswegs das ist, was der Mensch am meisten fürchtet. Der Tod ist nicht »der Inbegriff alles Furchterregenden«, und die Todesstrafe kann leider sehr wohl verschärft werden, denn der Satz: »Gäbe es keinen Tod, es gäbe keine Furcht auf Erden«[32] müßte nicht nur dahin geändert werden, daß neben den Tod der unerträgliche Schmerz tritt, der unerträgliche Schmerz wäre dem Menschen überhaupt untragbar, wenn es keinen Tod gäbe. Dies ja gerade ist die Furchtbarkeit der ewigen Höllenstrafen, die man nie erfunden hätte, wenn die Furcht vor ihnen nicht größer gewesen wäre als die Angst vor dem ewigen Tod. Es wäre angesichts unserer Erfahrungen vielleicht an der Zeit, die philosophische Dignität der Schmerzerfahrung zu entdecken, auf die die zeitgenössische Philosophie heute noch mit der gleichen geheimen Verachtung sieht, wie die akademische Philosophie vor dreißig oder vierzig Jahren auf die Todeserfahrung sah.

Innerhalb seines Erfahrungshorizontes aber hat Broch aus der Todeserfahrung die bei weitem radikalste Konsequenz gezogen. Zwar nicht in der frühen Werttheorie, in welcher der Tod nur als summum malum auftritt oder, in Antizipation des Irdisch-Absoluten, als die metaphysische Realität schlechthin – es gibt »keine Erscheinung, die ihrem Lebensgehalt nach erdentrückter und metaphysischer sein könnte als der Tod«[33] –, wohl aber in der Erkenntnistheorie, derzufolge »alle wahre Erkenntnis dem Tode zugewandt ist«[34] und nicht der Welt!, so daß der Wert der Erkenntnis wie allen menschlichen Handelns daran zu messen ist, ob und in welchem Grade es der Todesüberwindung dient. Schließlich kam er zu dem absoluten Primat der Erkenntnis, mit dem die letzte Schaffensperiode beginnt, aus der bereits in den Anfangsstadien der Studien zur *Massenpsychologie* gewonnenen Einsicht: »Wem es gelingt, alles zu erkennen, der hat die Zeit und damit auch den Tod aufgehoben.«[35]

III. Die Erkenntnistheorie

Wie könnte es der Erkenntnis je gelingen, den Tod aufzuheben? Wie könnte es je einem Menschen gelingen, »alles zu erkennen«? Mit diesen beiden Fragen sind wir bereits mitten in Brochs Erkenntnistheorie. Um die beiden Themenkreise, aus denen sie besteht, kurz anzudeuten, müssen wir vorgreifend Brochs Antwort auf diese beiden Fragen angeben. Die Antwort auf die erste Frage lautet: Durch die aus einer allumfassenden Erkenntnis notwendigerweise sich ergebende Simultaneität wird das Nacheinander der Zeit und damit der Tod aufgehoben; es wird eine Art Ewigkeit, ein Abbild der Ewigkeit im Menschenleben hergestellt. Die Antwort auf die zweite Frage ist in dem Satz enthalten: Es geht um eine »Empirie an sich«,[36] nämlich um eine Theorie aller möglichen Erkenntnis, in welcher alle möglichen zukünftigen Erfahrungen grundrißartig vorweggenommen sind (»if the sum total of all human potentialities could really be fathomed, such a model would provide us with an outline of all possible future experiences«[37]), und durch die der Mensch sich selbst, innerhalb des Absoluten, das in ihm wirkt, der Logik seines Denkens, die ihm auferlegt ist,[38] sich einer »Ebenbildhaftigkeit« versichert, die als »eine Ebenbildhaftigkeit an sich«[39] auch existieren würde, wenn Gott etwa nicht existierte; es handelt sich, in Brochs eigenen Worten, um nichts weniger als darum, ob es nicht der Erkenntnistheorie gelingen könnte, »sozusagen hinter Gottes Rücken« zu gelangen, »um ihn von hier aus zu betrachten«[40]. Und beides zusammen, die

Aufhebung der Zeit in der Simultaneität des Erkennens und die Aufstellung einer »Empirie an sich«, in welcher sich die empörende Zufälligkeit des einzelnen Erlebnis- und Erfahrungsinhalts in die selbstevidente axiomatische (und daher immer tautologische) Sicherheit und Notwendigkeit logischer Sätze verwandelt, ist möglich durch die Auffindung einer »erkenntnistheoretischen Person an sich«, die gleich der physikalischen Person im Beobachtungsfeld die Menschengestalt »in äußerster Abstraktion«[41] repräsentiert. Während aber die physikalische Person im Beobachtungsfeld nur den »Akt des Sehens an sich, das Beobachten an sich«[42] repräsentiert, kann die »erkenntnistheoretische Person an sich« den gesamten Menschen, die Menschengestalt überhaupt vorstellen, weil das Erkennen die höchste aller menschlichen Funktionen ist.

Um von vornherein dem nächstliegenden Mißverständnis vorzubeugen: Diese Erkenntnistheorie von Broch, auf die wir gleich näher eingehen wollen, ist nicht eine Philosophie im eigentlichen Verstande, und die Worte »Erkennen« und »Denken« dürfen hier so wenig wie anderswo für das gleiche genommen werden. Ein Ziel gerade kann es nur für das Erkennen geben, und auf ein solches höchst praktischer Art ist es Broch immer primär angekommen, gleichviel, ob es sich ihm als ethisches oder religiöses oder politisches Ziel aufzwang. Ein eigentliches Denkziel gibt es nicht, und wenn das Denken nicht aus sich selbst seinen Sinn empfängt, so hat es schlechterdings gar keinen. (Dies natürlich gilt nur für die Tätigkeit des Denkens selbst, nicht für das Niederschreiben von Gedachtem, das seinerseits sehr viel mehr mit künstlerisch-schöpferischen Vorgängen zu tun hat als mit dem Denken selbst. Das Niederschreiben des Gedachten hat in der Tat sowohl Ziel wie Zweck, es hat wie alle herstellende Tätigkeit einen Anfang und ein Ende.) Das Denken hat weder Anfang noch Ende; wir denken, solange wir leben, weil wir gar nicht anders können. Dies ist letztlich der Grund, daß Kants »Ich denke« nicht nur alle meine »Vorstellungen«, sondern alle meine Aktivitäten und Passivitäten muß begleiten können.

Gerade das, was Broch den »Erkenntniswert« des Denkens

nennen würde, ist höchst zweifelhafter Natur, und was die Philosophie Wahrheit nennt, hat mit der Feststellung sachlich gegebener Sachverhalte, sei es der Welt oder des Bewußtseins, ebensowenig zu tun wie mit der erweis- und demonstrierbaren Richtigkeit von Aussagesätzen, die sich entweder nach der aristotelischen Logik des Satzes vom Widerspruch richten oder in Überwindung dieser Logik nach dialektischen Prinzipien gemessen werden oder schließlich, wie im Falle der Brochschen Logik, ausschließlich daran orientiert sind, ob ihr Gehalt sich zwingend-notwendig, also in Selbstevidenz, geltend macht und daher absolut gültig ist. Daß diese Selbstevidenz sich nur in tautologischen Sätzen äußern kann, ist, wie Broch immer wieder hervorhebt, keineswegs ein Einwand gegen sie: Der Erkenntniswert der Tautologie liegt darin, daß an ihr der Zwangscharakter, der allen gültigen Sätzen zukommen muß, abgelesen werden kann. Das Problem ist nur, wie man die Tautologie aus ihrer Formalität und aus dem Kreise, in dem sie sich dreht, erlösen kann; und dies Problem glaubte Broch durch die Auffindung des Irdisch-Absoluten, das sowohl tautologischen, selbstevidenten Zwangscharakter wie einen nachweisbar gegebenen Inhalt besitzt, gelöst zu haben. Die Erkenntnis aber, sei es in Form der Forschung oder der Logik, ist von dem Denken, wie es sich in Dichtung und Philosophie äußert, dadurch getrennt, daß nur die Erkenntnis Zwangscharakter besitzen kann, daß nur sie zu einer Notwendigkeit und einem zwingend Absoluten führen kann und daß sich infolgedessen nur aus ihr eine Theorie des (politischen oder ethischen) Tuns entwickeln läßt, welche die Unberechenbarkeit und Unvorhersehbarkeit menschlichen Handelns gleichsam zu übersteigen hoffen kann.

Dieses Abstandes von der Philosophie ist Broch sich immer bewußt gewesen. In den frühen Schriften macht er sich in der Weise geltend, daß der Kunst größere Erkenntnispotenz zugeschrieben wird als der Philosophie, die »seit ihrer Entlassung aus dem theologischen Verband« einer »totalitätserfassenden Erkenntnis« nicht mehr fähig ist, sondern diese der Dichtung überlassen muß.[43] Und noch in der Hofmannsthal-Studie verweist er auf Goethe, von dem Hofmannsthal gelernt habe, »daß Dichtung, soll sie zur Läuterung und Selbstidentifizierung des Menschen führen, sich in seine Antinomien-Tiefe zu stürzen hat, durchaus im Gegensatz zur Philosophie, die am Abgrundrand bleibt und, ohne den Sprung zu wagen, sich mit bloßer Analyse des Geschauten zufriedengibt«.[44] In den Frühschriften gilt die Verweisung der Philosophie auf einen der Dichtung an Erkenntniswert und Erkenntnisgehalt untergeordneten Platz noch für die Wissenschaft mit; damals hieß es noch, daß »das kognitive System der Wissenschaft jene (von der Kunst erreichte, H. A.) Absolutheit der Welttotalität, auf die es schließlich ankommt, niemals erreicht«, während jedes »Einzelkunstwerk... Spiegel der Totalität« ist.[45] Aber dies gerade ändert sich in den späteren Schriften, und zwar am frappantesten in der Gegenüberstellung von Wert und Wahrheit. Da die Wahrheit, seitdem das Denken aus dem theologischen Verband herausgefallen ist, ihres eigentlichen Beweisgrundes beraubt ist,[46] muß Wahrheit zur Erkenntnis transformiert werden, und Wert entsteht erst dann, ja ist die in Erkenntnis transformierte Wahrheit.[47] Der ursprüngliche Einwand gegen die Philosophie, daß nämlich »das Denken (unter Verschmähung außerlogisch-mystischer Mittel nach Art der indischen) rein aus sich und seiner Logik heraus der Erkenntnis (keinen) Endzustand« geben kann und, wo es dies will, »zur inhaltlosen Wortphantasie« wird,[48] bleibt bestehen, nur daß es nun nicht mehr die Dichtung ist, die der Philosophie ihre Aufgabe aus den unvermögenden Händen nimmt, sondern die Wissenschaft: So ist »das Problem der Tautologie, die keine Tautologie sein darf, ... zwar ein philosophisches, aber die Lösbarkeits-Entscheidung liegt in den Händen der mathematischen Praxis«, und die Relativitätstheorie hat gezeigt, daß das, was die Philosophie für unlösbare Antinomien hielt, in den Händen der Mathematik zu »lösbaren Exempeln« wird.[49]

Alle diese Einwände von Broch bestehen völlig zu Recht. An dem, was Broch forderte: Überwindung der Sterblichkeit des Ich, Überwindung der Kontingenz, der »Anarchie« der Welt, die einmal das katholische Weltbild im Mythos des gestorbenen und wiederauferstandenen Menschen- und Gottessohns geleistet hatte, an dieser Forderung konnte die Philosophie nur ihre Insuffizienz erweisen. Sie stellt nur die Fragen, die einst der Mythos in Religion und in Dichtung beantwortete und die heute die Wissenschaft in Forschung und Erkenntnistheorie beantworten muß. Mythos und Logos oder, banal gesagt, Religion und Logik gehören zusammen, insofern als beide, »aus des Menschen Grundstruktur geboren«, das Außen der Welt »beherrschen« und dem Menschen dadurch »das Zeitlose schlechthin« repräsentieren[50]. Diese Aufgabe aber der Überwindung des Todes ist dem menschlichen Erkennen nicht einfach von der Leidenschaftlichkeit des Am-Leben-bleiben-wollens, also aus dem nackten Lebensimpuls, den der Mensch mit dem Tier teilt, eingegeben und aufgegeben, sondern sie stammt aus dem Grund des erkennenden, gleichsam körperlosen Ichs selbst, das nämlich, sofern es nur ein Erkenntnissubjekt ist, »vollkommen unfähig ist, sich eine Vorstellung vom eigenen Tod zu machen«.[51]

Da das Ich unfähig ist, sich seinen eigenen Anfang oder sein eigenes Ende vorzustellen, ist die erste grundsätzliche Erfahrung des Menschen, die er ganz und gar aus der empirisch gegebenen Welt bezieht, die Erfahrung der Zeit, der Vergänglichkeit und des Todes. Die Außenwelt präsentiert sich dem »Ich-Kern« also ursprünglich nicht nur als absolut fremd, sondern auch als absolut bedrohlich, sie wird vom Ich eigentlich überhaupt nicht als »Welt« anerkannt, sondern als »Non-Ich«. Der »erkenntnistheoretische Ich-Kern«, da er nichts von Vergänglichkeit weiß, weiß auch nichts von der Außenwelt, und in der ihm fremden Außenwelt ist ihm nichts »so absolut fremd wie eben die Zeit«.[52] Damit erreicht Broch eine für ihn außerordentliche, charakteristische und nur ihm eigentümliche Anschauung der Zeit, derzufolge sie nicht, wie in den Zeitspekulationen der abendländischen Tradition von Augustins *Bekenntnissen* bis zu Kants *Kritik der reinen Vernunft*, den »inneren Sinn« präsentiert, sondern im Gegenteil die Funktion übernimmt, die sonst dem Raum zugeschrieben wird: Sie ist »innerste Außenwelt«.[53] Aber dies im Innersten sich kundgebende Außen gehört zu wenig zu der eigentlichen Struktur des »Ich-Kerns« wie der Tod, der im Leben sitzt und dies von innen gleichsam aushöhlt, zum Leben als solchem gehört. Die Kategorie des

Raumes andererseits ist nicht nur nicht die Kategorie der Außenwelt, sie ist vielmehr dem Menschen in seinem Ich-Kern unmittelbar gegeben. Ob der Mensch im Mythos oder im Logos das ihm feindliche »Non-Ich« beherrschen will, er kann es nur, indem er die Zeit »vernichtet« und aufhebt, »und diese Aufhebung heißt Raum«[54]. So ist für Broch auch die Musik, die gewöhnlich als die zeitgebundenste der Künste angesehen wird, im Gegenteil die »Transformation der Zeit in den Raum«, ist »Zeitaufhebung«, und dies heißt natürlich immer »Aufhebung der zum Tode hineilenden Zeit«, Aufhebung des Nacheinander in ein Nebeneinander, die er »Architekturierung des Zeitablaufes« nennt, und in welcher sich »auch die unmittelbare Aufhebung des Todes im Bewußtsein der Menschheit« vollziehe.[55]

Es handelt sich, wie man sieht, darum, eine Simultaneität zu erreichen, die alles Nacheinander in ein Nebeneinander hebt, und in welcher sich der zeitlich strukturierte Ablauf der Welt und ihres Erfahrungsreichtums so präsentieren würde, wie ihn das alles zugleich erfassende Auge eines Gottes erblicken würde. Diesem Gott muß der Mensch sich verwandt fühlen wegen der Welt- und Zeitfremdheit (beide sind für Broch dasselbe) des menschlichen Ichs. Die Struktur des Ich-Kerns, die zeitfremd ist, weist darauf hin, daß der Mensch eigentlich dazu bestimmt ist, in solcher Absolutheit zu leben, und dies läßt sich in allen spezifisch menschlichen Verhaltungsweisen nachweisen. So vor allem in der Struktur der Sprache, die für Broch niemals Kommunikationsmittel ist oder auch nur damit in Zusammenhang gebracht wird, daß nicht ein einzelnes Ich, sondern eine Pluralität von Menschen die Erde bewohnen und sich miteinander verständigen müssen. Er sagt es nicht, aber es ist, als sagte er, daß für die Zwecke der Kommunikation zwischen Menschen auch die tierischen Laute ausgereicht hätten. Wesentlich an der Sprache ist vielmehr, daß sie syntaktisch eine »satzinterne« Aufhebung der Zeitlichkeit indiziert, weil in ihr notwendigerweise »Subjekt und Objekt in ein Simultan-Verhältnis gesetzt werden«[56]. Der »Auftrag«, der an den Sprechenden ergeht, ist, kognitive Einheiten »hör- und sichtbar zu machen«, und dies ist »die einzige Aufgabe der Sprache«.[57] Was immer in die Simultaneität des Satzes gebannt ist, nämlich der Gedanke, der »in einem einzigen Augenblick Ganzheiten von außerordentlicher Ausdehnung erfassen« kann, ist dem Zeitablauf entrissen. (Daß diese Überlegungen unter anderem auch eine Art Kommentar zu Brochs dichterisch-lyrischem Stil, der eben nur scheinbar lyrisch ist, geben, zu den außerordentlich langen Sätzen und den außerordentlich präzisen Wiederholungen in ihnen, braucht wohl kaum erwähnt zu werden.)

Diese sprachphilosophischen Erwägungen stammen aus den letzten Lebensjahren Brochs, als er das Problem der Simultaneität im Bereich des Logos zu lösen versuchte. Aber die Überzeugung, daß durch die Simultaneität des sprachlichen Ausdruckes ein Abglanz der Ewigkeit gegeben sei, daß in ihm der »Logos und das Leben... wieder zu Eins« werden können, daß »die Forderung nach Simultaneität... das eigentliche Ziel alles Epischen, ja alles Dichterischen« ist, hat er bereits in dem Essay über Joyce ausgesprochen.[58] Damals wie später ging es ihm darum, »das Nacheinander der Eindrücke und des Erlebens zur Einheit zu bringen, den Ablauf zur Einheit des Simultanen zurückzu*zwingen*, das Zeitbedingte auf das Zeitlose der Monade«, die er später den Ich-Kern nennt, »zu verweisen«;[59] nur will er später mehr als nur »die Überzeitlichkeit des Kunstwerks im Begriff der unteilbaren Einigkeit« herstellen, er will die gleiche Überzeitlichkeit des Simultanen im Leben selbst erzwingen. Er hätte der Einschränkung, die er damals noch machte, daß nämlich »dieses Streben nach Simultaneität... nicht den Zwang durchbrechen kann, daß das Nebeneinander und Ineinander durch ein Nacheinander ausgedrückt werde, das Einmalige durch die Wiederholung«, nur noch insofern zugestimmt, als eben die Dichtung und der dichterische Ausdruck hier scheitern, während die Mathematik in der Gleichung und sicher die der Mathematik zugrundeliegende absolute Logik – zwar nicht im Konkreten, wohl aber in einem Modell aller möglichen Erkenntnis – diese zeitaufhebende, alles zeitliche Nacheinander in ein räumliches Nebeneinander aufhebende Funktion wohl übernehmen könne.

Auffallend ist, wie häufig Broch die Worte »Zwang«, »Notwendigkeit«, »zwingende Notwendigkeit« in diesen Zusammenhängen gebraucht und wie sehr er sich auf den Zwangscharakter der logischen Argumentation verließ. In der radikalen Wendung vom Mythos zum Logos, von der die Erkenntnistheorie ihren Ausgang nimmt, wollte er bewußt den Zwang des mythischen Weltbildes mit der zwingenden Notwendigkeit des logisch Einsehbaren ersetzen. Die zwingende Notwendigkeit – dies ist gleichsam der gemeinsame Nenner des mythischen und des logischen Weltbildes. Nur was notwendig ist und infolgedessen sich dem Menschen als Zwang offenbart, kann Anspruch auf absolute Gültigkeit erheben. Mit dieser Identifzierung von Notwendigem und Absolutem hängt die eigentümlich zweideutige Stellung, die Broch zu der Frage der Freiheit des Menschen eingenommen hat, aufs engste zusammen. Eigentlich hat er von der Freiheit nicht viel mehr gehalten als von der Philosophie, jedenfalls hat er sie immer nur im Psychologischen gesucht und ihr nie die metaphysische und Wissenschaft begründende Dignität zugesprochen, die er der Notwendigkeit immer zugestand.

Freiheit ist für Broch das in jedem Ich schlummernde anarchische Streben nach »Ungebundenheit« vom Nebenmenschen, das bereits im Tierreich durch die »Einzelgänger« repräsentiert ist; der Mensch, wenn er nur dem Freiheitsstreben seines Ichs folgt, ist »das anarchische Tier«[60]. Da nun aber der Mensch unfähig ist, »ohne den Nebenmenschen auszukommen, unfähig also, seine anarchischen Tendenzen voll auszuleben«, versucht er sich andere Menschen zu unterwerfen und zu versklaven. Das Rebellisch-Anarchische des Ichs, das, wiewohl es auf andere Menschen angewiesen ist, vorerst in völliger innerer Beziehungslosigkeit zu ihnen verharrt eben um seiner Ungebundenheit willen, tritt bereits in den frühen Schriften als einer der Ursprünge des Radikal-Bösen auf, bleibt aber dort doch von der Analyse der rein ästhetischen Haltung als des eigentlich Bösen überschattet. In den späteren Schriften, die sich ja alle an der Erkenntnistheorie orientieren, ist es nun eher umgekehrt. Aus der Erkenntnistheorie ergibt sich unmittelbar die politische Konsequenz, den Menschen in seinen Beziehungen zum Nebenmenschen dem gleichen Zwang zu unterwerfen, dem er sich notwendigerweise in seinem Erkennen, also in seinem Umgang mit sich selbst, unterwirft. Daß man diese politische Sphäre, in der der Mensch nach außen handelt und von dem Getriebe des Außen in Anspruch genommen wird, mit Kategorien, die ihr selbst entstammen, in eine Ordnung bringen könnte, hat Broch nie geglaubt. »Für das Außengetriebe (kommt) kaum etwas anderes als das Anarchische... in Betracht«, und »Politik... ist die Mechanik dieses Außengetriebes«.[61] Dies Außengetriebe muß nun der gleichen zwingend einsehbaren Notwendigkeit unterworfen werden wie das eigene Ich; dazu aber muß erst nachgewiesen werden, daß dieser Zwang wirklich ein humaner ist, sich wirklich aus der Struktur des Menschen in seiner Humanität ergibt. Die politisch-ethische Aufgabe der Erkenntnistheorie ist dieser Nachweis; sie zeigt, daß die Humanität des Menschen sich als zwingende Notwendigkeit erweist und erlöst damit von der Anarchie.

An dieser Stelle dürfte wohl einsichtig sein, daß wir hier in der Tat ein System vor uns haben, das aus den Bruchstücken, die uns überkommen sind, unschwer in seinem Grundriß nachzuzeichnen ist. Dies ist um so verlockender, als die Grundzüge des Brochschen Systems trotz aller Akzentverschiebungen, die im Laufe der Jahre eingetreten sind, von Anfang an feststanden. Innerhalb dieses Systems nun mußte sich die zeitaufhebende Leistung der Erkenntnis und ihrer Simultaneität an zwei konkreten Problemaufgaben erweisen: Sie mußte imstande sein, die Anarchie der Welt aufzuheben, das heißt das ganz und gar weltlose Ich und die ganz und gar ichlose Welt ineinanderzustimmen, und sie mußte die »mythische Prophetie« durch eine »logische Prophetie« ersetzen, um auf diese Weise die Zukunft mit der gleichen Sicherheit in die Simultaneität der Gegenwart zu zwingen, wie das Gedächtnis das Vergangene aus seiner Vergänglichkeit erlöst; sie mußte »die Gedächtnis- und Prophezeiungs-Einheit« erweisen, die der *Tod des Vergil* nur lyrisch beschworen hatte.

Was das erste Problem anlangt, die Ineinanderstimmung von Ich und Welt, das heißt die Erlösung des Ichs aus jenem radikalen Subjektivismus, in welchem sich »alles was der Mensch ›ist‹...

als ich-zugehörig, alles was er ›hat‹... als ich-nah, und alles übrige, die ganze übrige Welt... als ich-fremd, ja sogar als ich-feindlich, todesträchtig« erweist,[62] so scheint Broch auf den ersten Blick nur den Weg gegangen zu sein, den aller ernste Subjektivismus vor ihm gegangen ist und dessen größter Vorgänger Leibniz ist; es ist der Weg der »prästabilierten Harmonie«, der Weg der Erstellung zweier »im Plan und auch noch in der Fundierung identischer, freilich wegen ihrer unendlichen Ausmaße von vorneherein unfertigstellbarer Häuser, deren sichtbarer Aufbau von verschiedenen Ecken her begonnen worden ist, so daß sie während ihrer unendlichen Bauzeit zwar einander immer ähnlicher werden, praktisch jedoch niemals zu voller Identität – und wenn man will: Reversibilität – gedeihen können«[63].

Auf die Frage, wie denn wohl der Mensch »die innerste Verwandtschaft seiner eigenen Natur mit der außerweltlichen zu erahnen«[64] vermöge, gab er zur Antwort, daß »die prästabilierte Harmonie... eine logische Notwendigkeit ist«[65], und mit dieser Antwort geht er allerdings über die üblichen Theorien aller Monadologien, nicht nur der Leibnizschen, einen entscheidenden Schritt hinaus. Die logische Notwendigkeit einer prästabilierten Harmonie ergibt sich daraus, daß Broch (ganz im Sinne Husserls, dem er auch sonst entscheidende Anstöße verdankt) das Objekt, also die Vorzeichnung der Welt, bereits im Denkakt vorfindet, insofern kein »Ich-denke« möglich ist, es sei denn als ein »Ich-denke-etwas«. Das Ich findet also in sich selbst bereits einen Entwurf eines Non-Ich vor, und »obwohl das Denken dem Ich unlösbar angehört, unterscheidet es sich vom Ich-Subjekt, gehört also einem Non-Ich zugleich an«[66].

Daraus aber folgt nicht nur, daß das Ich noch in anderer Weise als der »Icherweiterung«, die in der Ekstase ihren höchsten Punkt, oder der »Ichberaubung«, die in der Panik ihren tiefsten Punkt erreicht, der Welt zugehört, nämlich unabhängig von Ekstase und Panik, sondern es folgt auch, daß die Welt nicht nur von außen erfahren, sondern vor aller solcher Erfahrung im »Unbewußten« bereits vorgegeben ist. Dies Unbewußte ist weder alogisch noch irrational, im Gegenteil, jede wirkliche Logik muß notwendigerweise eine »Logik des Unbewußten« mit umschließen, sich an der Erkenntnis der »erkenntnistheoretischen Unbewußtseins-Sphäre«[67] erproben, in welcher zwar nicht konkrete Erfahrung, aber das aller Erfahrung vorausgehende Wissen um Erfahrung überhaupt, um die »Empirie als solche«, angesiedelt ist.

In der gleichen der Erkenntnis durchaus zugänglichen Sphäre des Unbewußten, aber diesmal in der ihm eigentümlichen Traumqualität, liegt auch die Lösung der zweiten Aufgabe, welche die Simultaneität zu bewältigen hat – der Aufgabe, nicht nur die Vergangenheit, sondern auch die Zukunft aus ihrem Verfallensein an das Nacheinander in ein Nebeneinander zu erlösen. Der »dem Menschen und nur dem Menschen eigentümliche Vorstoß in die Zukunft« macht diese zu einem »Teil des Jetzt«; eine über die Aristotelische hinausreichende Logik müßte einmal imstande sein, jene »Eingebungen«, aus denen heraus das Neue der Zukunft gestaltet wird, logisch zu durchdringen. Eine »formale Präzisierung dieser Gebiete, vorausgesetzt daß sie einmal gelingen wird«[68], würde nicht mehr und nicht weniger als eine exakte »Theorie der Prophetie« liefern beziehungsweise uns den »Grundriß aller möglichen zukünftigen Erfahrungen« in die Hand geben. Diese »logische Prophetie«, deren Objekt jenes Unbewußte ist, aus dem die Impulse und »Eingebungen« für alles Neue heraufsteigen, ist selbst eine durchaus rationale und eben logische Disziplin, die sich »in aller Natürlichkeit... aus dem Wachstum und der Vertiefung der Grundlagenforschung«[69] ergeben wird. Voraussetzung für diese »Theorie des Neuen«, und dies ist nur ein anderer Name für die »logische Prophetie«, ist natürlich, daß, wiewohl die Zeit selbst als »innerste Außenwelt« gesehen wird, »alles wahrhaft Neue in der Welt, selbst wenn es im empirischen Gewand auftritt, niemals aus der eigentlichen Empirie, sondern immer nur wieder aus der Ich-Sphäre stammt, aus der Seele, aus dem Herz, aus dem Geist«[70]. Mit anderen Worten, das Erkenntnissubjekt, die Menschengestalt »in äußerster Abstraktion«[71], ist solcherart, daß sie eine Welt in sich trägt, und das Wunder der Erkenntnis ergibt sich aus der prästabilierten Harmonie, dem harmonischen Zusammenstimmen dieser Innenwelt mit der empirisch gegebenen.

Im einzelnen wird dieses Zusammenstimmen durch das »System« geleistet, das als »Bewältigungssystem« die Welt und die Erfahrung, den an sich unerschöpflichen »Erlebnisinhalt der Welt«, nicht einfach akzeptiert, sondern durch »Bewältigung« neu schafft;[72] diese schöpferische, »system-setzende Funktion des Logos« ist die »ihm wesenhafte und alleinige Manifestation«[73], durch welche er »die Welt immer wieder zum ersten Mal« erstehen läßt. Erkenntnis und Schöpfung sind nicht nur in dem göttlichen Akt des intuitus originarius (Kant) identisch; diese Identität ist viel unmittelbarer, von aller Offenbarung unabhängig, logisch-positivistisch nachweisbar in der »Schöpfungspflicht« des Menschen gegeben, in welcher er die »Weltenschöpfung unaufhörlich wiederholen«[74] muß. Dies ist der Logos, der in einer »künftigen Einheitswissenschaft«[75] an die Stelle des Mythos treten wird und die aus den Fugen geratene Welt wieder in die Ordnung eines »Systems«, den im Anarchischen verlorenen Menschen wieder in die Gebundenheit der Notwendigkeit zurückführen wird.

Was Broch bereits in der Mitte der dreißiger Jahre noch in Form einer Ahnung und einer Hoffnung ausgesprochen hat, daß der Logos auf dem Wege der Wissenschaft den Menschen erlösen können wird, ist ihm am Ende seines Lebens zur Gewißheit geworden: »Könnten tatsächlich sämtliche Weltinhalte zum Gleichgewicht erhoben werden, könnte die Welt tatsächlich zu einem Totalitätssystem geformt und umgeformt werden, zu einem System, in dem jeder Teil den andern bedingt und trägt, könnte dieser Zustand – der von der Wissenschaft in streng Rationalem gesucht wird – tatsächlich eintreten, dann wäre auch die endgültige Befriedung des Seins eingetreten, die Erlösung der Welt, in die jedwedes metaphysisch religiöse Streben der Menschheit münden will.«[76]

Wer könnte wohl diese Sätze lesen, ohne an das erste Kapitel des Johannes-Evangeliums gemahnt zu werden: »Ἐν ἀρχῇ ἦν ὁ λόγος... Καὶ ὁ λόγος σὰρξ ἐγένετο – Im Anfang war der Logos... Und der Logos ward Fleisch.« Aber das Fleisch, zu dem der Logos wurde, ist nicht mehr der mythische Gottessohn, es ist die Menschengestalt in äußerster Abstraktion. Wenn man, so dachte Broch, nachweisen kann, positiv, nicht spekulativ-metaphysisch, aufweisen kann, daß der Fleisch gewordene Logos der Mensch selbst ist, dann hat man innerhalb des Irdischen und ohne alle Transzendenz die »Ebenbildhaftigkeit an sich« erwiesen, und da in einer Ebenbildhaftigkeit an sich der Mensch auch von dem, dessen Ebenbild er ist, unabhängig geworden ist, hat man damit die Zeit und den Tod aufgehoben. Dies wäre die Erlösung des Menschen auf Erden.

IV. Das Irdisch-Absolute

Alles, was Broch in dieser Richtung gedacht und in fragmentarischer Form hinterlassen hat, ist in dem Begriff, in der Entdeckung des »Irdisch-Absoluten« in seiner Quintessenz enthalten. Für ein Verständnis dessen, was mit dem Irdisch-Absoluten eigentlich gemeint ist, muß man sich hüten, die aus der Frühzeit Brochs stammenden Äußerungen über den Tod als das im Irdischen gegebene Absolute, die sich gelegentlich auch noch in den späten Werken finden, mit dem eigentlichen Fund der Spätzeit unmittelbar gleichzusetzen. Was sie miteinander verbindet, ist nur – und dies ist allerdings sehr viel –, daß beide todesgebunden, beide von der Erfahrung des Todes grundsätzlich bestimmt sind. Dennoch ist der Unterschied sehr klar: Solange der Tod als die absolute, unaufhebbare Grenze des Lebens verstanden wird, kann man zwar sagen, daß es »keine Erscheinung (gibt), die ihrem Lebensgehalt nach erdentrückter und metaphysischer sein könnte als der Tod«[77], daß das »sub specie aeternitatis« immer zugleich in menschlich-irdischer Sicht ein »sub specie mortis« meint[78], daß die Suche nach einem absoluten Wert sich an dem Tod, der der »Unwert an sich ist«, entzündet, und daß »seiner Absolutheit, die die einzige Absolutheit der Realität und der Natur ist, eine Absolutheit entgegengeworfen werden (muß), die, vom Willen des Menschen getragen, die Absolutheit der Seele, die Absolutheit der Kultur zu schaffen befähigt ist«[79]; und zweifellos hat Broch niemals von seiner Grundüberzeugung gelassen, daß, »wo es keine echte Beziehung zum Tode gibt und seine Absolutheitsgeltung im Diesseitigen nicht ständig erkannt wird, (es) kein wahres Ethos« gibt.[80] Diese Grundüberzeugung war sogar so stark, daß er in der »Politik«, d. h. in der Anwendung seiner Erkenntnistheorie auf die Sphäre des an sich Anarchischen, wieder auf den Tod als das im Irdischen sich meldende Absolute zurückgriff und das ganze rechtlich-politische System um die Tatsache der Nichtverschärfbarkeit der Todesstrafe zentrierte. Dennoch meint Broch mit dem Begriff des Irdisch-Absoluten nicht nur den Tod; das Absolute, das im Tode sich meldet, ist ja eigentlich gerade nicht-irdischer Natur, fängt ja offenbar erst gleichsam hinter dem Tod an, steht jenseits des Todes und gibt sich in dem Irdischen nur durch ihn kund. Dies jenseitige, transzendente Absolute zu verendlichen und zu verweltlichen, war ja gerade jene Todsünde der Säkularisation, die in den Wertzerfall und Weltverfall geführt hatte.

Die Beziehung, die das Irdisch-Absolute zum Tod hat, ist anderer Natur. Hier handelt es sich darum, das Todesbewußtsein im Leben aufzuheben, das Leben, solange es lebt, vom Tode zu befreien, so daß es nun so verläuft, als ob es ewig sei. So wie die Erkenntnis dazu dienen sollte, die »Zeit als innerste Außenwelt« zu überwinden und so die Welt dort zu bewältigen, wo sie sich am ich-nächsten und darum zugleich am ich-fremdesten und ich-bedrohlichsten zeigt, so zielt das Irdisch-Absolute darauf, den Tod im Leben zu bewältigen, der »todesträchtigen Welt« das Ich, das sich in seinem Kern, in seinem Erkenntniskern, unsterblich weiß, entgegenzuwerfen. Woran Broch in seiner Wendung zum logischen Positivismus, allerdings einem logischen Positivismus höchst eigentümlicher und origineller Natur, festhält, ist die frühe im Grunde christliche Überzeugung, daß der Tod und die Vergänglichkeit in der Welt, die Unsterblichkeit und die Ewigkeit aber im Ich verankert sind, daß also das uns sterblich scheinende Leben in Wahrheit unsterblich und die uns ewig scheinende Welt in Wahrheit dem Tode verfallen ist.

Die Wendung zum logischen Positivismus, die sich am präzisesten in dem Begriff des Irdisch-Absoluten kundgibt, implizierte natürlich eine unausgesprochene Revision der ursprünglich an der

Verwerflichkeit des Säkularisierungsprozesses orientierten Zeitkritik. Diese Revision wiederum kommt am deutlichsten in der Wendung von der Hoffnung auf einen »neuen Mythos« zu der Überzeugung von der Notwendigkeit der »positivistischen Entdeifizierung« zum Ausdruck. Die Frage aber, welche diese Wendung vermutlich einleitete – und zu deren Beantwortung Broch sich, bereits in positivistisch-logischer Terminologie, in den beiden nachgelassenen Stücken der Erkenntnistheorie (in dem »Systembegriff«, das ist »Das System als Welt-Bewältigung«, und in den »syntaktischen und kognitiven Einheiten«) anschickte –, läßt sich am plausibelsten so formulieren: Woher bezieht das Ich eigentlich seine Überzeugung von der eigenen Unsterblichkeit? Liegt in dem Grund dieser Überzeugung nicht vielleicht bereits der Beweis dieser Unsterblichkeit?

Wollen wir die gleiche Frage mit der früheren, ausschließlich am Tode orientierten Werttheorie zusammenbringen, so ließe sie sich folgendermaßen formulieren: Entspricht nicht vielleicht der rein negativen, weil von dem Ich-Kern nie voraussehbaren Erfahrung des Todes, die den Menschen, der sich in seiner absoluten Welt-losigkeit unsterblich weiß, panikartig überfällt, ein Positivum, in dem sich Unsterblichkeit und das Absolute ebenso handgreiflich, irdisch nachweisbar kundtun wie der Tod? Die Antwort, auf ihre kürzeste Formel gebracht, liegt in dem folgenden Satz, der aus Brochs Frühzeit stammt, aus dem er aber erst im Alter alle in ihm enthaltenen Folgerungen gezogen hat: »Das Gebäude der formalen Logik ruht auf inhaltlichen Grundlagen.«[81]

Erkenntnis, um Brochs Gedankengänge in absichtlich simplifizierter Form kurz zu summieren, manifestiert sich in zwei Arten von Wissen, dem zwei grundsätzlich voneinander geschiedene Typen der Wissenschaften entsprechen: erstens die induktiven Erfahrungswissenschaften, die von Faktum zu Faktum, von Forschung zu Forschung sich weitertasten und grundsätzlich unendlich, unvollendbar sind, zu ihrem Fortschreiten immer neuer Fakten, immer neuer Funde bedürfen; und zweitens die deduktiven Formalwissenschaften, die gleichsam aus sich selbst, anscheinend unabhängig von aller Empirie, zu ihren axiomatisch erschlossenen

Resultaten gelangen. Die für Broch wichtigste Wissenschaft des induktiven Typus ist die Physik (obwohl er zu Illustrationszwekken sich oft des Beispiels der Archäologie bedient, weil hier der »Ausgrabungsfund« mit dem für die Erfahrungswissenschaft überhaupt, das heißt für ihren Fortschritt notwendigen neuen Fund zusammenfällt), während die exemplarische Wissenschaft der Deduktion natürlich die Mathematik ist. Zur wirklichen Erkenntnis, die über bloßes Wissen hinausgeht, kommt es erst in den systembildenden deduktiven Wissenschaften: Erst wenn die Mathematik die mathematische Formel für die physikalischen, empirisch festgestellten Vorgänge ermittelt hat, kann man von einer wirklichen Erkenntnis des physikalisch Gegebenen sprechen.

Dieser Beziehung zwischen den deduktiven und induktiven Wissenschaften entspricht Brochs Scheidung von »Ur-System« und »Absolut-System«, bei der das Ur-System der direkten Bewältigung der Welt dient, ihrer unmittelbaren Assimilation, die die Voraussetzung dafür ist, daß Leben, auch das tierische also, überhaupt überlebt, während das Absolut-System, das in Vollkommenheit dem Menschen unerreichbar ist, »sämtliche je vorgekommenen oder je noch vorkommen werdenden Probleme der Welt als gelöst« in sich enthalten würde, »kurzum das Erkenntnis-System eines Gottes« wäre.[82] Auf den ersten Blick nun scheint es, als ob sich zwar das Erkenntnissystem des Menschen irgendwie zwischen diese beiden Bewältigungssysteme, das System allen Lebens und das System eines Gottes, müßte einschalten lassen, daß aber dennoch zwischen beiden ein ebenso absoluter Gegensatz besteht wie zwischen der induktiven und der deduktiven Methode.

Der nächste Schritt der Überlegungen gilt diesem Gegensatz und seiner Beseitigung beziehungsweise dem Erweis, daß dieser Gegensatz nur ein Schein ist. Dies wird geleistet durch den Nachweis, daß es erstens einen Übergang vom Ur-System zum Absolut-System gibt, der in der eigentümlichen Iteration aller Erkenntnisprozesse verankert ist, und daß es zweitens kein absolut deduktives System gibt, daß vielmehr die Grundlage jeglichen Formalsystems immer inhaltlich, erfahrungsmäßig gegeben ist; dies besagt, daß jedes System auf einem ihm selbst transzendenten Grund beruht, den es als absolut setzen muß, um seine Deduktionsketten überhaupt auch nur beginnen zu können.

Der Übergang vom Ur-System zum Absolut-System, der einerseits der Übergang von der nur induktiven Wissenschaft zu der deduktiv verfahrenden Erkenntnis ist und andererseits den Übergang vom Tier über den Menschen zu einem Gott anzeigt, wird durch folgendes gewährleistet: Das Ur-System ist ein System von »Erlebnissen«, die »gewußt«, aber nicht »erkannt« sind; dies Wissen aber, das bereits im schieren Erleben liegt, ja ohne das Erleben gar nicht möglich wäre, ist in Wahrheit bereits ein »Wissen um das Wissen«, eine erste Iteration, ohne welche Gedächtnis, das zu allem Erleben gehört und das, mit Bewußtsein identisch gesetzt, auch dem Tier zugesprochen wird,[83] gar nicht möglich wäre. Dies Wissen um das Wissen bleibt unmittelbar weltgebunden, dient der direkten Bewältigung der Weltdinge in ihrer konkreten Gegebenheit; was in ihm unbewältigt bleibt, ist die Weltheit der Welt, die für Broch in ihrer ursprünglichen »Irrationalität« (oder, politisch gesprochen, in ihrer »Anarchie«) gegeben ist. Dieser Bewältigung nun dient das »Erkenntnissystem«, das, weil es sich bereits von den konkreten Dingen der Welt abgelöst hat, die Weltheit der Welt selbst, ihre »Irrationalität« als solche bewältigen kann und somit zu einer Vorform des Absolut-Systems wird. In ihm geht es nicht mehr um das direkte Erleben und das für dieses notwendige »Wissen um das Wissen«, sondern um ein »Wissen um das Wissen um das Wissen«, also eine neuerliche Iteration, die sich aber bereits aus der ersten Iteration des »Wissens um das Wissen« ergibt.

Zwischen dem Ur-System des Wissens um das Wissen, in dem eigentliche Erkenntnis noch gar nicht gewonnen wird, sondern in dem sich das Lebende nur seiner Erlebnisse bewußt wird, und dem Absolut-System eines Gottes gibt es also eine in der Iteration kontinuierlich gelagerte Stufung, die positiv nachweisbar ist; und wenn Broch auch ausdrücklich davor warnt, »sich eine Art ›Schichten-Anordnung‹ der Systeme vorzustellen, in der diese – angefangen vom Ur-System bis hinauf zum Absolut-System – nach Maßgabe der Abnahme ihres ›Erlebensgehaltes‹ und der Zunahme ihres ›Erkenntnisgehaltes‹ gewissermaßen übereinandergelagert wären«, so darf ihm doch »als feststehend... gelten, daß der Weg... zumeist, doch nicht immer in der Richtung zu zunehmendem Erkenntnisgehalt und zunehmender Ausdrückbarkeit liegt«[84]. Die Bedeutung dieser Nachweise für den Erweis der faktisch-positiven Existenz eines Irdisch-Absoluten liegt darin, daß diejenigen Denk- und Erkenntnisoperationen, die überhaupt etwas von einem »Absoluten« wissen und ohne die Voraussetzung eines solchen gar nicht denkbar wären, ihrerseits kontinuierlich mit den reinen »Erlebens«-Tätigkeiten zusammenhängen, so daß das Absolute gleichsam den irdischen Bedingungen allen Lebens überhaupt entspringt.

Geht es in diesen Überlegungen darum, den irdischen Ursprung des Absoluten und seine objektive Entwicklung gleichsam in der positiv nachweisbaren Entwicklung organischen Lebens nachzuzeichnen, so handelt es sich bei der Demonstration, daß alle deduktiven Systeme auf einem absoluten, von dem System selbst nicht ableitbaren empirischen Grunde beruhen, gerade umgekehrt darum zu zeigen, daß alles Formale ins Inhaltliche eingreift.[85] Mit anderen Worten, dem Erweis, daß das Irdische von sich aus ins Absolute greift, gleichsam in es sich hineinentwickelt, wird der Gegenbeweis an die Seite gestellt, daß alles Absolute irdisch gebunden ist. Dies stellt sich am klarsten im Falle der Mathematik heraus. Gerade das Mathematische an der Mathematik ist offensichtlich mathematisch nicht mehr beweisbar oder aufweisbar, es bleibt für die Mathematik »plus-unbekannt«, das heißt wird ihr von einer außer ihr selbst liegenden Sphäre zusätzlich und von ihr unvorausgesehbar geliefert, und dies gilt sowohl für ihre eigentliche Grundlage, von der alles Mathematische erst anhebt und die Broch als »die Zahl an sich« diagnostiziert, wie für die »Problem-Impulse«, durch welche es zu einem Fortschritt der mathematischen Erkenntnis kommt. Für ihre Fortschritte gerade bleibt die Mathematik auf die Physik angewiesen.[86] Genau das gleiche aber gilt für die Erkenntnistheorie beziehungsweise die Logik selbst, von der man vielleicht vermuten könnte, daß sie der Mathematik erst einmal ihre »Zahl an sich« geliefert und damit mathematische

Operationen allererst ermöglicht hat. Denn »zu seinen eigenen Untersuchungen verhält sich der Logiker genauso naiv realistisch wie der Mathematiker zu den seinen, das heißt er wird einerseits – zumindest solange er seine Betrachtungen nicht in die nächsthöhere Kategorie, also in die der Meta-Logik verlegt – das Wissen um das logische Gesamtsystem und um die logische Operabilität als eine selbstverständliche und nicht eigens bemerkenswerte Begleiterscheinung der Forschung abtun und andererseits noch weniger geneigt sein, dem dazugehörigen Wissensträger... irgendwelche Aufmerksamkeit zu schenken«.[87]

Es sind also, genau gesprochen, zwei Dinge, welche die deduktiven Wissenschaften, die Logik und die Mathematik, notwendigerweise immer übersehen: Sie können erstens gerade das, was sie zur Logik beziehungsweise zur Mathematik macht, also das Logische und das Mathematische an sich, so wenig in den Blick bekommen, wie ein Mensch den Grund und Boden sehen kann, auf dem er steht; und sie können zweitens ihren »Wissensträger«, also das Subjekt der logischen und mathematischen Operationen selbst, nicht erblicken, sie sehen gleichsam immer nur ihren eigenen Schatten, aber nicht sich selbst. Nun ist natürlich das Mathematische an der Mathematik, also »die Zahl an sich«, für die Mathematik das Absolute schlechthin, und gerade dies Absolute ist ihr von außen her gegeben, ist nachweisbar außerhalb ihres Systems vorfindlich; es ist nicht absolut transzendent, sondern irdisch vorfindbar, wenn es auch jenseits des mathematischen Systems gefunden werden muß. Innerhalb einer Wissenschaftstheorie kann man sagen, daß eine Wissenschaft das für sie Absolute immer von ihrer »nächsthöheren« Wissenschaft geliefert bekommt, so daß eine Wissenschaftshierarchie entsteht, die ihrer Intention nach einheitlich systematisch erfaßt werden könnte. Die Physik erhält ihr Absolutes von der Mathematik, die Mathematik das ihre von der Erkenntnistheorie, die Erkenntnistheorie das ihre von der Logik, und die Logik ist auf eine Meta-Logik angewiesen.

Diese Kette, in welcher das Absolute, jedesmal in verschiedener Gestalt, von Wissenschaft zu Wissenschaft, von Erkenntnis zu Erkenntnis gereicht wird, damit jeweils Wissenschaft und Erkenntnis überhaupt möglich werden, ist nun aber nicht unendlich fortsetzbar und iterierbar. Das, was jedesmal als Absolutes, als absoluter Maßstab fungiert und demjenigen, der ihn gebraucht, eben deshalb, weil er ihn braucht, nicht zu Gesicht kommt, ist der zu dem Maßstab gehörende »Wissensträger« selbst, also der »Sehakt an sich«, die »physikalische Person« in der Physik, der die »mathematische Person«, die Trägerin der »Zahl an sich«, die logische Person, die Trägerin der »logischen Operabilität« an sich, entsprechen. Das Absolute also an diesen Wissenschaften ist nicht nur »inhaltlich« jeweils gegeben – keine Wissenschaft könnte funktionieren, wenn ihr nicht ihr Inhalt gerade von außen zugetragen würde –, seine Quelle ist durchaus irdisch positiv, also, erkenntnistheoretisch gesprochen, logisch-positivistisch nachweisbar: Es ist die Menschengestalt in äußerster Abstraktion, wobei der Inhalt dieser Abstraktion wechseln kann – vom »Sehakt an sich« zum Zählakt an sich zur logischen Operation an sich. Dies heißt nicht, daß der Mensch, so wie er ist in seinen psycho-physischen Gegebenheiten, zum Maß aller Dinge geworden ist, wohl aber daß der Mensch, sofern er nichts anderes ist als Erkenntnis-Subjekt, Träger erkennender Akte, die Quelle des Absoluten ist. Der Ursprung des Absoluten in seiner absoluten, notwendigen, zwingenden Gültigkeit ist irdisch.

Daß Broch glaubte, diese Theorie des Irdisch-Absoluten unmittelbar auf die Politik anwenden zu können, und in den beiden Kapiteln des »Kondensates« der *Massenpsychologie* seine Erkenntnistheorie auch wirklich, jedenfalls fragmentarisch, ins Praktisch-Politische übersetzte, hat seinen Grund darin, daß er alles politische Handeln im Sinne jener Akte konstruierte, die in seiner Erkenntnistheorie die zentrale Rolle spielen, und die an sich weltlos, wie er selbst sagt, »im schwarzen Raum«[88] konzipiert sind. Mit anderen Worten, es geht ihm nicht eigentlich um politisches Handeln oder überhaupt Handeln, es geht ihm um die Beantwortung der Jugendfrage, der Frage: »Was sollen wir tun?«

So wenig wie Denken und Erkennen dasselbe sind, so wenig

sind es Handeln und Tun. Wie das Erkennen im Unterschied zum Denken ein Erkenntnisziel und eine Erkenntnisaufgabe hat, so hat das Tun bestimmte Zwecke und muß sich zu ihrer Erreichung nach bestimmten Maßstäben richten, während das Handeln umgekehrt immer dann vor sich geht, wo Menschen überhaupt zusammen sind, auch wenn es nichts zu erreichen gibt; die Zweck-Mittel-Kategorie, an die alles Tun und alles Herstellen notwendigerweise gebunden sind, erweist sich für das Handeln stets als ruinös. Denn das Tun wie das Herstellen gehen von der Voraussetzung aus, daß das Subjekt der »Akte« den zu erreichenden Zweck wie das herzustellende Objekt voll kennt und es nur darum geht, die hierfür geeigneten Mittel herbeizuschaffen. Dies wiederum setzt eine Welt voraus, in der es entweder nur einen Willen gibt, oder die so eingerichtet ist, daß alle in ihr tätigen Ich-Subjekte genügend voneinander isoliert sind, um sich mit ihren Zwecken und Zielen nicht in die Quere zu geraten. Für das Handeln gilt umgekehrt, daß es eine Unendlichkeit sich kreuzender und überkreuzender Intentionen und »Bezweckungen« gibt, die alle zusammen in ihrer Unübersehbarkeit die Welt darstellen, in die es gilt hineinzuhandeln, obwohl in ihr kein Zweck und keine Intention je so erreicht wird, wie sie ursprünglich gemeint waren. Auch diese Beschreibung und der aus ihr sich ergebende unausweichliche Frustrationscharakter allen Handelns, seine scheinbare Vergeblichkeit, ist insofern ganz unzulänglich und verfehlt, als sie sich eben auch am Tun, und das heißt an der Zweck-Mittel-Kategorie, orientiert. Innerhalb dieser Kategorien kann man nur dem Evangelienwort:»denn sie wissen nicht, was sie tun«, zustimmen; in diesem Sinne weiß in der Tat kein Handelnder je, was er tut, kann es nicht wissen und darf es nicht wissen um der Freiheit des Menschen willen, die an die schlechthinnige Unvorhersehbarkeit menschlichen Handelns gebunden ist. Wenn man es paradox ausdrücken will – und man verstrickt sich unweigerlich in Paradoxien, sobald man das Handeln nach den Maßstäben des Tuns beurteilt –, so kann man sagen: Jede gute Handlung um eines bösen Zweckes willen fügt der Welt in Wahrheit ein Stück Güte, jede böse Handlung um eines guten Zweckes willen fügt der Welt in

Wahrheit ein Stück Schlechtigkeit zu. Mit anderen Worten, während für das Tun und das Herstellen das Primat des Zweckes über die Mittel absolut gültig ist, verhält es sich im Handeln gerade umgekehrt: Es sind immer die Mittel, die sich als das Entscheidende herausstellen.

Da Broch erkenntnistheoretisch das Ich weltlos im »schwarzen Raum« angesetzt hatte, war es ihm selbstverständlich, das Handeln im Sinne des Tuns und den Handelnden im Sinne eines herstellenden isolierten Ichs, des Subjekts bestimmter Akte, zu interpretieren. Viel entscheidender aber ist, daß, da er ein Dichter war, es ihm außerdem selbstverständlich war, dies Tun wiederum als eine Art Weltschöpfung zu interpretieren und von ihm nun jene »Neuschöpfung der Welt« zu verlangen, die er ursprünglich vom Kunstwerk verlangt hatte. Könnte Politik je das werden, was er von ihr verlangte, dann wäre sie in der Tat ein »ethisches Kunstwerk«. Im Tun schießen die beiden Grundfähigkeiten des Menschen zusammen, die schöpferische der Dichtung und die erkennende, weltbewältigende der Wissenschaft. Politik ist für Broch daher eigentlich Dichtung, Weltschöpfung gewordene Wissenschaft und gleichzeitig Wissenschaft gewordene Dichtung. Zwar hat er es so nie gesagt, aber was wir an Fragmentarischem haben, genügt, um diese Grundkonzeption wenigstens ahnen zu lassen.

Dies jedenfalls ist es, worauf die Erkenntnis letzten Endes hinzielt: Sie will die Tat. Ihrer Tatenlosigkeit wegen hatte Broch sich von der Dichtung abgewandt, um ihrer nur kontemplativen, nur denkerischen Haltung willen hatte er die Philosophie verworfen, um schließlich seine ganze Hoffnung auf die Politik zu setzen. Brochs zentrales Anliegen ist immer Erlösung, Erlösung vom Tode, und um Erlösung geht es ihm in seiner Politik nicht weniger als in seiner Erkenntnistheorie oder in seiner Dichtung. Die utopischen Elemente einer an Erlösung ausgerichteten Politik sind nicht zu verkennen; dennoch muß man sich hüten, den Realismus zu unterschätzen, der Broch in seinen konkreten Überlegungen geleitet hat, und der ihn davor bewahrte, das in der Erkenntnistheorie gesichtete Irdisch-Absolute unbesehen und dogmatisch auf das Gebiet des Politischen zu übertragen.

Im Angesicht des Irdisch-Absoluten, getröstet von der Erkenntnis, daß es etwas Absolutes im Irdischen nachweisbar gibt, und daß auch das Politische, das heißt die in sich selbst anarchische Zusammengeworfenheit der Menschen in die Bedingungen des Irdischen, eine Absolutheitsgrenze enthält, in welcher ein »Recht an sich«, das neue, neu zu formulierende »Menschenrecht« sich zu politischen Gegebenheiten nicht anders verhalten würde als die Mathematik sich zur Physik verhält, und wo die »physikalische Person«, der »Sehakt an sich«, aufs genaueste einer »Recht-erzeugenden Person an sich (einer Recht-schaffenden und... rechtschaffenen Person)« entsprechen würde[89] – im Angesicht dieser Einsichten, in deren Mittelpunkt immer mehr die Menschengestalt in ihrer äußersten Abstraktion drängte, konnte er sich mit den Gegebenheiten des Politischen ebenso abfinden wie der Mathematiker sich mit den Gegebenheiten des physikalischen Raumes abzufinden bereit ist. Und so ist ihm wohl das schönste und dichterischste Gleichnis, unter dem er die politischen Gegebenheiten und ihre Möglichkeiten einmal formulierte, das Gleichnis von der Windrose, zugleich wie deren mathematische Formel vorgekommen: »Die Windrose, der es anzuzeigen obliegt, aus welcher der vier Weltecken der Wind der Geschichte bläst, deutet mit der Aufschrift ›Recht schafft Macht‹ ins Paradiesische, mit ›Macht schafft Unrecht‹ ins Purgatorische, mit ›Unrecht schafft Macht‹ ins Höllische, aber mit ›Macht schafft Recht‹ ins alltäglich Irdische, und da es immer wieder der Teufelssturm ist, der über die Menschheit dahinzufegen droht, bescheidet sie sich zumeist gerne mit dem irdischen ›Macht schafft Recht‹, zwar hoffend auf das Paradieses-Wehen – keine Todesstrafe gäbe es dann mehr im weiten Erdenrund –, dennoch wissend, daß das Wunder nicht kommt, wenn es nicht erzwungen wird: das Wunder ›Recht schafft Macht‹ will, daß zuerst einmal dem Recht die Macht dazu verschafft werden möge.«[90]

Hinter diesen Sätzen spürt man deutlich, was er hier nicht gesagt hat und wohl auch in diesem Zusammenhang zu sagen nicht beabsichtigte. Wir wissen aus dem *Tod des Vergil*, aber auch aus der Figur des Arztes in dem *Versucher*, daß für Broch alle Beziehungen zum Nebenmenschen letztlich von der Idee der »Hilfe«, von der Unabweisbarkeit des Anspruchs auf Hilfe getragen sind. Die Absolutheit der »ethischen Forderung« (»unangetastet bleibt die Einheit des Begriffes, unangetastet die ethische Forderung«[91]), war ihm so selbstverständlich, daß er dies Absolute noch nicht einmal einer Demonstration für bedürftig hielt. Das Ziel der ethischen Forderung liegt »im Absoluten und Unendlichen«[92], was nichts anderes heißt, als daß jedes ethische Tun sich in der Sphäre des Absoluten bewegt und sich im Unendlichen, in der Unausschöpfbarkeit des Hilfeanspruchs verliert. So wie es Broch selbstverständlich war, um eines Hilfeanspruches willen jede Arbeits- und jede Lebenstätigkeit sofort zu unterbrechen und hintanzustellen, so wurde es ihm schließlich selbstverständlich, das Dichten hintanzusetzen, weil ihm zweifelhaft geworden war, ob die Dichtung ihrer Pflicht »zur Absolutheit der Erkenntnis schlechthin«[93] je würde genügen können, zweifelhaft vor allem aber auch, ob ihr und dem Erkennen je der Sprung gelingen würde von der Erkenntnis dessen, was not tut, zu der Hilfe derer, die in Not sind. Der »Auftrag«, von dem Broch so oft spricht, die »unentrinnbare Auferlegtheit«, die er überall findet, wo sich »Sphären stringenter Notwendigkeit« konstituieren, ist letztlich weder logischer noch erkenntnistheoretischer Natur, wiewohl er ihn in Logik und Erkenntnistheorie überall wiederfindet und ihn an ihnen demonstriert. Der Auftrag ist die ethische Forderung, und die unentrinnbare Auferlegtheit ist der Hilfeanspruch der Menschen.

Martin Heidegger ist achtzig Jahre alt

Zusammen mit seinem 80. Geburtstag feiert Martin Heidegger auch das fünfzigjährige Jubiläum seiner öffentlichen Wirkung als Lehrer. Plato hat einmal gesagt: »Denn der Anfang ist auch ein Gott, solange er unter Menschen weilt, rettet er alles.«[1]
Lassen Sie mich also mit diesem Anfang in der Öffentlichkeit beginnen, nicht mit dem Jahre 1889 in Meßkirch, sondern mit dem Jahr 1919, dem Eintritt des Lehrers in die deutsche akademische Öffentlichkeit an der Universität Freiburg. Denn Heideggers Ruhm ist älter als die Veröffentlichung von *Sein und Zeit* im Jahre 1927, ja es ist fraglich, ob der ungewöhnliche Erfolg dieses Buches – nicht nur das Aufsehen, das es sofort erregte, sondern vor allem die außerordentlich nachhaltige Wirkung, mit der sich sehr wenige Veröffentlichungen des Jahrhunderts messen können – möglich gewesen wäre ohne den, wie man sagt, Lehrerfolg, der ihm vorangegangen war und den er, jedenfalls in der Meinung derer, die damals studierten, nur bestätigte.
Um diesen frühen Ruhm war es seltsam bestellt, seltsamer vielleicht noch als um den Kafkas in den frühen zwanziger Jahren oder den Braques und Picassos in dem davorliegenden Jahrzehnt, die ja auch dem, was man gemeinhin unter Öffentlichkeit versteht, unbekannt waren und dennoch eine außerordentliche Wirkung ausübten. Denn es lag in diesem Falle nichts vor, worauf der Ruhm sich hätte stützen können, nichts Schriftliches, es seien denn Kollegnachschriften, die von Hand zu Hand gingen; und die Kollegs handelten von Texten, die allgemein bekannt waren, sie enthielten keine Lehre, die man hätte wieder- und weitergeben können. Da war kaum mehr als ein Name, aber der Name reiste durch ganz Deutschland wie das Gerücht vom heimlichen König. Dies war

etwas völlig anderes als die um einen »Meister« zentrierten und von ihm dirigierten »Kreise« (wie etwa der George-Kreis), die, der Öffentlichkeit wohl bekannt, sich von ihr durch die Aura eines Geheimnisses abgrenzen, um das angeblich nur die Mitglieder des Kreises wissen. Hier gab es weder Geheimnis noch Mitgliedschaft; diejenigen, zu denen das Gerücht gedrungen war, kannten sich zwar, weil sie alle Studenten waren, es gab gelegentliche Freundschaften unter ihnen, und später kam es dann wohl auch hie und da zu Cliquenbildungen, aber es gab nie einen Kreis, und es gab keine Esoterik.

Wen denn erreichte das Gerücht, und was sagte es? Es gab damals, nach dem Ersten Weltkrieg, an den deutschen Universitäten zwar keine Rebellen, aber ein weitverbreitetes Unbehagen an dem akademischen Lehr- und Lernbetrieb in all den Fakultäten, die mehr waren als bloße Berufsschulen, und bei all den Studenten, für die das Studium mehr bedeutete als die Vorbereitung auf den Beruf. Philosophie war kein Brotstudium, schon eher das Studium entschlossener Hungerleider, die gerade darum recht anspruchsvoll waren. Ihnen stand der Sinn keineswegs nach Welt- oder Lebensweisheit, und wem an der Lösung aller Rätsel gelegen war, dem stand eine reichliche Auswahl in den Angeboten der Weltanschauungen und Weltanschauungsparteien zur Verfügung; um da zu wählen, bedurfte es keines Philosophiestudiums. Was sie nun aber wollten, das wußten sie auch nicht. Die Universität bot ihnen gemeinhin entweder die Schulen – die Neu-Kantianer, die Neu-Hegelianer, die Neo-Platoniker usw. – oder die alte Schuldisziplin, in der Philosophie, säuberlich in Fächer aufgeteilt als Erkenntnistheorie, Ästhetik, Ethik, Logik und dergleichen, nicht so sehr vermittelt als durch bodenlose Langeweile erledigt wurde. Gegen diesen eher gemütlichen und in seiner Weise auch ganz soliden Betrieb gab es damals, noch vor dem Auftreten Heideggers, einige wenige Rebellen. Es gab, chronologisch gesprochen, Husserl und seinen Ruf: »Zu den Sachen selbst«, das hieß: »Weg von den Theorien, weg von den Büchern« und Etablierung der Philosophie als einer strengen Wissenschaft, die sich neben anderen akademischen Disziplinen würde sehen lassen können. Das war natürlich ganz naiv und ganz unrebellisch gemeint, aber es war etwas, worauf sich erst Scheler und etwas später Heidegger berufen konnten. Und dann gab es noch in Heidelberg, bewußt rebellisch und aus einer anderen als der philosophischen Tradition kommend, Karl Jaspers, der, wie man weiß, lange mit Heidegger befreundet war, gerade weil ihn das Rebellische in Heideggers Vorhaben als etwas ursprünglich Philosophisches inmitten des akademischen Geredes *über* Philosophie ansprach.

Was diese Wenigen miteinander gemein hatten, war – um es in Heideggers Worten zu sagen –, daß sie »zwischen einem gelehrten Gegenstand und einer gedachten Sache«[2] unterscheiden konnten und daß ihnen der gelehrte Gegenstand ziemlich gleichgültig war. Das Gerücht erreichte damals diejenigen, welche mehr oder minder ausdrücklich um den Traditionsbruch und die »finsteren Zeiten«, die angebrochen waren, wußten; die daher die Gelehrsamkeit gerade in Sachen der Philosophie für ein müßiges Spiel hielten und nur darum bereit waren, sich der akademischen Disziplin zu fügen, weil es ihnen um die »gedachte Sache« oder, wie Heidegger heute sagen würde, um »die Sache des Denkens«[3] ging. Das Gerücht, das sie nach Freiburg zu dem Privatdozenten und etwas später nach Marburg lockte, besagte, daß es einen gibt, der die Sachen, die Husserl proklamiert hatte, wirklich erreicht, der weiß, daß sie keine akademische Angelegenheit sind, sondern das Anliegen von denkenden Menschen, und zwar nicht erst seit gestern und heute, sondern seit eh und je, und der, gerade weil ihm der Faden der Tradition gerissen ist, die Vergangenheit neu entdeckt. Technisch entscheidend war, daß zum Beispiel nicht *über* Plato gesprochen und seine Ideenlehre dargestellt wurde, sondern daß ein Dialog durch ein ganzes Semester Schritt für Schritt verfolgt und abgefragt wurde, bis es keine tausendjährige Lehre mehr gab, sondern nur eine höchst gegenwärtige Problematik. Heute klingt uns das vermutlich ganz vertraut, weil so viele es jetzt so machen; vor Heidegger hat es niemand gemacht. Das Gerücht sagte es ganz einfach: Das Denken ist wieder lebendig geworden, die totgeglaubten Bildungsschätze der Vergangenheit werden zum Sprechen gebracht, wobei sich herausstellt, daß sie ganz andere

Dinge vorbringen, als man mißtrauisch vermutet hat. Es gibt einen Lehrer; man kann vielleicht das Denken lernen.

Der heimliche König also im Reich des Denkens, das, durchaus von dieser Welt, doch so in ihr verborgen ist, daß man nie genau wissen kann, ob es überhaupt existiert, dessen Bewohner aber dann doch zahlreicher sind, als man glaubt. Denn wie könnte man sich sonst den einmaligen, oft unterirdischen Einfluß Heideggerschen Denkens und denkenden Lesens erklären, der so weit über den Kreis der Schüler und über das, was man gemeinhin unter Philosophie versteht, hinausgeht?

Denn es ist nicht Heideggers Philosophie, von der man mit Recht fragen kann, ob es sie überhaupt gibt (so Jean Beaufret), sondern Heideggers Denken, das so entscheidend die geistige Physiognomie des Jahrhunderts mitbestimmt hat. Dies Denken hat eine nur ihm eigene bohrende Qualität, die, wollte man sie sprachlich fassen und nachweisen, in dem transitiven Gebrauch des Verbums »denken« liegt. Heidegger denkt nie »über« etwas; er denkt etwas. In dieser ganz und gar unkontemplativen Tätigkeit bohrt er sich in die Tiefe, aber nicht um in dieser Dimension – von der man sagen könnte, daß sie in dieser Weise und Präzision vorher schlechterdings unentdeckt war – einen letzten und sichernden Grund zu entdecken oder gar zutage zu fördern, sondern um, in der Tiefe verbleibend, Wege zu legen und »Wegmarken«[4] zu setzen. Dies Denken mag sich Aufgaben stellen, es mag mit »Problemen« befaßt sein, es hat ja natürlich immer etwas Spezifisches, womit es gerade beschäftigt oder, genauer, wovon es gerade erregt ist; aber man kann nicht sagen, daß es ein Ziel hat. Es ist unaufhörlich tätig, und selbst das Wegelegen dient eher der Erschließung einer Dimension als einem im vorhinein gesichteten und darauf ausgerichteten Ziel. Die Wege dürfen ruhig »Holzwege« sein,[5] die ja, gerade weil sie nicht zu einem außerhalb des Waldes gelegenen Ziel führen und »jäh im Unbegangenen aufhören«, demjenigen, der den Wald liebt und in ihm sich heimisch fühlt, ungleich gemäßer sind als die sorgsam angelegten Problemstraßen, auf denen die Untersuchungen der zünftigen Philosophen und Geisteswissenschaftler hin- und hereilen. Die Metapher von den »Holzwegen« trifft etwas sehr Wesentliches, aber nicht, wie es erst scheint, daß jemand auf den Holzweg geraten ist, von dem es nicht weitergeht, sondern daß jemand dem Holzfäller gleich, dessen Geschäft der Wald ist, auf Wegen geht, die von ihm selbst gebahnt werden, wobei das Bahnen nicht weniger zum Geschäft gehört als das Schlagen des Holzes.

Heidegger hat in dieser, erst von seinem bohrenden Denken erschlossenen Tiefendimension ein großes Netz solcher Denkpfade angelegt; und das einzige unmittelbare Resultat, das verständlicherweise beachtet worden ist und Schule gemacht hat, ist, daß er das Gebäude der überkommenen Metaphysik, in dem sich ohnehin schon geraume Zeit niemand so recht wohl fühlte, so zum Einsturz gebracht hat, wie eben unterirdische Gänge und Wühlarbeiten das zum Einsturz bringen, dessen Fundamente nicht tief genug abgesichert sind. Dies ist eine historische Angelegenheit, vielleicht sogar erster Ordnung, aber es braucht uns, die wir außerhalb aller Zünfte, auch der historischen stehen, nicht zu kümmern. Daß man Kant aus einer spezifischen Perspektive mit Recht den »alles Zermalmenden« nennen konnte, hat mit dem, was Kant war – im Unterschied zu seiner geschichtlichen Rolle – wenig zu tun. Und was Heideggers Anteil an dem Einsturz der Metaphysik, der ohnehin bevorstand, anlangt, so ist ihm und nur ihm zu danken, daß dieser Einsturz in einer dem Vorangegangenen würdigen Weise vonstatten ging; daß die Metaphysik zu Ende *gedacht* worden ist und nicht nur von dem, was nach ihr folgte, gleichsam überrannt wurde. »Das Ende der Philosophie«, wie Heidegger in *Zur Sache des Denkens* sagt, aber ein Ende, das der Philosophie Ehre macht und sie in Ehren hält, bereitet von dem, der ihr am tiefsten verhaftet war. Ein Leben lang hat er seinen Seminaren und Vorlesungen die Texte der Philosophen zugrunde gelegt und erst im Alter sich so weit hervor- und herausgewagt, daß er ein Seminar über einen eigenen Text hielt. *Zur Sache des Denkens* enthält das »Protokoll zu einem Seminar über den Vortrag ›Zeit und Sein‹«, der den ersten Teil des Buches bildet.

Ich sagte, man folgte dem Gerücht, um das Denken zu lernen, und was man nun erfuhr, war, daß Denken als reine Tätigkeit, und das heißt weder vom Wissensdurst noch vom Erkenntnisdrang getrieben, zu einer Leidenschaft werden kann, die alle anderen Fähigkeiten und Gaben nicht so sehr beherrscht als ordnet und durchherrscht. Wir sind so an die alten Entgegensetzungen von Vernunft und Leidenschaft, von Geist und Leben gewöhnt, daß uns die Vorstellung von einem *leidenschaftlichen* Denken, in dem Denken und Lebendigsein eins werden, einigermaßen befremdet. Heidegger selbst hat einmal dies Einswerden – einer gut bezeugten Anekdote zufolge – in einem einzigen lapidaren Satz ausgedrückt, als er zu Beginn einer Aristoteles-Vorlesung statt der üblichen biographischen Einleitung sagte: »Aristoteles wurde geboren, arbeitete und starb.« Daß es so etwas gibt, ist zwar, wie wir im nachhinein erkennen können, die Bedingung der Möglichkeit von Philosophie überhaupt. Aber es ist mehr als fraglich, daß wir dies ohne Heideggers denkende Existenz, zumal in unserem Jahrhundert, je erfahren hätten. Dies Denken, das als Leidenschaft aus dem einfachen Faktum des In-die-Welt-geboren-seins aufsteigt und nun »dem Sinn nachdenkt, der in allem waltet, was ist«,[6] kann so wenig einen Endzweck – die Erkenntnisse oder das Wissen – haben wie das Leben selbst. Das Ende des Lebens ist der Tod, aber der Mensch lebt nicht um des Todes willen, sondern weil er ein lebendiges Wesen ist; und er denkt nicht um irgendwelcher Resultate willen, sondern weil er ein »denkendes, d. h. sinnendes Wesen«[7] ist.

Dies hat zur Folge, daß das Denken sich zu seinen eigenen Resultaten eigentümlich destruktiv beziehungsweise kritisch verhält. Gewiß, die Philosophen haben seit den Philosophenschulen des Altertums eine fatale Neigung zum Systembauen gezeigt, und wir haben heute oft Mühe, die erstellten Gebäude zu demontieren, um das eigentlich Gedachte zu entdecken. Aber diese Neigung stammt nicht aus dem Denken selbst, sondern aus ganz anderen und ihrerseits durchaus legitimen Bedürfnissen. Will man das Denken in seiner unmittelbaren, leidenschaftlichen Lebendigkeit an seinen Resultaten messen, so erginge es ihm wie dem Schleier der Penelope – es würde von sich aus das am Tage Gesponnene unerbittlich des Nachts wieder auftrennen, um am nächsten Tage aufs neue beginnen zu können. Jede von Heideggers Schriften liest sich, trotz der gelegentlichen Bezugnahmen auf bereits Veröffentlichtes, als finge er von Anfang an und übernähme nur jeweils die bereits von ihm geprägte Sprache, das Terminologische also, wobei aber die Begriffe nur »Wegmarken« sind, an denen sich ein neuer Gedankengang orientiert. Heidegger erwähnt diese Eigentümlichkeit des Denkens, wenn er betont, »inwiefern die *kritische* Frage, welches die Sache des Denkens sei, notwendig und ständig zum Denken gehört«;[8] wenn er anläßlich Nietzsches von »der je wieder anfangenden Rücksichtslosigkeit des Denkens«[9] spricht; wenn er sagt, daß das Denken »den Charakter eines Rückgangs« habe. Und er praktiziert den Rückgang, wenn er *Sein und Zeit* einer »immanenten Kritik« unterwirft oder feststellt, daß eine bestimmte Interpretation der platonischen Wahrheit »nicht haltbar sei«, oder ganz allgemein von dem »Rückblick« auf das eigene Werk spricht, »der stets zu einer retractatio wird«, nicht etwa zu einem Widerruf, sondern zu einem Neudenken des schon Gedachten.[10]

Jeder Denker, wenn er nur alt genug wird, muß danach trachten, das eigentlich Resultathafte seines Gedachten aufzulösen, und zwar einfach dadurch, daß er es aufs neue bedenkt. (Er wird mit Jaspers sagen: »Und nun, da man erst richtig anfangen wollte, soll man gehen!«) Das denkende Ich ist alterslos, und es ist der Fluch und der Segen der Denker, sofern sie nur im Denken wirklich sind, daß sie alt werden, ohne zu altern. Auch ist es mit der Leidenschaft des Denkens wie mit anderen Leidenschaften: Was wir gemeinhin als die Eigenschaften der Person kennen, deren vom Willen geordnete Gesamtheit dann so etwas wie den Charakter ergibt, hält dem Ansturm der Leidenschaft, die den Menschen und die Person ergreift und gewissermaßen in Besitz nimmt, nicht stand. Das Ich, das denkend in dem entfesselten Sturm »innesteht«, wie Heidegger sagt, und für das die Zeit buchstäblich stillsteht, ist nicht nur alterslos, es ist auch, obwohl immer ein spezifisch anderes, eigenschaftslos. Das denkende Ich ist alles andere als das Selbst des Bewußtseins.

Zudem ist Denken, wie Hegel einmal von der Philosophie bemerkt, »etwas Einsames«[11]; und dies nicht nur, weil in dem, wie Plato sagt, »tonlosen Zwiegespräch mit mir selbst«[12] ich allein bin, sondern weil in dem Zwiegespräch immer etwas »Unsagbares« mitschwingt, das durch die Sprache nicht voll zum Tönen, nicht eigentlich zum Sprechen gebracht werden kann, sich also nicht nur anderen, sondern auch dem Betroffenen nicht mitteilt. Es ist vermutlich dies »Unsagbare«, von dem Plato im siebenten Brief spricht, was das Denken so sehr zu etwas Einsamem macht und was doch den jeweils verschiedenen Nährboden bildet, aus dem es aufsteigt und sich ständig erneuert. Man könnte sich gut vorstellen, daß – was bei Heidegger wohl keineswegs der Fall ist – die Leidenschaft des Denkens unversehens den geselligsten Menschen befällt und ihn infolge des Einsamen zugrunde richtet.

Der erste und, soweit ich weiß, auch der einzige, der von dem Denken als einem »pathos«, einem erleidend zu Ertragenden, das einen befällt, gesprochen hat, war Plato, der im *Theaitet*[13] das Erstaunen den Anfang der Philosophie nennt und damit natürlich keineswegs das bloße Sichwundern meint, das in uns aufsteigt, wenn uns etwas Fremdartiges begegnet. Denn das Erstaunen, das der Anfang des Denkens ist – wie das Sichwundern wohl der Anfang der Wissenschaften – gilt dem Alltäglichen, dem Selbstverständlichen, dem durchaus Gekannten und Bekannten; dies ist auch der Grund, warum es durch keine Erkenntnis beschwichtigt werden kann. Heidegger spricht einmal ganz im Sinne Platos von dem »Vermögen, vor dem Einfachen zu erstaunen«, aber er fügt anders als Plato hinzu: »*und dieses Erstaunen als Wohnsitz anzunehmen*«[14]. Dieser Zusatz scheint mir für eine Besinnung auf den, der Martin Heidegger ist, entscheidend. Denn das Denken und das mit ihm verbundene Einsame kennen, wie wir doch hoffen, vielleicht viele Menschen; aber ihren Wohnsitz haben sie dort zweifellos nicht, und wenn sie das Erstaunen vor dem Einfachen überfällt und sie sich, dem Erstaunen nachgebend, auf das Denken einlassen, so wissen sie, daß sie aus ihrem angestammten Aufenthalt in dem Kontinuum der Geschäfte und Beschäftigungen, in welchen die menschlichen Angelegenheiten sich vollziehen, herausgerissen sind und nach einer kurzen Weile wieder dahin zurückkehren werden. Der Wohnsitz, von dem Heidegger spricht, liegt also, metaphorisch gesprochen, abseits von den Behausungen der Menschen; und wiewohl es auch an diesem Orte sehr stürmisch zugehen kann, so sind doch diese Stürme noch um einen Grad metaphorischer, als wenn wir von den Stürmen der Zeit sprechen. Gemessen an anderen Orten der Welt, den Orten der menschlichen Angelegenheiten, ist der Wohnsitz des Denkers ein »Ort der Stille«[15].

Ursprünglich ist es das Erstaunen selbst, das die Stille erzeugt und verbreitet, und es ist um dieser Stille willen, daß die Abgeschirmtheit gegen alle Geräusche, auch das Geräusch der eigenen Stimme, zur unerläßlichen Bedingung dafür wird, daß sich aus dem Erstaunen ein Denken entfalten kann. Darin liegt bereits eine eigentümliche Verwandlung beschlossen, die allem geschieht, was nun in den Umkreis dieses Denkens gerät. In seiner wesentlichen Weltabgeschiedenheit hat es das Denken immer nur mit Abwesendem zu tun, mit Sachen oder Dingen, die der unmittelbaren Wahrnehmung entzogen sind. Steht man etwa einem Menschen von Angesicht zu Angesicht gegenüber, so nimmt man ihn zwar in seiner Leibhaftigkeit wahr, aber man *denkt* nicht an ihn. Tut man es doch, so schiebt sich bereits eine Wand zwischen die einander Begegnenden, man entfernt sich heimlich aus der unmittelbaren Begegnung. Um im Denken einer Sache oder auch einem Menschen nahe zu kommen, muß sie für die unmittelbare Wahrnehmung in der Ferne liegen. Das Denken, sagt Heidegger, ist »das In-die-Nähe-kommen zum Fernen«.[16]

Man kann sich das leicht an einer bekannten Erfahrung vergegenwärtigen. Wir gehen auf Reisen, um fern entlegene Sehenswürdigkeiten in der Nähe zu besichtigen; dabei geschieht es oft, daß uns erst in der rückblickenden Erinnerung, wenn wir nicht mehr unter dem Druck des Eindrucks stehen, die Dinge, die wir gesehen haben, ganz nahe kommen, als erschlössen sie erst jetzt ihren Sinn, da sie nicht mehr anwesend sind. Diese Umkehrung der Verhältnisse und Relationen: daß das Denken das Nahe entfernt beziehungsweise sich aus dem Nahen zurückzieht und das Entfernte in die Nähe zieht, ist ausschlaggebend, wenn wir uns über den

Wohnsitz des Denkens klar werden wollen. Die Erinnerung, die im Denken zum Andenken wird, hat eine so eminente Rolle in der Geschichte des Denkens über das Denken als einer mentalen Fähigkeit gespielt, weil sie uns verbürgt, daß Nähe und Ferne, wie sie sinnlich gegeben sind, einer solchen Umkehrung überhaupt fähig sind.

Heidegger hat sich über den ihm angestammten »Wohnsitz«, den Wohnsitz des Denkens, nur gelegentlich, andeutungsweise und zumeist negativ ausgesprochen – so, wenn er sagt, daß das Fragen des Denkens »nicht in der gewöhnlichen Ordnung des Alltags« steht, »nicht im Umkreis der dringlichen Besorgung und Befriedigung herrschender Bedürfnisse«, ja daß »das Fragen selbst... außer der Ordnung«[17] ist. Aber diese Nähe-Ferne-Relation und ihre Umkehrung im Denken durchzieht wie ein Grundton, auf den alles gestimmt ist, das ganze Werk. Anwesen und Abwesen, Verbergen und Entbergen, Nähe und Ferne – ihre Verkettung und die Bezüge, die zwischen ihnen walten, haben mit der Binsenwahrheit, daß es Anwesen nicht geben könnte, wenn Abwesen nicht erfahren wäre, Nähe nicht ohne Ferne, Entbergen nicht ohne Verbergen, so gut wie nichts zu tun. Aus der Perspektive des Wohnsitzes des Denkens gesehen waltet in der Tat in der Umgebung dieses Wohnsitzes, in der »gewöhnlichen Ordnung des Alltags« und der menschlichen Angelegenheiten, der »Seinsentzug« oder die »Seinsvergessenheit«: der Entzug dessen, womit das Denken, das sich seiner Natur nach an das Abwesende hält, es zu tun hat. Die Aufhebung dieses »Entzugs« ist immer mit einem Entzug der Welt der menschlichen Angelegenheiten bezahlt, und dies auch dann, wenn das Denken gerade diesen Angelegenheiten in der ihm eigenen abgeschiedenen Stille nachdenkt. So hat auch Aristoteles bereits, das große Beispiel Plato noch lebendig vor Augen, den Philosophen dringend geraten, nicht die Könige in der Welt der Politik spielen zu wollen.

»Das Vermögen«, wenigstens gelegentlich »vor dem Einfachen zu erstaunen«, ist vermutlich allen Menschen eigen, und die uns aus Vergangenheit und Gegenwart bekannten Denker dürften sich dann dadurch auszeichnen, daß sie aus diesem Erstaunen das Vermögen, zu denken beziehungsweise das ihnen jeweils gemäße Denken entwickeln. Mit dem Vermögen, »dieses Erstaunen als Wohnsitz anzunehmen«, steht es anders. Es ist außerordentlich selten, und wir finden es einigermaßen sicher belegt nur bei Plato, der sich über die Gefahren dieses Wohnsitzes mehrmals und am drastischsten im *Theaitet*[18] geäußert hat. Dort berichtet er auch, offenbar als erster, die Geschichte von Thales und der thrakischen Bauernmagd, die mit ansah, wie der »Weise«, um die Sterne zu beschauen, den Blick nach oben gerichtet in den Brunnen fiel, und lachte, daß einer, der den Himmel kennen wolle, nicht mehr wisse, was zu seinen Füßen liegt. Thales, wenn wir Aristoteles trauen wollen, ist gleich sehr beleidigt gewesen, zumal seine Mitbürger ihn ob seiner Armut zu verspotten pflegten, und er hat durch eine großangelegte Spekulation in Ölpressen beweisen wollen, daß es den »Weisen« ein leichtes sein würde, reich zu werden, wenn es ihnen damit ernst wäre.[19] Und da Bücher bekanntlich nicht von den Bauernmädchen geschrieben werden, hat das lachlustige thrakische Kind sich noch von Hegel sagen lassen müssen, daß es eben keinen Sinn für das Höhere habe.

Plato, der bekanntlich im *Staat*[20] nicht nur den Dichtern das Handwerk legen, sondern auch den Bürgern, zum mindesten der Klasse der Wächter, das Lachen verbieten wollte, hat das Gelächter der Mitbürger mehr gefürchtet als die Feindseligkeit der Meinungen gegen den Absolutheitsanspruch der Wahrheit. Vielleicht hat gerade er gewußt, daß der Wohnsitz des Denkers von außen gesehen leicht dem aristophanischen Wolkenkuckucksheim gleicht. Jedenfalls hat er gewußt, daß das Denken, wenn es sein Gedachtes zu Markte tragen will, unfähig ist, sich des Lachens der anderen zu erwehren; und dies unter anderem mag ihn dazu bewogen haben, in bereits vorgerücktem Alter dreimal nach Sizilien aufzubrechen, um dem Tyrannen von Syrakus durch Mathematikunterricht, der als Einführung in die Philosophie ihm unerläßlich schien, auf die Sprünge zu helfen. Daß diese phantastische Unternehmung aus der Perspektive des Bauernmädchens gesehen sich noch erheblich komischer ausnimmt als das Mißgeschick des Thales, hat er nicht bemerkt. Und gewissermaßen zu Recht; denn soviel ich weiß, hat niemand gelacht, und ich kenne keine Darstellung dieser Episode, die auch nur lächelt. Wozu das Lachen gut ist, haben die Menschen offensichtlich noch nicht entdeckt – vielleicht weil ihre Denker, die seit eh und je auf das Lachen schlecht zu sprechen waren, sie dabei im Stich gelassen haben, wenn auch hie und da einmal einer über seine unmittelbaren Anlässe sich den Kopf zerbrochen hat.

Nun wissen wir alle, daß auch Heidegger einmal der Versuchung nachgegeben hat, seinen »Wohnsitz« zu ändern und sich in die Welt der menschlichen Angelegenheiten »einzuschalten« – wie man damals so sagte. Und was die Welt betrifft, so ist es ihm noch um einiges schlechter bekommen als Plato, weil der Tyrann und seine Opfer sich nicht jenseits der Meere, sondern im eigenen Lande befanden.[21] Was ihn selbst anlangt, so steht es, meine ich, anders. Er war noch jung genug, um aus dem Schock des Zusammenpralls, der ihn nach zehn kurzen hektischen Monaten vor fünfunddreißig Jahren auf seinen angestammten Wohnsitz zurücktrieb, zu lernen und das Erfahrene in seinem Denken anzusiedeln. Was sich ihm daraus ergab, war die Entdeckung des Willens als des Willens zum Willen und damit als des Willens zur Macht. Über den Willen ist in der Neuzeit und vor allem der Moderne viel geschrieben, aber über sein Wesen trotz Kant, trotz Nietzsche nicht sehr viel gedacht worden. Jedenfalls hat niemand vor Heidegger gesehen, wie sehr dieses Wesen dem Denken entgegensteht und sich zerstörerisch auf es auswirkt. Zum Denken gehört die »Gelassenheit«, und vom Willen aus gesehen muß der Denkende nur scheinbar paradox sagen: »Ich will das Nicht-Wollen«; denn nur »durch dieses hindurch«, nur wenn wir »uns des Willens entwöhnen«, können »wir uns ... auf das gesuchte Wesen des Denkens, das nicht ein Wollen ist, einlassen«.[22]

Wir, die wir die Denker ehren wollen, wenn auch unser Wohnsitz mitten in der Welt liegt, können schwerlich umhin, es auffallend und vielleicht ärgerlich zu finden, daß Plato wie Heidegger, als sie sich auf die menschlichen Angelegenheiten einließen, ihre Zuflucht zu Tyrannen und Führern nahmen. Dies dürfte nicht nur den jeweiligen Zeitumständen und noch weniger einem vorgeformten Charakter, sondern eher dem geschuldet sein, was die Franzosen eine »déformation professionelle« nennen. Denn die Neigung zum Tyrannischen läßt sich theoretisch bei fast allen großen Denkern nachweisen (Kant ist die große Ausnahme). Und wenn diese Neigung in dem, was sie taten, nicht nachweisbar ist, so nur, weil sehr wenige selbst unter ihnen über »das Vermögen, vor dem Einfachen zu erstaunen«, hinaus bereit waren, »dieses Erstaunen als Wohnsitz anzunehmen«.

Bei diesen wenigen ist es letztlich gleichgültig, wohin die Stürme ihres Jahrhunderts sie verschlagen mögen. Denn der Sturm, der durch das Denken Heideggers zieht – wie der, welcher uns nach Jahrtausenden noch aus dem Werk Platos entgegenweht – stammt nicht aus dem Jahrhundert. Er kommt aus dem Uralten, und was er hinterläßt, ist ein Vollendetes, das, wie alles Vollendete, heimfällt zum Uralten.

Walter Benjamin

1892–1940

Vorbemerkung: Von Hannah Arendts Benjamin-Essay gibt es verschiedene Fassungen. Seit der Veröffentlichung in englischer Sprache in The New Yorker *(19. 10. 1968) sind ihm einige einleitende Abschnitte vorangestellt, in denen Arendt, auf kritische Stimmen reagierend, ihre Sicht Benjamins verdeutlicht. Deshalb scheinen diese Bemerkungen, die in den bisherigen deutschen Veröffentlichungen fehlen, wichtig. Eine deutschsprachige Vorfassung zu den entsprechenden Passagen im* New Yorker *befindet sich im Arendt-Nachlaß in der Library of Congress, und zwar in dem maschinenschriftlichen Manuskript, das Vorlage für den im Januar 1968 im Goethe House, New York, gehaltenen Vortrag »Hinweis auf Walter Benjamin« gewesen ist. Im folgenden sind die ersten Seiten dieser Vortragsfassung abgedruckt, unter Hinzufügung einiger, von mir übersetzter Abschnitte (hier in spitzen Klammern) aus der letzten englischen Fassung in* Men in Dark Times *(dort S. 155–157).*
– D. Hrsg.

Einleitung

Unter den vielen Sorten von Ruhm, den billigen und den erhabenen, ist der Nachruhm wohl der traurigste. Si vivi vicissent qui morte vicerunt, wie Cicero in der herrlich unsentimentalen Prägnanz des Lateinischen sagte, »hätten sie doch im Leben gesiegt, die im Tode den Sieg davontrugen«. So jedenfalls nimmt es sich für den aus, der einem also Berühmten im Leben nahegestanden hat. Benjamin war in dem Jahrzehnt vor Hitlers Machtergreifung in Deutschland bekannt, aber nicht berühmt, als regelmäßiger Mitarbeiter der *Frankfurter Zeitung*, der *Literarischen Welt* und des Frankfurter Rundfunks, und er hatte drei Bücher veröffentlicht, die kaum an die Öffentlichkeit gelangt waren: *Ursprung des deutschen Trauerspiels*, *Der Begriff der Kunstkritik in der deutschen Romantik* (seine Dissertation) und eine Sammlung von aphoristisch kurzen Essays unter dem Titel *Einbahnstraße*. Als er sich im Jahre 1940 in Port Bou, an der französisch-spanischen Grenze, das Leben nahm, war er bereits so gut wie vergessen. Im Jahre 1955 erschienen dann, von Adorno herausgegeben, zwei Bände *Schriften*, die neben den erwähnten Büchern die wichtigsten kritischen Essays enthalten – den großen und frühen Aufsatz über »Goethes Wahlverwandtschaften«, den späteren über Karl Kraus, die Arbeiten über Baudelaire und Proust, über Kafka, Brecht und Lesskow, die Essays über das Übersetzen, das Kunstwerk im Zeitalter seiner Reproduzierbarkeit und schließlich das Letzte, was er geschrieben hat, die geschichtsphilosophischen Thesen, um nur das Wichtigste zu erwähnen. Der »succès d'estime« dieser Veröffentlichung erreichte sogleich einen erheblich weiteren Kreis als die Anerkennung, die Benjamin zu Lebzeiten gefunden hat, und es liegt natürlich nahe, hieraus zu schließen, daß der Nachruhm eben der Preis derer ist, die ihrer Zeit vorauseilten – als sei die Geschichte eine Art von Rennbahn, auf der diejenigen, die im Rennen ganz vorn liegen, so schnell laufen, daß die Augen der Zuschauer ihnen nicht folgen können. Aber so einfach ist die Sache nicht. Es gibt keine Art von Nachruhm, dem nicht die höchste Anerkennung vorausgegangen wäre. Nur ist Ruhm eben nicht eine Angelegenheit der Wenigen, die wirklich urteilen können; die Meinung von einzelnen, wie Seneca bereits bemerkte, ist nicht genug. Die Anerkennung kam von den Besten der zeitgenössischen Autoren, von Hofmannsthal und Brecht, den Besten der zeitgenössischen Leser, von denen einige dann Autoren wurden, von Adorno zum Beispiel und von Gerhard Scholem, dem Jugendfreund. Ob es wirklich das schlechthin verkannte Genie gibt oder ob dies nur der Wunschtaum derer ist, die eben keine sind, ist nicht zu ermitteln, sicher aber ist, daß Nachruhm ihnen nicht beschieden sein wird. Wenn wir heute in deutschen Zeitschriften nahezu beliebig von Benjamins »berühmten« Aufsätzen oder auch im englisch-amerikanischen Schrifttum (George Steiner) lesen, Benjamin gehöre mit Lukács, Edmund Wilson und F. R. Leavis zu den Vertretern des »most vital of modern criticism«, so bestätigen diese Urteile nur, was einige, nicht sehr viele, aber auch nicht gar so wenige, seit dem Erscheinen des Wahlverwandtschaftsaufsatzes im Jahre 1924 wußten.

Ruhm ist ein gesellschaftliches Phänomen, und die Gesellschaft, um überhaupt funktionieren zu können, besteht darauf, Menschen in Kategorien und Typen, in Klassen und Schichten zu teilen. Was sie in keinem Fall akzeptieren und daher nur im nachhinein anerkennen kann, ist das in seiner Weise Einzigartige. Dies ließe sich an dem Fall des Kafkaschen Nachruhms, und es läßt sich im nachhinein unschwer an dem Fall von Benjamin exemplifizieren. Entscheidend war, daß Hofmannsthal wortwörtlich recht hatte, wenn er den Wahlverwandtschaftsaufsatz des damals gänzlich unbekannten Autors »schlechthin unvergleichlich« nannte. Und schlechthin »unvergleichlich«, nämlich durchaus sui generis, war alles, was Benjamin machte. Sollte ich Ihnen zum Beispiel sagen, in welche der uns geläufigen Kategorien der Literatur Benjamin gehört, so würde ich mich sofort in eine Reihe von negierenden Aussagen verstricken, von denen ich Ihnen doch einige anführen möchte. Ich könnte sagen, daß er sehr gelehrt, aber durchaus kein Gelehrter war; daß sein Hauptthema Texte und Textinterpretationen waren, aber daß er kein Philologe war; daß ihn nicht Religion, aber Theologie und theologische Auslegung, die immer die Unantastbarkeit, die Heiligkeit des Textes voraussetzt, fasziniert hat, aber er war weder ein Theologe noch sonderlich an der Bibel interessiert; daß er ein Schriftsteller war, sein größter Ehrgeiz aber darin bestand, einen nur aus Zitaten zusammengesetzten Text herzustellen. Er hat Proust und Baudelaire ins Deutsche übersetzt, aber er war kein Übersetzer; er hat unzählige Buchbesprechungen und eine Reihe klassischer Essays über tote und zeitgenössische Schriftsteller und Dichter verfaßt, aber er war kein Literaturkritiker; er hat Bücher über das deutsche Barock und die deutsche Romantik geschrieben, und er starb über einem groß angelegten Werk über das französische neunzehnte Jahrhundert, aber weder war er ein Historiker noch ein Literaturhistoriker. Ich werde hier zu zeigen versuchen, daß er dichterisch dachte, aber er war weder ein Dichter noch ein Philosoph.

⟨Nachruhm scheint also das Los der Nichtklassifizierbaren zu sein, das heißt derjenigen, deren Werk sich weder in die gegebene

Ordnung einfügt noch ein neues, für die künftige Klassifikation geeignetes Genre ankündigt. Unzählige Versuche, wie Kafka zu schreiben (die alle traurige Fehlschläge waren), haben nur dazu gedient, Kafkas Einzigartigkeit herauszustellen, jene absolute Originalität, für die kein Vorläufer zu finden ist und die unter keinem Jünger leidet. Dies ist es, womit die Gesellschaft so gar nicht zurechtkommen kann und wo sie ihren Genehmigungsstempel immer nur sehr zögernd vergibt. Benjamin als Literaturkritiker oder Essayist zu empfehlen wäre heute, schlicht und einfach gesagt, ebenso irreführend, als wenn man 1924 Kafka als Kurzgeschichten- und Romanschreiber empfohlen hätte...

Und dennoch, in den wenigen Augenblicken, in denen es ihm wichtig war, das, was er tat, zu definieren, begriff sich Benjamin als Literaturkritiker, und wenn er in seinem Leben überhaupt eine Stellung angestrebt haben sollte, so wäre es – nach einer Formulierung Scholems in einem der wenigen veröffentlichten, sehr schönen Briefe an den Freund – die »des einzig wahren Kritikers der deutschen Literatur« gewesen, wobei allerdings hinzugefügt werden muß, daß der bloße Gedanke, auf diese Weise ein nützliches Glied der Gesellschaft zu werden, Benjamin zuwider gewesen wäre. »Être un homme utile m'a paru toujours quelque chose de bien hideux« – darin stimmte er zweifellos mit Baudelaire überein. Was er als die Aufgabe des Literaturkritikers ansah, hat er in den ersten Abschnitten seines Essays über *Goethes Wahlverwandtschaften* ausgeführt. Gleich zu Beginn unterscheidet er zwischen Kommentar und Kritik (wobei er, ohne dies zu erwähnen, vielleicht sogar ohne sich dessen bewußt zu sein, den Begriff »Kritik« wie Kant, wenn jener von einer *Kritik der reinen Vernunft* sprach, gebrauchte):

»Die Kritik sucht den Wahrheitsgehalt eines Kunstwerks, der Kommentar seinen Sachgehalt. Das Verhältnis der beiden bestimmt jenes Grundgesetz des Schrifttums, demzufolge der Wahrheitsgehalt eines Werkes, je bedeutender es ist, desto unscheinbarer und inniger an seinen Sachgehalt gebunden ist. Wenn sich demnach als die dauernden gerade jene Werke erweisen, deren Wahrheit am tiefsten ihrem Sachgehalt eingesenkt ist, so stehen im Verlaufe dieser Dauer die Realien dem Betrachtenden im Werk desto deutlicher vor Augen, je mehr sie in der Welt absterben. Damit aber tritt der Erscheinung nach Sachgehalt und Wahrheitsgehalt, in der Frühzeit des Werkes geeint, auseinander mit seiner Dauer, weil der letzte immer gleich verborgen sich hält, wenn der erste hervordringt. Mehr und mehr wird für jeden späteren Kritiker die Deutung des Auffallenden und Befremdenden, des Sachgehaltes, demnach zur Vorbedingung. Man darf ihn mit dem Paläographen vor einem Pergamente vergleichen, dessen verblichener Text überdeckt wird von den Zügen einer kräftigeren Schrift, die auf ihn sich bezieht. Wie der Paläograph mit dem Lesen der letzteren beginnen müßte, so der Kritiker mit dem Kommentieren. Und mit einem Schlag entspringt ihm daraus ein unschätzbares Kriterium seines Urteils: nun erst kann er die kritische Grundfrage stellen, ob der Schein des Wahrheitsgehaltes dem Sachgehalt oder das Leben des Sachgehaltes dem Wahrheitsgehalt zu verdanken sei. Denn indem sie im Werk auseinandertreten, entscheiden sie über seine Unsterblichkeit. In diesem Sinne bereitet die Geschichte der Werke ihre Kritik vor, und daher vermehrt die historische Distanz deren Gewalt. Will man, um eines Gleichnisses willen, das wachsende Werk als den flammenden Scheiterhaufen ansehen, so steht davor der Kommentator wie der Chemiker, der Kritiker gleich dem Alchimisten. Wo jenem Holz und Asche allein die Gegenstände seiner Analyse bleiben, bewahrt für diesen nur die Flamme selbst ein Rätsel: das des Lebendigen. So fragt der Kritiker nach der Wahrheit, deren lebendige Flamme fortbrennt über den schweren Scheitern des Gewesenen und der leichten Asche des Erlebten.«

Der Kritiker als Alchimist, der die dunkle Kunst des Verwandelns nichtiger Bestandteile des Wirklichen in das glänzende, beständige Gold der Wahrheit, besser: des Beobachtens und Interpretierens des solch magische Umformung bewirkenden historischen Prozesses, ausübt: Was immer wir über diese Figur denken, sie läßt sich wohl kaum mit irgend etwas in Verbindung bringen, das uns vorschwebt, wenn wir einen Schriftsteller als Literaturkritiker klassifizieren.⟩

Nun kann man aber die Sache des Nachruhms noch von einer anderen, weniger objektiven Seite betrachten, wie ich in dem Cicero-Zitat bereits anzudeuten versuchte. Was nämlich den Betroffenen anlangt, vor allem wenn er nicht über ein arbeitsloses Einkommen verfügt, so ist eine solche lebenslange Vorbereitung auf den Nachruhm nichts anderes als ein Mißgeschick. Und dieses »keine fortune haben«, wie Napoleon und Helene Wolff es gerne nennen, war nun in der Tat so charakteristisch für Person und Leben, so eng auch verbunden mit dem Werk, daß ich es hier nicht ganz übergehen kann.

I. Der Bucklige

> Will ich in mein' Keller gehn,
> Will mein Weinlein zapfen;
> Steht ein bucklicht Männlein da,
> Tät mir'n Krug wegschnappen.
>
> Will ich in mein Küchel gehn,
> Will mein Süpplein kochen;
> Steht ein bucklicht Männlein da,
> Hat mein Töpflein brochen.

Sehr früh, schon als Kind beim Lesen in einem Kinderbuch, hat Benjamin mit dem »Bucklichen«, wie er ihn nannte, Bekanntschaft gemacht. Verse aus diesem vielleicht unheimlichsten Gedicht der an Unheimlichem so reichen Volksliedersammlung *Des Knaben Wunderhorn* hat er in den Schriften wie im Gespräch immer wieder zitiert; aber nur einmal – am Ende der *Berliner Kindheit um Neunzehnhundert*, als er, den eigenen Tod antizipierend, »jenes ›ganze Leben‹« in den Griff bekommen möchte, »von dem man sich erzählt, daß es vorm Blick der Sterbenden vorbeizieht« – hat er klar ausgesprochen, wer der »Bucklige« war, der ihn ein Leben lang bis in den Tod begleiten sollte und vor dem es ihm so früh schon gegraust hat. Die Mutter hätte es ihm verraten. »Ungeschickt läßt grüßen«, hatte sie wie Millionen anderer Mütter immer gesagt, wenn sich eine der unzähligen kleinen Katastrophen, welche die Kindheit durchziehen, ereignet hatte. Und das Kind weiß natürlich, was es mit diesem seltsamen Ungeschick auf sich hat und daß die Mutter vom »bucklichten Männlein« spricht, von dieser personifizierten Tücke des Objekts, die einem das Bein stellt, wenn man hinfällt, und die Gegenstände aus der Hand schlägt, wenn man etwas zerbricht. Aber erst der Erwachsene weiß, daß nicht er das Männlein – als sei er der Knabe, der auszog, das Gruseln zu lernen –, sondern das Männlein ihn »angesehen hatte« und daß das Ungeschick ein Mißgeschick war. Denn »wen dieses Männlein ansieht, gibt nicht acht. Nicht auf sich selbst und auf das Männlein auch nicht. Er steht verstört vor einem Scherbenhaufen.«[1]

Benjamins Leben, das jetzt auf Grund der zweibändigen Briefausgabe in großen Zügen übersehbar ist, könnte man ohne Schwierigkeiten als eine Folge von solchen Scherbenhaufen erzählen, und es ist kaum eine Frage, daß er selbst es so gesehen hat. Gerade dadurch ist es trotz mancher Absonderlichkeit im einzelnen ein so reines Zeugnis für die finsteren Zeiten und Länder des Jahrhunderts, wie das Werk, das mit so viel Verzweiflung diesem Leben abgezwungen wurde, paradigmatisch bleiben wird für die geistige Situation der Zeit. Gewiß, nicht zu Unrecht sagen die Glücklichen: »Wie sich Verdienst und Glück verketten, das fällt den Toren niemals ein«; nur vergessen sie hinzuzufügen, daß den Toren auch noch niemals eingefallen ist, daß sich Verdienst, Ungeschick und Mißgeschick so eng verketten können, als hätten sie einen dreistimmigen Wechselgesang angestimmt, dessen Refrain dann um des Verdienstes willen nicht anders lauten kann als die letzten beiden Zeilen des alten Liedes, mit denen Benjamin denn auch die Erinnerungen an die Kindheit beschließt:

Liebes Kindlein, ach, ich bitt,
Bet fürs bucklicht Männlein mit.

Niemand hat dies Zusammenspiel, den Ort, »wo Schwäche und Genie ... nur noch eins sind«, besser gekannt als Benjamin, der ihn so meisterhaft in Proust diagnostizierte. Wer ihn gekannt hat, wird sich schwer des Eindrucks erwehren können, daß er von sich selbst sprach, als er mit so tiefem Einverständnis, Jacques Rivière zitierend, von Proust sagte, er sei »an derselben Unerfahrenheit gestorben, die ihm erlaubt hat, sein Werk zu schreiben. Er ist gestorben aus Weltfremdheit..., weil er nicht wußte, wie man Feuer macht, wie man ein Fenster öffnet.«[2] Auch Benjamin verstand sich auf nichts weniger als darauf, »Lebensbedingungen, die für ihn nicht vernichtend geworden waren«, zu ändern, und sein Ungeschick leitete ihn mit einer nachtwandlerisch anmutenden Präzision jeweils an den Ort, an dem das Zentrum eines Mißgeschicks sich befand oder doch wenigstens befinden konnte. So beschloß er zum Beispiel im Winter 1939/40 wegen der Bombengefahr sich aus Paris in Sicherheit zu bringen. Nun ist bekanntlich auf Paris nie eine Bombe gefallen; aber Meaux, der Ort, an den er sich begab, war ein Truppensammelplatz und wohl einer der sehr wenigen Plätze in Frankreich, die in jenen Monaten des »drôle de guerre« ernsthaft gefährdet waren.

Wie eng sich Verdienst und Begabung mit solchem Un- und Mißgeschick von vornherein verketteten, läßt sich vielleicht am besten an dem ersten reinen Glücksfall illustrieren, mit dem Benjamins öffentliche Laufbahn als Schriftsteller ihren Anfang nahm. Dies war die Veröffentlichung des Essays *Goethes Wahlverwandtschaften* in Hofmannsthals Zeitschrift *Neue Deutsche Beiträge* im Jahre 1924/25, die durch die Vermittlung eines Freundes zustande kam. Diese Studie, ein Meisterwerk deutscher Prosa und innerhalb der deutschen Literaturkritik wie der einschlägigen Goetheliteratur bis heute von einzigartigem Rang, war bereits mehrere Male abgelehnt worden, und die begeisterte Anerkennung durch Hofmannsthal kam in einem Augenblick, da Benjamin schon fast daran verzweifelte, »sie an den Mann zu bringen«[3]. Sie kam zudem im Jahre 1923, als die Inflation, welche das deutsche Bürgertum enteignete, ihren Höhepunkt erreicht hatte und Benjamin zum ersten Male mit dem finanziellen Elend sich konfrontiert sah, das dann für sein gesamtes weiteres Leben entscheidend bleiben sollte. »Manchmal denke ich«, schrieb er damals einem Freund, »die ›Nacht, da niemand wirken kann‹, ist schon eingebrochen.«[4] Wäre es damals in Deutschland mit rechten Dingen zugegangen, so hätte ihn die Arbeit berühmt machen und ihm überall, in den

Universitäten, den Zeitschriften und Verlagen, Tür und Tor öffnen müssen; und das wenige, was er damals erreichte, die Publikation der *Einbahnstraße* und des *Ursprung des deutschen Trauerspiels* (von dem Hofmannsthal einen Teilabdruck gebracht hatte) im Rowohlt-Verlag, hat er auch indirekt diesem Glücksfall verdankt. Verdankt hat er der Veröffentlichung vor allem auch, daß er immerhin dem kleinen deutschen und deutsch-jüdischen Lesepublikum bekannt wurde, das, ohne an Cliquen gebunden zu sein, von Literatur wirklich etwas verstand und dem die *Neuen Deutschen Beiträge*, diese in der Tat »bei weitem exklusivste der hiesigen Zeitschriften«, etwas zu bieten hatten. Wie erschreckend klein der Kreis war, kommt einem erneut zu Bewußtsein, wenn man jetzt erfährt, daß selbst Erwin Panofsky, dem Hofmannsthal ein Exemplar mit Benjamins Beitrag zugeschickt hatte, mit einem »kühlen, ressentimentgeladenen Antwortbrief« reagierte. Dennoch scheint mir dieser Ruf doch etwas mehr zu sein, etwas solider als »die esoterische Flüsterkampagne« der Freunde, von der Gerhard Scholem spricht;[5] solider auch als der von Benjamin selbst und seiner Neigung zur Geheimniskrämerei erzeugte Nimbus um seinen Namen.

Wesentlicher als all dies, vor allem charakteristischer für die seltsame Konfiguration von »Schicksal und Charakter« (über die er sich in einem sehr frühen Aufsatz ausgesprochen hatte) in diesem Leben, ist das offenbar undurchschaute Mißgeschick, das diesem einzigen Glücksfall anhaftete und unter den damaligen Umständen unweigerlich anhaften mußte. Die einzige materielle Sicherheit, zu der dieser erste Durchbruch in die Öffentlichkeit hätte führen können, war die Habilitation, die Benjamin auch bereits anstrebte. Sie hätte ihm zwar unmittelbar auch kein Auskommen gesichert, aber sie hätte seinen Vater wohl dazu bewogen, ihn, wie dies damals üblich war, bis zur Erlangung der Professur zu unterstützen. (Daß er eine solche Professur mit all den damit verbundenen Verpflichtungen nicht wirklich wollte – »Vor fast allem, was mit dem glücklichen Ausgang gegeben wäre, graut mir«, »die altfränkische Postreise über die Stationen der hiesigen Universität ist nicht mein Weg« –, steht auf einem anderen Blatt. Er hatte schon sehr unwillig sich zur Dissertation entschlossen, da er das Doktorat für einen Zweck hielt, »der fürwahr die Mittel *nicht* heiligt«.) Es ist im nachhinein schwer zu verstehen, wie er und seine Freunde je daran haben zweifeln können, daß eine Habilitation bei einem »normalen« Universitätsprofessor nur mit einer Katastrophe enden konnte. Wenn die zuständigen Herren später erklärten, sie hätten von der eingereichten Arbeit über das deutsche Trauerspiel im Barock nicht ein Wort verstanden, so darf man ihnen das getrost glauben. Wie hätten sie denn einen Autor verstehen können, dessen größter Stolz es war, daß das »Geschriebene fast ganz aus Zitaten besteht« – »die tollste Mosaiktechnik, die man sich denken kann« –, und der das größte Gewicht auf die der Arbeit vorangestellten sechs Mottos legte, »wie sie kostbarer und rarer... keiner versammeln könnte«.[6] Es war, als ob ein wirklicher Meister einen einzigartigen Gegenstand angefertigt hätte, um ihn dann im nächsten Einheitspreisgeschäft zum Verkauf anzubieten. Da brauchten nun wahrlich weder Antisemitismus noch schlechter Wille gegenüber dem Zugereisten – Benjamin hatte in der Schweiz während des Krieges promoviert und war keines Mannes Schüler – noch schließlich das übliche akademische Mißtrauen gegen alles, was nicht garantiert mittelmäßig ist, im Spiele gewesen zu sein; wenn ich nicht irre, ist die Arbeit bis auf den heutigen Tag in keiner deutschen Fachzeitschrift besprochen worden. Auch die Empfehlung Hofmannsthals, dem die Wiener Universität ebenfalls einen Universitätsgrad verweigert hatte, dürfte auf diese Herren keinen großen Eindruck gemacht haben; gerade mit ihrer Bildung, auf die man sich natürlich viel einbildete, war es nun schon seit langem nicht sehr weit her.

Nun gab es aber, und hier kommt das Un- und Mißgeschick ins Spiel, im damaligen Deutschland eine andere Möglichkeit, und um diese einzige Chance für eine Universitätskarriere hat sich Benjamin gerade durch den Wahlverwandtschaftsaufsatz gebracht. Dieser nämlich ist, wie das oft bei ihm der Fall war, von einer Polemik inspiriert, deren Objekt das Goethe-Buch von Gundolf war. Benjamins Kritik war endgültig, und sie wäre vernichtend gewesen, wenn in der »abscheulichen Öde dieses offiziellen und inoffiziellen Betriebs« sich überhaupt noch etwas hätte zur Geltung bringen können. Dennoch hätte gerade er bei Gundolf und anderen Mitgliedern des George-Kreises, dessen Vorstellungswelt ihm zudem aus seiner Jugend sehr vertraut war, auf mehr Verständnis rechnen können als bei den »Offiziellen«; und um sich bei einem von ihnen, die damals gerade anfingen, sich in der akademischen Welt halbwegs häuslich einzurichten, zu habilitieren, hätte er wohl auch nicht zum Kreise zu gehören brauchen. Er hätte nur nicht den prominentesten und damals auch fähigsten Vertreter Georges an den Universitäten so fulminant angreifen dürfen, daß ein jeder wissen mußte: Benjamin hatte – wie er später rückblickend erklärte – von eh und je »mit dem, was ... die akademische Richtung geleistet hat, ... genau so wenig zu schaffen wie mit den Monumenten, die ein Gundolf oder Bertram aufgerichtet haben«[7]. Ja, so war es. Und sein Ungeschick oder Mißgeschick war es, dies *vor* der Habilitation aller Welt bekanntgegeben zu haben.

Dabei kann man durchaus nicht sagen, daß er es bewußt an der gebührenden Vorsicht habe fehlen lassen. Im Gegenteil. Er wußte, »Ungeschickt läßt grüßen«, und ergriff mehr Vorsichtsmaßnahmen als irgendein anderer Mensch, den ich kenne, war auch durchaus zum Nachgeben selbst in für ihn sehr wichtigen Fragen immer bereit. (Dafür geben die Briefe zahlreiche Anhaltspunkte: von dem Verhalten zu seiner Familie bis zu den letzten, für ihn tödlich ernsten Konflikten mit dem Institut für Sozialforschung, von dem sein Lebensunterhalt in dauernder Ungewißheit abhing. Wenn er im April 1939 schreibt, er lebe »in Erwartung einer über mich hereinbrechenden Unglücksbotschaft«[8], so meinte er damit nicht den kommenden Krieg, sondern die Nachricht, das Institut würde ihm die monatliche Rente nicht mehr zahlen. Ernst Bloch ist sehr zu Recht bei der Nachricht von Benjamins Selbstmord ein Satz von ihm eingefallen: »Über einen Toten erst recht hat niemand Gewalt!«) Aber sein System von Vorsichtsmaßnahmen, zu dem auch die von Scholem erwähnte »chinesische Höflichkeit«[9] gehörte, ging auf eine merkwürdige und geheimnisvolle Weise an den wirklichen Gefahren immer vorbei. Denn so wie er aus dem sicheren Paris zu Beginn des Krieges nach vorne in das gefährdete Meaux, gleichsam an die Front, flüchtete, so machte er sich bei dem Wahlverwandtschaftsaufsatz die völlig überflüssige Sorge, Hofmannsthal könnte ihm eine sehr vorsichtige kritische Bemerkung über Rudolf Borchardt, einen Hauptmitarbeiter der Zeitschrift, verübeln, versprach sich aber nur Gutes davon, für den »Angriff auf die Ideologie der Schule von George« diesen einzigen Ort gefunden zu haben, an dem »es ihr schwer fallen sollte, die Invektive zu ignorieren«[10].

Es fiel ihr gar nicht schwer. Denn wenn es je einen ganz und gar Vereinzelten gegeben hat, so war es Benjamin. Daran konnte auch die Autorität Hofmannsthals, des »neuen Patrons«[11], wie er ihn im ersten Glücksrausch nannten, nichts ändern. Sie fiel kaum ins Gewicht, wenn man sich mit einem »Kreis«, also mit einer Machtgruppe, angelegt hatte, in der, wie bei allen solchen Gebilden, nichts als die weltanschauliche Bindung den Ausschlag gibt, da ja nur das Ideologische, nicht aber Rang und Qualität eine Gruppe zusammenhalten kann. Das Einmaleins der Literaturpolitik war den George-Jüngern bei aller Vornehmtuerei gegenüber der Tagespolitik ebenso vertraut wie den Professoren das Einmaleins der Universitätspolitik und den Literaten und Journalisten das Abc des »Eine Hand wäscht die andere«.

Benjamin aber wußte gar nicht Bescheid. Er hat sich in diesen Dingen nie ausgekannt, hat sich unter diesen Menschen nie bewegen können, auch nicht, als »die Widrigkeiten des äußeren Lebens, die manchmal wie Wölfe von allen Seiten kommen«[12], ihm bereits einige Einsicht in den sogenannten Lauf der Welt vermittelt hatten. Sein Engagement für den Marxismus, das ihn Mitte der zwanziger Jahre um ein Haar in die kommunistische Partei geführt hätte, hatte zweifellos einiges mit dieser Einsicht zu tun; und noch zweifelloser ist, daß die wenigen Erfolge, »die Siege im Kleinen«, denen »die Niederlagen im Großen« immer entsprachen, diesem Engagement geschuldet waren. Gewiß, da war kaum etwas, was ihn zu der Hoffnung auf die »Stellung als einziger echter Kritiker der deutschen Literatur« (wie Scholem in einem der wenigen veröffentlichten und sehr schönen Briefe an den

Freund meinte[13]) berechtigen konnte; aber es brachte ihm immerhin die Mitarbeit an der *Frankfurter Zeitung*, deren Feuilleton damals links gestimmt war, und an der *Literarischen Welt* ein, vor allem natürlich die Freundschaft mit Brecht und die Bindung an das Institut für Sozialforschung, die materiell schließlich ausschlaggebend wurde. Aber auch hier, wo er so viel geistig und menschlich investiert hatte, stellte es sich schnell heraus, daß er es keinem recht machen konnte. Nicht, daß irgend etwas passierte, wenn er offen gegen den Stachel löckte und bewußt aus der Clique heraussprang wie im Falle der entschiedenen Stellungnahme für Max Kommerell, den früh verstorbenen, aus dem George-Kreis stammenden »Widersacher«, der im deutschen Sprachraum bis heute der einzige geblieben ist, dessen »Genauigkeit und Kühnheit des Blicks« man Benjamin an die Seite stellen könnte.[14] Dieser Seitensprung hat ihm nichts geschadet, und die beiden Besprechungen von Kommerells Büchern sind in die erste postume Ausgabe von Benjamins *Schriften*, in denen sowohl der große Essay über den Surrealismus wie die erste Baudelaire-Arbeit fehlten, aufgenommen worden. Aber wenn er etwas recht machen wollte, um irgendwo irgendwie Boden unter die Füße zu bekommen, so ging es sicher schief.

Eine größere Arbeit »über Goethe vom Standpunkt der marxistischen Doktrin« ist weder zu Lebzeiten (in der Großen Russischen Enzyklopädie, für die sie bestimmt war) gedruckt noch in der Ausgabe der *Schriften* aufgenommen worden.[15] Klaus Mann, der für *Die Sammlung* eine Anzeige von Brechts *Dreigroschenroman* bestellt hatte, schickte das Manuskript zurück, weil Benjamin dafür 250 französische Francs verlangt hatte und er nur 150 zahlen wollte. Die Kommentare zu den Gedichten von Brecht sind zu Lebzeiten nie erschienen. Und mit dem Institut für Sozialforschung kam es zu den größten Schwierigkeiten, weil man dort der Meinung war, daß er »undialektisch« denke. Woraufhin er den ersten Baudelaire-Essay – »Das Paris des Second Empire bei Baudelaire«, der dann das Schicksal so vieler Benjaminscher Arbeiten teilte, nicht veröffentlicht zu werden – erst einmal so schrieb, wie er sich eine dialektisch-materialistische Arbeit vorstellte, indem er nämlich, wie Adorno kritisch bemerkte, »einzelne sinnfällige Züge aus dem Bereich des Überbaus ›materialistisch‹« so wendete, daß man »sie zu entsprechenden Zügen des Unterbaus unvermittelt und wohl gar kausal in Beziehung setzt«. Dies trug ihm von Adorno nicht nur den Vorwurf ein, daß es seiner »Dialektik an... der Vermittlung« gebräche, sondern auch, daß er sich seine »kühnsten und fruchtbarsten Gedanken unter einer Art Vorzensur nach materialistischen Kategorien (die keineswegs mit den marxistischen koinzidieren) verboten« habe.[16] Dies nun lief genau auf das hinaus, was Scholem seit Jahren sehr viel allgemeiner und aus der unvergleichlichen Nähe der Freundschaft gegen Benjamin vorgebracht hatte: daß er nämlich einem »selten intensiven Selbstbetrug« zum Opfer falle, wenn er meine, auf dialektisch-materialistische Weise seine Einsichten zu gewinnen; vielmehr seien diese entweder »vollständig unabhängig davon (bestenfalls), oder (schlechtestenfalls...) durch ein Spielen mit den Zweideutigkeiten und Interferenzerscheinungen dieser Methode«[17] entstanden. Nur daß Scholem Benjamin zurück zur Metaphysik und zum Judentum, Adorno dagegen in die wahre Dialektik des Marxismus zu geleiten wünschte. Und was den Baudelaire-Text anlangt, den Benjamin in »einer Anspannung, der ich nicht leicht eine frühere literarische bei mir vergleichen könnte«, verfaßt und der in ihm ein »Gefühl des Triumphes« hinterlassen hatte, so waren sich die beiden an den entgegengesetzten Polen seiner Existenz stehenden Freunde – der eine Marxist, der andere Zionist – auch einig, und dies leider in einem für Benjamin weder materialistisch noch idealistisch, wohl aber materiell und finanziell katastrophal entscheidenden Augenblick. Sie waren der Meinung, daß Benjamin auf eine ihnen unbegreifliche Weise aufgehört habe, tief zu denken; denn hierauf laufen die natürlich sehr viel komplizierter formulierten Vorwürfe eigentlich hinaus. Dies Abgleiten war nach Scholem dem Marxismus, nach Adorno dem Vulgärmarxismus geschuldet; veranlaßt aber war es, und auch hierin waren die beiden sich auf eine bedrückende Weise einig, von dem schlechten Einfluß, den die Freundschaft mit Brecht auf ihn habe.[18]

Das war ein Mißverständnis in mancherlei Hinsicht. Aber daß

der Name Brechts in diesem Zusammenhang überhaupt auftaucht beziehungsweise die einfache Tatsache zur Sprache kommt, daß Brecht für Benjamin in dem letzten Jahrzehnt seines Lebens, vor allem in der Pariser Emigration, der wichtigste Mensch war, berührt in der Tat das Wesentliche dieses Konflikts. Wie immer die Freunde Brecht einschätzen mochten, er war ein Dichter und kein Philosoph; und wenn Benjamin schrieb, daß das »Einverständnis mit der Produktion von Brecht einen der wichtigsten, und bewehrtesten, Punkte meiner gesamten Position darstellt«[19], so wies er deutlich darauf hin, daß ihm an jener Philosophie oder Metaphysik oder auch Theologie, welche die Freunde von ihm verlangten und an deren Maßstab sie seine Produktion maßen und verwarfen, nicht sehr viel gelegen war.[20] Und auch was jene Tiefe anlangt, die damals in Deutschland zum guten Ton gehörte und oft mit Geheimniskrämerei eine verzweifelte Ähnlichkeit hatte, dürfte er wohl mit Brecht einverstanden gewesen sein, als dieser ihm riet, diesen »Unfug ... beiseite [zu] lassen. Mit der Tiefe kommt man nicht vorwärts. Die Tiefe ist eine Dimenion für sich, eben Tiefe – worin dann gar nichts zum Vorschein kommt.«[21]

Das Mißverständnis reicht aber tiefer. Sieht man sich in Benjamins Schriften aus der vormarxistischen Periode um, so fällt bald auf, daß dem sogenannten Einfluß Brechts ein anderer, vermutlich entscheidenderer vorangegangen war: der Einfluß Goethes nämlich, also auch eines Dichters, in dessen Denken die Vorstellung vom »Urphänomen« bekanntlich im Zentrum steht. Das Urphänomen aber ist keine Idee, aus der sich eine philosophische oder theologische Theorie entwickeln ließe. Es ist vielmehr ein konkret und »materiell« Auffindbares, in dem Bedeutung (dies goetheschste aller Worte kehrt bei Benjamin immer wieder) und Aussehen oder Erscheinung, Wort und Ding, Idee und Erfahrung zusammenfallen. Einem solchen Urphänomen war er in dem unvollendet gebliebenen Hauptwerk über das neunzehnte Jahrhundert, in dem er eigentlich zu Hause war, auf der Spur. Es ging ihm um das Urphänomen der Geschichte, und wenn er von der »Urgeschichte des neunzehnten Jahrhunderts« spricht, so meint er damit eine Darstellung, in der dieses Jahrhundert als »originäre

Form der Urgeschichte« überhaupt sich erweisen, aus ihm »das urgeschichtliche Moment im Vergangenen« herauspräpariert werden sollte. Dies wiederum schien ihm möglich, weil der Zusammenbruch der Tradition die »urgeschichtlichen Momente« in aller Geschichte freigelegt hatte, da sie nun nicht mehr durch Bindung an »Kirche und Familie verdeckt [waren]. Der alte prähistorische Schauer umwittert schon die Umwelt unserer Eltern, weil wir durch Tradition nicht mehr an sie gebunden sind«[22]. *Die Philosophie Walter Benjamins* – damit erweist man ihm keine Ehre; er hat, obwohl er Philosophie studiert hatte, von ihr genauso gering gedacht wie Goethe. Unter den vier angefangenen und nie vollendeten Büchern, die er kurz vor der Hitler-Katastrophe aufzählt und schon damals als »die eigentliche Trümmer- oder Katastrophenstätte« bezeichnet, »von der ich keine Grenze absehen kann« – den »Pariser Passagen«, den »Gesammelten Essays zur Literatur«, den »Briefen« und einem Buch »Über das Haschisch« –, ist nicht eines, das in irgendeinem Sinne philosophisch oder theoretisch zu nennen wäre.[23]

Benjamin dürfte wohl der seltsamste Marxist gewesen sein, den diese an Seltsamkeiten nicht arme Bewegung hervorgebracht hat. Was ihn theoretisch daran faszinieren mußte, war die von Marx ja nur flüchtig skizzierte Lehre vom Überbau, die dann eine ganz unverhältnismäßig große Rolle in der Bewegung gespielt hat, weil eine so unverhältnismäßig große Zahl von Intellektuellen, also Leuten, die nur am Überbau interessiert waren, sich ihr anschlossen. Wollte man die Sache ernsthaft diskutieren, so müßte man einerseits auf Hegel zurückgehen, andererseits die geschichtlichen Zusammenhänge aufweisen, die bei Marx offensichtlich Modell gestanden haben. Dies ist hier ganz überflüssig; denn für Benjamin, der diese Lehre nur als heuristisch-methodische Anregung benutzte, blieben die historischen wie die sachlich-philosophischen Hintergründe ohne Belang. Was ihn an der Sache faszinierte, war, grob gesprochen, daß das Geistige und seine materielle Erscheinung sich miteinander verschwisterten – und zwar so innig, daß es erlaubt schien, überall Entsprechungen, »correspondances«, zu entdecken, die sich gegenseitig erhellten und illuminierten, wenn man sie nur richtig eineinander zuordnete, so daß sie schließlich keines deutend-erklärenden Kommentars mehr bedurften. Es ging ihm um das Zusammengehören von einer Straßenszene, einer Börsenspekulation, einem Gedicht, einem Gedanken, um den verborgenen Duktus, der sie zusammenhält und an dem der Historiker oder der Philologe erkennt, daß sie alle dem gleichen Zeitraum zuzurechnen sind. Was Adorno kritisch beanstandete, die »staunende Darstellung der bloßen Faktizität«[24] – das war es in der Tat, und Benjamin hatte ganz recht, dies als »echt philologische Haltung« zu verteidigen. Echt philologisch, wenn auch natürlich stark vom Surrealismus beeinflußt, war auch der »Versuch, das Bild der Geschichte in den unscheinbarsten Fixierungen des Daseins, seinen Abfällen gleichsam festzuhalten«[25]. Benjamin hatte eine Passion für kleine und kleinste Dinge – Scholem berichtet von dem Ehrgeiz, hundert Zeilen auf eine normale Notizbuchseite hinzukriegen, und der Bewunderung für die beiden Weizenkörner in der jüdischen Abteilung des Musée Cluny, »on which a kindred soul had inscribed the complete *Shema Israel*«[26] –, und für ihn stand die Größe eines Gegenstandes in umgekehrtem Verhältnis zu seiner Bedeutung. Aber auch diese Passion ist mehr als eine Schrulle; sie ist der Vorstellung von einem »Urphänomen« nahe verwandt. Hinter beiden steht keine »Idee«, sondern das durch die Reflexion gegangene Staunen vor der Faktizität des Samenkornes, diesem Winzigsten, aus dem alles entsteht und mit dessen konzentriertester »Bedeutung« nichts es aufnehmen kann, was aus ihm sich entwickelt.

In der »Erkenntniskritischen Vorrede« zum *Ursprung des deutschen Trauerspiels*[27] spricht Benjamin von dem »Ursprungsphänomen« als einer konkret aufweisbaren »Gestalt, unter welcher immer wieder eine Idee mit der geschichtlichen Welt sich auseinandersetzt, bis sie in der Totalität ihrer Geschichte vollendet daliegt«. Gegenstände, die solch ein »Ursprungssiegel« an sich tragen, sind »echt«, und dieses »Echte – jenes Ursprungssiegel in den Phänomenen – ist Gegenstand der Entdeckung, einer Entdeckung, die in einzigartiger Weise sich mit dem Wiedererkennen verbindet. Im Singulärsten und Verschrobensten der Phänomene ... vermag Entdeckung es zu Tag zu fördern.« Die »Wissenschaft vom Ursprung« hat die Aufgabe, »aus den entlegenen Extremen, den scheinbaren Exzessen der Entwicklung, die Konfiguration der Idee« als einer »Totalität« heraustreten zu lassen. Daß dieser Begriff der Echtheit aus den Erfahrungen der Kunstwissenschaft und der Philologie gewonnen ist, scheint mir offensichtlich, wenn auch Benjamin selbst damals noch die »Wissenschaft vom Ursprung« eine »philosophische Geschichte« nennt; denn die Vorstellung, daß »Wesenszusammenhänge bleiben was sie sind, auch wenn sie sich in der Welt der Fakten rein nicht ausprägen«, gilt Benjamin, der sich gegen das Hegelsche »Desto schlimmer für die Tatsachen« wendet, als der eigentliche Sündenfall aller Philosophie, nicht nur des deutschen Idealismus, der das »Kernstück der Ursprungsidee preisgegeben hat«. Mit anderen Worten, was Benjamin von Anfang an zutiefst fasziniert, war nie ein Gedanke, immer eine Erscheinung. »An allem, was mit Grund schön genannt wird, wirkt paradox, daß es erscheint«, schrieb er,[28] und dies Paradox, oder einfacher: das Wunder der Erscheinung, steht immer im Zentrum aller seiner Bemühungen.

Es war also nicht der Marxismus, der Benjamin von der Philosophie abbrachte. Er hat die Positionen, die er mit dem Wahlverwandtschaftsaufsatz und in der Vorrede zu der Arbeit über das Trauerspiel bezogen hatte, im Grunde niemals aufgegeben. So schreibt er etwa noch im Jahre 1938, daß die Komposition der Baudelaire-Arbeit »in der Wahlverwandtschaft ihr Vorbild haben wird«. Wie wenig seine späteren Arbeiten mit Marxismus oder dialektischem Materialismus zu tun haben, dürfte schon daraus erhellen, daß der Flaneur ihre zentrale Figur wurde.[29] Es ist der Flaneur, der in den Großstädten durch die Menge in betontem Gegensatz zu ihrem hastigen, zielstrebigen Treiben ziellos dahinschlendert, dem die Dinge sich in ihrer geheimen Bedeutung enthüllen, an dem »das wahre Bild der Vergangenheit«[30] vorbeihuscht, und der in der Erinnerung das Vorbeigehuschte um sich versammelt. Adorno hat im Vorwort zu den *Schriften* mit großer Treffsicherheit auf das statische Element in Benjamin hingewiesen: »Man versteht Benjamin nur dann richtig, wenn man den Umschlag äußerster Bewegtheit in ein Statisches, ja die statische

Vorstellung von der Bewegung selber, hinter jedem seiner Sätze spürt.«[31] Nichts natürlich könnte »undialektischer« sein als diese Haltung, für die in dem einzig großartigen Bild der neunten seiner geschichtsphilosophischen Thesen[32] »der Engel der Geschichte« nicht nach vorn in die Zukunft gewendet dialektisch fortschreitet, sondern »das Antlitz der Vergangenheit zugewendet« hat. »Wo eine Kette von Begebenheiten vor *uns* erscheint, da sieht *er* eine einzige Katastrophe, die unablässig Trümmer auf Trümmer häuft und sie ihm vor die Füße schleudert. Er möchte wohl verweilen, die Toten wecken und das Zerschlagene zusammenfügen.« (Womit dann wohl das Ende der Geschichte gekommen wäre.) »Aber ein Sturm weht vom Paradiese her« und »treibt ihn unaufhaltsam in die Zukunft, der er den Rücken kehrt, während der Trümmerhaufen vor ihm zum Himmel wächst. Das, was wir den Fortschritt nennen, ist *dieser* Sturm.« In diesem Engel, den Benjamin in Klees Angelus Novus erblickte, erlebt der Flaneur seine letzte Verklärung. Denn wie der Flaneur durch den Gestus des zwecklosen Schlenderns der Menge auch dann den Rücken weist, wenn er von ihr getrieben und mit ihr fortgerissen wird, so wird der »Engel der Geschichte«, der nichts betrachtet als das Trümmerfeld der Vergangenheit, vom Sturm des Fortschritts rücklings in die Zukunft geweht. Daß sich solchen Augen ein einstimmiger, dialektisch einsichtiger, vernünftig deutbarer Prozeß darbieten könnte, davon kann wohl keine Rede sein.

Die Freundschaft Benjamin-Brecht ist einzigartig, weil in ihr der größte lebende deutsche Dichter mit dem bedeutendsten Kritiker der Zeit zusammentraf. (Es spricht für beide, daß sie dies wußten – Brecht soll auf die Nachricht von Benjamins Tod gesagt haben, dies sei der erste wirkliche Verlust, den Hitler der deutschen Literatur zugefügt habe –, und es ist seltsam und traurig, daß die Einzigartigkeit dieser Begegnung den alten Freunden niemals, auch als beide, Brecht und Benjamin, längst tot waren, eingeleuchtet hat.) Darüber hinaus aber dürfte es für Benjamin entscheidend wichtig gewesen sein, in Brecht auf der Linken einen Mann gefunden zu haben, der trotz allem Gerede genausowenig »dialektisch« dachte wie er selbst, dessen Intelligenz aber dafür ganz ungewöhnlich realitätsnahe war, so daß jede »Idee« sofort die allerkonkreteste und präziseste Gestalt annahm. Was Adorno so sehr an Benjamins späteren Arbeiten mißfiel: daß »pragmatische Inhalte... unmittelbar auf benachbarte Züge der Sozialgeschichte« bezogen werden, und daß an die Stelle »der verpflichtenden Aussage die metaphorische« zu stehen kommt,[33] weist in der Tat zwar nicht auf Brechts »Einfluß«, wohl aber auf das hin, was diese beiden so völlig verschieden gearteten Männer gemein gehabt haben mögen. Beiden kam es immer auf das unmittelbar, real nachweisbare Konkrete, auf ein einzelnes an, das seine »Bedeutung« sinnfällig in sich trägt; und dieser höchst realistischen Denkungsart dürfte die Überbau-Unterbau-Relation im präzisen Sinn eine »metaphorische« gewesen sein.

Wenn man zum Beispiel – und dies wäre durchaus im Sinne Benjaminschen Denkens – den abstrakten Begriff der Vernunft auf seinen Ursprung aus dem Verb »vernehmen« zurückführt, so kann man meinen, einem Wort aus der Sphäre des Überbaus einen *sinnlichen* Unterbau zurückgegeben zu haben; man hat auf jeden Fall einen Begriff in eine Metapher verwandelt. Dabei muß man natürlich die Metapher in ihrem ursprünglichen, nicht-allegorischen Sinne von »metapherein«, herübertragen, verstehen. Denn die Metapher stellt einen Zusammenhang, eine Entsprechung her, die unmittelbar sinnlich einleuchtet und keiner Deutung bedarf, während die Allegorie ja stets von einer »abstrakten« Vorstellung ausgeht, um dann gleichsam beliebig Sinnfälliges zu erfinden, das erst gedeutet werden muß, um sinnvoll zu sein; wobei die Deutung dem Rätselraten auch dann fatal ähnelt, wenn die Lösung so nahe liegt wie in der allegorischen Darstellung des Todes durch den Knochenmann. Seit Homer ist die Metapher das eigentlich Erkenntnis vermittelnde Element des Dichterischen. Mit ihrer Hilfe wird in den Homerischen Epen das sinnlich Entfernteste in die genaueste Entsprechung gebracht – etwa der Aufruhr der Furcht in der Brust der Achaier mit dem Aufruhr der Winde, wenn »Nord und West beide... jählings nahn mit Gewalt«[34], oder das Nahen des Heeres zur Schlacht mit der Meeresflut, die, vom Winde getrieben, »fern auf der See zuerst sich erhebt«[35], um dann tosend und schäumend sich an den Klippen des Ufers zu brechen –, und durch diese Entsprechungen wird dichterisch die Einheit der Welt gestiftet. Was an Benjamin so schwer zu verstehen war, ist, daß er, ohne ein Dichter zu sein, *dichterisch dachte,* und daß die Metapher daher für ihn das größte und geheimnisvollste Geschenk der Sprache sein mußte, weil sie in der »Übertragung« es möglich macht, das Unsichtbare zu versinnlichen – »eine feste Burg ist unser Gott« – und so erfahrbar zu machen. Er konnte ohne Schwierigkeiten die Überbautheorie als die endgültige Lehre metaphorischen Denkens begreifen, und zwar gerade weil er ohne viel Umstände und unter Verzicht auf alle Vermittlungen den Überbau direkt auf den sogenannten »materiellen«, d. h. für ihn *sinnlich* gegebenen Unterbau zurückbezog. Ihn hat offenbar gerade das fasziniert, was die anderen als »vulgärmarxistisches«, »undialektisches Denken« brandmarken, und in dieser Faszination sah er sich von Brecht aufs schönste bestätigt.

So war in gewissem Sinne die Freundschaft mit Brecht der zweite und wohl ungleich wichtigere Glücksfall in Benjamins Leben. Er hatte dann auch prompt die widrigsten Folgen. Denn so klar ihm war, daß seine materiell wie publizistisch aussichtslose Lage im Paris der Emigration Grund genug bot, sich »den Anregungen des Instituts [für Sozialforschung] gegenüber gefügig zu zeigen«[36], so evident war ihm auch, daß diese Gefügigkeit an dieser Freundschaft eine unüberschreitbare Grenze hatte. Gewiß, er konnte sich diplomatisch verhalten, und er selbst hat seine späten Briefe an Adorno und Horkheimer für Muster der Diplomatie gehalten; aber er konnte nicht darauf verzichten, das zu praktizieren, was ihn an Brecht am meisten anzog und was Brecht selbst das »plumpe Denken« nannte. »Die Hauptsache ist, plump denken lernen. Plumpes Denken, das ist das Denken der Großen«, meinte Brecht, und Benjamin fügt erläuternd hinzu: »Es gibt viele Leute, die unter einem Dialektiker einen Liebhaber von Subtilitäten verstehen... Plumpe Gedanken gehören gerade in den Haushalt des dialektischen Denkens, weil sie gar nichts anderes darstellen als die Anweisung der Theorie auf die Praxis... ein Gedanke muß plump sein, um im Handeln zu seinem Recht zu kommen.«[37]

Nun, was Benjamin am plumpen Denken so angezogen hat, war wohl weniger die Anweisung auf die Praxis als auf die Wirklichkeit, und diese Wirklichkeit manifestierte sich für ihn am unmittelbarsten in der von Sprichwörtern und Redensarten erfüllten Alltagssprache. »Das Sprichwort ist eine Schule des plumpen Denkens«, heißt es im gleichen Zusammenhang. Diese Kunst, Sprichwörtliches und Idiomatisches beim Wort zu nehmen, hat Benjamin wie Kafka, bei dem das Redensartliche häufig als Inspirationsquelle deutlich zu erkennen ist und den Schlüssel manchen »Rätsels« bietet, befähigt, eine Prosa von so eigentümlich zauberhafter und verzauberter Realitätsnähe zu schreiben.

Wo immer man sich in diesem Leben umtut, wird man den Buckligen finden. Lange bevor das Dritte Reich ausbrach, spielt er schon seinen bösen Schabernack. Er veranlaßt Verleger, die eine Jahresrente versprechen für Übernahme des Lektorats oder die Herausgabe einer Zeitschrift mit ihm planen, bankrott zu gehen, bevor auch nur die erste Rate gezahlt oder die erste Nummer erschienen ist. Später sorgt er dafür, daß die mit unendlicher Mühe hergestellte Sammlung großartiger deutscher Briefe mit den herrlichsten Kommentaren zwar (unter dem Titel *Deutsche Menschen* mit dem Motto »Von Ehre ohne Ruhm/Von Größe ohne Glanz/Von Würde ohne Sold«) ausgedruckt wird, aber im Keller des inzwischen bankrott gegangenen Verlegers endet, wiewohl sie 1936 unter dem Pseudonym Detlef Holz zur Verbreitung in Deutschland bestimmt war; und in diesem Keller wird die Auflage genau in dem Augenblick wieder gefunden, als eine Neuauflage in Deutschland (1962) ausgedruckt ist. Auf das Konto des Buckligen möchte man auch schreiben, daß das wenige, das zum Guten ausschlagen sollte, sich oft erst im Gewand des Unliebsamen zeigt. Dahin gehört etwa die Übertragung der *Anabase* von Alexis Saint-Léger (Saint-John Perse), die er übernahm, weil sie ihm, wie die Proust-Übersetzung, durch Hofmannsthal vermittelt worden war, obwohl er selbst »das Ding für unbeträchtlich« hielt; die Übersetzung ist erst nach dem Kriege in Deutschland erschienen, doch verdankte er ihr die Beziehung zu Léger, der als

Diplomat bei der französischen Regierung durchsetzen konnte, daß Benjamin mit sehr wenigen anderen Flüchtlingen von der zweiten Internierung in Frankreich während des Krieges verschont blieb. Und nach dem Schabernack kamen die Scherbenhaufen, von denen der seiner Meinung nach seit 1938 drohende Abbruch der Beziehungen zu dem Institut für Sozialforschung, dem einzigen materiellen und moralischen Halt seiner Pariser Existenz,[38] der letzte vor der Katastrophe an der spanischen Grenze war: »Eben die Umstände, die meine europäische Situation so sehr bedrohen, werden meine Übersiedlung nach den USA wohl unmöglich machen«, schrieb er im April 1939 noch unter dem Eindruck des »Stoßes«, den ihm Adornos Brief mit der Ablehnung der ersten Fassung der Baudelaire-Arbeit im November 1938 »versetzt« hatte.[39]

Sicher hat Scholem recht, wenn er meint, daß Kafka unter zeitgenössischen Autoren neben Proust Benjamin am nächsten stand, und zweifellos hat Benjamin auch an die »Trümmer- und Katastrophenstätte« der eigenen Arbeit gedacht, wenn er schrieb, daß »die Einsicht in [Kafkas] Produktion unter anderem an die schlichte Erkenntnis gebunden [ist], daß er gescheitert ist«[40]. Auch von Benjamin könnte man sagen, was er selbst so einzig treffend von Kafka gesagt hat: »Die Umstände dieses Scheiterns sind mannigfache. Man möchte sagen: war er des endlichen Mißlingens erst einmal sicher, so gelang ihm unterwegs alles wie im Traum.«[41] Er brauchte nicht Kafka zu lesen, um wie Kafka zu denken. Als er noch nichts von ihm kannte außer dem »Heizer«, hatte er bereits Goethes Wort über die Hoffnung an prominenter Stelle in dem Essay über die Wahlverwandtschaften zitiert: »Die Hoffnung fuhr wie ein Stern, der vom Himmel fällt, über ihre Häupter weg.« Und der Satz, mit dem er ihn beschließt, klingt, als hätte Kafka ihn geschrieben: »Nur um der Hoffnungslosen willen ist uns die Hoffnung gegeben.«[42]

Am 26. September 1940 nahm sich Walter Benjamin, im Begriff nach Amerika auszuwandern, an der spanisch-französischen Grenze das Leben. Die Gründe waren mannigfach: Die Gestapo hatte seine Pariser Wohnung mit Bibliothek (er hatte »die wichti-

gere Hälfte« aus Deutschland retten können) und einen guten Teil
der Manuskripte beschlagnahmt, und er hatte Grund, sich auch
um die Manuskripte Sorge zu machen, die er noch vor seiner
Flucht aus Paris nach Lourdes im unbesetzten Frankreich durch
George Bataille in der Bibliothèque Nationale hatte unterbringen
können.[43] Wie sollte gerade er ohne Bibliothek leben, wie ohne
die ausgedehnten Zitatsammlungen und Exzerpte seinen Lebensunterhalt verdienen? Außerdem zog ihn nichts nach Amerika, wo
man, wie er gelegentlich sagte, mit ihm wohl nichts anderes werde anfangen können, als ihn zu Ausstellungszwecken als »letzten
Europäer« durch die Lande zu karren.

Der Anlaß aber war ein ungewöhnliches Mißgeschick. Flüchtlinge aus Hitler-Deutschland – »les réfugiés provenant d'Allemagne«,
wie sie in Frankreich offiziell hießen – waren durch das Waffen-
stillstandsabkommen zwischen Vichy-Frankreich und dem Dritten Reich mit Auslieferung nach Deutschland bedroht, und die
Vereinigten Staaten hatten zur Rettung dieser Kategorie – die
notabene niemals die unpolitische Masse der Juden, welche sich
dann als die bei weitem Gefährdetsten herausstellten, mitumfaßte
– eine Anzahl von Emergency-Visen durch ihre Konsulate im
unbesetzten Frankreich verteilen lassen. Benjamin war dank der
Bemühungen des Insituts für Sozialforschung unter den ersten,
die ein solches Visum in Marseille erreichte. Er gelangte auch
schnell in den Besitz eines spanischen Durchreisevisums, um nach
Lissabon zu kommen und sich von dort einzuschiffen. Allerdings
hatte er kein Ausreisevisum aus Frankreich, da die Vichy-Regie-
rung, um der Gestapo gefällig zu sein, den deutschen Flüchtlingen
die Ausreisegenehmigung zu diesem Zeitpunkt prinzipiell verwei-
gerte. Dies stellte aber im allgemeinen keine große Schwierigkeit
dar, da der relativ kurze und nicht zu beschwerliche Fußweg über
die Berge nach Port Bou bekannt und von der französischen
Grenzpolizei nicht gesperrt war. Für Benjamin allerdings, der damals bereits wohl auf Grund einer Herzmuskelentzündung[44] sehr
schlecht ging, dürfte es sich um eine große Anstrengung gehandelt haben. Als die kleine Gruppe von Flüchtlingen, der er sich
angeschlossen hatte, den spanischen Grenzort erreichte, stellte

sich plötzlich heraus, daß an diesem Tage die Grenze von Spanien gesperrt worden war und die Grenzbeamten die in Marseille ausgestellten Visen nicht anerkannten. Sie sollten also am nächsten Tag auf dem gleichen Weg nach Frankreich zurück. Benjamin nahm sich in der Nacht das Leben, und seine Begleiter wurden daraufhin von den Grenzbeamten, auf die der Selbstmord doch einigen Eindruck gemacht hatte, nach Portugal durchgelassen. Die Visumsperre wurde nach einigen Wochen wieder aufgehoben.

Einen Tag früher wäre er anstandslos durchgekommen, einen Tag später hätte man in Marseille gewußt, daß man zur Zeit nicht durch Spanien konnte. Nur an diesem Tag war die Katastrophe möglich.

II. Die finsteren Zeiten

> Derjenige, der mit dem Leben nicht lebendig fertig wird, braucht die eine Hand, um die Verzweiflung über sein Schicksal ein wenig abzuwehren..., mit der anderen Hand aber kann er eintragen, was er unter den Trümmern sieht, denn er sieht anderes und mehr als die anderen, er ist doch tot zu Lebzeiten und der eigentlich Überlebende.
> Franz Kafka, *Tagebücher*, 19. Oktober 1921

> Ein Schiffbrüchiger, der auf einem Wrack treibt, indem er auf die Spitze des Mastbaums klettert, der schon zermürbt ist. Aber er hat die Chance, von dort zu seiner Rettung ein Signal zu geben.
> Walter Benjamin an Gerhard Scholem, 17. April 1931

Oft brennt die Zeit ihr Siegel dem am deutlichsten ein, der von ihr am wenigsten geprägt ist, ihr am fernsten gestanden und daher am tiefsten unter ihr gelitten hat. So war es mit Proust, mit Kafka und Karl Kraus, und so war es mit Benjamin. Sein Gestus und die Kopfhaltung beim Hören und Sprechen, seine Art sich zu bewegen, seine Manieren, vor allem seine Sprechweise bis in die Wahl der Worte und den Duktus der Syntax, schließlich das ausgesprochen Idiosynkratische seines Geschmacks – all das wirkte so altmodisch, als sei er aus dem neunzehnten in das zwanzigste Jahrhundert wie an die Küste eines fremden Landes verschlagen. Ob er sich im Deutschland des zwanzigsten Jahrhunderts je heimisch gefühlt hat? Man darf es bezweifeln. Als er 1913 ganz jung zum ersten Mal nach Frankreich kommt, sind ihm nach wenigen Tagen die Straßen von Paris »heimischer fast«[45] als die bekannten Berlins. Er mag damals bereits, sicher aber zwanzig Jahre später, gespürt haben, wie sehr die Reise von Berlin nach Paris einer Reise in der Zeit, nicht aus einem Land in ein anderes, sondern aus dem zwanzigsten ins neunzehnte Jahrhundert gleichkam. Da war die »nation par excellence«, deren Kultur das Europa des neunzehnten Jahrhunderts bestimmt und der Haussmann die Hauptstadt errichtet hatte, Paris, »die Hauptstadt des neunzehnten Jahrhunderts«, wie Benjamin sie dann genannt hat. Dies Paris war zwar noch nicht kosmopolitisch, aber zutiefst europäisch und hat sich so mit einer Selbstverständlichkeit ohnegleichen seit Mitte des vorigen Jahrhunderts allen Heimatlosen als zweite Heimat angeboten. Weder die ausgesprochene Fremdenfeindlichkeit der Bewohner noch die ausgeklügelten Schikanen der einheimischen Fremdenpolizei haben daran je etwas zu ändern vermocht. Benjamin hat lange vor der Emigration gewußt, wie »ganz außerordentlich selten [es ist], Fühlung mit einem Franzosen zu gewinnen, die fähig wäre, eine Unterhaltung über die erste Viertelstunde hinauszutragen«[46], und seine angeborene Vornehmheit machte es ihm später, als er als Flüchtling in Paris seinen Wohnsitz aufschlug, unmöglich, seine flüchtigen Bekanntschaften – er kannte vor allem Gide – in Beziehungen umzuwandeln und neue Beziehungen anzuknüpfen. Werner Kraft, so erfährt man jetzt, brachte ihn erst zu Charles du Bos, der damals gerade für die deutsche Emigration auf Grund seines »Enthusiasmus für die deutsche Dichtung« eine Art Schlüsselfigur war.[47] Werner Kraft hatte die besseren Verbindungen – welche Ironie! Pierre Missac hat in einer erstaunlich einsichtigen Sammelbesprechung der Schriften, Briefe und Sekundärliteratur davon gesprochen, wie sehr Benjamin darunter gelitten haben muß, in Frankreich nicht den ihm gebührenden »Empfang« gefunden zu haben;[48] das ist natürlich richtig, aber erstaunt hat es ihn sicher nicht.

So irritierend und verletzend dies alles gewesen sein mag, die Stadt selbst machte es alles wieder wett – so groß ist der Reiz der von Haussmann erbauten Innenstadt, deren Boulevards, wie Benjamin schon 1913 entdeckte, von Häusern gebildet werden, die »nicht zum Wohnen zu sein scheinen, sondern steinerne Coulissen«[49], zwischen denen man geht. Diese Stadt, um die man an den alten Toren vorbei im Kreise herumfahren kann, ist immer noch, was die von einem Stadtwall gegen das Außen streng abgegrenzten und geschützten Städte des Mittelalters einmal waren – ein Innenraum, aber nun ohne die Enge der Gassen ein großzügig gebautes und geplantes Intérieur in freier Luft, über dem das Himmelsdach sinnfälligste Realität wird. »Das schönste an aller Kunst und allem Betrieb dieser Stadt ist, daß sie dem wenigen, was noch als Rest von dem Ursprünglichen, Natürlichen sich hält, seinen Glanz läßt«,[50] ja zu neuem Glanz verhilft. Es sind die einheitlichen, wie Innenwände gebauten Straßenzüge, die es bewirken, daß man sich in keiner anderen Stadt räumlich so geborgen fühlt. Die Passagen, welche die großen Boulevards miteinander verbinden und vor den Unbilden des Wetters Schutz gewähren, ohne daß man ein Haus aufzusuchen brauchte, haben Benjamin so ungeheuer fasziniert, daß er von seinem geplanten Hauptwerk über das neunzehnte Jahrhundert und dessen Hauptstadt auch einfach als von der »Passagenarbeit« sprach; und die Passagen sind in der Tat wie ein Symbol dieser Stadt, weil sie offensichtlich Innen und Außen zugleich und damit auf gedrängtestem Raum ihr eigentliches Wesen darstellen. In Paris fühlt sich der Fremde heimisch, weil man diese Stadt bewohnen kann wie sonst nur die eigenen vier Wände. Und wie man eine Wohnung nicht dadurch bewohnt und wohnlich macht, daß man sie benutzt – zum Schlafen, Essen, Arbeiten –, sondern dadurch, daß man sich in ihr aufhält, so bewohnt man eine Stadt dadurch, daß man es sich leistet, ziel- und zwecklos durch sie zu flanieren, wobei der Aufenthalt durch die zahllosen Cafés gesichert ist, welche die Straßen flankieren und an denen das Leben der Stadt, die Flut der Passanten, vorbeizieht. Paris ist heute noch die einzige der großen Städte, die man bequem zu Fuß bewältigen kann, und sie ist mehr als jede andere

Stadt in ihrer Lebendigkeit auf Fußgänger angewiesen und durch den Autoverkehr nicht nur aus verkehrstechnischen Gründen bedroht. In der Öde amerikanischer Vororte oder auch den Wohnbezirken der Großstädte, wo das gesamte Straßenleben sich auf der Fahrbahn bewegt und man auf den zu Fußsteigen zusammengeschmolzenen Trottoirs oft kilometerweit nicht einem Menschen begegnet, hat man das genaue Gegenteil von Paris vor Augen. Was alle anderen Städte nur widerwillig dem Auswurf der Gesellschaft zu gestatten scheinen, das Bummeln, Schlendern und Flanieren, dazu fordern die Pariser Straßen jedermann geradezu auf. Und so ist die Stadt denn auch seit dem Zweiten Kaiserreich das Paradies aller derer gewesen, die keinem Erwerb nachzujagen, keine Karriere zu machen, kein Ziel zu erreichen brauchten: das Paradies also der Bohème, und zwar nicht nur der Künstler und Schriftsteller, sondern auch derer, die sich um sie versammeln, weil sie entweder politisch, wie die Heimat- und Staatenlosen, oder gesellschaftlich nicht einzuordnen sind.

Ohne diesen Hintergrund der Stadt, die für Benjamin sehr jung zu einem entscheidenden Erlebnis wurde, ist wohl kaum zu verstehen, daß der Flaneur die Schlüsselfigur seiner Arbeiten wurde. Wie sehr das Flanieren denn auch die Gangart seines Denkens bestimmte, zeigte sich vielleicht am deutlichsten an den Eigentümlichkeiten seines Ganges, der in der Beschreibung von Max Rychner »zugleich ein Vorwärtsschreiten und ein Verweilen, eine eigentümliche Mischung von beidem war«[51]. Es war die Gangart des Flaneurs, und sie wirkte so auffallend, weil der Flaneur wie der Dandy und der Snob seine Heimat ja im neunzehnten Jahrhundert hat, in dessen Sekurität den Kindern aus gutbürgerlichem Hause ein arbeitsloses Einkommen gesichert war, sie also gar keine Veranlassung hatten, sich zu beeilen. Und wie die Stadt ihn das Flanieren, die geheime Gang- und Denkart des neunzehnten Jahrhunderts, lehrte, so öffnete sie ihm natürlich auch den Sinn für französische Literatur, was ihn nahezu unwiderruflich dem normalen deutschen Geistesleben entfremdete. »Während ich mit meinen Bemühungen und Interessen in Deutschland unter den Menschen meiner Generation mich ganz isoliert fühle, gibt es in

Frankreich einzelne Erscheinungen – als Schriftsteller Giraudoux und besonders Aragon – als Bewegung den Surréalismus, in denen ich am Werk sehe, was auch mich beschäftigt«, schreibt er 1927 an Hofmannsthal, nachdem er, gerade von einer Moskau-Reise zurückgekehrt, sich von der Undurchführbarkeit literarischer Unternehmungen, die unter kommunistischer Flagge segeln, überzeugt hat und nun daran gehen will, seine »pariser Position« zu festigen.[52] (Schon acht Jahre früher, also lange vor der Wendung zum Marxismus, berichtet er, wie »unglaublich verwandt« ihn Péguy angesprochen habe: »*Nichts* geschriebenes hat mich jemals so aus der Nähe aus dem Miteinander berührt.«[53]) Nun, dies ist ihm nicht gelungen und hätte auch schwerlich gelingen können; erst im Paris der Nachkriegszeit haben Ausländer – und so heißt wohl in Paris auch heute noch jeder, der nicht in Frankreich von französischen Eltern geboren ist – »Positionen« beziehen können. Hingegen wurde er in eine Position gedrängt, die es eigentlich nirgends gab, ja die als Position erst im nachhinein zu erkennen und zu diagnostizieren ist. Es war die Position auf der »Mastbaumspitze«, von der aus die tobenden Zeitumstände besser zu übersehen waren als vom sicheren Port, wenn auch die Rettungssignale des »Schiffbrüchigen«, dieses einen Mannes, der das Schwimmen nicht erlernt hatte, weder mit dem Strom noch gegen ihn, kaum bemerkt wurden – nicht von denen, die diesem Meer sich nie preisgegeben hatten, und nicht von denen, die immerhin auch in diesem Element sich noch bewegen konnten.

Äußerlich gesehen war es die Position des freien Schriftstellers, der von seiner Feder lebt, nur daß – wie nur Max Rychner bemerkt zu haben scheint – er das auf eine »merkwürdige Weise« tat, denn »er publizierte gar nicht häufig«, und »es war nie ganz ersichtlich, ... wie weit er ... noch andere Hilfsmittel zu Gebote hatte«.[54] Rychners Verdacht war in jeder Hinsicht berechtigt. Nicht nur standen ihm vor der Emigration »noch andere Hilfsmittel zu Gebote«, hinter der Fassade des freien Schriftstellers führte er, obwohl dauernd bedroht, die erheblich freiere Existenz eines »homme de lettres«, dessen Behausung die mit großer Leidenschaft und äußerster Sorgfalt zusammengetragene Bibliothek bildete. Sie war keineswegs als Arbeitsinstrument gedacht, sondern bestand aus Kostbarkeiten, deren Wert sich daran erwies, daß er sie nicht gelesen hatte; die also garantiert nicht nützlich war, keinem Beruf diente. Solch eine Existenz war in Deutschland unbekannt; und nahezu ebenso unbekannt war der Beruf, den er notgedrungen aus ihr ableitete, nämlich nicht den eines Literaturhistorikers und Gelehrten mit der obligaten Anzahl dicker Bücher, sondern den eines Kritikers und Essayisten, dem bereits der Essay zu ausführlich und dessen eigentliche Ausdrucksform der Aphorismus ist. Daß er damit beruflich etwas anstrebte, was es in Deutschland – wo man trotz Lichtenberg, Lessing, Schlegel, Heine und Nietzsche sich unter Kritik etwas anrüchig Subversives vorzustellen pflegte, das höchstens im Feuilleton goutiert werden darf – schlechterdings nicht gab, war ihm keineswegs unbekannt. Nicht zufällig wählte er die französische Sprache, um diese Ambition mitzuteilen: »Le but que je m'étais proposé ... c'est d'être considéré comme le premier critique de la littérature allemande. La difficulté c'est que, depuis plus de cinquante ans, la critique littéraire en Allemagne n'est plus considérée comme un genre sérieux. Se faire une situation dans la critique, cela ... veut dire: la recréer comme genre.«[55]

Kein Zweifel, diese Berufswahl war dem frühen französischen Einfluß, der unmittelbar als Wahlverwandtschaft empfundenen Nähe des großen Nachbars jenseits des Rheins geschuldet. Viel bezeichnender aber ist, daß selbst diese Einordnung in ein Fach eigentlich von der Ungunst der Zeit und der finanziellen Misere motiviert war. Will man das, worauf er sich spontan, wenn auch vielleicht nicht bewußt, »beruflich« vorbereitet hatte, in sozialen Kategorien fassen, so muß man auf das wilhelminische Deutschland zurückgreifen, in dem er aufgewachsen war und wo seine ersten Lebenspläne sich formiert hatten. Man könnte dann sagen, Benjamin hat sich auf nichts beruflich vorbereitet als auf den »Beruf« eines Privatsammlers und Privatgelehrten. Sein Studium, das er vor dem Ersten Weltkrieg begonnen hatte, hätte unter den damaligen Umständen nur in der Universitätskarriere enden können, die aber, wie jede Beamtenlaufbahn, ungetauften Juden noch verschlossen war. Sie konnten sich habilitieren und es bestenfalls zu einem unbezahlten Extraordinariat bringen; es war also eine Laufbahn, die ein gesichertes Einkommen nicht einbrachte, sondern voraussetzte. Der Doktor, zu dem er sich bereits nur aus »Rücksicht«[56] auf seine Famlie entschloß, und die spätere Habilitation waren als die Voraussetzung gedacht für die Bereitschaft der Familie, dies Einkommen zur Verfügung zu stellen.

Diese Verhältnisse änderten sich schlagartig nach dem Krieg: Die Inflation hatte weite Kreise des Bürgertums verarmt, wenn nicht gar enteignet, und in der Weimarer Republik stand die Universitätslaufbahn auch ungetauften Juden offen. Die unselige Habilitationsgeschichte zeigt deutlich, wie wenig Benjamin diese veränderten Umstände in Rechnung stellte und wie sehr er in allen Geldangelegenheiten den Vorkriegsvorstellungen verhaftet blieb. Denn die Habilitation hatte von vornherein nur dazu dienen sollen, den Vater durch einen »Ausweis öffentlicher Anerkennung... zur Ordnung«[57] zu rufen und dem damals immerhin schon Dreißigjährigen ein ausreichendes und, man möchte hinzufügen, standesgemäßes Auskommen zu bewilligen. Daß er darauf trotz chronischer Konflikte mit den Eltern einen Anspruch habe und daß deren Forderung an ihn, »für meinen Erwerb tätig zu sein«, »unqualifizierbar« sei[58] – das ist ihm auch später, als er sich den Kommunisten bereits genähert hatte, nie fraglich geworden. Als der Vater dann erklärte, auch im Falle der Habilitation den monatlichen Betrag, den er ohnehin zahlte, nicht erhöhen zu können oder zu wollen, fiel für Benjamin die wesentliche Voraussetzung für die ganze Unternehmung dahin. Bis zum Tode der Eltern im Jahre 1930 konnte er dann das Problem seiner materiellen Existenz dadurch lösen, daß er, obwohl inzwischen verheiratet und Vater eines Sohnes, ins Elternhaus zurückzog, zuerst mit seiner Familie, dann nach der bald erfolgten Trennung allein. (Die Scheidung erfolgte erst 1930.) Er hat offensichtlich darunter sehr gelitten, aber ebenso offensichtlich einen anderen Ausweg ernstlich kaum je in Betracht gezogen. Auffallend ist auch, daß er trotz der dauernden finanziellen Misere doch imstande blieb, seine Bibliothek ständig zu bereichern. Und so wie ein einziger Versuch, sich diese kostspielige Passion zu versagen – er ging in die großen Auktionshäuser wie andere in den Spielsaal –, und der Vorsatz, »im äußersten Fall« sogar etwas zu verkaufen, damit endeten, daß er »den Schmerz dieser Bereitschaft« durch neue Anschaffungen »betäuben« mußte, so endete der einzige nachweisbare Versuch, sich von zu Hause unabhängig zu machen, mit dem Vorschlag, der Vater möge ihm sogleich »ein Kapital auszahlen, mit dem ich mich an einem Antiquariat beteiligen kann«[59]. Dies ist der einzige Brotberuf, den Benjamin überhaupt je erwogen hat. Es ist natürlich nie etwas daraus geworden.

Angesichts der realen Lage im Deutschland der zwanziger Jahre und angesichts dessen, daß Benjamin genau wußte, er würde nie von seiner Feder leben können – »Es gibt Orte, an denen ich ein Minimum verdienen und solche, an denen ich von einem Minimum leben kann, aber nicht einen einzigen, auf den diese beiden Bedingungen zusammen zutreffen«[60] –, mag dies ganze Verhalten wie sträflicher Leichtsinn anmuten. Aber Leichtsinn war gerade dabei am wenigsten im Spiel. Eher schon möchte man meinen, daß es für die arm gewordenen reichen Leute ebenso schwer ist, an ihre Armut zu glauben, wie für die reich gewordenen armen Leute an ihren Reichtum; die einen verführt ein Übermut, den sie gar nicht haben, die anderen der »Geiz«, der doch nur Lebensangst ist.

Darüber hinaus stand Benjamin mit seiner Einstellung zu den Fragen der Lebensversorgung keineswegs allein; sie war vielmehr eher typisch für die ganze Schicht deutsch-jüdischer Intellektueller, nur ist sie wohl kaum einem so schlecht bekommen. Die Voraussetzung war die Mentalität der Väter, die, selbst erfolgreiche Geschäftsleute, von den eigenen Erfolgen nicht allzu viel hielten und davon träumten, daß ihre Söhne zu Höherem berufen sein würden. Das heißt nicht, daß es nicht gerade in dieser Generation allenthalben Konflikte gegeben hätte (die Literatur jener Jahre ist voll von Vater-Sohn-Konflikten, und hätte Freud seine Theorien in einem anderen Lande und Sprachraum als dem deutsch-jüdischen, aus dem seine Patienten kamen, gefunden und zu erproben gehabt, so hätten wir vermutlich nie etwas von einem Ödipus-Komplex gehört⁶¹); aber sie wurden doch in der Regel dadurch beigelegt, daß die Söhne den Anspruch machten, Genies oder auch, wie im Falle der zahlreichen Kommunisten aus begütertem Hause, Menschheitsbeglücker, auf jeden Fall etwas Höheres zu sein, und die Väter nichts lieber glauben wollten. Wo solche Ansprüche nicht gestellt oder nicht anerkannt wurden, konnte es leicht zur Katastrophe kommen. Das war etwa bei Kafka der Fall, der – vielleicht weil er wirklich so etwas wie ein Genie war – von dem Geniewahn seiner Umgebung ganz frei war, den Anspruch nie stellte und daher seine finanzielle Unabhängigkeit durch eine normale Stellung an der Prager Arbeiter-Unfallversicherungs-Anstalt sich sicherte. Aber auch Kafka, kaum hatte er die Stelle angetreten, sah in ihr eine »Anlaufstraße für Selbstmörder« und meinte einer Pflicht zu gehorchen, die sagt: »Man muß sich sein Grab verdienen.«⁶²

Für Benjamin jedenfalls blieb die Monatsrente die einzig mögliche Existenzform, und um sie nach dem Versagen der Eltern zu erhalten, war er zu manchem bereit, oder glaubte es doch zu sein – hebräisch zu lernen für 300 Mark im Monat, wenn die Zionisten sich davon etwas versprachen, oder dialektisches Denken mit allen vermittelnden Schikanen für 1000 französische Franken, wenn die Marxisten anders nicht mit sich reden ließen. Bewundernswert bleibt, daß er dann praktisch, obwohl ihm doch das Wasser am Halse stand, weder das eine noch das andere getan hat; bewundernswert aber auch die unendliche Geduld, mit der Scholem, der ihm das Stipendium zum Hebräisch-Lernen mit großer Mühe von der Universität in Jerusalem verschafft hatte, sich jahrelang hinhalten ließ. Ihm die allein angemessene »Position« eines »homme de lettres«, von deren einzigartigen Chancen weder die Zionisten noch die Marxisten etwas ahnten oder ahnen konnten, zu finanzieren, war natürlich niemand bereit.

Der »homme de lettres« erscheint uns heute als eine eher harmlose, abseitige Figur, als sei er in der Tat mit der immer das Komische streifenden des Privatgelehrten gleichzusetzen. Aber Benjamin, dem das Französische so nahe stand, daß die Sprache für ihn eine Art Alibi⁶³ seiner Existenz wurde, dürfte um seine Herkunft aus dem vorrevolutionären Frankreich des achtzehnten

Jahrhunderts so gut gewußt haben wie um seine außerordentlichen Verdienste um die Französische Revolution. Im Gegensatz zu den späteren Schriftstellern und Literaten, den »écrivains et littérateurs«, mit denen sogar der Larousse die »hommes de lettres« verwechselt, lebten sie zwar in der Welt des geschriebenen und gedruckten Wortes, vor allem auch umgeben von Büchern, waren aber weder gezwungen noch willens, das Schreiben und Lesen berufsmäßig zum Gelderwerb auszuüben. Und im Unterschied zu der Klasse der Intellektuellen, die ihre Dienste entweder dem Staat als Experten, Spezialisten und Beamte oder der Gesellschaft zur Unterhaltung und Belehrung zur Verfügung stellen, haben die »hommes de lettres« stets danach getrachtet, sich von Staat wie Gesellschaft in Distanz zu halten. Ihre materielle Existenz beruhte auf dem arbeitslosen Einkommen und ihre geistige Haltung auf der entschlossenen Weigerung, sich politisch oder gesellschaftlich einordnen zu lassen. Auf Grund dieser doppelten Unabhängigkeit konnten sie sich die souveräne Verachtung leisten, der die Lebensklugheit La Rochefoucaulds nicht weniger geschuldet ist als die Lebensweisheit Montaignes, die aphoristische Schärfe des Pascalschen Denkens nicht weniger als die Kühnheit und Vorurteilslosigkeit der politischen Reflexionen Montesquieus. Es kann hier nicht meine Aufgabe sein darzustellen, auf Grund welcher Umstände die »hommes de lettres« im achtzehnten Jahrhundert zu Revolutionären wurden, noch wie ihre Nachfahren im neunzehnten und zwanzigsten Jahrhundert sich dann in die Klasse der »Gebildeten« auf der einen, die der Berufsrevolutionäre auf der anderen Seite schieden. Ich erwähne diesen historischen Hintergrund nur, weil sich in Benjamin das Bildungselement auf so einzigartige Weise mit dem revolutionär-rebellischen vereinigte. Es war, als ob kurz vor seinem vermutlich endgültigen Verschwinden die Figur des »hommes de lettres« sich noch einmal in der ganzen Fülle ihrer Möglichkeiten zeigen sollte, obwohl oder vielleicht gerade weil ihr die materielle Basis auf eine so katastrophale Weise entzogen war, so daß die rein geistige Passion, die diese Figur so liebenswert macht, sich auf eine um so eindringlichere und eindrucksvollere Weise entfalten und bewähren konnte.

An Anlässen zur Rebellion gegen die Herkunft und das Milieu der deutsch-jüdischen Gesellschaft im kaiserlichen Deutschland, in dem Benjamin aufwuchs, wie in der Weimarer Republik, in der er sich weigerte, einen Beruf zu ergreifen, hat es wahrlich nicht gefehlt. In der *Berliner Kindheit um Neunzehnhundert*[64] schildert Benjamin das Haus, aus dem er kam (der Vater charakteristischerweise Kunsthändler und Antiquar, die Familie wohlhabend, durchschnittlich assimiliert, der eine Großelternteil orthodox, der andere der Reformgemeinde zugehörend), als sei es »ein längst ihm zugedachtes Mausoleum« gewesen. »In meiner Kindheit war ich ein Gefangener des alten und neuen Westens. Mein Clan bewohnte diese beiden Viertel damals in einer Haltung, die gemischt war aus Verbissenheit und Selbstgefühl, und die aus ihnen ein Ghetto machte, das er als sein Leben betrachtete.« Die Verbissenheit galt dem Judentum (nur noch aus Verbissenheit hielt man an ihm fest), das Selbstgefühl hingegen der nicht-jüdischen Umwelt, in der man es immerhin doch recht weit gebracht hatte. Wie weit, zeigte sich an den Tagen, wenn Gesellschaft kam. Dann wurde das Innere des Buffets, um welches das Haus zentriert schien und das daher »mit gutem Grund den Tempelbergen ähnlich« sah, geöffnet, und nun konnte man »mit Schätzen prunken, wie die Götzen sie gern um sich haben«. Da kam der »Silberhort des Hauses« zum Vorschein, und was dort lag, »das war nicht zehnfach, nein zwanzig- oder dreißigfach vorhanden. Und wenn ich diese langen, langen Reihen von Mokkalöffeln oder Messerbänkchen, Obstmessern oder Austerngabeln sah, stritt mit der Lust an dieser Fülle Angst, als sähen die, die nun erwartet wurden, einander gleich wie unsere Tischbestecke.« Daß damit etwas radikal nicht in Ordnung war, wußte bereits das Kind, und zwar nicht nur, weil es die Armen gab (»Die Armen – für die reichen Kinder meines Alters gab es sie nur als Bettler. Und es war ein großer Fortschritt der Erkenntnis, als mir zum erstenmal die Armut in der Schmach schlechtbezahlter Arbeit dämmerte«), sondern weil »Verbissenheit« im Innern und »Selbstgefühl« nach außen eine Atmosphäre von Unsicherheit und Befangenheit erzeugten, die wahrlich für nichts weniger geeignet war, als Kinder in ihr aufzuziehen. Und dies galt nicht nur für Benjamin oder den Berliner Westen oder Deutschland. Man sehe nur, mit welcher Leidenschaft Kafka versuchte, seine Schwester dazu zu überreden, ihren zehnjährigen Sohn in einem Schulheim erziehen zu lassen, um ihn vor dem »von Kindern nicht abzuhaltenden besondern Geist, der gerade in Prager wohlhabenden Juden wirkt«, vor diesem »kleinen, schmutzigen, lauwarmen, blinzelnden, blinden Geist«[65] zu retten.

Es geht hier um das, was man damals, seit den siebziger und achtziger Jahren des vorigen Jahrhunderts, die Judenfrage nannte, und was es in dieser Form nur im deutschsprachigen Mitteleuropa dieser Jahrzehnte gegeben hat. Sie ist heute von der Katastrophe des europäischen Judentums gleichsam überspült und berechtigterweise in Vergessenheit geraten, wiewohl sie einem noch gelegentlich in dem Vokabular der älteren Generation deutscher Zionisten begegnet, deren Denkgewohnheiten in den ersten Jahrzehnten des Jahrhunderts geprägt worden sind. Zudem ist sie ohnehin immer nur eine Angelegenheit der jüdischen Intelligenzschicht und ohne allen Belang für das Gros des mitteleuropäischen Judentums gewesen. Für diese Schicht aber war sie von großem Belang; denn ihr Verhältnis zum Judentum, mit dem sie substantiell nichts mehr zu tun hatte, das jedoch jedem unentrinnbar als gesellschaftliches Phänomen begegnete, stellte sich als eine moralische Frage ersten Ranges heraus. In dieser moralischen Form kennzeichnete die Judenfrage in Kafkas Worten »die schreckliche innere Lage dieser Generationen«[66]. Es war also eine eminent persönliche Frage, um die es sich handelte, und die beiden Textstellen, die ich diesem Teil vorangestellt habe, stammen daher auch aus der Intimität eines Freundesbriefes und aus einem Tagebuch. Diese persönliche Verzweiflung wiederum steht so sehr im Vordergrund derer, die wir heute beinahe schon als die Klassiker einer noch nahen Vergangenheit ansehen, daß ich sie nicht einfach übergehen kann – um so mehr, als die unmittelbare Veranlassung eines von den Dingen ist, über die in Deutschland zu sprechen aus verständlichen Gründen nicht zum guten Ton gehört. So belanglos uns diese Problematik angesichts dessen, was sich dann wirklich ereignete, anmuten mag, weder Benjamin noch Kafka noch

Karl Kraus sind ohne sie verständlich. Und Benjamin gerade hat genau gewußt, wie sehr ihm »die Auseinandersetzung in dem Grenzraum, den Kraus und den auf andere Weise Kafka bezeichne, ... angelegen«[67] sein mußte. Ich will der Einfachheit halber die Frage genauso stellen, wie sie damals gestellt und dann endlos diskutiert wurde, und zwar in einem großes Aufsehen erregenden Aufsatz »Deutsch-Jüdischer Parnass«, den Moritz Goldstein in der angesehenen Zeitschrift *Der Kunstwart* im Jahre 1912 veröffentlichte.

Die Frage, so wie sie sich laut Goldstein für die jüdische Intelligenz stellte, hatte einen doppelten Aspekt: die nicht-jüdische Umwelt und die assimilierte jüdische Gesellschaft, und sie war seines Erachtens unlösbar. Was die nicht-jüdische Umwelt anlangte: »Wir Juden verwalten den geistigen Besitz eines Volkes, das uns die Berechtigung und die Fähigkeit dazu abspricht.« Und weiter: »Wir können unsere Gegner leicht ad absurdum führen und ihnen zeigen, daß ihre Feindschaft unbegründet ist. Was ist damit gewonnen? Daß ihr Haß *echt* ist. Wenn alle Verleumdungen widerlegt, alle Entstellungen berichtigt, alle falschen Urteile über uns abgewehrt sind, so bleibt die Abneigung als unwiderleglich übrig. Wer das nicht einsieht, dem ist nicht zu helfen.« Dies nicht einzusehen, ist das Unerträgliche an der jüdischen Gesellschaft, deren Vertreter Juden bleiben, sich aber nicht als solche bekennen wollen: »Wir werden ihnen die Frage, um die sie sich drücken, vor aller Welt in die Ohren schreiben; wir werden sie zwingen, sich als Juden zu bekennen oder taufen zu lassen.« Aber selbst wenn dies glücken, selbst wenn man aus der Verlogenheit dieses Milieus herauskommen sollte – was war damit gewonnen? Der »Sprung in die neuhebräische Literatur« war für die lebende Generation unmöglich. Daher: »Unser Verhältnis zu Deutschland ist das einer unglücklichen Liebe. Wir wollen endlich männlich genug sein, uns die Geliebte aus dem Herzen zu reißen... Ich habe gesagt, was wir wollen *müssen*. Ich habe auch gesagt, warum wir es nicht wollen *können*. Das Problem aufzuzeigen, war meine Absicht. Es ist nicht meine Schuld, daß ich keine Lösung weiß.« (Für sich selbst hat Goldstein die Frage sechs Jahre später gelöst, als er Feuilletonredakteur bei der *Vossischen Zeitung* wurde. Und was blieb ihm auch schließlich anderes übrig?)

Man könnte Moritz Goldstein damit abtun, daß er halt nur reproduziert habe, was Benjamin in einem Brief an Scholem (22. Oktober 1917) »sein Hauptstück der *vulgären* antisemitischen wie zionistischen Ideologie«[68] nennt, wenn wir nicht bei Kafka auf einem ungleich ernsteren Niveau die gleiche Fragestellung und die gleiche Unlösbarkeit fänden. In einem Brief an Max Brod über deutsch-jüdische Autoren erklärt er, die Judenfrage beziehungsweise »die Verzweiflung darüber war ihre Inspiration. Eine Inspiration, ehrenwert wie irgendeine andere, aber bei näherem Zusehn doch mit einigen traurigen Besonderheiten. Zunächst konnte das, worin sich ihre Verzweiflung entlud, nicht deutsche Literatur sein, die es äußerlich zu sein schien«, weil ja das Problem kein eigentlich deutsches war. Daher lebten sie »zwischen drei Unmöglichkeiten...: der Unmöglichkeit, nicht zu schreiben«, da sie ja ihre Inspiration nur durch Schreiben gewissermaßen loswerden konnten; »der Unmöglichkeit, deutsch zu schreiben«, da die Sprache selbst Kafka »als die laute oder stillschweigende oder auch selbstquälerische Anmaßung eines fremden Besitzes« galt, »den man nicht erworben, sondern durch einen (verhältnismäßig) flüchtigen Griff gestohlen hat und der fremder Besitz bleibt, auch wenn nicht der einzigste [sic] Sprachfehler nachgewiesen werden könnte«; schließlich »der Unmöglichkeit, anders zu schreiben«, da eine andere Sprache ja nicht zur Verfügung stand. »Fast könnte man«, meint Kafka abschließend, »eine vierte Unmöglichkeit hinzufügen, die Unmöglichkeit zu schreiben (denn die Verzweiflung war ja nicht etwas durch Schreiben zu Beruhigendes...)«, wie es bei Dichtern normal ist, denen ein Gott gegeben hat zu sagen, was Menschen leiden. Hier vielmehr wurde die Verzweiflung »ein Feind des Lebens *und* des Schreibens, das Schreiben war hier nur ein Provisorium, wie für einen, der sein Testament schreibt, knapp bevor er sich erhängt.«[69]

Nichts wäre leichter als nachzuweisen, daß Kafka unrecht hatte und daß sein eigenes Werk, welches die reinste deutsche Prosa des Jahrhunderts spricht, der beste Gegenbeweis seiner Ansichten ist.

Solch ein Nachweis würde uns wohl allen gegen den Geschmack gehen, und er erübrigt sich schon darum, weil Kafka dies selbst sehr gut gewußt hat. »Wenn ich wahllos einen Satz hinschreibe«, notiert er gelegentlich in den *Tagebüchern*, »so ist er schon vollkommen.«[70] So wie er auch als einziger gewußt hat, daß »Mauscheln« vielleicht nicht in deutschen Landen, wohl aber im deutschen Sprachraum seinen legitimen Ort hatte und nichts anderes war als einer der vielen deutschen Dialekte. Und da er zu Recht meinte, daß »im Deutschen nur die Dialekte und außer ihnen nur das allerpersönlichste Hochdeutsch wirklich lebt«, war es natürlich nicht weniger legitim, aus dem »Mauscheln«, beziehungsweise dem Jiddischen, ins Hochdeutsche zu wechseln, als aus dem Plattdeutschen oder dem Alemannischen. Liest man seine Bemerkungen über die jüdische Schauspielertruppe, die ihn so faszinierte, so wird klar, daß es nicht so sehr das spezifisch Jüdische war, das ihn anzog, als die Lebendigkeit der Sprache und Gebärden.

Gewiß ist es heute einigermaßen schwierig, diese Problematik zu verstehen oder ernstzunehmen, zumal es ja so nahe liegt, sie als bloße Reaktion auf den Antisemitismus der Umwelt und damit als einen Ausdruck des Selbsthasses mißzuverstehen. Davon aber kann bei den Personen von Rang keine Rede sein. Im Gegenteil, was der Kritik ihre eigentliche Schärfe gab, war niemals der Antisemitismus selbst, sondern die Reaktion des jüdischen Bürgertums, mit dem die Intelligenz sich keineswegs identifizierte. Und auch dabei handelte es sich kaum um die oft würdelose apologetische Haltung des offiziellen Judentums, mit dem die Intellektuellen nur wenig in Berührung kamen, sondern um das verlogene Leugnen der Existenz des Judenhasses, die mit allen Künsten des Selbstbetrugs inszenierte Absperrung dieser bürgerlichen Schichten von der Realität, zu der jedenfalls für Kafka auch die Absperrung gegen das jüdische Volk, gegen die sogenannten »Ostjuden« gehörte, die man gegen besseres Wissen für den Antisemitismus verantwortlich machte. Entscheidend war dabei immer der Realitätsverlust, zu dem natürlich die Wohlhabenheit dieser Schichten kräftig beitrug: »Bei armen Leuten«, meinte Kafka, »dringt nämlich gewissermaßen die Welt, das Arbeitsleben von selbst unhinderbar in die

Hütte ... und läßt nicht die dumpfe, giftreiche, kinderauszehrende Luft des schön eingerichteten Familienzimmers entstehen.«[71] Der Kampf ging darum, in der Welt zu leben, so wie sie nun einmal ist – also zum Beispiel auf die Ermordung Rathenaus (im Jahre 1922) vorbereitet zu sein: »Unbegreiflich« für Kafka, »daß man ihn so lange leben ließ.«[72] Ausschlaggebend für die Schärfe der Problematik war schließlich, daß sie sich keineswegs bloß oder auch nur primär als Generationsbruch äußerte, dem man durch Flucht aus dem Elternhaus sich hätte entziehen können. Entscheidend war, daß nur die allerwenigsten unter den deutsch-jüdischen Autoren von dieser Problematik überhaupt betroffen waren, und diese wenigen waren von allen den anderen umgeben, von denen wir sie erst heute auf Grund ihres geistigen Ranges klar scheiden können. Kafka, der dies in dem oben zitierten Brief an den »sprachlichen Unmöglichkeiten« exemplifizierte und gleich hinzufügte, »sie könnten auch ganz anders genannt werden«, weist auf den zwischen Dialekt und gültiger Prosa im Hochdeutschen existierenden »sprachlichen Mittelstand« hin, der »nichts als Asche ist, die zu einem Scheinleben nur dadurch gebracht werden kann, daß überlebendige Judenhände sie durchwühlen«. Man braucht wohl nicht anzumerken, daß die überwältigende Majorität der jüdischen Intellektuellen diesem »Mittelstand« angehörte; sie bildeten nach Kafka die »Hölle des deutsch-jüdischen Schrifttums«, in der Karl Kraus als »der große Aufpasser und Zuchtmeister« waltete, ohne zu merken, wie sehr »er selbst in diese Hölle, unter die zu Züchtenden mithineingehört«.[73] Daß man diese Dinge auch ganz anders, unter einem ganz anderen Aspekt sehen kann, wird deutlich, wenn man bei Benjamin den großartigen Ausspruch Brechts über Karl Kraus liest: »Als das Zeitalter Hand an sich legte, war er diese Hand.«[74]

Zionismus und Kommunismus waren für die Juden dieser Generation (Kafka und Moritz Goldstein waren nur um zehn Jahre älter als Benjamin) die bereitstehenden Formen der Rebellion, wobei man in Rechnung stellen muß, daß die Generation der Väter die zionistische Rebellion oft bitterer verurteilte als die kommunistische. Beides waren Auswege aus der Realitätslosigkeit in die Welt, aus der Verlogenheit und dem Selbstbetrug in eine ehrliche Existenz. Aber so sieht es nur im nachhinein aus. Zu der Zeit, als Benjamin es erst mit einem unentschiedenen Zionismus und dann mit einem im Grunde nicht weniger unentschiedenen Kommunismus versuchte, standen die Anhänger der beiden Ideologien sich in größter Feindschaft gegenüber: Die Kommunisten diffamierten den Zionismus als jüdischen Faschismus – auch Brecht hat Benjamin vorgeworfen, sein Aufsatz über Kafka leiste »dem jüdischen Faschismus Vorschub«[75] – und die Zionisten den Kommunismus der jüdischen Jugend als »rote Assimilation«. Es ist bemerkenswert und wohl einzigartig, wie Benjamin sich jahrelang beide Wege gleichsam offen hielt, den Weg nach Palästina immer wieder in Erwägung zieht, als er schon längst Marxist geworden ist, ohne sich dabei im mindesten von der Meinung seiner marxistisch gesinnten Freunde, vor allem der Juden unter ihnen, irre machen zu lassen. Dies zeigt deutlich, wie wenig er in beiden Fällen an der »positiven« Ideologie interessiert war; wie es ihm in beiden Fällen um das »Negative« der Kritik an den bestehenden Verhältnissen ging, um den Ausweg aus Realitätslosigkeit und Verlogenheit, um eine Position außerhalb des Literatur- wie des akademischen Betriebes.

Er bezieht diese radikal kritische Position sehr jung, wohl noch ohne zu ahnen, in welche Vereinzelung und Vereinsamung sie ihn schließlich führen würde. So lesen wir in einem 1918 geschriebenen Briefe, daß Walter Rathenau, der Deutschland außenpolitisch repräsentieren will, und Rudolf Borchardt, der den Anspruch auf geistige Repräsentanz erhob, der »*Wille* zur Lüge«, »die objektive Verlogenheit« gemeinsam seien.[76] Beide wollten nicht einer Sache – dem »Geist- und Sprachgut« des Volkes im Falle Borchardts, der Nation im Falle Rathenaus – durch ihre Werke »dienen«, sondern bedienten sich ihrer Werke und Talente als »selbstherrlicher Mittel« im »Dienst absoluten Machtwillens«. Hinzu kamen die Literaten, die ihren »Geist« in den Dienst der Karriere und des gesellschaftlichen Ansehens stellten: »Das Literatentum ist das Dasein im Zeichen des bloßen Geistes wie die Prostitution das Dasein im Zeichen des bloßen Sexus.«[77] Wie die Prostituierte gerade die Geschlechtsliebe verrät, verrät der Literat den Geist, und es war dieser Verrat am Geist, den die Besten unter den Juden ihren Kollegen im Literaturbetrieb nicht verzeihen konnten. (»Ihre Funktion ist«, so meinte er 1931, »politisch betrachtet, nicht Parteien sondern Cliquen, literarisch betrachtet, nicht Schulen sondern Moden, ökonomisch betrachtet, nicht Produzenten sondern Agenten hervorzubringen. Agenten oder Routiniers, die großen Aufwand mit ihrer Armut treiben und sich aus der gähnenden Leere ein Fest machen. Gemütlicher konnte man sich's in einer ungemütlichen Situation nicht einrichten.«[78] Im gleichen Sinne schreibt Benjamin ein Jahr nach dem Rathenau-Mord an einen nahen deutschen Freund, »daß der Jude heute auch die beste deutsche Sache, für die er sich *öffentlich* einsetzt, preisgibt, weil seine öffentliche deutsche Äußerung notwendig käuflich (im tieferen Sinn) ist, sie kann nicht das Echtheitszeugnis beibringen«.[79] Legitim seien nur die privaten, gleichsam »geheimen Beziehungen zwischen Deutschen und Juden«; während »alles, was von deutsch-jüdischen Beziehungen heute *sichtbar* wirkt, dies zum Unheil tut«. An diesen Worten war viel Wahres. Aus der Perspektive der damaligen Judenfrage gesprochen, bezeugen sie die Finsternis der Zeit, in der man mit Recht sagen konnte: »Das Licht der Öffentlichkeit verdunkelt alles.«[80]

Schon 1913 erwägt Benjamin die Position des Zionismus »als Möglichkeit und damit vielleicht als Verpflichtung«[81] im Sinne dieser doppelten Rebellion gegen das Elternhaus und den deutsch-jüdischen Literaturbetrieb. Zwei Jahre später lernte er Gerhard Scholem kennen, in dem ihm zum ersten und einzigen Mal »Judentum in lebendiger Gestalt« begegnet; und nun beginnen auch sehr bald diese kuriosen endlosen Erwägungen einer Auswanderung nach Palästina, die sich durch nahezu zwanzig Jahre hinziehen. »Unter gewissen, garnicht unmöglichen Voraussetzungen, bin ich ... bereit [nach Palästina zu gehen], um nicht zu sagen entschlossen. Hier in Österreich sprechen die Juden (die anständigen, die nicht verdienen) von nichts anderem«, schreibt er 1919, hält aber gleichzeitig den Plan für einen »Gewaltakt« unvollziehbar, es sei denn, er stelle sich als notwendig heraus.[82] Wann immer solche

Notwendigkeiten finanzieller oder politischer Art eintraten, erwägt er wieder den Plan und geht nicht. Es ist schwer zu sagen, ob es ihm damit nach der Trennung von seiner Frau, die aus einem zionistischen Milieu kam, noch wirklich ernst war; fest steht, daß er noch in den Jahren der Pariser Emigration ankündigt, er würde vielleicht »nach einem mehr oder weniger definitiven Abschluß meiner Studien im Oktober oder November nach Jerusalem«[83] kommen. Was in den Briefen wie Unentschlossenheit wirkt – als habe er zwischen Zionismus und Kommunsimus hin- und hergeschwankt –, dürfte in Wahrheit die Folge der bitteren Einsicht gewesen sein, daß alle Lösungen nicht nur objektiv falsch, der Wirklichkeit unangemessen waren, sondern daß sie ihn persönlich in eine Erlösungslüge führen würden, gleich ob diese Erlösung nun Moskau oder Jerusalem hieß. Er würde sich damit gerade um die positiven Erkenntnischancen seiner eigenen Position bringen – »auf der Spitze des Mastbaums, der schon zermürbt ist« oder »tot zu Lebzeiten und der eigentlich Überlebende« unter Trümmern. Er hatte sich in den verzweifelten Umständen, die der Wirklichkeit entsprachen, angesiedelt; in ihnen wollte er verharren, um die eigenen Schriften zu »denaturieren« »wie Spiritus... auf die Gefahr hin, daß sie ungenießbar für jeden« der jetzt Lebenden werden und desto verläßlicher in eine unbekannte Zukunft gerettet werden können.

Denn es lag ja keineswegs so, daß die Unlösbarkeit der Judenfrage dieser Generation nur darin bestand, daß sie deutsch sprachen und schrieben und ihre »Produktionsanstalt« in Europa, in Benjamins Fall in »Berlin W.« oder auch Paris lag, worüber er nicht die mindesten Illusionen hegte.[84] Entscheidender war, daß sie ins Judentum nicht zurück wollten, nicht zurück wollen konnten; aber nicht weil sie an Fortschritt und damit ein automatisches Verschwinden des Judenhasses glaubten oder weil sie zu »assimiliert«, dem Judentum der Herkunft zu entfremdet gewesen wären, sondern weil ihnen alle Traditionen und Kulturen gleich fragwürdig geworden waren. Und das gleiche gilt für die von den Zionisten vorgeschlagene »Rückkehr« ins jüdische Volk; sie hätten alle sagen können, was Kafka gelegentlich über seine eigene Zugehörigkeit zum jüdischen Volk gesagt hat: »Mein Volk, vorausgesetzt, daß ich eines habe.«[85]

Dies aber war nur die persönliche und vergleichsweise, möchte man meinen, harmlose Seite des Konflikts. Was Benjamin am Marxismus gerade in seiner kommunistisch revolutionären Gestalt anzog, war die Radikalität einer Kritik, die sich nicht mit Gegenwartsanalysen bestehender Verhältnisse begnügte, sondern die gesamte geistige und politische Überlieferung mit in Betracht zog. Entscheidend für ihn war die Frage der Tradition überhaupt, und zwar genauso wie Scholem sie, allerdings ohne der Problematik gewahr zu werden, in einem der Briefe an den Freund anschneidet. Er warnt ihn vor den Gefahren, die gerade seiner Denkweise durch den Marxismus drohen, und fügt dann hinzu, er brächte sich um die Chance, »der legitime Fortsetzer der fruchtbarsten und echtesten Traditionen eines Hamann und Humboldt« zu werden. Scholem appelliert an »die Moralität der Einsichten« und versteht nicht, daß es gerade diese Moralität war, die Benjamin eine Rückkehr und Fortsetzung jeglicher Tradition schlechterdings verbot.[86]

Es liegt nahe und wäre auch tröstlich zu denken, daß die Wenigen, die sich auf die exponiertesten Posten der Zeit vorgewagt und den Preis der Vereinsamung voll gezahlt hatten, sich wenigstens als die Vorläufer einer neuen Zeit fühlten. Davon kann keine Rede sein. Benjamin hat sich hierzu in seinem Essay über Karl Kraus geäußert und gefragt: Steht er an der Schwelle einer neuen Zeit? »Ach, durchaus nicht. – Er steht nämlich an der Schwelle des Weltgerichts.«[87] Und an dieser Schwelle haben im Grunde alle gestanden, die dann die Meister der »neuen Zeit« wurden, sie haben ihren Anbruch vor allem als Untergang gesehen und die Geschichte mitsamt ihren Traditionen, die zu ihm führte, als einen Trümmerhaufen: »Wir wissen, daß wir Vorläufer sind – und nach uns wird kommen: nichts Nennenswertes.«[88] Niemand hat dies klarer ausgesprochen als Benjamin in den *Geschichtsphilosophischen Thesen*, und nirgends hat er es eindeutiger gesagt als in der folgenden Briefstelle aus Paris im Jahre 1935: »Im übrigen unterliege ich kaum der Nötigung, mir auf diesen Weltzustand im großen und ganzen einen Vers zu machen. Es sind auf diesem Planeten schon sehr viele Kulturen in Blut und Grauen zugrunde gegangen. Natürlich muß man ihm wünschen, daß er eines Tages eine erlebt, die beide hinter sich gelassen hat – ja, ich bin... geneigt, anzunehmen, daß er darauf wartet. Aber ob *wir* ihm dieses Geschenk auf den hundert- oder vierhundertmillionsten Geburtstagstisch legen können, das ist eben furchtbar fraglich. Und wenn nicht, so wird er uns schließlich zur Strafe, als seinen unaufmerksamen Gratulanten, das Weltgericht auftragen lassen.«[89]

Nun, in dieser Hinsicht haben die letzten dreißig Jahre wohl kaum etwas Neues gebracht.

III. Der Perlentaucher

> Fünf Faden tief liegt Vater dein:
> Sein Gebein wird zu Korallen;
> Perlen sind die Augen sein:
> Nichts an ihm, das soll verfallen,
> Das nicht wandelt Meereshut
> In ein reich und seltnes Gut.
>
> Shakespeare, *Der Sturm I,2*

Sofern Vergangenheit als Tradition überliefert ist, hat sie Autorität; sofern Autorität sich geschichtlich darstellt, wird sie zur Tradition. Walter Benjamin wußte, daß Traditionsbruch und Autoritätsverlust irreparabel waren, und zog daraus den Schluß, neue Wege für den Umgang mit der Vergangenheit zu suchen. In diesem Umgang wurde er ein Meister, als er entdeckte, daß an die Stelle der Tradierbarkeit der Vergangenheit ihre Zitierbarkeit getreten war, an die Stelle ihrer Autorität die gespenstische Kraft, sich stückweise in der Gegenwart anzusiedeln und ihr den falschen Frieden der gedankenlosen Selbstzufriedenheit zu rauben. »Zitate in meiner Arbeit sind wie Räuber am Weg, die bewaffnet hervorbrechen und dem Müßiggänger die Überzeugung abnehmen.«[90] Aber wenn auch »erst der Verzweifelnde«, nämlich der an der Gegenwart Verzweifelnde (wie Benjamin an Karl Kraus exemplifiziert) »im Zitat die Kraft [entdeckt]: nicht zu bewahren, sondern zu reinigen, aus dem Zusammenhang zu reißen, zu zerstören«[91], so sind doch diese Entdecker des Destruktiven ursprünglich von einer ganz anderen Absicht beseelt, nämlich von der Absicht zu bewahren; und nur weil Benjamin sich nichts vormachen läßt von den berufsmäßigen »Bewahrern« der Vergangenheit, der Werte, des Positiven usw., entdeckt er schließlich, daß die destruktive Kraft des Zitats »die einzige [ist], in der noch Hoffnung liegt, daß einiges aus diesem Zeitraum überdauert – weil man es nämlich aus ihm herausschlug«. In dieser Form von »Denkbruchstücken« hat das Zitat die Aufgabe, den Fluß der Darstellung mit »transzendenter Wucht« sowohl zu unterbrechen wie das Dargestellte in sich zu versammeln.[92] An Gewicht kann es sich in Benjamins Arbeit nur mit dem ganz anders gearteten autoritären Zitat messen, das in den Traktaten des Mittelalters die immanente Stimmigkeit der Beweisführung ersetzt.

Ich erwähnte bereits, daß Benjamins zentrale Leidenschaft das Sammeln war. Es fing früh an mit dem, was er selbst seine »Bibliomanie« genannt hat, aber diese transformierte sich bald – ungleich charakteristischer, wenn nicht für die Person, so sicher für das Werk – in das Sammeln von Zitaten. (Nicht, daß er das Büchersammeln je aufgegeben hätte; noch kurz vor dem Zusammenbruch Frankreichs erwog er ernstlich, sein Exemplar der Gesammelten Werke Kafkas, die damals gerade in fünf Bänden erschienen waren, gegen ein paar Erstausgaben der frühen Schriften einzutauschen – ein Unterfangen, das natürlich jedem Nicht-Bibliophilen unverständlich bleiben mußte.) Das »innere Bedürfnis, eine Bibliothek zu besitzen«, machte sich in der gleichen Zeit, um 1915, geltend, in der er seine Studien der Romantik als der »letzten Bewegung, die noch einmal die Tradition hinüberrettete«, zuwandte.[93] Daß auch in dieser Leidenschaft des Erbens schon ein gewisser Destruktionstrieb waltete, hat er erst viel später entdeckt, als er bereits den Glauben an Tradition und Unzerstörbarkeit der Welt verloren hatte. (Davon wird gleich die Rede sein.) Damals meinte er noch, von Scholem bestärkt, daß die eigene Entfremdung von der Tradition wohl seinem Judentum geschuldet sei und daß es für ihn vielleicht den Weg zurück ebenso geben könnte wie für den Freund, der seine Auswanderung nach Jerusalem vorbereitete. (Schon 1920, noch von keinen Geldnöten ernstlich geplagt, denkt er daran, hebräisch zu lernen.) Er hat diesen Weg nie auch nur so weit beschritten wie etwa Kafka, der nach allen Bemühungen unverblümt erklärte, daß er mit nichts Jüdischem etwas anfangen könne, außer den von Buber für modernen Gebrauch präparierten chassidischen Geschichten: »In alles andere werde ich nur hineingeweht und ein anderer Luftzug bringt mich wieder fort.«[94] Also – trotz aller Zweifel zurück in die deutsche oder europäische Vergangenheit und mithelfen an der Tradierbarkeit ihrer Literatur?

So stellte sich die Frage wohl Anfang der zwanziger Jahre vor der Hinwendung zum Marxismus. Damals wählte Benjamin sich das deutsche Barock als Thema für die Habilitationsschrift, und diese Wahl ist für die Zweideutigkeit dieser ganzen noch unentschiedenen Problematik sehr charakteristisch. Denn das Barock ist in der deutschen literarischen Überlieferung eigentlich niemals lebendig gewesen, mit Ausnahme der großen Kirchenchoräle aus der Zeit. Goethe hat mit Recht gemeint, daß die deutsche Literatur, als er achtzehn Jahre alt war, auch nicht älter gewesen sei. Und Benjamins im doppelten Sinne barocke Wahl hat ihr genaues Gegenstück in Scholems merkwürdigem Entschluß, sich dem Judentum auf dem Weg der Kabbala zu nähern, also dem im Sinne jüdischer Tradition Untradierten und Untradierbaren, dem zudem noch etwas ausgesprochen Anrüchiges anhaftet. Nichts, möchte man im nachhinein meinen, zeigte deutlicher als die Wahl dieser Arbeitsgebiete, daß es den Weg zurück nicht gab – weder in die deutsche oder europäische noch in die jüdische Tradition. Implizit war damit zugestanden, daß das Vergangene von sich aus nur noch aus Dingen sprach, die nicht tradiert waren, deren scheinbare Gegenwartsnähe also gerade ihrem exotischen Charakter geschuldet war, und die darum auf keinen Fall Anspruch erheben konnten, zu verpflichten.

An die Stelle des verpflichtenden Wahren trat das in irgendeinem Sinne Bedeutende, Sinnträchtige; und dies hieß natürlich, wie Benjamin genau wußte, daß die »Konsistenz der Wahrheit...

verloren gegangen ist«[95]. Zur »Konsistenz der Wahrheit« gehörte – jedenfalls für Benjamin, dessen erste Denkversuche durchaus theologisch inspiriert waren –, daß sie ein Geheimnis betrifft und daß die Offenbarung dieses Geheimnisses Autorität hat. Wahrheit, sagt er kurz bevor ihm der unheilbare Traditionsbruch und Autoritätsverlust voll ins Bewußtsein trat, ist nicht »Enthüllung..., die das Geheimnis vernichtet, sondern Offenbarung, die ihm gerecht wird«[96]. War diese Wahrheit erst einmal an dem ihr gemäßen geschichtlichen Augenblick in die Menschenwelt getreten – sei es als die griechische, visuell mit den Augen des Geistes erblickbare *a-letheia*, die wir mit Heidegger als »Unverborgenheit« verstehen, sei es als das akustisch vernehmbare Wort Gottes, wie wir es aus den europäischen Offenbarungsreligionen kennen –, so war es diese ihr eigentümliche »Konsistenz«, die sie gewissermaßen handlich und damit tradierbar machte: Sie wurde als »Weisheit« zum »Traditionsgut«, und Weisheit ist die Konsistenz der tradierbaren Wahrheit. Mit anderen Worten: Selbst wenn Wahrheit in unserer Welt auftreten sollte, so kann sie nicht zur Weisheit führen, weil sie die Eigenschaften, die sie nur durch allgemeine Anerkennung ihrer Gültigkeit gewinnen kann, nicht mehr besitzt.

Benjamin spricht über diese Dinge anläßlich Kafkas und sagt, daß Kafka natürlich »weit entfernt [war], der erste zu sein, der sich dieser Tatsache gegenüber sah. Viele hatten sich mit ihr eingerichtet, festhaltend an der Wahrheit oder an dem, was sie jeweils dafür gehalten haben; schweren oder auch leichteren Herzens verzichtleistend auf ihre Tradierbarkeit. Das eigentlich Geniale an Kafka war, daß er etwas ganz neues ausprobiert hat: er gab die Wahrheit preis, um an der Tradierbarkeit... festzuhalten.«[97] Kafka tat dies, indem er überkommene »Gleichnisse« entscheidend veränderte oder neue im Stile der Tradition erfand,[98] nur daß diese sich »der Lehre nicht schlicht zu Füßen« legen, sondern »unversehens eine gewichtige Pranke gegen sie« erheben. Schon Kafkas Griff in den Meeresgrund des Vergangenen hatte diese eigentümliche Doppelheit von Bewahren- und Destruierenwollen an sich: Er wollte es bewahren, auch wenn es nicht Wahrheit war, schon um dieser »neuen Schönheit in dem Entschwindenden« willen, von der Benjamin anläßlich Lesskows spricht; und er wußte andererseits, daß man die Tradition nicht wirksamer zerschlagen kann, als indem man sich das »Reiche und Seltsame«, die Korallen und Perlen, aus dem Überkommenen herausbricht.

Diese Zweideutigkeit der Geste mit Bezug auf die Vergangenheit hat Benjamin am Typus des Sammlers, und das heißt an sich selbst, auf einzigartige Weise aufgezeigt. Der Sammler hat mancherlei, ihm oft undurchsichtige Motive. Das Sammeln ist, wie Benjamin wohl als erster betont hat, die Leidenschaft der Kinder, für welche die Dinge noch keinen Warencharakter haben, und es ist das Hobby der reichen Leute, die genug haben, um Nützliches nicht mehr zu brauchen, und es sich leisten können, »die Verklärung der Dinge zu [ihrer] Sache«[99] zu machen. Dabei müssen sie notwendigerweise das Schöne entdecken, das auf das »uninteressierte Wohlgefallen« (Kant) rechnet, um sich zur Geltung zu bringen; auf jeden Fall setzen sie den Liebhaberwert an die Stelle des Gebrauchswerts. (Daß Sammeln außerdem eine besonders sichere und oft höchst profitable Anlage von Vermögenswerten sein kann, war noch nicht in Benjamins Gesichtskreis getreten.) Und sofern sich das Sammeln an jeden Gegenstand hängen kann (nicht nur an Kunstgegenstände, die der alltäglichen Welt der Gebrauchsgegenstände ohnehin entzogen sind, weil sie zu nichts »gut« sind) und diesen Gegenstand damit als Ding gleichsam erlöst – er ist nun zu nichts mehr gut, Mittel zu keinem Zweck, er hat seinen Wert in sich –, ist das Sammeln für Benjamin eine der revolutionären Tätigkeit verwandte Haltung. Auch der Sammler, wie der Revolutionär, »träumt sich nicht nur in eine ferne oder vergangene Welt, sondern zugleich in eine bessere, in der zwar die Menschen ebensowenig mit dem versehen sind, was sie brauchen, wie in der alltäglichen, aber die Dinge von der Fron frei sind, nützlich zu sein«[100]. Das Sammeln ist die Erlösung der Dinge, welche die der Menschen komplementär ergänzen soll. Schon das Lesen der Bücher ist dem echten Bibliophilen fragwürdig: »Und das haben Sie alles gelesen?« soll ein Bewunderer seiner Bibliothek Anatole France gefragt haben. »Nicht ein Zehntel. Oder speisen Sie täglich von Ihrem Sèvres?«[101] (In Benjamins Bibliothek gab es eine Sammlung seltener Kinderbücher wie der Bücher von Geisteskranken, und da er sich weder mit Kinderpsychologie noch mit Psychiatrie beschäftigte, waren sie wortwörtlich wie viele andere seiner Kostbarkeiten zu nichts gut. Sie dienten weder der Unterhaltung noch der Belehrung.) Hiermit hängt aufs engste der Fetischcharakter zusammen, den Benjamin ausdrücklich für den gesammelten Gegenstand in Anspruch nimmt. Der für den Sammler wie für den von ihm bestimmten Markt entscheidende Echtheitswert ist an die Stelle des »Kultwerts« getreten, ist seine Säkularisierung.

Diesen Reflexionen haftet wie oft bei Benjamin etwas Geistreiches an, das für seine wesentlichen Einsichten, die zumeist sehr handfester Natur sind, gerade nicht bezeichnend ist, wohl aber charakteristisch für das ihm eigentümliche Flanieren auch im Geistigen, bei dem er – wie der Flaneur in der Stadt – als Führer auf seinen Entdeckungsreisen dem Zufall vertraut. In diesem Zusammenhang ist wesentlich, daß »die Haltung des Sammlers ... im höchsten Sinne die Haltung des Erben« ist, der sich, indem er von den Dingen Besitz ergreift – und »der Besitz [ist] das allertiefste Verhältnis, das man zu Dingen überhaupt haben kann« –,[102] in der Vergangenheit einrichtet, um so ungestört von der Gegenwart die »alte Welt zu erneuern«. Und da dieser »tiefste Trieb« im Sammler ein reines Privatvergnügen ist, muß alles, »was aus dem Sehwinkel eines echten Sammlers gesagt wird«, so »schrullig« erscheinen wie die in der Tat echt Jean Paulsche Vorstellung von einem Schriftsteller, der Bücher nicht aus Armut, sondern aus Unzufriedenheit mit den Büchern schreibt, welche er kaufen könnte und die ihm nicht gefallen.[103] Nun finden sich aber bei näherem Zusehen an dieser Schrulligkeit des Sammlers einige höchst merkwürdige Besonderheiten. Da ist einmal die für diese Zeit bezeichnende Geste, mit der der Sammler sich nicht nur aus der gegenwärtigen Öffentlichkeit einfach in sein Privatleben zurückzieht, sondern in seinen Privatbesitz die Dinge mitnimmt und, wie er meint, hinüberrettet, die einmal der Öffentlichkeit gehörten. (Es handelt sich hier natürlich noch nicht um den heutigen Sammlertypus, der sich dessen bemächtigt, was öffentlichen Marktwert hat oder seiner Meinung nach haben wird, sondern um den, der wie Benjamin gerade dem Absonderlichen nachjagt, das als wertlos gilt.) Ferner kommt in dieser Leidenschaft für das Vergangene um des Vergangenen willen bereits ein sehr merkwürdiger Zug zum Vorschein, der anzeigt, daß gerade die Tradition bei diesem »Erben« zu kurz kommt und ihre Werte bei ihm keineswegs so gut aufgehoben sind, wie es auf den ersten Blick scheinen könnte.

Der Überlieferung ist es eigen, das Vergangene zu ordnen, und zwar nicht nur chronologisch, sondern auch systematisch, nämlich das Positive vom Negativen zu sondern und das Verpflichtende und Maßgebliche herauszuheben aus der Masse unerheblicher oder bloß interessanter Meinungen und Phänomene, die auch vorkommen. Die Leidenschaft des Sammlers hingegen ist nicht nur unsystematisch, sie grenzt ans Chaotische, und zwar nicht so sehr, weil sie Leidenschaft ist, sondern weil sie sich primär gar nicht an der Qualität des Gegenstandes, die klassifizierbar ist, entzündet, vielmehr an seiner »Echtheit«, an seiner Einzigartigkeit, die alle systematische Zuordnung sprengt. Während also die Tradition die Vergangenheit profiliert, ebnet der Sammler alle Unterschiede ein. Und diese Einebnung: daß »das Positive und das Negative ... – Vorliebe und Verwerfung – hier eng aneinander[stoßen]«[104], findet auch dann statt, sogar in ausgezeichnetem Maß, wenn der Sammler die Überlieferung selbst zu seinem Spezialgebiet gemacht hat und alles von ihr nicht Anerkannte sorgfältig ausscheidet. Gegen die Tradition setzt der Sammler das Kriterium der Echtheit, gegen das Maßgebliche das Signum des Ursprungs, gegen eine inhaltliche Qualität also, wenn man diese Denkungsart ins theoretisch Gedankliche übersetzt, die reine Ursprünglichkeit oder Authentizität, die erst der französische Existenzialismus zu einer von allen spezifischen Eigenschaften abgelösten Qualität an sich gemacht hat. Treibt man nun diese Denkungsart in die ihr gemäße gedankliche Konsequenz, so kommt es zu einer merkwürdigen Umkehrung des ursprünglichen Sammler-Triebes: »Das echte Bild mag alt sein, aber der echte Gedanke ist neu. Er ist von heute. Dies Heute mag dürftig sein, zugegeben. Aber es mag sein wie es will, man muß es fest bei den Hörnern haben, um die Vergangenheit befragen zu können. Es ist der Stier, dessen Blut die Grube erfüllen muß, wenn an ihrem Rande die Geister der Abgeschiedenen erscheinen sollen.«[105] Aus dieser für die Beschwörung der Vergangenheit geopferten Gegenwart stammt dann »die tödliche Stoßkraft des Gedankens«, die sich gegen das Vergangene als Tradition und Autorität richtet. Also: Nicht an das gute Alte anknüpfen, sondern an das schlechte Neue.

Unversehens verwandelt sich so der Erbe und Bewahrer in einen Zerstörer. »Die wahre, sehr verkannte Leidenschaft des Sammlers ist immer anarchistisch, destruktiv. Denn dies ist ihre Dialektik: Mit der Treue zum Ding, zum Einzelnen, bei ihm Geborgenen, den eigensinnigen subversiven Protest gegen das Typische, Klassifizierbare zu verbinden.«[106] Der Sammler zerstört den Zusammenhang, in dem sein Gegenstand einmal nur Teil eines größeren lebendigen Ganzen gewesen ist, und da für ihn nur das einmalig Echte in Betracht kommt, muß er den erwähnten Gegenstand von allem reinigen, was an ihm typisch ist. Die Figur des Sammlers, ihrer Herkunft nach so altertümlich wie die des Flaneurs, kann in Benjamin so eminent moderne Züge annehmen, weil die Geschichte selbst, nämlich der im Anfang dieses Jahrhunderts vollzogene Traditionsbruch, ihm diese Arbeit des Zerstörens bereits abgenommen hat, und er sich gleichsam nur zu bücken braucht, um sich seine kostbaren Bruchstücke aus dem Trümmerhaufen des Vergangenen herauszulesen. Mit anderen Worten, die Dinge boten gerade dem, der sich fest an das Heute hielt, von sich her einen Aspekt dar, der zuvor nur aus der schrulligen Perspektive des Sammlers zu entdecken gewesen war.

Ich weiß nicht, wann Benjamin die merkwürdige Koinzidenz seiner altertümlichen Triebe mit den Gegebenheiten der Zeit entdeckt hat; es muß in der Mitte der zwanziger Jahre gewesen sein, als er anfing, sich ernsthaft mit Kafka auseinanderzusetzen, um nur wenig später in Brecht den dieser Zeit gemäßen Dichter zu entdecken. Ich will auch nicht behaupten, daß er von einem Tag auf den anderen oder auch nur von einem Jahr aufs andere den Akzent vom Büchersammeln auf das nur ihm eigene Zitate-Sammeln verlegte, obwohl in den Briefen einiges für eine bewußte Akzentverschiebung spricht. Jedenfalls war nichts für ihn in den dreißiger Jahren charakteristischer als die kleinen, schwarz-gebundenen Notizbüchlein, die er immer bei sich trug und in die er unermüdlich in Zitaten eintrug, was das tägliche Leben und Lesen ihm an »Perlen und Korallen« zutrug, um sie dann gelegentlich wie Stücke einer erlesen kostbaren Sammlung vorzuzeigen und vorzulesen. Und in dieser gar nicht mehr schrulligen Sammlung konnte man ohne Schwierigkeit neben einem verschollenen Liebesgedicht aus dem achtzehnten Jahrhundert die jüngste Zeitungsnachricht finden, neben Goeckingks »Als der erste Schnee fiel« die Meldung aus Wien im Sommer 1939, daß die dortige »Gasanstalt... die Belieferung der Juden mit Gas eingestellt [hat]. Der Gasverbrauch der jüdischen Bevölkerung brachte für die Gasgesellschaft Verluste mit sich, da gerade die größten Konsumenten ihre Rechnungen nicht beglichen. Die Juden benutzten das Gas vorzugsweise zum Zweck des Selbstmords.«[107] Hier wurden die Geister der Abgeschiedenen nun in der Tat nur noch aus der Opfergrube des Heute beschworen.

Wie legitim und dem Traditionsbruch der Zeit gemäß die scheinbar schrullige Figur des Sammlers, der aus dem Trümmerhaufen des Vergangenen sich seine Fragmente und Bruchstücke zusammenholt, in Wahrheit ist, macht man sich vielleicht am besten an der nur auf den ersten Blick verblüffenden Tatsache klar, daß es wohl keine Zeit vor der unsrigen gegeben hat, in der Altes, Ältestes und viel von der Überlieferung längst Vergessenes zum allgemeinen Bildungsgut geworden ist, das in Hunderttausenden von Exemplaren jedem Schuljungen in die Hand gedrückt wird. Diese erstaunliche Belebung vor allem auch der Antike, die sich seit den vierziger Jahren vielleicht am stärksten in dem vergleichsweise traditionslosen Amerika geltend macht, hatte in Europa in den zwanziger Jahren begonnen. Und sie wurde dort von denen in die Wege geleitet, die sich der Unheilbarkeit des Traditionsbruchs am klarsten bewußt waren – also in Deutschland, und nicht nur in Deutschland, vor allem von Martin Heidegger, dessen außerordentlicher und außerordentlich früher Erfolg zu einem wesentlichen Teil auch einem »Hören auf die Überlieferung« geschuldet ist, »das nicht Vergangenem nachhängt, sondern das Gegenwärtige bedenkt«[108]. Mit Heideggers großem Spürsinn für das, was aus lebendigem Auge und lebendigem Gebein Perle und Koralle geworden und als solches nur durch die »Gewaltsamkeit« der Interpretation, nämlich »die tödliche Stoßkraft« neuer Gedanken zu retten und in die Gegenwart zu heben ist, hatte Benjamin, ohne es zu wissen, im Grunde erheblich mehr gemein als mit den dialektischen Subtilitäten seiner marxistischen Freunde. Denn wie etwa jener schon im ersten Teil dieser Studie zitierte Satz, der den Wahlverwandtschaften-Essay beschließt: »Nur um der Hoffnungslosen willen ist uns die Hoffnung gegeben«, klingt, als habe ihn Kafka geschrieben, so könnte man bei den folgenden im Jahre 1924 geschriebenen Worten (aus einem Brief an Hofmannsthal) wohl meinen, sie stammten aus einer Schrift von Heidegger aus den vierziger oder fünfziger Jahren: »Die Überzeugung, welche in meinen literarischen Versuchen mich leitet... [ist], daß jede Wahrheit ihr Haus, ihren angestammten Palast, in der Sprache hat, daß er aus den ältesten logoi errichtet ist und daß der so gegründeten Wahrheit gegenüber die Einsichten der Einzelwissenschaften subaltern bleiben, solange sie gleichsam nomadisierend, bald hier bald da im Sprachbereiche sich behelfen, befangen in jener Anschauung vom Zeichencharakter der Sprache, der ihrer Terminologie die verantwortungslose Willkür aufprägt.«[109] Die Worte nämlich sind im Sinne von Benjamins frühen sprachphilosophischen Versuchen »das Gegenteil aller nach außen gerichteten Mitteilung«, wie die Wahrheit überhaupt »der Tod der Intention« ist. Wer sie befragt, dem ergeht es wie dem Mann in der Fabel vom verschleierten Bilde zu Sais – »nicht eine rätselhafte Gräßlichkeit des Sachverhalts ist's, die das bewirkt, sondern die Natur der Wahrheit, vor welcher auch das reinste Feuer des Suchens wie unter Wasser verlischt!«[110]

Seit dem Wahlverwandtschaften-Essay steht im Zentrum jeder Arbeit Benjamins das Zitat. Schon dadurch unterscheiden sie sich von gelehrten Abhandlungen aller Art, in denen Zitate die Aufgabe haben, Meinungen zu belegen, und daher ruhig in den Anmerkungsapparat verwiesen werden können. Davon kann bei Benjamin keine Rede sein. Als er die Arbeit über das deutsche Trauerspiel vorbereitete, rühmte er sich einer Sammlung von »über ca 600 Zitaten... in bester Ordnung und Übersichtlichkeit«[111], und diese Sammlung, wie die späteren Notizbücher, war nicht eine Anhäufung von Exzerpten, welche die Niederschrift erleichtern sollten, sondern stellte bereits die Hauptarbeit dar, der gegenüber die Niederschrift sekundärer Natur war. Die Hauptarbeit bestand darin, Fragmente aus ihrem Zusammenhang zu reißen und sie neu anzuordnen, und zwar so, daß sie sich gegenseitig illuminieren und gleichsam freischwebend ihre Existenzberechtigung bewähren konnten. Es handelte sich durchaus um eine Art surrealistischer Montage. Sein Ideal, eine Arbeit herzustellen, die nur aus Zitaten bestand, also so meisterhaft montiert war, daß sie jeder begleitenden Rede entraten konnte, mag skurril und selbstzerstörerisch anmuten, war es aber so wenig wie die gleichzeitigen surrealistischen Versuche, die ähnlichen Impulsen ihre Entstehung verdanken. Sofern aber ein begleitender Text des Autors selbst nicht zu vermeiden war, galt es ihn so zu gestalten, daß »die Intention solcher Untersuchungen«, nämlich »die sprachliche und gedankliche Tiefe... nicht sowohl auszuschachten als zu erbohren«, gewahrt blieb und nicht durch Erklärungen, die einen kausalen oder systematischen Zusammenhang herzustellen suchen, ruiniert werde. Daß diese neue Bohrmethode eine gewisse »Forcierung von Einsichten« zur Folge hat, »deren unfeine Pedanterie freilich der heute fast durchweg verbreiteten souveränen Allüre ihrer Verfälschung vorzuziehen ist«, war ihm dabei ebenso klar, wie daß sie »die Ursache gewisser Dunkelheiten« bilden mußte.[112] Vor allem war ihm daran gelegen, alles zu vermeiden, was an Einfühlung erinnern könne, als hätte der jeweilige Gegenstand der Untersuchung eine Botschaft parat, die sich dem Leser oder Beschauer ohne weiteres mitteilt oder mitteilbar machen ließe: »*Kein Gedicht gilt dem Leser, kein Bild dem Beschauer, keine Symphonie der Hörerschaft.*«[113]

Unter diesem Motto, sehr früh schon formuliert, steht alle Literaturkritik bei Benjamin. Und es geht ihm dabei um erheblich mehr als um den Affront eines wie immer gearteten Publikums, wie man ihn so überdeutlich in den willkürlichen Schockwirkungen des Dadaismus findet; es geht ihm vielmehr um die Überzeugung, daß gewisse Sachverhalte vor allem sprachlicher Natur »ihren guten, ja vielleicht besten Sinn behalten, wenn sie nicht von vorneherein ausschließlich auf den Menschen bezogen werden. So dürfte von einem unvergeßlichen Leben oder Augenblick gesprochen werden, auch wenn alle Menschen sie vergessen hätten. Wenn nämlich deren Wesen es forderte, nicht vergessen zu werden, so würde jenes Prädikat nichts Falsches, sondern nur eine Forderung, der Menschen nicht entsprechen, und zugleich auch wohl den Verweis auf einen Bereich enthalten, in dem ihr entsprochen wäre: auf ein Gedenken Gottes.«[114] Auf den theologischen Hintergrund hat Benjamin später verzichtet, nicht aber auf die Sache selbst und nicht auf die Methode, das Wesen im Zitat zu erbohren – wie man Wasser aus der unterirdischen, in der Tiefe verborgenen Quelle erbohrt. Das Bohren ist dasselbe wie das Beschwören, und das so Beschworene, das nun heraufsteigt, ist immer das, was die Shakespearesche »sea-change« vom lebendigen Auge zur Perle, vom lebendigen Gebein zur Koralle erlitten hat. Das Zitieren ist ein Nennen, und das Nennen, nicht eigentlich das Sprechen, das Wort und nicht der Satz bringen für Benjamin Wahrheit an den Tag. Wahrheit, wie man in der Vorrede zum *Ursprung des deutschen Trauerspiels* nachlesen kann, gilt ihm als ein ausschließlich akustisches Phänomen: »nicht Platon, sondern Adam«, der den Dingen ihre Namen gab, ist ihm der »Vater der Philosophie«. Tradition war daher die Form, in welcher diese nennenden Worte überliefert wurden – auch sie ein im wesentlichen akustisches Phänomen, eine »Überlieferung«, wie Heidegger sagt,[115] in die es »gilt... zurückzuhören«. Er fühlte sich Kafka so verwandt, weil auch dieser »keinerlei Weitblick, auch keine ›Sehergabe‹« besaß, sondern der Tradition lauschte, »und wer angestrengt lauscht, der sieht nicht«.[116]

Es hat seine guten Gründe, daß Benjamins frühe philosophische Interessen sich ausschließlich an Sprachphilosophie orientierten und daß ihm schließlich das zitierende Nennen zu der einzig möglichen, einzig angemessenen Art und Weise wurde, mit der Vergangenheit ohne die Hilfe der Überlieferung umzugehen. Jede Epoche, der ihre eigene Vergangenheit in einem solchen Maße fragwürdig geworden ist wie der unseren, muß schließlich auf das Phänomen der Sprache stoßen; denn in der Sprache sitzt das Vergangene unausrottbar, an ihr scheitern alle Versuche, es endgültig loszuwerden. Die griechische Polis wird so lange am Grunde unserer politischen Existenz, auf dem Meeresgrunde also, weiter da sein, als wir das Wort »Politik« im Munde führen. Dies ist es, was die Semantiker, die mit gutem Grunde die Sprache als das einzige Bollwerk attackieren, hinter dem sich die Vergangenheit verbirgt – ihre Konfusion, wie sie meinen –, nicht verstehen. Sie haben vollkommen recht: Alle Probleme sind letztlich sprachliche Probleme; sie wissen nur nicht, was sie damit sagen.

Aber Benjamin, der noch nicht Wittgenstein und erst recht nicht seine Vorgänger und Nachfolger kannte, wußte gerade in diesen Dingen sehr gut Bescheid, weil sich für ihn das Problem der Wahrheit von Anfang an als eine »Offenbarung« stellte, die »*vernommen* werden muß, d. h. in der metaphysisch akustischen Sphäre liegt«. Sprache also war für ihn keineswegs primär die den Menschen unter anderen Lebewesen auszeichnende Sprechbegabung, sondern im Gegenteil das »Weltwesen..., aus dem das Sprechen hervorgeht«[117]. Dies kommt der Heideggerschen Position: »Der Mensch kann nur sprechen, insofern er der Sagende ist,«[118] sehr nahe, nur daß für Benjamin das Sagen zwar auch »erscheinen-« aber nicht »sehen-lassen« bedeuten würde. Es gibt also »eine Sprache der Wahrheit..., in welcher die letzten Geheimnisse, um die alles Denken sich müht, spannungslos und selbst schweigend aufbewahrt sind«, und dies ist »die wahre Sprache«,[119] deren Existenz wir zumeist ahnungslos voraussetzen, sobald wir aus einer Sprache in eine andere übersetzen. Darum stellt er in die Mitte seines Aufsatzes von der »Aufgabe des Übersetzers« das erstaunliche Mallarmé-Zitat, in dem die gesprochenen Sprachen in ihrer irdisch bedingten Vielfalt und Verschiedenartigkeit als das Hindernis verstanden werden, die »immortelle parole« auch nur zu denken, geschweige denn sie als Wahrheit materiell dem Weltstoff einzufügen.[120] Was immer er später theoretisch an diesen theologisch-metaphysischen Überzeugungen revidiert haben mag, an dem für alle seine literarischen Arbeiten entscheidenden Ansatz, sprachliche Gebilde nicht auf ihren Nützlichkeits- und Mitteilungswert zu befragen, sondern sie in ihrer kristallisierten und daher prinzipiell fragmentarischen Form als intentionslose und kommunikationslose Äußerungen eines »Weltwesens« zu verstehen, hat er immer festgehalten. Was heißt dies anderes, als daß er Sprache überhaupt von der Dichtung her verstand? Und dies gerade sagt denn auch der letzte, von ihm nicht mehr zitierte Satz, in dem der Mallarmé-Aphorismus gipfelt, in aller Deutlichkeit: »*Seulement*, sachons *n'existerait pas le vers*: lui, philosophiquement rémunère le défaut des langues, complément supérieur« – der Vers entlohnt den Defekt der Sprachen, ist ihre höhere Ergänzung. Womit ich denn nur auf eine etwas ausführlichere Weise wiederholt habe, daß wir es bei Benjamin mit etwas zu tun haben, was nun in der Tat, wenn nicht einzigartig, so doch äußerst selten ist – mit der Gabe, *dichterisch zu denken*.

Dies Denken, genährt aus dem Heute, arbeitet mit den »Denkbruchstücken«, die es der Vergangenheit entreißen und um sich versammeln kann. Dem Perlentaucher gleich, der sich auf den Grund des Meeres begibt, nicht um den Meeresboden auszuschachten und ans Tageslicht zu fördern, sondern um in der Tiefe das Reiche und Seltsame, Perlen und Korallen, herauszubrechen und als Fragmente an die Oberfläche des Tages zu retten, taucht es in die Tiefen der Vergangenheit, aber nicht um sie so, wie sie war, zu beleben und zur Erneuerung abgelebter Zeiten beizutragen. Was dies Denken leitet, ist die Überzeugung, daß zwar das Lebendige dem Ruin der Zeit verfällt, daß aber der Verwesungsprozeß gleichzeitig ein Kristallisationsprozeß ist; daß in der »Meereshut« – dem selbst nicht-historischen Element, dem alles geschichtlich Gewordene verfallen soll – neue kristalisierte Formen und Gestalten entstehen, die, gegen die Elemente gefeit, überdauern und nur auf den Perlentaucher warten, der sie an den Tag bringt: als »Denkbruchstücke«, als Fragmente oder auch als die immerwährenden »Urphänomene«.

Bertolt Brecht

1898–1956

> You hope, yes,
> > your books will excuse you,
> save you from hell:
> > nevertheless,
> without looking sad,
> > without in any way
> seeming to blame
> > (He doesn't need to,
> knowing well
> > what a lover of art
> like yourself pays heed to),
> > God may reduce you
> on Judgment Day
> > to tears of shame,
> reciting by heart
> > the poems you would
> have written, had
> > your life been good.
> > > > W. H. Auden

I

Im Februar 1933, einen Tag nach dem Reichstagsbrand, flüchtete Brecht aus Deutschland und ließ sich Ende des Jahres für acht Jahre in Dänemark nieder. Im Jahre 1941, mitten im Krieg, aber noch vor dem deutschen Angriff auf Rußland, floh Brecht mit seiner Familie über Finnland, Moskau und Wladiwostok nach Amerika; in Hollywood, nahe dem »Markt, wo Lügen gekauft werden«, reihte er sich »hoffnungsvoll... ein zwischen die Verkäufer«[1]. Dies war nicht leicht; unbekannt außerhalb deutschsprachiger Länder mußte er gleichsam wieder von vorn anfangen:[2]

Die alten Wege muß ich wieder gehn

Die glatt geschliffenen durch den Tritt der Hoffnungslosen!

Schon gehend, weiß ich jetzt noch nicht: zu wem?
Wohin ich komme, hör ich: Spell your name!
Ach, dieser »name« gehörte zu den großen!

Diese Zeilen sind bemerkenswert, nicht wegen der darin geschilderten Situation, sondern weil sie die einzigen im Werke Brechts sind, aus denen eine Spur von dem in der Emigration so verbreiteten Mitleid mit sich selbst und dem persönlichen Schicksal spricht. Er blieb sieben Jahre, und im letzten kam es zu einer Aufführung des *Galilei*, den der Schauspieler Charles Laughton, der die Hauptrolle spielte, mit Brecht zusammen übersetzt hatte; aber das Stück wurde nach wenigen Aufführungen abgesetzt, und Brecht selbst, der kurz zuvor nach Washington vor den Ausschuß »on Un-American Activities« zitiert worden war, hatte das Land bereits verlassen. Er ging nach Zürich, wo er zwei Jahre vergeblich versuchte, die damals noch notwendige Genehmigung der militärischen Besatzungsbehörden für die Niederlassung in der Bundesrepublik zu erhalten. Als Ostberlin ihm die Leitung eines eigenen Theaters anbot, ging er – nachdem er sich einen tschechischen Paß (der bald gegen einen österreichischen eingetauscht werden sollte), ein Schweizer Bankkonto und einen westdeutschen Verleger besorgt hatte. Er war ein kluger und vorsichtiger Mann. Nie war es ihm in den Sinn gekommen, in Rußland um Asyl zu bitten, und die nun sich bietende Gelegenheit, die stalinistische Variante totaler Herrschaft aus nächster Nähe kennenzulernen, hat ihm offenbar einige Besorgnis eingeflößt. Er starb im August 1956, wenige Monate vor dem Ausbruch der Ungarischen Revolution.

Seither hat sich sein Ruhm über die ganze zivilisierte Welt verbreitet, und es gibt wohl kaum noch ein Land, in dem er seinen Namen zu buchstabieren hätte. Von den zweit-, dritt- und viertklassigen Literaten, die ihm seiner politischen Gesinnung wegen auch die dichterischen und dramatischen Qualitäten aberkennen zu dürfen glaubten,[3] ist nicht mehr viel zu hören. Das heißt aber nicht, daß man Brechts politische Biographie einfach auf sich beruhen lassen könnte; schließlich läßt sich das sehr fragwürdige

Verhältnis von Dichtung und Politik nicht gut an der Masse »engagierter« Skribenten, sondern einzig an dem Fall eines wirklichen Dichters exemplifizieren. Es heißt nur, daß nun, da sein Ruhm gesichert ist, man es wagen kann, gewisse Fragen aufzuwerfen, ohne mißverstanden zu werden.

Dabei braucht uns allerdings die Tatsache, daß Brecht an der kommunistischen Ideologie mit einem oft das Groteske streifenden, doktrinären Eigensinn festhielt, kaum zu beunruhigen. Worauf es hier allein ankommt, hat er selbst in einem während des Krieges geschriebenen, aber erst postum veröffentlichten Gedicht gesagt, das an die deutschen Dichter unter Hitler gerichtet ist:[4]

Hütet euch, ihr
Die ihr den Hitler besingt! Ich
. . .
. . . weiß
Daß er bald sterben wird und sterbend
Seinen Ruhm überlebt haben wird, aber
Selbst wenn er die Erde unbewohnbar
Machte, indem er sie
Eroberte, könnte kein Lied
Ihn besingend, bestehn. Freilich erstirbt
Allzurasch der Schmerzensschrei auch ganzer
Kontinente, als daß er das Loblied
Des Peinigers ersticken könnte. Freilich
Haben auch die Besinger der Untat
Wohllautende Stimmen. Und doch
Gilt der Gesang des sterbenden Schwanes am schönsten: er
Singt ohne Furcht.

Brecht hatte recht und unrecht. Gewiß hat kein Gedicht zum Lobe Hitlers oder des Hitler-Krieges dessen Tod überlebt – (das einzige Kriegslied, das bestehen wird, ist Brechts Ballade vom »Kinderkreuzzug«, 1939), aber dies doch wohl auch vor allem darum, weil eben die »Besinger der Untat wohllautende Stimmen« nicht hatten. War dies wirklich nur ein Zufall des Talents? Andrerseits muß man doch wohl sagen, daß Brechts eigene Stimme in diesen Versen an seine Dichterkollegen wohllautend genug klingt. Warum hat er sie denn zu Lebzeiten nicht veröffentlicht? Er hat sonst von der Veröffentlichung nur sehr persönliche Verse oder offenbar mißlungene Gedichte zurückgehalten. Sollte ihm nicht vielleicht aufgefallen sein, wie leicht ein simpler Namenstausch die Anklage zur Selbstanklage machen konnte? Zwar fehlt in der Gesamtausgabe seiner Werke die Lobpreisung Stalins, aber er wußte doch, daß er sie geschrieben und veröffentlicht hatte.[5] Und in diesen Versen ist von »wohllautender Stimme« keine Rede, woraus man schließen darf, daß er wußte, was er tat. Man braucht nicht einmal zu schließen. Er selbst schrieb zu gleicher Zeit:[6]

Heut nacht im Traum sah ich Finger, auf mich deutend
Wie auf einen Aussätzigen. Sie waren zerarbeitet und
Sie waren gebrochen.

Unwissende! schrie ich
Schuldbewußt.

Über Dichter zu reden ist immer eine mißliche Sache. Dichter sind dazu da, zitiert zu werden, und was man über sie zu schreiben weiß, erübrigt sich meist. So jedenfalls stellt sich die Sache für diejenigen dar, die weder Kritiker noch Literaturhistoriker sind. Und da die Stimme der Dichter uns alle angeht, da wir in unserem privaten und öffentlichen Leben auf sie rechnen und ihnen vertrauen, werden die Leute vom Fach es sich schon gefallen lassen müssen, wenn unsereins mitredet; und die Dichter, ob sie nun über politische Gegenstände schreiben oder nicht, werden es sich auch gefallen lassen müssen, von Bürgern als Bürger beurteilt zu werden. Das liegt natürlich besonders nahe, wenn politische Stellungnahmen und Bindungen eine so entscheidend wichtige Rolle in Leben und Werk eines Autors gespielt haben, wie es bei Brecht der Fall ist.

Nun ist ja bekannt, daß die Dichter, von denen die Geschichte zu berichten weiß, nur sehr selten auch über die eigentlichen Bürgertugenden verfügten. Es hat schon sehr früh erheblichen Ärger mit ihnen gegeben, und Plato, in dessen Werken auf fast jeder Seite noch der große Dichter durch die Problematik des Philosophen spricht, war keineswegs der erste, sich gegen sie zu wenden. Unter unseren Zeitgenossen brauchen wir uns nur an den Fall Ezra Pound zu erinnern. Die Regierung der Vereinigten Staaten verzichtete darauf, ihn des Landesverrats, dessen er sich zweifellos während des Zweiten Weltkrieges schuldig gemacht hatte, anzuklagen, weil man immerhin Zweifel an seiner »geistigen Zurechnungsfähigkeit« haben konnte; woraufhin ein Ausschuß von Dichtern genau das tat, was die Regierung unterlassen hatte, nämlich den Fall öffentlich zu entscheiden. Das Ergebnis war der Preis von 1948 für die schönsten Gedichte des Jahres in englischer Sprache. Der Dichterausschuß stieß sich weder an der faschistischen Gesinnung noch an der Verrücktheit; ihn ging der Dichter an; an dem Verhalten des Bürgers waren die Preisrichter nicht interessiert. Und da sie selbst Dichter waren, mögen sie wohl mit Goethe gedacht haben: »Dichter sündgen nicht schwer;« man soll ihre Sünden nicht zu ernst nehmen, man kann mit ihnen nicht rechten wie mit anderen Menschen. Goethes Zeile allerdings meint andere, nicht-politische Sünden, von denen auch Brecht gelegentlich spricht, wenn er zum Beispiel seinen Frauen erklärt: »In mir habt ihr einen, auf den könnt ihr nicht bauen.«[7] Daß er nur selten widerstehen konnte, die unwillkommensten Wahrheiten zu sagen, gehörte zu Brechts großen Tugenden; und er wußte natürlich genau, daß Frauen an ihren Männern nichts mehr schätzen als die Verläßlichkeit, die wiederum genau das ist, wovon Dichter am wenigsten zu bieten haben. Sie können sich diese Tugend der »gravitas« nicht leisten, weil es gerade die Schwerkraft ist, gegen die sie ihren Flug wagen. Sie können sich nicht binden, und man darf ihnen nicht so viel Verantwortung im Täglichen zumuten wie anderen Menschen.

Brecht wußte auf seine Weise darüber sehr genau Bescheid. In einem Gespräch mit Benjamin sagte er: »Ich denke oft an ein Tribunal, vor dem ich vernommen werden würde. ›Wie ist das? Ist es Ihnen eigentlich ernst?‹ Ich müßte dann anerkennen: Ganz ernst ist es mir nicht. Ich denke ja auch zu viel an Artistisches, an das, was dem Theater zu gute kommt, als daß es mir ganz ernst sein könnte. Aber wenn ich diese wichtige Frage verneint habe, so werde ich eine noch wichtigere Behauptung anschließen: daß mein Verhalten nämlich *erlaubt* ist.«[8] Und zur Erläuterung der Vorstellung von Dichtern, denen es ganz ernst ist, geht er von der Fiktion aus, Konfuzius habe eine Tragödie oder Lenin habe einen Roman geschrieben. »Nehmen wir an, Sie lesen einen ausgezeichneten politischen Roman und erfahren nachher, daß er von Lenin ist, Sie würden Ihre Meinung über beide ändern, und zu ungunsten beider. Konfuzius dürfte auch kein Stück von Euripides schreiben, man hätte das als unwürdig angesehen. Nicht aber sind das seine Gleichnisse.«[9]

Nun gibt es aber Sünden und Sünden. Vergleicht man Brecht und Pound, den Kommunisten und den Faschisten, so ist es keine Frage, daß Pound sich erheblich schlechter benommen hat als Brecht. Wesentlich ist nicht, daß Mussolinis Redekünste ihn überzeugten, sondern daß er in den Radioansprachen während des Krieges diese, vor allem was Hitlers Judenpolitik anlangte, weit übertrumpfte. Unter den namhaften Schriftstellern hat es außer Céline wohl kaum einen gegeben, der es ihm in der bösartigsten Judenhetze gleichtat. Dabei spielt es keine Rolle, daß er Juden nie hat leiden mögen. Er teilt diese Abneigung mit T. S. Eliot, sie ist seine Privatangelegenheit und politisch ohne Bedeutung. Aber im Unterschied zu Eliot, der sich wohlweislich nach Hitlers Machtübernahme nicht mehr zu dieser Frage äußerte, hielt Pound es für geraten, in den Jahren der Judenmassaker sich zu einem der prominentesten Wortführer des Antisemitismus zu machen; und das ist, weiß Gott, eine andere Sache. Nur ist es aber auch eine Tatsache, daß Pound, ein großer Dichter, vermutlich zeitweilig geisteskrank war und wohl auch nicht sehr weltklug ist. Er konnte sich daher Dinge erlauben, die der sehr gesunde und sehr kluge Brecht sich, wie wir sehen werden, nicht so ohne weiteres leisten konnte.

Wie immer wir über den Mangel an »gravitas« – Schwerkraft, Verläßlichkeit und Verantwortlichkeit – bei den Dichtern denken mögen, es ist ja selbstverständlich, daß ihnen nicht alles erlaubt ist. Wo aber da die Grenze zu ziehen ist, darüber vermögen wir, ihre Mitbürger, wohl kaum zu entscheiden. Villon endete beinahe am Galgen, vermutlich nicht zu Unrecht, aber seine Lieder erfreuen noch unser Herz, und sein Name steht in hohen Ehren bei allen, die sich in diesen Dingen auskennen. Nichts ist lächerlicher als der Versuch, den Dichtern Moral zu predigen oder ihnen Vorschriften zu machen, wiewohl dies seit Plato immer wieder versucht worden ist. Zum Glück für uns und für die Dichter ist dies auch ganz überflüssig, da wir es ruhig wagen können, in diesem Fall unsere alltäglichen Urteilsmaßstäbe in moralischen Fragen, die ja ohnehin alles andere als gesichert sind, zu suspendieren.

Der einzige Maßstab, nach dem auch das persönliche Verhalten des Dichters zu beurteilen ist, ist seine Dichtung. Das Schlimmste, was einem Dichter geschehen kann, ist, daß er aufhört, ein Dichter zu sein; und gerade dies ist Brecht in dem letzten Jahrzehnt seines Lebens geschehen. Er selbst hat wohl gemeint, das Stalin-Lob in Vers und Prosa[10] sei belanglos. War es nicht der Furcht geschuldet, und war er nicht immer schon der Meinung gewesen, daß nahezu alles erlaubt ist, wo sich der »blutige Finger der Gewalt« zeigt? In den *Geschichten vom Herrn Keuner* steht, welche Maßnahmen man ergreifen soll gegen die Gewalt, nur daß Herr Keuner im Jahre 1930 noch etwas wählerischer in der Wahl seiner Mittel war als Brecht zwanzig Jahre später. Dort lesen wir, wie in der Zeit der Illegalität ein Agent in die Wohnung eines Mannes kam, »der gelernt hatte, nein zu sagen«. Der Agent machte es sich in des Mannes Wohnung bequem und fragte ihn flüchtig vorm Einschlafen im fremden Bett: »Wirst du mir dienen?« Der Mann »deckte ihn mit einer Decke zu, vertrieb die Fliegen, bewachte seinen Schlaf und, ... gehorchte ... ihm sieben Jahre lang. Aber was immer er für ihn tat, eines zu tun hütete er sich wohl: das war, ein Wort zu sagen.« Nach sieben Jahren starb der Agent; der Mann wickelte ihn »in die verdorbene Decke, schleifte ihn aus dem Haus, wusch das Lager, tünchte die Wände, atmete auf und antwortete: ›Nein.‹«[11] Hatte Brecht Herrn Keuners Weisheit vergessen – zu tun, wozu man gezwungen ist, aber nicht »Ja« zu sagen?

Wie dem auch sei, was uns hier angeht, ist die traurige Tatsache, daß mit den wenigen, postum veröffentlichten Gedichten aus den letzten Jahren, einschließlich der Miniaturen aus den »Buckower Elegien«, nicht viel Staat zu machen ist; daß selbst unter den wenigen Ausnahmen sich kaum ein wirklich ganz gelungenes, geschweige denn ein großes Gedicht befindet und daß es nicht mehr als Ansätze zu einer Brechtschen Alterslyrik gibt. Zu den Ausnahmen gehören die vielzitierten, geistreichen Zeilen nach dem Berliner Arbeiteraufstand von 1953, in denen er sarkastisch vorschlägt, die Regierung, da sie zugegebenermaßen kein Vertrauen mehr in das Volk habe, möge doch das Volk auflösen und ein anderes wählen.[12] Dazu gehören aber auch einige Zeilen aus Liebesgedichten und Kinderreimen, vor allem ein paar unerwartete Loblieder der Zwecklosigkeit, der Absage an alle Zielstrebigkeit, von denen eines wie eine Variation auf Angelus Silesius' »Ohne warum« klingt: »Die Ros ist ohn warum, sie blühet weil sie blühet, /Sie acht nicht ihrer selbst, fragt nicht, ob man sie siehet.«[13] So schreibt Brecht:

> Ach, wie sollen wir die kleine Rose buchen?
> Plötzlich dunkelrot und jung und nah?
> Ach, wir kamen nicht, sie zu besuchen
> Aber als wir kamen, war sie da.
>
> Eh sie da war, ward sie nicht erwartet.
> Als sie da war, ward sie kaum geglaubt.
> Ach, zum Ziele kam, was nie gestartet.
> Aber war es so nicht überhaupt?

Diese Zeilen verraten einen bemerkenswerten Stimmungsumschwung. Um ähnliches bei Brecht zu finden, muß man schon auf die *Hauspostille* zurückgreifen, auf die jubelnde Unbekümmertheit seiner Abenteurer und Seeräuber um alles, was ein bürgerliches Leben »sinnvoll« macht, nur daß an die Stelle des frohlockenden Aufbegehrens jetzt eine eigentümliche Stille von Staunen und Dankbarkeit getreten ist. Unter den Gedichten dieser letzten Jahre findet sich nur ein wirklich vollkommenes, zwei vierzeilige Liebesstrophen im Tone des deutschen Kinderliedes:[14]

Sieben Rosen hat der Strauch
Sechs gehör'n dem Wind
Aber eine bleibt, daß auch
Ich noch eine find.

Sieben Male ruf ich dich
Sechsmal bleibe fort
Doch beim siebten Mal, versprich
Komme auf ein Wort.

Das ist wenig, doch gerade genug, um zu zeigen, daß der alternde Dichter eine neue Stimme gefunden hatte – vielleicht die des »sterbenden Schwans, dessen Gesang als der schönste gilt«. Aber als der Augenblick kam, diese Stimme ertönen zu lassen, scheint sie ihre Kraft verloren zu haben. Und dies ist der einzige handgreifliche, unbezweifelbare Beweis dafür, daß Brecht die weiten, auch dem Dichter gesetzten Grenzen des Erlaubten überschritten, beziehungsweise die gerade ihm gesetzte Grenze verletzt hatte. Innerhalb der Dichtung läßt sich die Grenzüberschreitung nachweisen, aber von außen läßt sich nicht sagen, worin sie nun eigentlich besteht. Denn diese Grenzen sind durch keine Verhaltungsregeln markiert oder markierbar; sie sind wie flüchtige, dem Auge kaum sichtbare Linien, die erst, wenn sie überschritten sind und man sie hinter sich gelassen hat, unvermutet zu Mauern emporwachsen. Nun kann man plötzlich nicht mehr zurück, man steht mit dem Rücken gegen die Wand und mag selbst jetzt noch nicht wissen, wie es alles gekommen ist – als habe man die Grenze gar nicht wirklich überschritten, sondern sei nur gleichsam irgendwie über sie gestolpert. Das einzige, was nicht zu bestreiten ist, ist das Aussetzen der Begabung, nicht jeglicher Begabung, aber eben der höchsten. Man kann die Dichter nicht bestrafen (wenn man sie ins Gefängnis setzt, hören sie darum noch lange nicht auf zu dichten), weil die einzige Strafe, die sie erleiden können, sofern man sie nur überhaupt am Leben läßt, der plötzliche Verlust dessen ist, was seit eh und je als eine Gabe der Götter gegolten hat.

Brecht traf dieser Verlust sehr spät, nachdem er sich bereits einiges hatte zuschulden kommen lassen, was wir nicht so leicht zu vergeben bereit sind. Aber gerade dies ist geeignet, uns eine kleine Lektion darin zu erteilen, wie weit die Grenzen sind und wie viel denen erlaubt ist, die unter dem Gesetz Apollos stehen. Dabei kann Brechts Bekehrung zum Kommunismus in den zwanziger Jahren ganz außer Betracht bleiben. Selbst in den frühen dreißiger Jahren war dies nicht mehr als ein Irrtum, jedenfalls für alle diejenigen, die wenig von der eigentlichen Parteiarbeit wußten und kaum ahnen konnten, in welchem Ausmaß Stalin bereits den Parteiapparat in ein Instrument totaler Herrschaft verwandelt hatte. Aber an dem Dichter hat sich auch nicht gerächt, daß er während der Moskauer Prozesse, in denen Freunde von ihm auf die Anklagebank gerieten, nach außen jedenfalls streng linientreu blieb (privat sagte er im Jahre 1938 zu Benjamin: »Eigentlich habe ich dort [in Moskau] keine Freunde. Und die Moskauer selber haben auch keine – wie die Toten«[15]) oder so tat, als wüßte er nichts von der Rolle der Russen im Spanischen Bürgerkrieg, den Stalin dazu benutzte, die Antistalinisten innerhalb und außerhalb der Partei umzubringen. Auch zur Zeit des Hitler-Stalin-Paktes hat er sich nicht geäußert und seine Beziehungen zur Partei nicht abgebrochen, ohne daß dies irgendwelche Folgen für die Qualität seiner Produktion gehabt hätte. Im Gegenteil, die Emigrationsjahre in Dänemark und in Amerika waren außerordentlich produktiv, vergleichbar nur den frühen zwanziger Jahren, als er jung war und noch frei von aller Ideologie oder politischen Disziplin. Gerächt hat sich an ihm als Dichter nur eins: die Niederlassung in Ostberlin, wo er gezwungen war, tagtäglich mitanzusehen, was es nun wirklich heißt, wenn ein Volk unter eine kommunistische Diktatur stalinistischer Prägung gerät. Die Vorsichtsmaßregeln, die er ergriff und die ihm doch nichts halfen, zeigen deutlich, wie sehr er sich der Gefahr bewußt war; schließlich war er immer auf das Publikum »kapitalistischer«, das heißt freier Länder angewiesen gewesen, und das Wohlwollen der russischen Partei ist ihm wohl zu seinem Glück nie zuteil geworden. Entscheidend war, daß er nun, in Ostdeutschland angekommen, die poetische Distanz verlor, die er sich auch in den Jahren, in denen er noch ohne alle Zweifel der kommunistischen Sache ergeben war, hatte leisten können.

Er hat sich wohl gehütet, je der Partei beizutreten. Das Element des Spielerischen: daß er mit einigen der sehr wirklichen Greuel des bolschewistischen Parteiapparates dichterisch spielte, hätte nie dem Ansturm der russischen Wirklichkeit standgehalten, so wie es eben auch dem sehr viel weniger furchtbaren Ansturm der Wirklichkeit in Ulbrichts Ostdeutschland nicht standhielt. Schließlich ist es ein Unterschied, ob man sich angewöhnt hat, seinen Freunden und Bekannten im Meinungsstreit zu sagen: »Dich werden wir auch an die Wand stellen, wenn wir erst die Macht ergriffen haben,« oder ob man in unmittelbarer Nähe von Machthabern lebt, die Meinungsstreite mit Mord und Dingen, die schlimmer sind als Mord, beilegen. Brecht selbst ist nie belästigt worden; für seine persönliche Sicherheit hätte es wohl nicht einmal des österreichischen Passes bedurft. Ostberlin war in den fünfziger Jahren, als die Stadt noch in einer verzweifelten Konkurrenz mit dem Westen stand, das Aushängeschild für ganz Ostdeutschland; und Brechts Berliner Ensemble, vielleicht die hervorragendste kulturelle Leistung im Deutschland der Nachkriegszeit, war ein sehr wichtiger Aktivposten.

So hat Brecht bis zu seinem Tode friedlich unter den besten Bedingungen in Ostberlin leben und arbeiten können; der einzige Preis, den er zu zahlen hatte, war, Dinge mitansehen zu müssen, die er bis dahin sich immer nur hatte vorzustellen brauchen, um sie dann so oder anders auszulegen. Das Ergebnis war, daß kein einziges neues Stück, kein einziges großes Gedicht mehr entstand. Selbst der *Salzburger Totentanz*, den er noch in Zürich begonnen hatte und der nach Fragmenten zu urteilen eines der großen Dramen hätte werden können, blieb unvollendet.[16] Er wußte natürlich um all dies, und kurz vor seinem Tode, so wird berichtet, kaufte er noch ein Haus in Dänemark[17] und erwog, in die Schweiz zu ziehen. Keinen hat es mehr danach verlangt, heimzukehren: »Dem Manne gleich ich, der den Backstein trug / der Welt zu zeigen, wie sein Haus aussah«, so hatte er seine Rückkehr angekündigt:[18] Nie hatte er sich in der Emigration häuslich eingerichtet:[19]

Schlage keinen Nagel in die Wand
Wirf den Rock auf den Stuhl.
...
Wozu in einer fremden Grammatik blättern?
Die Nachricht, die dich heimruft
Ist in bekannter Sprache geschrieben.

Und nun, da er im Sterben lag und es auch halb wußte, dachte er an nichts anderes als an eine andere Emigration.

So ungefähr stehen die Dinge, aus denen hervorgeht, daß es neben dem großen Dichter und Dramatiker auch noch den Fall des Bert Brecht gibt. Und dieser Fall geht alle an, die sich eine Welt ohne die Dichter nicht vorstellen mögen. Man kann ihn nicht den Leuten vom Fach überlassen, er ist zu ernst dafür. In der folgenden Erörterung dieses Falles werde ich mich an die beiden schon erwähnten Voraussetzungen halten. Erstens meine ich, daß Goethe recht hatte und daß Dichter nicht so schwer sündigen wie andere Sterbliche, daß es aber auch für sie eine Grenze gibt, die sie ungestraft nicht überschreiten können. Und zweitens glaube ich, daß diese Grenzüberschreitung sich unzweideutig nur in ihrem Werk selbst nachweisen läßt, was wiederum voraussetzt, daß die Gabe, einen guten Vers zu schreiben, nicht ganz ins Belieben des Schreibenden gestellt ist, daß er des Beistandes bedarf, daß die Gabe ihm gewährt wurde und daß er sie verscherzen kann.

II

Einige wenige biographische Tatsachen können nicht unberücksichtigt bleiben, obwohl wir uns um Brechts persönliches Leben nicht zu kümmern brauchen, schon weil er mit Mitteilungen dieser Art so zurückhaltend gewesen ist wie kaum irgendein anderer Autor unseres Jahrhunderts. Aber gerade weil es so wenige solcher Andeutungen in dem Werk gibt, müssen wir ihnen kurz nachgehen. Brecht, 1898 geboren, gehörte zu dem, was Hemingway die »verlorene Generation« genannt hat. In den Schützengräben und Materialschlachten des Ersten Weltkrieges waren sie aus Knaben zu Männern geworden, im Krieg hatte die Welt sich ihnen zuerst gezeigt. Und als dann der Friede gekommen war, verlangte die Welt von ihnen, das Grauen und die Kameradschaft inmitten des Grauens zu vergessen, in die Normalität zurückzukehren, sich wieder auf die Schulbank zu setzen, ihre Karrieren zu verfolgen, kurz, sich zu betragen, als wäre nie etwas gewesen. Die Besten weigerten sich, das zu verraten, was unbestreitbar ihr Leben gewesen war, und beschlossen sich zu verlieren, wie es am eindrucksvollsten Lawrence von Arabien getan hat. Ihrer gab es viele[20] in allen Ländern Europas, und sie gewannen an Bedeutung für das Gesamtklima der Nachkriegszeit, als sich herausstellte, daß ihnen weitere »verlorene Generationen« auf dem Fuße folgten: erst diejenigen, die, etwa zehn Jahre später geboren, durch Revolution, Inflation und Arbeitslosigkeit in die Welt eingeführt und so über die Brüchigkeit alles dessen belehrt wurden, was nach mehr als vier Jahren des Mordens in Europa noch intakt geblieben war; und dann, wiederum zehn Jahre später, die dritte »verlorene Generation«, die sich gleichsam aussuchen konnte, ob sie ihre erste Welterfahrung in den Konzentrationslagern des Dritten Reichs oder im Spanischen Bürgerkrieg oder an den Moskauer Prozessen machen wollte. Diese drei Gruppen standen sich altersmäßig noch nah genug, um im Zweiten Weltkrieg in eine einzige zusammenzuschmelzen – als Soldaten oder als Flüchtlinge, als Mitglieder von Widerstandsbewegungen oder als Insassen von Internierungs- und Vernichtungslagern, als Zivilisten unterm Bombenhagel und Überlebende von Städten, von denen Brecht schon Jahrzehnte zuvor gemeint hatte:[21]

Wir sind gesessen, ein leichtes Geschlechte
In Häusern, die für unzerstörbare galten
So haben wir gebaut die langen Gehäuse des
                          [Eilands Manhattan
Und die dünnen Antennen, die das Atlantische Meer
                          [unterhalten.

> Von diesen Städten wird bleiben: der durch sie
> [hindurchging, der Wind!
> Fröhlich machet das Haus den Esser: er leert es.
> Wir wissen, daß wir Vorläufige sind
> Und nach uns wird kommen: nichts Nennenswertes.

Das Gedicht »Vom armen B. B.« aus der *Hauspostille* ist das einzige, das diesem Thema der verlorenen Generation entspricht. Der Titel ist sarkastisch gegen die Versuchung gerichtet, sich selbst zu bemitleiden; empfohlen wird in den Schlußzeilen eine stoisch-ironische Gelassenheit:

> Bei den Erdbeben, die kommen werden, werde ich
> [hoffentlich
> Meine Virginia nicht ausgehen lassen durch Bitterkeit
> ...

Charakteristisch für die Haltung ist, daß der Spieß umgekehrt wird. Die Menschen haben ihr Gewicht verloren; schwerelos, dem Winde gleich, treiben sie durch eine verlorene Welt, die sie nicht mehr behaust. Es geht nicht um die Menschen, es geht um die Welt. Darin liegt eine gewisse Kritik an den Zeitgenossen, vor allem den zeitgenössischen Schriftstellern, zu denen Brecht nie ganz gehört hat. Wer sich als Glied einer »verlorenen Generation« fühlte, glaubte noch an die Unzerstörbarkeit der Welt und beklagte nur das eigene Schicksal, sah sich also noch mit den Augen des neunzehnten Jahrhunderts, erbittert, daß gerade ihm Hebbels »ruhige reine Entwicklung« versagt sein sollte. Um den Abstand zu ermessen, braucht man sich nur in der Literatur der Zeit umzusehen, die voll ist von dieser psychologischen und gesellschaftlichen Pseudoproblematik, in der Individuen ihre Interessantheit zu Markte tragen. Sie waren viel zu sehr mit sich selbst beschäftigt, um auch nur zu ahnen, worum es in Wirklichkeit ging. In sich selbst und in die eigene Jugend und Kindheit verliebt, erinnerten sie sich an alles und vergaßen das Wesentliche. Brecht hat in einem anderen frühen Gedicht in der *Hauspostille* deutlich und sehr schön gesagt, wie man es mit diesen Jugenderinnerungen halten soll:[22]

Hat er seine ganze Jugend, nur nicht ihre Träume vergessen
Lange das Dach, nie den Himmel, der drüber war.

Diese große Tugend, sich selbst nicht zu bemitleiden und sich nie zu beklagen, wurzelte ihrerseits in etwas anderem, was nicht Tugend, sondern natürliche Mitgift war, und wie alle solche Gaben halb Segen und halb Fluch. Er spricht davon in seinem einzigen wirklich rein persönlichen Gedicht, das aus der Zeit der *Hauspostille* stammt, aber charakteristischerweise erst postum veröffentlicht wurde. Es ist eins seiner schönsten Gedichte, und daß er es von der Veröffentlichung zurückhielt, zeigt wohl, wie wenig Lust er hatte, der Welt zu erzählen, wie es eigentlich um ihn bestellt war. Der Titel lautet »Der Herr der Fische«[23], und das Gedicht berichtet, wie einer aus dem Land des Schweigens in die Welt der Menschen steigt, unberührt von ihren Angelegenheiten, aber an allem teilnehmend, »allen unbekannt und allen nah« –

> Sitzt und spricht wie sie: von ihren Dingen
> Was die Weiber tun, wenn man auf Fahrt
> Was die Netze kosten und die Fische bringen
> Und vor allem: wie man Steuern spart.
>
> Ihre Namen sich zu merken
> Zeigte er sich nicht imstand
> Doch zu ihren Tagewerken
> Wußte er stets allerhand.
>
> Sprach er so von ihren Angelegenheiten
> Fragten sie ihn auch: wie stehn denn deine?
> Und er blickte lächelnd um nach allen Seiten
> Sagte zögernd: habe keine.
>
> So, auf Hin- und Widerreden
> Hat mit ihnen er verkehrt
> Immer kam er ungebeten
> Doch sein Essen war er wert.

Eines Tages wird ihn einer fragen:
Sag, was ist es, was dich zu uns führt?
Eilig wird er aufstehn; denn er spürt:
Jetzt ist ihre Stimmung umgeschlagen.

Höflich wird, der nichts zu bieten hatte
Aus der Tür gehn: ein entlaßner Knecht.
Und es bleibt von ihm kein kleinster Schatte
Keine Höhlung in des Stuhls Geflecht.

Sondern er gestattet, daß auf seinem
Platz ein anderer sich reicher zeigt.
Wirklich, er verwehrt es keinem
Dort zu reden, wo er schweigt.

Brechts Selbstporträt (sein »Portrait of the Artist as a Young Man«[24]) zeigt eine außerordentliche Distanziertheit mit der dazu gehörigen Mischung von Stolz und Demut (»Höflich wird, der nichts zu bieten hatte / Aus der Tür gehn: ein entlaßner Knecht«) – eine, wenn man so will, Menschen- und Weltferne, als käme er von einem anderen Planeten; die Reserviertheit, die sich nur im »Hin- und Widerreden« löst; die Unbrauchbarkeit im täglichen Leben; eine Verschwiegenheit, hinter der noch nicht einmal zu ahnen ist, was Leute neugierig machen könnte. Und zu all dem gesellt sich diese nahezu verzweifelte Neugier dessen, der keine eigenen »Angelegenheiten« hat und daher dankbar sein muß für jedes Stück Wirklichkeit, das ihm zugespielt wird. So können wir uns wenigstens andeutungsweise vorstellen, wie schwer es für den jungen Brecht gewesen sein muß, sich in der Welt seiner Mitmenschen auch nur einigermaßen einzurichten und zu orientieren. Es gibt dann noch ein sehr viel späteres und bekannteres Selbstzeugnis:[25]

Ich bin aufgewachsen als Sohn
Wohlhabender Leute. Meine Eltern haben mir
Einen Kragen umgebunden und mich erzogen
In den Gewohnheiten des Bedientwerdens

Und unterrichtet in der Kunst des Befehlens. Aber
Als ich erwachsen war und um mich sah
Gefielen mir die Leute meiner Klasse nicht
Nicht das Befehlen und nicht das Bedientwerden
Und ich verließ meine Klasse und gesellte mich
Zu den geringen Leuten.

Das ist wahrscheinlich durchaus zutreffend, obwohl es schon ein bißchen nach Programm klingt; auf jeden Fall ist es kein Selbstporträt, sondern eine etwas stilisiert gezwungene Weise, über sich zu sprechen. Der »Herr der Fische« ist aufschlußreicher, und es spricht gewiß für Brecht, daß wir nur aus diesen wenigen Versen erraten können, wer er in diesem persönlichen Sinne eigentlich war. Sicher hätte man mehr in seinem Sinne gehandelt, wenn man diese Frage gar nicht erst angeschnitten hätte; und das ist nur deshalb nicht möglich, weil diese frühen Zeilen doch einen Schlüssel für so manches Befremdliche in seinem späteren Verhalten liefern.

Da ist einmal und von Anfang an Brechts seltsamer Hang zur Anonymität und damit eng verbunden seine prononcierte Aversion gegen alle Tuerei und Angeberei, mag sie sich nun in Elfenbeinturm-Manieren oder in der Pathetik der Volkspropheten oder in dem Anspruch, als Dichter ein Organ der Geschichte zu sein, oder in was sonst noch »der Ausverkauf der Werte« zu Zeiten der Weimarer Republik seinen Kunden zu offerieren hatte, äußern. Aber dahinter steckt doch mehr als die selbstverständliche Abneigung eines äußerst klugen und wirklich gebildeten Menschen gegen die schlechten Manieren seiner Umwelt. Brecht wollte wirklich nichts leidenschaftlicher als ein gewöhnlicher, »normaler« Mensch sein oder doch zumindest als solcher gelten; er wollte nicht durch besondere Talente ausgezeichnet durch die Welt laufen, er wollte keine Ausnahme bilden, er wollte sein wie jeder andere. Und aus seinem Werk geht klar hervor, daß diese beiden eng zusammenhängenden Neigungen zur Anonymität und zur Normalität in ihm voll ausgeprägt waren, bevor er aus ihnen eine Pose machte. Sie prädestinierten ihn förmlich für die beiden, nur scheinbar einander widersprechenden Haltungen, die in seinem Werk eine große Rolle spielen: einmal die gefährliche Vorliebe für alle illegale Arbeit, die verlangt, die Spuren zu verwischen, das Gesicht zu verbergen, den eigenen Namen abzulegen, die Identität mit sich selbst auszulöschen (»Reden, aber / Zu verbergen den Redner. / Siegen, aber / Zu verbergen den Sieger. / Sterben, aber / Zu verstecken den Tod.«[26]); und zum anderen der seltsame Eigensinn, mit dem er »Mitarbeiter« um sich versammelte, als wollte er immer wieder beweisen, daß jeder machen könne, was er machte. Lange bevor er an irgendein »Lob der illegalen Arbeit« dachte, hatte er in einem Gedicht anläßlich des Todes seines Bruders geschrieben: »Er lag bis Mittag trunken murmelnd da. / Und starb dann heimlich und verfiel in Eile / Wohl da er meinte, daß ihn keiner sah!«[27] Und in einem anderen, ebenfalls sehr frühen und erst postum veröffentlichten Gedicht, einer »Epistel über den Selbstmord«, erörtert er die Gründe, die man für die Tat angeben könnte und die nicht die wahren Gründe sein dürfen: »Jedenfalls / Sollte es nicht aussehen / Als habe man / Zuviel von sich gehalten.«[28]

Vor allem also keine Wichtigtuerei! Und sie liegt so nahe bei Leuten, denen zwar Ruhm und Schmeichelei den Kopf nicht verdrehen können, die aber der ungleich schwereren Versuchung widerstehen müssen, die unleugbare Tatsache der eigenen Begabung zu überschätzen. Und wenn Brecht diese Selbstkontrolle ins Absurde trieb – eine absurde Überschätzung der Bedeutung des illegalen Apparats der Partei, absurde Forderungen an Mitarbeiter, zu lernen was nicht erlernbar ist –, so sollte man doch bedenken, daß das literarische Milieu der zwanziger Jahre in Deutschland schon geeignet war, auch Leute ohne Brechts spezielle Veranlagung unwiderstehlich dazu zu reizen, dem allgemein verbreiteten Spiel des »großen Mannes« etwas Kräftiges entgegenzusetzen. Die lustigen Zeilen aus der *Dreigroschenoper* an die Dichterkollegen trafen den Nagel auf den Kopf:[29]

Ich selber könnte mich durchaus begreifen
Wenn ich mich lieber groß und einsam sähe.

Doch sah ich solche Leute aus der Nähe
Da sagt' ich mir: Das mußt du dir verkneifen.

Schließlich müssen wir noch ein Gedicht erwähnen, in dem Brecht von sich selbst spricht und das wahrscheinlich das berühmteste ist. »An die Nachgeborenen« ist eins der *Svendborger Gedichte*, die in den dreißiger Jahren in Dänemark entstanden. Wie in dem frühen »Vom armen B. B.« liegt der Nachdruck auf den Katastrophen in der Welt, denen man am besten mit stoischer Gelassenheit entgegentritt. Aber nun, da die »Erdbeben, die kommen werden«, gekommen sind, fallen selbst die wenigen biographischen Angaben des früheren Gedichts (das »Ich, Bertolt Brecht«, aus dem Schwarzwald in die Asphaltstädte verschlagen) weg. Das »Ich« des späteren Gedichts ist gültig für alle, die in »finsteren Zeiten« leben:[30]

In die Städte kam ich zur Zeit der Unordnung
Als da Hunger herrschte.
Unter die Menschen kam ich zu der Zeit des Aufruhrs
Und ich empörte mich mit ihnen.
So verging meine Zeit
Die auf Erden mir gegeben war.

Mein Essen aß ich zwischen den Schlachten
Schlafen legte ich mich unter die Mörder
Der Liebe pflegte ich achtlos
Und die Natur sah ich ohne Geduld.
So verging meine Zeit
Die auf Erden mir gegeben war.

Die Straßen führten in den Sumpf zu meiner Zeit.
Die Sprache verriet mich dem Schlächter.
Ich vermochte nur wenig. Aber die Herrschenden
Saßen ohne mich sicherer, das hoffte ich.
So verging meine Zeit
Die auf Erden mir gegeben war.

Das Ich steht für ein Wir, und das Wir spricht zu einem Ihr:

> Ihr, die ihr auftauchen werdet aus der Flut
> In der wir untergegangen sind
> Gedenkt
> Wenn ihr von unseren Schwächen sprecht
> Auch der finsteren Zeit
> Der ihr entronnen seid.
> ...
> Gedenkt unsrer
> Mit Nachsicht.

In solcher Nachsicht uns zu üben haben wir, die wir noch längst nicht der finsteren Zeit entronnen sind, nun wahrlich alle Veranlassung. Vor allem im Falle dieses Mannes, der sich immer mehr um das gekümmert hat, was der Welt geschah, als um seine eigenen Angelegenheiten oder gar um seinen eigenen Ruhm. Nie ist ihm der immerhin beträchtliche Erfolg in der Jugend zu Kopfe gestiegen, immer hat er gewußt: »Wenn mein Glück aussetzt, bin ich verloren.« Sein Stolz verlangte, sich gerade nicht für einen »großen Mann« oder eine Ausnahme zu halten und lieber Fortuna als sich selbst zu preisen. Dazu gehört ein außerordentliches, niemals erschüttertes Selbstbewußtsein, das offenbar nur einmal ins Wanken geraten ist, als er zu Beginn der vierziger Jahre »Die Verlustliste« aufstellte – Margarete Steffin, »kleine Lehrerin aus der Arbeiterschaft«, die er geliebt hatte und die ihm nach Dänemark gefolgt war, Walter Benjamin, »der Widersprecher, Vieles wissende, Neues suchende«, und Karl Koch, »Meister im Disput«, um nur die zu nennen, die er selbst nannte. Da schrieb er:[31]

> Ich weiß natürlich: einzig durch Glück
> Habe ich so viele Freunde überlebt. Aber heute nacht im
> [Traum
> Hörte ich diese Freunde von mir sagen: »Die Stärkeren
> [überleben«
> Und ich haßte mich.

So mögen die Freunde vielleicht gesprochen haben, und ihnen nachreden, sich auf solches Vergleichen einlassen, ob es nun zum Vorteil oder Nachteil gereicht, ist immer das Ende des Selbstvertrauens. Aber hier geschah es doch wohl nur im Traum.

Dies soll natürlich nicht heißen, daß, im Sinne der »verlorenen Generation« gesprochen, nicht auch Brecht zu den Verlorenen gehörte oder zu ihnen sich zählte. Nur daß es sich in seinem Fall nicht um den Verlust der »ruhigen reinen Entwicklung« handelte oder um die Verluste, welche die Weltereignisse ihm zugefügt hatten, sondern darum, daß er sich der ungeheuren Aufgabe, in solcher Weltzeit ein Dichter zu sein, nicht gewachsen fühlte. Wenn er Ausschau hält nach einem Maßstab, an dem man das Gewollte und das Geleistete messen könnte, so blickt er nicht in die Vergangenheit (wie es keiner schöner getan hat als Rilke in seinen späten Gedichten), sondern er wendet sich an jene, die aus der Flut auftauchen werden; und dieser Appell an die »Nachgeborenen«, wiewohl er an die Zukunft gerichtet ist, hat mit Fortschritt nichts zu tun. (Er hat die frühen Zeilen »Wir wissen, daß wir Vorläufige sind / Und nach uns wird kommen: nichts Nennenswertes« nie getilgt, ihnen im Grunde nie widersprochen.) Er hatte begriffen – und dies macht ihn unter den Schriftstellern nahezu einzigartig –, wie tödlich lächerlich es war, die Flut der Ereignisse an individuellen Ambitionen und Lebenserwartungen zu messen: etwa die katastrophale Arbeits- und Erwerbslosigkeit an den Aussichten oder dem Scheitern einer Karriere, die man wiederum mit Betrachtungen über die eigene Tüchtigkeit oder Untüchtigkeit begleitete; oder die Kriegskatastrophe an dem Ideal der Persönlichkeit; oder die Emigration an dem verlorenen Ruhm, der verlorenen Sekurität, dem Verlust der Kontinuität des Lebens und des Besitzes. Nichts von all diesen Sentimentalitäten ist zu spüren in Brechts großartiger und großartig präziser Definition des Flüchtlings: »ein Bote des Unglücks«[32]. Es war wahrlich nicht nur ihr eigenes Unglück, das die Flüchtlinge von Land zu Land trugen, von Kontinent zu Kontinent, »öfter als die Schuhe die Länder wechselnd«, sondern das große Unheil, das die ganze Welt betroffen hatte. Wenn die meisten von ihnen die Botschaft vergaßen, noch ehe sie erfuhren, wie man mit Boten schlimmer Nachrichten umzugehen pflegt, darf man nicht vergessen, daß es mit der Zuverlässigkeit der Übermittler böser Nachrichten niemals sehr weit her war. Flüchtlinge und Emigranten kurzerhand »Boten des Unglücks« zu nennen, ist so einfach wie genial, und dies Beispiel mag die große dichterische Klugheit veranschaulichen, die Gabe der Verdichtung, welche die Vorbedingung aller Dichtung ist.

Hier sind ein paar weitere Beispiele für diese gleichsam in Kurzschlüssen sich bewegende Denkweise und die ihr eigene Hintergründigkeit. So schreibt Brecht über Deutschland im Jahre 1933: »Hörend die Reden, die aus deinem Hause dringen, lacht man. / Aber wer dich sieht, der greift nach dem Messer.«[33] Oder in einem Manifest gegen den Krieg an deutsche Künstler und Schriftsteller zu Beginn der fünfziger Jahre: »Das große Karthago führte drei Kriege. Es war noch mächtig nach dem ersten, noch bewohnbar nach dem zweiten. Es war nicht mehr auffindbar nach dem dritten.«[34]

Mit größter Genauigkeit ist hier in wenigen knappen Sätzen alles gesagt, was zu dem jeweiligen Thema überhaupt zu sagen war. Und die gleiche, schlagartig erhellende, hintergründige Kürze zeigt sich vielleicht noch überzeugender in der folgenden Anekdote, welche der amerikanische Philosophieprofessor Sidney Hook vor Jahren in einer Zeitschrift veröffentlicht hat. Brecht war in Amerika zur Zeit der Moskauer Prozesse und besuchte Hook, der damals zwar noch auf der Linken stand, aber bereits Anti-Stalinist und in die unter den Auspizien von Trotzki veranstalteten Gegenprozesse verwickelt war. Das Gespräch zwischen den beiden Männern drehte sich um die offenkundige Unschuld der Angeklagten. Brecht, wie es seine Gewohnheit war, sagte erst einmal sehr lange gar nichts. Schließlich brachte er einen Satz hervor: »Je unschuldiger sie sind, um so mehr verdienen sie, an die Wand gestellt zu werden.« Das klingt empörend, wenn einer nicht hören kann. Denn was hat Brecht gesagt? »Je unschuldiger sie sind« – unschuldig woran? Doch offenbar unschuldig, wessen sie angeklagt sind, nämlich gegen Stalin konspiriert zu haben. Gerade weil sie das »Verbrechen«, dessen sie angeklagt waren, nicht begangen hatten, lag eine gewisse Gerechtigkeit in der offenbaren Ungerechtigkeit. War es nicht die Pflicht der »alten Garde«, Stalin daran zu hindern, die Revolution zu benutzen, um einen Verbrecherstaat zu errichten? Brecht hatte Glück; sein Gastgeber, trotz großer Schulung in dem, was man in Fachkreisen Logik nennt, verstand kein Wort; empört eilte er hinaus, dem Gast Hut und Mantel zu bringen und ihn vor die Tür zu setzen.[35] Brecht, etwas verblüfft und vermutlich sehr erleichtert, verließ das Haus schweigend. Er hatte nicht die Absicht gehabt, mit der Partei zu brechen; es wäre ihm beinahe gelungen. Aber sein Glück hatte ihn nicht verlassen.

III

So also ungefähr sieht der Mensch aus, der hinter dem Dichter stand. Im Besitz einer durchdringenden, untheoretischen, hintergründigen Klugheit, nicht schweigsam, aber ungewöhnlich verschwiegen und reserviert, immer bedacht, Distanz zu halten, und vermutlich auch ein wenig schüchtern, ganz uninteressiert an sich selbst, aber von großem Wissensdurst (»der wissensdurstige Brecht«, wie er sich selbst in dem Salomon-Lied der *Dreigroschenoper* genannt hat), dabei vorerst und vor allem ein Dichter, also einer, der sagen muß, wo andere verstummen, und sich darum hüten muß zu reden, wo alle reden. Sechzehn Jahre war er alt, als der Erste Weltkrieg ausbrach, und im letzten Kriegsjahr wurde er noch als Sanitäter eingezogen. So bot ihm die Welt zuerst den Schauplatz eines Massakers, das in der Öffentlichkeit mit leeren Phrasen und hochtrabenden Tiraden begleitet war. Seine »Legende vom toten Soldaten« geht auf den Kommentar des Volkes über die Aushebungsmethoden des letzten Kriegsjahres zurück (»Man gräbt die Toten aus«), und diese Ballade ist das einzige Kriegsgedicht des Ersten Weltkrieges, das in die deutsche Literatur gehört, so wie sein »Kinderkreuzzug« das einzige des Zweiten ist, dem diese Ehre gebührt.

Was aber für seine frühe Dichtung entscheidend wurde, ist weniger der Krieg selbst als die Welt, die aus ihm hervorging. Und diese Welt hatte eine Eigenschaft, die, wenig beachtet, von Sartre nach dem Zweiten Weltkrieg wie folgt beschrieben wird: »Wenn die Werkzeuge zerbrochen und unbrauchbar, die Pläne vereitelt und Anstrengungen sinnlos geworden sind, zeigt sich die Welt in einer furchtbaren, kindlichen Frische, als schwebe sie zusammenhanglos im Nichts.« (Die vierziger und fünfziger Jahre in Frankreich ähneln in manchem den berühmten zwanziger Jahren in Deutschland. Was sie beide kennzeichnet, ist der Traditionsbruch als vollendete Tatsache im Politischen, im Kulturellen und in der Gesellschaft.) Was Brecht anlangte, so hatten vier Jahre unerhörter Zerstörung die Welt blankgefegt, gereinigt von allem, woran sich Menschen gemeinhin halten, einschließlich kultureller Ziele und moralischer Werte; alle Spuren waren überspült, die alten Gedankenwege, die alten Maßstäbe, die alten Wegweiser für Sitten und Gebräuche waren vernichtet. Es war, als sei die Welt für einen kurzen Augenblick so unschuldig und neu wie am ersten Tag. Nichts schien geblieben als die Reinheit der Elemente, die elementare Verbindung von Erde und Himmel, von Mensch und Tier, die Unschuld des schieren Lebendigseins. Den Wundern des Lebens jenseits aller Zivilisation galt Brechts erste Liebe, all dem, was die Erde in ihrem bloßen Dasein zu bieten hat. Die »furchtbare, kindliche Frische« spricht aus allen Helden der *Hauspostille*, aus der mörderischen Unschuld seiner Piraten, Abenteurer und Kindsmörderinnen, aus dem »verliebten Schwein Malchus« und aus Jakob Apfelböck, der »erschlug den Vater und die Mutter sein« und lebte friedlich weiter wie »die Lilie auf dem Felde«.

In dieser Welt, die mit allem, was Kultur und Zivilisation ist, scheinbar reinen Tisch gemacht hatte, war Brecht ursprünglich zu Hause. Will man ihn klassifizieren, so mag man sagen, daß Erfahrung und Neigung ihn zum Anarchisten prädisponierten, aber man kann nicht behaupten, daß er, wie etwa Benn in Deutschland oder Céline in Frankreich, zu denen gehört, die von Verwesung und Tod als solchen fasziniert waren. Brechts Gestalten aus dieser Zeit: Die gefallenen und die ertrunkenen Mädchen, die Ophelia gleich langsam die Flüsse hinunterschwimmen, bis Tang und Algen, Pflanzen und Tiere ihre Leiber aufnehmen in den klaglosen Frieden der von Menschen unberührten Natur; die Freunde im Dschungel (»wie zwei Kürbisse... verfault, doch an einem Stil«); seine Abenteurer (»von Sonne krank und ganz von Regen zerfressen / Geraubten Lorbeer im zerrauften Haar«); die »Mörder, denen viel Leides geschah«; und selbst noch Mazeppa in seinem Todesritt (»mit eigenem Strick verstrickt dem eigenen Pferde«) – sie alle sind dem Leben treu und willens zu ertragen und zu genießen, was immer Erde und Himmel zu bieten haben, den Anfang wie das Ende. Herrlich sagt das die »Ballade vom Mazeppa«, deren beide letzten Strophen in den unsterblichen Schatz deutscher Dichtung gehören:[36]

Drei Tage, dann mußte alles sich zeigen:
Erde gibt Schweigen und Himmel gibt Ruh.
Einer ritt aus mit dem, was ihm zu eigen:
Mit Erde und Pferd, mit Langmut und Schweigen
Dann kamen noch Himmel und Geier dazu.

Drei Tage lang ritt er durch Abend und Morgen
Bis er alt genug war, daß er nicht mehr litt
Als er gerettet ins große Geborgen
Todmüd in die ewige Ruhe einritt.

Nirgends vielleicht hören wir die triumphierende Lebenslust der *Hauspostille* deutlicher als in diesem Todesgesang; aber wenn man sie nicht auch noch in den zynisch-sarkastischen Liedern der *Dreigroschenoper* hört und versteht, daß es ein Spaß ist zu leben und ein Zeichen von Lebendigkeit, mit allem seinen Spaß zu treiben, so wird man gerade die unmittelbare Volkstümlichkeit dieses Stückes nie begreifen. Nicht umsonst hat sich Brecht so unbekümmert bei einer deutschen Villon-Übersetzung bedient, was die Gesetze leider Plagiat nannten: Er fand bei Villon die gleiche Liebe zur Welt, die gleiche Dankbarkeit für Erde und Himmel, für das schiere Geboren- und Am-Leben-Sein, und Villon dürfte wohl der letzte gewesen sein, gegen solchen »Diebstahl« Einspruch zu erheben.

Der Gott dieser unbekümmert ruch- und rücksichtslosen Lebenslust heißt in unserer Überlieferung Baal und ist phönizischer Herkunft. Baal ist der Gott der Säufer, Fresser und Hurer. In dem »Choral vom großen Baal« feiert Brecht den nun allerdings Mensch gewordenen Gott, dem es auf dem Erdenstern gefällt – »Baal ist drein verliebt / Schon weil es 'nen andern Stern nicht gibt.« Zieht man das Gedicht in drei Strophen zusammen, so gilt von ihm, was von der »Mazeppa«-Ballade gilt – große deutsche Dichtung:[37]

> Als im weißen Mutterschoße aufwuchs Baal
> War der Himmel schon so groß und still und fahl
> Jung und nackt und ungeheuer wundersam
> Wie ihn Baal dann liebte, als Baal kam.
> ...
> In der Sünder schamvollem Gewimmel
> Lag Baal nackt und wälzte sich voll Ruh:
> Nur der Himmel, aber *immer* Himmel
> Deckte mächtig sein Blöße zu.
> ...
> Als im dunklen Erdenschoße faulte Baal
> War der Himmel noch so groß und still und fahl
> Jung und nackt und ungeheuer wunderbar
> Wie ihn Baal einst liebte, als Baal war.

Wieder ist das Entscheidende der Himmel – der Himmel, der da war, ehe der Mensch war, und da sein wird, wenn er diesen Stern wieder verläßt –, so daß ein Mann die kurze Zeit, die ihm auf diesem Stern gewährt ist, nicht besser verwenden kann als in der Liebe zu dem, was, solange er lebt, ihm ganz zu eigen ist. Es wäre verlockend, hieran anknüpfend von der Rolle des Himmels in Brechts Dichtung, vor allem in den wenigen, sehr schönen Liebesgedichten zu sprechen: von dem Sommerhimmel überm Pflaumenbaum und der Wolke (»Sie war sehr weiß und ungeheuer oben / Und als ich aufsah, war sie nimmer da«) in der »Erinnerung an die Marie A.«[38]; oder wieder von Wolke und Himmel in dem Kranichlied[39] (»Daß so der Kranich mit der Wolke teile / Den schönen Himmel, den sie kurz befliegen«), aber dies müssen wir schon den Leuten vom Fach überlassen. In unserem Zusammenhang gilt es nur zu erwähnen, daß es in Brechts Welt die »ewige Liebe« natürlich nicht gibt, nicht einmal gewöhnliche Treue. Da herrscht nichts als die Intensität des Augenblicks, und wenn die Leidenschaft flieht, bleibt keine Liebe, nichts also, worauf ein Mensch sich verlassen könnte. Er ist den Leidenschaften so preisgegeben wie den Elementen.

Zum Gott einer wie immer gearteten gesellschaftlichen Ordnung eignet sich Baal offenbar nicht, und das Reich, über das er herrscht, ist von denen bevölkert, welche die Gesellschaft als ihren Abschaum bezeichnet – von den Parias, die außerhalb aller von Menschen gegründeten Ordnungen leben und daher eine unvergleichlich intensivere Beziehung zu der Sonne haben, die in majestätischem Gleichmut uns alle bescheint. Zum Abschaum der Gesellschaft gehörten seit eh und je die Seeräuber, die in Brechts großer Ballade jubelnd und singend unter einem azurblauen Himmel zur Hölle fahren:[40]

Von Branntwein toll und Finsternissen!
Von unerhörten Güssen naß!
Vom Frost eisweißer Nacht zerrissen!
Im Mastkorb, von Gesichten blaß!
Von Sonne nackt gebrannt und krank!
(Die hatten sie im Winter lieb)
Aus Hunger, Fieber und Gestank
Sang alles, was noch übrigblieb:
O Himmel, strahlender Azur!
Enormer Wind, die Segel bläh!
Laßt Wind und Himmel fahren! Nur
Laßt uns um Sankt Marie die See!

Hier kommt ein anderes wesentliches Element dieser frühen Lyrik zur Geltung, der teuflische Stolz im Herzen von allen diesen Abenteurern und Vagabunden, der Stolz absolut unbekümmerter Männer, die wohl und nicht einmal widerwillig sich den naturverschworenen Elementen zum Untergang darbieten, aber niemals den Sorgen des täglichen Lebens beugen, geschweige der höheren Sorge um das Heil ihrer Seele. Die Weltsicht, mit der Brecht geboren war – im Unterschied zu den später aus Marx und Lenin destillierten Lehrmeinungen –, kommt mit aller wünschenswerten Deutlichkeit in zwei vollkommenen Gedichten zum Ausdruck, dem »Großen Dankchoral« und »Gegen Verführung«, die beide in die »Lektionen« der *Hauspostille* aufgenommen sind. Das erste ist formal genau Joachim Neanders »Lobet den Herrn« nachgebildet, und die letzte Strophe lautet:[41]

> Lobet die Kälte, die Finsternis und das Verderben!
> Schauet hinan:
> Es kommet nicht auf euch an
> Und ihr könnt unbesorgt sterben.

Von den vier Strophen des Lieds »Gegen Verführung«, die das Leben nicht trotz, sondern wegen des Todes preisen, lauten die erste und letzte:[42]

> Laßt euch nicht verführen!
> Es gibt keine Wiederkehr.
> Der Tag steht in den Türen;
> Ihr könnt schon Nachtwind spüren:
> Es kommt kein Morgen mehr.

> Laßt euch nicht verführen
> Zu Fron und Ausgezehr!
> Was kann euch Angst noch rühren?
> Ihr sterbt mit allen Tieren
> Und es kommt nichts nachher.

Ich kenne nichts im neueren Schrifttum, das sich inhaltlich diesen Versen an die Seite stellen ließe, weil nirgendwo sonst so klar zum Ausdruck kommt, daß Nietzsches Wort vom Tode Gottes weder notwendigerweise der Verzweiflung zu entspringen noch zu ihr hinzuführen braucht, daß vielmehr das Wegfallen der Furcht vor der Hölle mit dem Fortfall der Hoffnung auf Auferstehung nicht zu teuer bezahlt ist. Zwei einigermaßen vergleichbare Stellen seien erwähnt. In den *Brüdern Karamasow* spricht der Teufel in ganz ähnlichem Sinne zu Iwan Karamasow: »Jeder Mensch wird wissen, daß er ganz und gar sterblich ist, und er wird den Tod stolz und ruhig empfangen wie ein Gott.« Die andere Stelle ist Swinburnes Dank an

> Whatever gods may be
> That no life lives for ever;
> That dead men rise up never;
> That even the weariest river
>   Winds somewhere safe to sea.[43]

Aber bei Dostojewski ist der Gedanke eine Eingebung des Teufels, und bei Swinburne steigt er aus Lebensmüdigkeit, aus dem Widerwillen gegen ein Leben auf, in das man um keinen Preis wieder »auferstehen« will. Bei Brecht allein ist der Gedanke, daß es einen Gott nicht gibt, von allen solchen Elementen frei: daß es kein Jenseits gibt, befreit von Furcht – das ist alles. Das Verständnis für diese Seite der Sache dürfte Brecht wohl dem verdanken, daß er in einer katholischen Umgebung aufwuchs; jedenfalls hat er gemeint, daß alles besser sei, als auf der Erde sein Leben mit der Hoffnung aufs Paradies und der Furcht vor der Hölle zu verbringen. Was in ihm gegen Religion rebellierte, war weder Zweifel noch Begierde; es war Stolz. In seiner jubelnden Ablehnung aller Jenseitsspekulationen und seinen Preisgesängen auf Baal, den Gott der Erde, schwingt eine wahrhaft enthusiastische Dankbarkeit. Nichts, sagt er, kann größer sein als das Leben, das uns, so wie es ist, gegeben wurde – und solcher Dankbarkeit wird man kaum in dem, was man gemeinhin Nihilismus nennt, oder in der Reaktion gegen diesen, begegnen.

Damit will ich nicht behaupten, daß es keinerlei nihilistische Elemente in Brechts Werk gibt, und er selbst dürfte sich ihrer sehr bewußt gewesen sein. Einige, aus dem Nachlaß unter dem Titel »Der Nachgeborene« veröffentlichten Zeilen fassen das, worum es sich hier handelt, besser zusammen als ganze Bibliotheken der Geisteswissenschaftler:[44]

Ich gestehe es: ich
Habe keine Hoffnung.
Die Blinden reden von einem Ausweg. Ich
Sehe.

Wenn die Irrtümer verbraucht sind
Sitzt als letzter Gesellschafter
Uns das Nichts gegenüber.

Von einem solchen »Irrtum« handelt *Aufstieg und Fall der Stadt Mahagonny*, Brechts einziges ausgesprochen nihilistisches Stück, und zwar von seinem eigenen Irrtum. Er bestand darin, daß die Dinge, die das Leben zu bieten hat: das Fressen und der Liebesakt, das Boxen und das Saufen, hinreichen, um ein ganzes Menschenleben bei Laune zu halten. Mahagonny, »die Stadt der Freude«, in der man alles »dürfen darf«, ist »zu ruhig«, »zu billig«. Gewiß: »Herrlich ist das einfache Leben / Und ohnegleichen ist die Größe der Natur. / Aber etwas fehlt.« Wenn alles so weitergeht, wird man an Langeweile zugrunde gehen: »Warum soll einer nicht seinen Hut aufessen, / Wenn er sonst nichts zu tun hat?« Es bedarf schon eines Hurrikans, um »die Gesetze der menschlichen Glückseligkeit« zu entdecken; wo »nichts los ist«, kann man nicht leben, und der »Fortbestand des Goldenen Zeitalters« ist nur zu sichern, wenn die Leute einsehen:[45]

Wir brauchen keinen Hurrikan
Wir brauchen keinen Taifun
Denn was er an Schrecken tun kann
Das können wir selber tun.

In Furcht vor der tödlichen Langeweile eines nur genießenden Lebens endete die erste Begegnung des Dichters mit der Welt. Ein Jahrzehnt lang hatte er sich schwerelos, jubelnd und preisend durch den »Dschungel der Städte« treiben lassen, zu Hause in einer der großen Asphaltstädte der Welt, in der es sich gut träumen ließ von dem Dschungel aller Städte, von den fünf Kontinenten und den sieben Meeren, nichts und niemandem verhaftet als der Erde und dem Himmel, der Wolke und dem Baum. *Aufstieg und Fall der Stadt Mahagonny* zeigt den Augenblick an, in dem ihm zum Bewußtsein gekommen sein muß, daß solch herrliche Schwerelosigkeit zwar sehr vorteilhaft für das Gedichteschreiben ist, sich aber in jeder anderen Hinsicht als eine Sackgasse erweist, in der man es auf die Dauer nicht aushalten kann. Schließlich waren die Städte nur metaphorisch gesprochen ein Dschungel; in Wirklichkeit waren sie ein Schlachtfeld.

IV

Was Brecht zur Wirklichkeit zurückbrachte und seiner Dichtung fast tödlich wurde, war die Fähigkeit mitzuleiden, von der er vermutlich mehr, als ihm gut tat, mitbekommen hatte. In dem Gedicht »An die Nachgeborenen«, das von den »finsteren Zeiten« handelt, spricht er von dem Hunger, der herrschte, als er in die Welt kam:[46]

> Man sagt mir: Iß und trink du! Sei froh, daß du hast!
> Aber wie kann ich essen und trinken, wenn
> Ich dem Hungernden entreiße, was ich esse, und
> Mein Glas Wasser einem Verdurstenden fehlt?

Das Mitleid gehört nicht zu den zahllosen Eigenschaften, die ein starker Charakter nach Belieben ein- oder auch ausschalten, mit denen er im Spiel der Welt nach Belieben spielen, sich in das Getriebe einlassen und auch wieder aus ihm zurückziehen kann. Mitleid ist eine Leidenschaft, und der Leidenschaften ist der Mensch nicht Herr. Nur eigentlich leidenschaftslose Menschen sind vollkommen souverän. Unsere Eigenschaften zeigen wir gerne vor, jedenfalls solange als wir des Beifalls der Welt einigermaßen sicher sein können; mit den Leidenschaften steht es anders, wir verbergen sie, auch wenn wir uns ihrer nicht zu schämen brauchen. Brecht jedenfalls hat kaum etwas anderes so sehr zu verbergen getrachtet als die Leidenschaft, an der er am meisten litt, die Leidenschaft des Mitleids. Und gerade um dieser Verborgenheit willen leuchtet sie uns so überzeugend aus nahezu allen seinen Stücken hervor. Selbst durch die zynischen Späße der *Dreigroschenoper* schallen die mächtigen, anklagenden Zeilen: »Erst muß es möglich sein auch armen Leuten / Vom großen Brotlaib sich ihr Teil zu schneiden.« Und bis zum Schluß blieben die dort gesungenen Spottverse sein Leitmotiv:[47]

> »Ein guter Mensch sein! Ja, wer wär's nicht gern?
> Sein Gut den Armen geben, warum nicht?
> Wenn alle gut sind, ist *Sein* Reich nicht fern
> Wer säße nicht sehr gern in Seinem Licht?

Leitmotiv in Brechts Werk ist die Versuchung, gut zu sein in einer Welt und unter Umständen, die Güte unmöglich machen. Der dramatische Konflikt in Brechts Stücken ist fast immer der gleiche: Diejenigen, die von Mitleid getrieben darangehen, die Welt zu verbessern, können es sich nicht leisten, gut zu sein. Was in keinem Geschichtsbuch über die Neuzeit steht, hat Brecht entdeckt, weil es für ihn selbstverständlich war: daß alle Revolutionäre der letzten Jahrhunderte von Robespierre bis Lenin aus der Leidenschaft des Mitleids heraus handelten, aus jenem »zèle compatissant«, von dem Robespierre noch naiv genug war einzugestehen, daß er ihn zu den »Schwachen und Unglücklichen« drängte. »Die Klassiker«, sagt Brecht, waren die mitleidigsten aller Menschen (und in Brechts verschlüsselnder Sprache sind die Klassiker bekanntlich Marx, Engels und Lenin); sie unterscheiden sich von »unwissenden Naturen« dadurch, daß sie Mitleid sogleich in »Zorn« verwandelten, weil sie wußten, daß Mitleid das ist, »was man denen nicht versagt, denen man Hilfe versagt«. Man kann also das Mitleid loswerden, wenn man sich »in die Leidenden nicht, um zu leiden [versetzt], sondern um ihre Leiden zu beenden«.[48] So kam Brecht zu dem gleichen Schluß wie Machiavelli, den er schwerlich kannte: Wer politisch handeln will, muß »lernen, nicht gut zu sein«. Und selbstverständlich ist die aus dieser Überzeugung folgende, scheinbar zweideutige Haltung zu dem Problem der Güte nicht anders mißverstanden worden als die Machiavellis.

Warum man in einer schlechten Welt nicht gut sein darf, ist das Thema der *Heiligen Johanna der Schlachthöfe*, diesem wunderbaren frühen Stück, in dem das Heilsarmeemädchen aus Chicago lernt, daß am Tage, an dem man die Welt verläßt, es mehr darauf ankommt, eine bessere Welt zu hinterlassen, als ein guter Mensch gewesen zu sein. Wir finden die gleiche herrliche Reinheit, Furchtlosigkeit und Unschuld der Johanna in späteren Stücken, in *Die Gesichte der Simone Machard*, die, ein Kind noch, unter der deutschen Besatzung von Jeanne d'Arc träumt; im *Kaukasischen Kreidekreis*, in dem die menschliche Grusche dem Hilferuf nicht hat widerstehen können, denn »schrecklich ist die Verführung zur Güte«, schrecklich aber auch, wenn man einen Hilferuf überhört:[49]

»Wisse, Frau, wer einen Hilferuf nicht hört
Sondern vorbeigeht, verstörten Ohrs: nie mehr
Wird der hören den leisen Ruf des Liebsten noch
Im Morgengrauen die Amsel oder den wohligen
Seufzer der erschöpften Weinpflücker beim Angelus.«

Wie man sich zu dieser Verführung stellen und wie man den mannigfachen Konflikten begegnen soll, welche Gutsein unausweichlich auslöst, sind die immer wiederkehrenden Themen in Brechts Dramen. Im *Kaukasischen Kreidekreis* läßt das Mädchen Grusche sich verführen, und alles geht gut aus. In *Der gute Mensch von Sezuan* wird das Problem in einer Doppelrolle gelöst: Shen Te, die gerne hilfreich ist, es sich aber leider nicht leisten kann, verwandelt sich tagsüber in ihren Vetter Shui Ta, der böse ist und das Geschäft rettet: »Gut zu sein und doch zu leben / Zerriß mich wie ein Blitz in zwei Hälften.« In der *Mutter Courage* ist Gutsein in der stummen Kattrin verkörpert, der eigentlichen Heldin des Stückes. Und die letzte der Schlußstrophen des Dreigroschenfilms dürfte alle Zweifel an der Echtheit dieser Leidenschaft bei Brecht zum Verstummen bringen:[50]

Denn die einen sind im Dunkeln
Und die andern sind im Licht.

Und man siehet die im Lichte
Die im Dunkeln sieht man nicht.

Seit der ungeheure Strom der Armen in der Französischen Revolution zum ersten Mal die Straßen einer europäischen Großstadt überflutete, hat es viele unter den Männern der Revolutionen gegeben, die das Mit-leiden ins Handeln trieb und die wie Brecht sich dieser mächtigen Leidenschaft schämten und sie hinter wissenschaftlichen Theorien und kaltschnäuzigen Redensarten zu verbergen trachteten. Aber nur sehr wenige unter ihnen waren klug genug zu verstehen, was es bedeutet, daß die Geschichte von denen geschrieben wird, die im Licht sind, und daß der Spott des Vergessenwerdens und der Unsichtbarkeit sich noch an die hängt, die im Leben zu Schaden gekommen sind. Zu diesen gehörten nach Brecht die »Klassiker«: »Mitkämpfend fügen die großen umstürzenden Lehrer des Volkes / Zu der Geschichte der herrschenden Klassen die der beherrschten.« So steht es in der seltsam barocken Hexameterfassung des »Kommunistischen Manifests«, die Brecht unter dem Titel »Über die Natur des Menschen« in Anlehnung an Lukrez' Lehrgedicht von der »Natur der Dinge« plante und die ihm nahezu vollständig mißlang.[51] Uns interessiert hier nur, daß ihn an der Armut nicht nur das physische Leiden empörte, sondern die Unsichtbarkeit der von ihr betroffenen Menschen; für ihn wie für John Adams war der Arme vor allem auch der Unsichtbare. Und diese Empörung mag neben Mitleid und Scham das Ihre dazu beigetragen haben, daß er begann, sich an die Lehre zu halten, die eine Zukunft prophezeite, in der das Wort von Saint-Just sich bewahrheiten würde: »Les malheureux sont la puissance de la terre.«

Ferner darf man wohl der Solidarität mit den Erniedrigten und Beleidigten die Tatsache zuschreiben, daß ein so großer Teil des lyrischen Werkes von Brecht in Balladenform verfaßt ist. (Er verfügte wie andere Meister des Jahrhunderts, zum Beispiel W. H. Auden, über die für die Spätgekommenen charakteristische Fazilität in der Beherrschung aller poetischen Stilarten, die ihnen eine große Freiheit des Ausdrucks gewährt.) Denn die Ballade, deren Ursprung nicht nur das Volkslied bildet, sondern auch die endlosen

Strophen der Dienstbotengesänge mit ihren gefallenen Mädchen, treulosen Liebhabern und unschuldigen Kindsmörderinnen, die ins Wasser gehen oder auf dem Schafott enden, sie hat von jeher den unmittelbarsten Kontakt mit dem präliterarischen, nur in der mündlichen Tradition aufbewahrten Schatz der Volkspoesie gewahrt. Es ist die Form, in der das Volk der Unsichtbarkeit und dem Vergessenwerden zu entrinnen trachtet und gleichsam auf eigene Faust versucht, sich auch ein Stückchen Unsterblichkeit zu sichern. Im Deutschen gerade liegt das Volkslied aller Dichtung zugrunde, wenn auch in der eigentlich großen Dichtung so transformiert, daß es kaum noch kenntlich ist. So klingt die Stimme der Dienstbotengesänge durch viele der schönsten deutschen Gedichte, von Mörikes »Früh' wenn die Hähne krähn / Eh die Sternlein schwinden« bis zu Hofmannsthals »Sie lag auf ihrem Sterbebett / Und sprach: Mit mir ist's aus / Mir ist zumut wie einem Kind / Das abends kommt nach Haus.« Die Ballade, bevor sie in Wedekinds Moritat einging, war schon so sehr zum Bestand der großen Dichtung geworden, daß sie viel von ihrer ursprünglichen Volkstümlichkeit eingebüßt hatte. Kein Dichter vor oder nach Brecht hat so viel dafür getan, ihr die Volkstümlichkeit zurückzuerobern und sie in ihrer ungeschminkten Derbheit zum Rang großer Dichtung zu erheben.

Fassen wir dies zusammen: Die ursprüngliche Schwerelosigkeit und das aus ihr entspringende Verlangen nach Schwerkraft, nach einem verläßlichen Schwerpunkt, an dem man sich innerhalb der Welt orientieren kann, dazu das Mitleid, diese gleichsam animalische Unfähigkeit, den Anblick fremder Leiden zu ertragen, zu essen, wenn der andere hungert, so ist der Entschluß, sich der Kommunistischen Partei zu nähern, unter den damaligen Verhältnissen nicht nur verständlich, sondern beinahe selbstverständlich. Wo anders hätte er denn unterkommen können? Dabei war für Brecht die Tatsache ausschlaggebend, daß die Partei nicht nur die Sache der Erniedrigten und Beleidigten anscheinend zu der ihren gemacht hatte, sondern daß sie im Besitz eines Kanons von Schriften war, die man studieren konnte, die scheinbar immer anwendbar waren und sich zum Zitieren beinahe so gut eigneten wie die

Bibel. Nichts hat Brecht mehr entzückt, als daß man in diesem Chaos, in dem alle Traditionen untergegangen waren, sich doch noch an »Klassiker« halten konnte.[52] Und zu all dem brachte ihn die Partei in die selbstverständliche Berührung mit dem, was sein Mitleid ihm ohnehin als Wirklichkeit vorgezeichnet hatte – mit Elend und Not.[53]

Bedenkt das Dunkel und die große Kälte
In diesem Tale, das von Jammer schallt.

Nun brauchte er nicht mehr seinen Hut aufzuessen; er konnte sich nützlich machen. Es gab etwas zu tun.

Und dies ist natürlich genau der Punkt, an dem die Unannehmlichkeiten, die er sich selbst und die er dann auch uns, seinen Lesern, bereitete, ihren Ausgang nahmen. Kaum hatte er sich mit den Kommunisten eingelassen, da fand er auch schon heraus, daß es für die Veränderung der Welt nicht genügt zu lernen, »nicht gut zu sein«, daß man vielmehr lernen müsse, schlecht zu sein; daß es keine Gemeinheit geben dürfe, die man nicht zu begehen bereit ist, um die Gemeinheit aus der Welt zu bringen. Denn: »Wer bist du? / Versinke in Schmutz / Umarme den Schlächter, aber / Ändere die Welt: sie braucht es!«[54] Diese Zeilen stammen aus der *Maßnahme*, dem einzig wirklich »linientreuen« Stück, das Brecht je geschrieben hat. Trotzki hatte noch aus dem Exil das Kernstück dieses Aberglaubens verkündet: »Wir können recht nur haben mit der Partei und durch sie, weil die Geschichte eine andere Möglichkeit, recht zu haben, nicht bietet.« Und Brecht erläutert dies wie folgt:[55]

Der Einzelne hat zwei Augen
Die Partei hat tausend Augen.
Die Partei sieht sieben Staaten
Der Einzelne sieht eine Stadt.
...
Der Einzelne kann vernichtet werden
Aber die Partei kann nicht vernichtet werden
Denn sie ist der Vortrupp der Massen

Und führt ihren Kampf
Mit den Methoden der Klassiker, welche geschöpft sind
Aus der Kenntnis der Wirklichkeit.

Ganz so glatt allerdings, wie nach diesen Versen zu urteilen, vollzog sich Brechts Bekehrung nicht. Er hat sich Widersprüche geleistet und offene Häresien, die er selbst von diesem militantesten seiner Stücke nicht fernhalten konnte oder wollte:[56]

Laß dir nichts einreden
Sieh selber nach!
Was du nicht selber weißt
Weißt du nicht.
Prüfe die Rechnung
Du mußt sie bezahlen.

(Wie ist das? Hatte die Partei nicht eben noch tausend Augen und ich nur zwei? Sah die Partei nicht sieben Staaten und ich nur die Stadt, in der ich lebe?)

Aber das waren doch nur gelegentliche Entgleisungen, und als die Partei im Jahre 1929, nach Stalins Ankündigung der Liquidation der rechten und linken Oppositionen auf dem XVI. Parteikongreß, anfing, ihre eigenen Mitglieder zu liquidieren, war Brecht linientreu genug, um zu meinen, die Partei bedürfe nun aber auch einer Rechtfertigung zum Liquidieren in den eigenen Reihen und zum Töten unschuldiger Menschen. In *Die Maßnahme* wird gezeigt, wie und aus welchen Gründen gerade die Unschuldigen, die Menschlichen und die Hilfreichen daran glauben müssen; sie handelt von dem Mord an einem Genossen durch seine Kameraden, der ganz offenbar menschlich gesprochen der Beste von ihnen war. Weil er ein so guter Mensch ist, stellt sich heraus, daß er der Revolution im Wege steht und umgebracht werden muß.

Als dies Stück zu Beginn der dreißiger Jahre in Berlin uraufgeführt wurde, war alle Welt empört. Heute wissen wir, daß, was Brecht in diesem Stück sagt, nur der kleinste Teil der furchtbaren Wahrheit ist; damals aber, Jahre vor den Moskauer Prozessen, konnten dies nur wenige wissen. Und diese wenigen, die damals schon innerhalb und außerhalb der Partei erbitterte Gegner Stalins waren, waren natürlich außer sich darüber, daß Brecht ein Stück zur Verteidigung Moskaus verfaßt hatte, während die Stalinisten wiederum alles Interesse daran hatten zu bestreiten, daß dies »Machwerk« irgend etwas mit den russischen Realitäten zu tun habe. So stellte sich heraus, daß Brecht es keinem recht gemacht hatte, und der Grund für diesen eklatanten Mißerfolg liegt auf der Hand. Er hatte das getan, was Dichter zu tun pflegen, wenn man sie in Ruhe läßt: Er hatte die Wahrheit gesagt, jedenfalls das Stück Wahrheit, das man damals, wenn man nur sehen wollte, sehen konnte. Denn war es nicht bekannt, daß Unschuldige getötet wurden und daß die Genossen zwar noch nicht aufgehört hatten, ihre Feinde zu bekämpfen (das kam etwas später), aber kräftig angefangen, die eigenen Reihen zu lichten? Es war nur ein Anfang, und man pflegte die Vorkommnisse als Irrtümer oder revolutionäre Exzesse zu bagatellisieren. Brecht war klug genug, um zu sehen, daß der Wahnsinn Methode hatte, daß er nach bestimmten Regeln verlief, wiewohl er natürlich nicht voraussehen konnte, daß diejenigen, die vorgaben, ein Paradies auf Erden zu errichten, es mit der Errichtung der Hölle schon ganz hübsch weit gebracht hatten, daß es nämlich in der Tat keine Gemeinheit, keinen Verrat mehr gab, den die Parteibürokratie nicht bereit war zu begehen oder zu rechtfertigen. Brecht hatte die Regeln des infernalischen Spiels deutlich erkannt und schön (mit »wohllautender Stimme«) besungen, und natürlich hoffte er auf Beifall. Nur eine Kleinigkeit hatte er in seinem Eifer übersehen: daß die Partei verständlicherweise keine Absicht hatte, die Wahrheit bekanntzugeben, und dazu noch von einem ihrer prominentesten Anhänger. Es gibt eben in der Politik mit Dichtern immer Unannehmlichkeiten; in diesem Fall störte ein parteitreuer Dichter die Parteilinie, die eindeutig auf Betrug des Volkes und der Welt hinauslief.

V

In unserem Zusammenhang, in dem es darum geht zu zeigen, daß die wirklichen Sünden der Dichter von den Göttern der Dichtkunst gerächt werden, ist *Die Maßnahme* ein wichtiges Stück, und zwar, weil es, künstlerisch gesehen, keineswegs schlecht ist. Es enthält hervorragende Songs, darunter das »Reis-Lied«, dessen gedrängte, hämmernde Rhythmen zu Recht berühmt wurden und auch heute noch »wohllautend« genug klingen:[57]

> Weiß ich, was ein Reis ist?
> Weiß ich, wer das weiß!
> Ich weiß nicht, was ein Reis ist
> Ich kenne nur seinen Preis.
> ...
> Weiß ich, was ein Mensch ist?
> Weiß ich, wer das weiß!
> Ich weiß nicht, was ein Mensch ist
> Ich kenne nur seinen Preis.

Zweifellos ist der Inhalt des Stückes nicht nur moralisch anfechtbar, sondern schlechthin abscheulich, und dies um so mehr, als Brechts Humor ihn hier ganz im Stich läßt; hier wird kein Spaß gemacht. Und dennoch hat Brechts Dichterglück ihn damals nicht verlassen; er sprach die Wahrheit, wenn auch eine abscheuliche Wahrheit, mit der er unrecht hatte, sich abzufinden. Dichterisch wurden Brechts Sünden zum ersten Mal nach der Machtergreifung der Nazis offenkundig, als er sich als Flüchtling mit den Realitäten des Dritten Reichs auseinanderzusetzen hatte. Die »Klassiker«, die ja nicht gut die Hitlerdiktatur hatten voraussehen können, konnten ihm dabei nicht behilflich sein; aber wie so viele, die damals wie heute ihre Sache ganz auf sie gestellt hatten, hielt er eigensinnig an der Meinung fest, daß sich alles aus ihnen erklären lassen müsse. Jetzt begann er zum ersten Mal zu lügen, und heraus kamen die hölzernen Dialoge in *Furcht und Elend des Dritten Reiches*, die gewisse spätere sogenannte Gedichte – weiter nichts als journalistische, in Verszeilen abgeteilte Prosa – vorwegnehmen.

Brechts Schwierigkeit damals lag darin, daß es in Hitlers Deutschland weder Hunger noch Arbeitslosigkeit mehr gab, also doch jeder Grund für Brecht wegfiel, dagegen zu sein. Aus diesem Dilemma gab es einen Ausweg, nämlich so zu tun, als gäbe es Hunger und Arbeitslosigkeit, als ginge es gegen das Proletariat und nicht oder doch nicht eigentlich gegen die Juden (ein bloßer Vorwand der herrschenden Klasse natürlich), als stünde man mitten im alten, wohlbekannten Klassenkampf und als wäre die Rassenverfolgung eine optische Täuschung. Denn von Rasse war bei Marx, Engels und Lenin nirgends die Rede, und Antisemitismus war bestenfalls als der Sozialismus der Dummen bekannt, woraus nicht nur Brecht, sondern alle Kommunisten und nahezu alle Sozialisten schlossen, daß es so etwas eigentlich nicht gibt.

Typisch für die durchweg schlechten Gedichte, die Brecht in dieser Anfangszeit der Hitlerdiktatur schrieb, ist das »Begräbnis des Hetzers im Zinksarg«. Das Gedicht handelt davon, wie ein im Konzentrationslager zu Tode Geprügelter im plombierten Sarg nach Hause geschickt wird, wie das damals so üblich war. Brechts Hetzer hatte dies Schicksal erlitten, weil er »Zum Sattessen / Und zum Trockenwohnen / Und zum Die-Kinder-Füttern«[58] gehetzt hatte – offenbar ein Verrückter, denn in Deutschland hungerte damals niemand, und das Schlagwort von der »Volksgemeinschaft« war keineswegs bloße Propaganda; gewiß, er hatte auch »zum Denken« aufgefordert, aber doch mehr nebenbei, und wenn einer schon so viel Unsinn gesprochen hat, braucht man doch nicht so viele Umstände zu machen, wenn ein bißchen Sinn dazwischenrutscht. Das einzige die Wirklichkeit treffende Element in dem Gedicht ist die Sache mit dem Zinksarg; daß man Menschen so entsetzlich zurichtete, daß man die Leichen verstecken mußte. Aber der Inhalt von Brechts Gedicht stimmt nicht mit dem Titel überein; es behauptet vielmehr, daß es so allen ergeht, die in diesem »System der Produktion«, also in dem kapitalistischen System, opponieren. Und das war eine klare Lüge. Eigentlich war es doppelt gelogen; denn nicht nur wurden in kapitalistischen Ländern Gegner gemeinhin nicht totgeschlagen und in plombierten Särgen nach Hause geschickt, Deutschland selbst war unter den Nazis keineswegs ein kapitalistisches Land – wie die Herren Schacht und Thyssen zu ihrem großen Kummer gerade erfuhren. Und was Brecht selbst betraf, so war er eben aus einem Lande geflohen, wo jedermann sich sattessen, trocken wohnen und die Kinder füttern konnte. Das war die Wahrheit, und diese Wahrheit einzugestehen, hat er sich lange gesträubt,[59] mit dem Resultat, daß er eine ganze Reihe ungewöhnlich schlechter Gedichte schrieb.

So ging es ein paar Jahre lang, aber es war nicht das Ende. Die Jahre der Emigration, die ihn langsam, kaum merklich von dem Aufruhr der deutschen Nachkriegsjahre distanzierten, hatten eine außerordentlich belebende Wirkung auf seine Produktion. Was konnte friedlicher in den dreißiger Jahren sein als die skandinavischen Länder? Und was immer man gegen Los Angeles, sein Asyl in den vierziger Jahren, einzuwenden haben mag, es ist nicht gerade berühmt für hungernde Kinder und bettelnde Arbeitslose. Langsam fing er an – und hätte es natürlich immer bestritten –, die »Klassiker« zu vergessen und sich Themen zuzuwenden, die mit Kapitalismus und Klassenkampf wenig zu tun hatten. Aus der Svendborger Zeit stammt die »Legende von der Entstehung des Buches Taoteking auf dem Weg des Laotse in die Emigration«, das zu den stillsten und tröstlichsten Gedichten unseres Jahrhunderts gehört. Wie so viele von Brechts Gedichten ist es didaktisch – Dichter und Lehrer leben in der Welt seiner Dichtung nahe beisammen –, aber die Lehre gilt der Weisheit der Gewaltlosigkeit:[60]

...»Daß das weiche Wasser in Bewegung
Mit der Zeit den mächtigen Stein besiegt.
Du verstehst, das Harte unterliegt.«

Das Gedicht war noch nicht veröffentlicht, als zu Beginn des Krieges die französische Regierung die Hitlerflüchtlinge in die Konzentrationslager einsperrte, aber im Frühjahr 1939 hatte Walter Benjamin es von einem Besuch bei Brecht nach Paris mitgebracht. Wie ein Lauffeuer verbreitete sich das Gedicht in den Lagern, wurde von Mund zu Mund gereicht wie eine frohe Botschaft, die, weiß Gott, nirgends dringender benötigt wurde als auf diesen Strohsäcken der Hoffnungslosigkeit. In dem Zyklus der *Svendborger Gedichte* folgt, wohl nicht zufällig, auf das Laotse-Gedicht der »Besuch bei den verbannten Dichtern«. Gleich Dante steigt der Dichter in die Unterwelt und begegnet dort den toten Kollegen, die gleich ihm mit den Mächten der Welt in Konflikt geraten waren. Fröhlich sitzen sie da beisammen, Ovid und Villon, Dante und Voltaire, Heine, Shakespeare und Euripides und vergnügen sich damit, dem Besucher gute Ratschläge zu geben. Da, plötzlich,

> ... aus der dunkelsten Ecke
> Kam ein Ruf: »Du, wissen sie auch
> Deine Verse auswendig? Und die sie wissen
> Werden sie der Verfolgung entrinnen?« – »Das
> Sind die Vergessenen«, sagte der Dante leise
> »Ihnen wurden nicht nur die Körper, auch die Werke
> [vernichtet.«
> Das Gelächter brach ab. Keiner wagte hinüberzublicken.
> [Der Ankömmling
> War erblaßt.[61]

Da war es mit der Weisheit des Laotse zu Ende. Und erst wir wissen, daß Brecht sich keine Sorgen hätte zu machen brauchen.

Bemerkenswerter noch als die Gedichte waren die Dramen, die in den Jahren der Emigration entstanden. Ich habe den *Galilei* sowohl in New York in der sehr schönen Aufführung mit Laughton als auch ein Jahrzehnt später in Ostberlin gesehen, wo jede Zeile wie eine offene Kriegserklärung an das Regime klang und als solche verstanden wurde. Brechts Theorien über das Epische Theater verboten es ihm, individuelle Charaktere auf die Bühne zu stellen, und er hat sich an seine eigenen Vorschriften in den frühen Stücken mit Ausnahme der *Heiligen Johanna der Schlachthöfe* mehr oder minder gehalten. Davon ist nun in den späteren Stücken keine Rede mehr. Simone Machard, Mutter Courage und die Kattrin, das Mädchen Grusche und der Richter Azdak aus dem *Kaukasischen Kreidekreis*, Galilei, Puntila und Matti, sein Knecht – das alles sind große Gestalten, einmalig und zugleich vorbildlich und unvergeßlich. Die Stücke haben lange gebraucht, sich durchzusetzen, aber heute stehen sie auf dem Spielplan der guten Häuser in der ganzen Welt. Zweifellos verdankt Brecht diesen späten Ruhm wesentlich sich selbst und seinen außerordentlichen Leistungen als Regisseur und Direktor des Berliner Ensembles, in dem ihm zudem noch eine der großen deutschen Schauspielerinnen in seiner Frau, Helene Weigel, zur Verfügung stand. All dies aber ändert nichts an der Tatsache, daß alle Stücke, die er in Ostberlin auf die Bühne brachte, außerhalb Deutschlands geschrieben worden sind.

Mit seiner Produktivität war es aus; sie erlosch von einem Tag zum anderen, nachdem er endlich wieder zu Hause sein konnte. Hier muß es ihm schließlich aufgegangen sein, daß kein Zitat aus den »Klassikern« erklären oder rechtfertigen konnte, was da tagtäglich vor seinen Augen geschah. Er hatte sich in Verhältnisse begeben, war in sie vielleicht nur hineingestolpert, in denen Schweigen schon ein Verbrechen war, von gelegentlichen Lobpreisungen der Herrschenden gar nicht zu reden.

Brechts Probleme fingen mit dem politischen Engagement, wie man heute sagen würde, an. Nur Dichter sein, nur die Stimme ertönen lassen, in der die Welt und das Wirkliche spricht und singt, genügte ihm nicht. Das gerade, was für ihn Wirklichkeit war, hatte ihn von der Realität der Zeit, in der er lebte, entfernt. War er nicht fast schon das geworden, was er am meisten verachtete: noch ein großer und einsamer Dichter, der die deutsche Tradition zu Ende dichtet? Hatte er nicht schon fast verspielt, das zu werden, was er wirklich sein wollte: ein Volkssänger, der, wenn es nötig ist, an der Straßenecke auf seiner Gitarre klimpert? Aber als er sich nun entschlossen in den sogenannten Brennpunkt der Ereignisse begab, hat er die dem Dichter eigentümliche Aura der Ferne nicht ablegen können und sich in der Wirklichkeit des eigentlich Politischen nie ganz ausgekannt, trotz aller scharfen Intelligenz und hintergründigen Klugheit. An Mut hat es ihm nicht gefehlt; es war nicht Feigheit, wenn er nicht mit einer Partei brach, die seine Freunde ermordete und sich mit seinem Feind verbündete, und es war gewiß nicht Dummheit, wenn er sich darauf versteifte, nicht verstehen zu wollen, was in seinem eigenen Lande wirklich geschah. Dabei hat er oft im nachhinein eine erstaunliche politische Urteilskraft bewiesen, wie etwa in den Bemerkungen über Hitler in den Aufzeichnungen zu *Der aufhaltsame Aufstieg des Arturo Ui*. Das Stück selbst wiederholt das Thema aus der *Dreigroschenoper* – Geschäftsleute und Gangster werden gleichgesetzt; aber in diesem Nachwort wendet sich Brecht gegen alle diejenigen, die Hitler entweder für einen großen Mann, eben einen »großen politischen Verbrecher«, oder für einen Dummkopf halten. »Sowenig das Mißlingen seiner Unternehmungen Hitler zu einem Dummkopf stempelt, so wenig stempelt ihn der Umfang dieser Unternehmungen zu einem großen Mann.«[62]

Solche Einsichten waren damals wie heute selten, und es ist gerade die große Klugheit, die aus ihnen spricht, oft wie ein Blitz aus dem marxistisch-dialektischen Kauderwelsch, die es einem so schwer macht, Brecht seine Sünden zu vergeben oder sich mit der Tatsache abzufinden, daß sie ihn lange Zeit nicht daran gehindert haben, gute Gedichte zu schreiben. Sie haben sich an ihm erst zuletzt gerächt, als er nach Ostberlin ging, weil er dort sein eigenes Theater haben konnte – also jenem l'art pour l'art zuliebe, mit dem er dreißig Jahre lang auf erbittertem Kriegsfuß gestanden hatte. Jetzt war er wirklich zum ersten Mal mitten drin, in der Politik und in der Wirklichkeit, und jetzt ging ihm die Stimme aus. Er hatte erreicht, was er wollte, und bewiesen, daß es für Dichter nicht heilsam ist, sich da anzusiedeln, wo, wie man sagt, die Fetzen fliegen.

Dies ist es, was uns der Fall Brecht lehren kann und was wir bedenken müssen, wenn wir sein Verhalten heute beurteilen und ihm gleichzeitig den Dank zollen für all das, was wir ihm schulden. Was das Verhältnis des Dichters zur Wirklichkeit angeht, so hat Goethe recht: Sie »sündgen nicht schwer«; man kann ihnen nicht die gleiche Verantwortung aufbürden wie gewöhnlichen Sterblichen. Sie müssen abseits stehen und wären doch keinen Schuß Pulver wert, wenn sie nicht ständig versucht wären, sich zu exponieren, die dichterische Distanz aufzuheben und zu sein wie alle anderen. Auf diese Karte hatte Brecht alles gesetzt! Keine

Ausnahme sein, keine Ausnahmestellung beanspruchen: dafür hat er sein Leben wie seine Dichtung riskiert. Auf dem Wege hat er gezeigt, was es mit den Lieblingen der Götter auf sich hat: »So reich an Gütern, reicher an Gefahr; / Sie drängten mich zum gabeseligen Munde, / Sie trennen mich, und richten mich zugrunde.«

Ich habe in diesen Überlegungen betont, daß wir den Dichtern einen weiteren Verhaltensspielraum zugestehen müssen, als wir einander gewähren. Ich denke, daß dieser Vorschlag das Gerechtigkeitsgefühl vieler Menschen verletzt, und bin sicher, daß Brecht, wenn er noch unter uns weilte, der erste sein würde, heftig zu protestieren. In dem postum veröffentlichten Buch *Meti* empfiehlt er ein Urteil gegen den »guten Mann«, der auf eine schlechte Bahn geraten ist. Nach Beendigung des Verhörs sagt er:[63]

> So höre: Wir wissen
> Du bist unser Feind. Deshalb wollen wir dich
> Jetzt an eine Wand stellen. Aber in Anbetracht deiner
> [Verdienste
> Und guten Eigenschaften
> An eine gute Wand und dich erschießen mit
> Guten Kugeln guter Gewehre und dich begraben mit
> Einer guten Schaufel in guter Erde.

Ganz ähnlich hat sich Auden gelegentlich zu dem Fall Brecht geäußert. Er würde ihn an die Wand gestellt haben, aber nicht ohne ihm vorher das herrlichste Abendessen mit den erlesensten Weinen serviert zu haben. Die Frage ist, ob die Gleichheit vor dem Gesetz, deren Norm wir im allgemeinen auch für moralische Urteile akzeptieren, wirklich absolut gilt. Ich denke nicht. Auch das Gerichtsurteil kennt bekanntlich den Gnadenakt, und allgemein ist zu sagen, daß, wo immer wir urteilen können, wir auch zu verzeihen imstande sind. Zu urteilen und zu vergeben sind in Wahrheit nur zwei Seiten der gleichen Sache. Aber diese beiden Seiten verkörpern entgegengesetzte Prinzipien. Die Majestät des Gesetzes fordert, daß vor ihm alle gleich sind, das heißt, daß nur die Taten zählen, nicht die Personen, die sie begangen haben. Der Gnadenakt rechnet umgekehrt einzig mit der Person. Kein Pardon verzeiht den Mord oder den Raub, verziehen wird nur dem Mörder oder dem Räuber. Auf Gnade kann nie die Tat rechnen, wohl aber der Täter, und aus diesem Grund nimmt man gemeinhin an, daß nur die Liebe die Macht habe zu vergeben.

Wie dem auch sei, wir vergeben um der Person willen, und während die Gerechtigkeit verlangt, daß vor dem Gesetz alle gleich sind, besteht die Gnade umgekehrt auf der Ungleichheit der Menschen – auf jener Ungleichheit, die macht, daß ein jeder Mensch mehr ist als alles, was er tut oder leistet. Darüber hat gerade Brecht in seiner Jugend, als er sich noch nicht die »Nützlichkeit« als höchsten Standard der Menschenbeurteilung zu eigen gemacht hatte, sehr gut Bescheid gewußt. In der *Hauspostille* gibt es die »Ballade von den Geheimnissen jedweden Mannes«, deren erste Strophe folgendermaßen lautet:[64]

> Jeder weiß, was ein Mann ist. Er hat einen Namen.
> Er geht auf der Straße. Er sitzt in der Bar.
> Sein Gesicht könnt ihr sehn, seine Stimm könnt ihr hören
> Und ein Weib wusch sein Hemd und ein Weib kämmt
> [sein Haar.
> Aber schlagt ihn tot, es ist nicht schad
> Wenn er niemals mehr mit Haut und Haar
> Als der Täter seiner Schandtat war
> Und der Täter seiner guten Tat.

In diesem Bereich der Ungleichheit gilt noch immer das römische Sprichwort: Quod licet Jovi non licet bovi. Nur ist dieser Spruch zu unserm Trost zweischneidiger Art. Ein Zeichen dafür, daß der Dichter die Privilegien, die ich hier vorschlage, in Anspruch nehmen darf, ist, daß es offenbar bestimmte Sachen gibt, die gerade er nicht tun darf – bei Strafe, nicht zu bleiben der er war. Die Aufgabe des Dichters ist es, die Worte zu prägen, mit denen wir leben können, und niemand wird sich zu diesem Zweck das aussuchen, was Brecht zum Preise Stalins schrieb. Aber die einfache

Tatsache, daß er es fertigbrachte, schlechtere Verse zu fabrizieren als irgendein beliebiger Literat, der sich genau der gleichen Sünden schuldig gemacht hat, zeigt: Quod licet bovi non licet Jovi. Es ist eine Tatsache, daß bloße Literaten für ihre Sünden nicht mit Verlust der minderen Gaben, die sie ja auch haben, bestraft werden. Kein Gott stand an ihrer Wiege, kein Gott wird sich an ihnen rächen. Viele Dinge sind dem Ochsen erlaubt, die Jupiter verboten sind – oder vielmehr denen, die unter dem Schutz Apollos stehen. So bitter und zweischneidig ist der alte Spruch, wie wir an dem Beispiel des »Armen B. B.«, dem es nie eingefallen ist, sich selbst zu bemitleiden, sehen können. So schwer, können wir auch sagen, ist es, ein Dichter zu sein – in unserem Jahrhundert gewiß, aber vermutlich zu allen Zeiten.

Robert Gilbert

1899–1978

> Seht, da liegen die Gerühmten
> Lässig in den stets beblümten
> Sarkophagen Bein an Bein –
>
> Wir dagegen, Lorbeerlose,
> Müssen ohne Denkmalspose
> Vor Gott stehend ewig sein!

Lorbeerlos sind wir alle geboren; lorbeerlos wuchsen wir heran und entdeckten in der Kinderzeit, wenn wir Glück hatten, das Poetische, das am Grunde jeglicher Dichtung liegt. Aus jener gar nicht so seligen, aber immerhin noch vorschulpflichtigen Zeit haben wir je nach Herkunft Verschiedenes gerettet, auf jeden Fall noch die Abzählverse, »Eene meene ming mang, / Oogen Fleesch und Beene... Ose pose packe dich, / eia weia weg!«, wenn man, wie in diesem Fall, aus Berlin war (in Königsberg, wo es auch sehr schön war, ging der »Singsang von der Kinderszene« etwas anders). Gleich danach gab es das erste Gedicht aus den höheren Regionen: »Dunkel war's, der Mond schien helle / Schnee lag auf der grünen Flur, / als ein Wagen blitzesschnelle / Langsam um die Ecke fuhr.« Kurz darauf, als die Phantasie sich schon von Grimmschen Märchen nährte, die man als »Grimmige Märchen« hier auch wiederfindet, folgte vielleicht das eine oder andere Wunder aus *Des Knaben Wunderhorn* oder auch für so manche »Die beiden Grenadiere«, dessen Dichter Robert Gilbert hier so herrlich den »Réveil« geschlagen hat. Und daß gerade Heinrich Heine, zwar berühmt, aber selten gerühmt und daher auch bis heute denkmalslos, in diese den Literaten aller Zeiten so fragwürdige Gesellschaft der Lorbeerlosen, die man ja auch das Volk nennen kann, geriet, hat auch seinen guten Grund. Des deutschen Juden »Loreley« hat selbst das Tausendjährige Reich in zwölfjähriger Herrschaft nicht vermocht, dem Volk zu entreißen: Nur der Lorbeer konnte ihm entzogen und das Lied für anonym erklärt werden, womit ihm in unserem Sinne ein großes, vielleicht das größte Kompliment gemacht wurde. Es war, als hätte man gezwungenermaßen gerade den Juden unter die anonymen Autoren, aus denen das Volk selbst in seiner Lorbeerlosigkeit spricht, eingereiht, als gehörte, was er schrieb, noch in *Des Knaben Wunderhorn.*

Denjenigen, die um das Poetische der Kinderzeit als den Urquell aller Dichtung wissen und die Erinnerung an die lorbeerlose Urzeit sich nicht haben nehmen lassen von den Trubeln des Lebens und dem Unfug der Karrieren, wird es nicht schwer fallen, in Robert Gilbert jenen Nachfahr zu entdecken, den Heine nie gehabt hat. Heine selbst hat gewußt, daß sein »Posten vacant« bleiben würde, und auf die Frage: Welcher Posten eigentlich? kann man die Antwort nachlesen: Der Posten des guten Tambours und seiner nie salonfähigen »Doktrin«:

> Schlage die Trommel und fürchte dich nicht,
> Und küsse die Marketenderin!
> Das ist die ganze Wissenschaft,
> das ist der Bücher tiefster Sinn.
> ...
> Ich hab' sie begriffen, weil ich gescheit,
> Und weil ich ein guter Trommler bin.

Um diesen Posten zu beziehen, dazu gehörte vielleicht die Anonymität, sicher aber die Heinesche Unbekümmertheit um die Unsterblichkeit. Robert Gilbert jedenfalls hat früh erfahren, daß man für wirkliche Popularität damit zahlen kann, daß der Name weithin unbekannt bleibt. In den zwanziger und frühen dreißiger Jahren hat ganz Deutschland seine Lieder gesungen, die man damals Schlager nannte, doch der Autor dieser Lieder war nur den Experten der Vergnügungsindustrie bekannt, was ihm in der Nachkriegszeit immerhin eine Art von Monopolstellung in der Übersetzung amerikanischer Musicals seit *My Fair Lady* sicherte. So kann man Gilbert in keiner der etablierten Literaturgattungen unterbringen; er gehört literarisch nirgendwo hin, vor allem auch

nicht zu denen, die die leichte Muse der Kästner und Tucholsky
geküßt hat. Zu den in der Literatur so beliebten Vergleichen – wie
könnte man auch ohne das die dicken Bücher schreiben und die
der Gesellschaft so unentbehrliche Gelehrsamkeit unterbringen? –
hat Gilbert schon früh alles Notwendige bemerkt:

> Nee, Heinrich Zille, nee,
> War keen Daumier.
> Es war ooch nich sein Wille.
> Es war eb'n Heinrich Zille.

Gewiß, da war schon der Vater, Jean Gilbert, der es mit Schlagern
– »Puppchen, du bist mein Augenstern« –, Operetten und ähnlich
begabten Scherzen vom Musikanten in Varietés und Zirkusdirigenten hoch zu Rosse bei Hagenbeck bis zu einer »piekfeinen
Wannseevilla« brachte, bis das Jahr 1933 der Herrlichkeit ein
ziemlich jähes Ende bereitete. Aber was es da zu ererben gab, war
nicht die Heinesche Volksnähe, sondern nur was an schierem
Begabtsein sie ermöglicht – also die unglaubliche Fazilität des
Reimens und die große Musikalität.

Unter den Gassenhauern von damals sind viele echte Volkslieder, die in die deutsche Umgangssprache eingegangen sind: »Die
Liebe der Matrosen«; »Ich hab' kein Auto, ich hab' kein Rittergut /
Ich hab' nur eins, ich hab' dich lieb«; »Es muß was Wunderbares
sein / von dir geliebt zu werden«; »Das gibt's nur einmal, das
kommt nicht wieder / das ist zu schön um wahr zu sein« aus dem
Weißen Rößl; schließlich der Grabgesang der zwanziger Jahre, der
eichendorffisch-berliner Gassenhauer der Arbeitslosen:

> Keenen Sechser in der Tasche,
> bloß 'nen Stempelschein.
> Durch die Löcher der Kledasche
> kiekt die Sonne rein.
> . . .
> Stellste dir zum Stempeln an,
> wird det Elend nicht behoben –
> wer hat dir, du armer Mann,
> abjebaut so hoch da droben?

Und hätten die Berliner Juden wenige Jahre später gemeinsam auswandern können, und wäre es ihnen noch nach Gesang zumute gewesen, was immerhin denkbar ist – Auschwitz lag noch in weiter Ferne –, so wäre das Lied, das jeder damals im Herzen trug, auch schon bereit gewesen:

> Lebwohl, Berlin. Es muß geschieden sein.
> Rixdorf, ich muß dich lassen.
> Anhalter Bahnhof. Ja, da steig' ich ein
> und zieh' dahin mein Straßen.
> . . .
> Zollrevision. Devisen. Paßkontrolle. Ach,
> man läßt mich durch. Es ist gelungen.
> *Da murmelt noch der letzte deutsche Bach:*
> *Es ist ein Ros' entsprungen.*

Ja, auf fremden Straßen, in fremden Gassen konnte das Abschiedslied kein Gassenhauer mehr werden, und das hat ihm wohl die Ehre verschafft, zusammen mit dem Stempellied und den Zille-Versen in die Gedichtsammlung *Durch Berlin fließt immer noch die Spree* (Blanvalet, 1971) aufgenommen zu werden. Was die großen Schlager angeht, so muß schon jeder in seinem Gedächtnis kramen; für Gassenhauer und Chansons aus allen Zeiten, für Yvette Guilbert und Edith Piaf, ist man wohl in Deutschland immer noch zu fein und zu gebildet. Die müssen schon halb vergessen sein, bis einmal ein paar junge Burschen, die sich aufs Poetische verstehen – und wer hätte wohl selbst im damaligen, an Poeten so reichen Deutschland sich besser darauf verstanden als Clemens Brentano? –, sie sammeln und den Nachgeborenen einen zweiten Band aus dem Wunderhorn bescheren.

In kaum einer anderen Sprache ist das volkstümlich Poetische so nahtlos und zwanglos in die große Dichtung eingegangen und ihr Urelement geblieben wie in der deutschen. Das erweist sich hier Vers nach Vers, in die Zeilen von Hölderlin bis Kafka sich mühelos einfügen – Zitate natürlich, aber ohne Anführungszeichen, eben anonym und lorbeerlos geworden, und daher nie im mindesten epigonal. Es sind die dem deutsch Sprechenden natürlich sich bietenden Abklänge und Nachklänge vieler Melodien. Wer die deutsche Sprache so meisterhaft beherrscht:

> Ihr sollt zusammenschlagen! Erst die Hacken.
> Zweitens die Welt. Am Schluß die Hände überm Kopf

– dem muß gerade das Epigonale sehr nahe gelegen haben, selbst dann noch, als die Schrecken dieser Zeit, die man vielleicht wirklich am besten eine »Unzeit« nennt, den oft so zauberhaft schönen Weg der Spätgekommenen in das gerade noch Sangbare der alten Weisen (den noch Hofmannsthal, der junge George und Rudolf Borchardt gehen konnten), endgültig versperrten – endgültig, denn »Ach, auch das Ermorden von Mördern / Bleibt ein dunkles Geschäft«. Darum:

> Erspart uns das nachgeträufelte Labsal,
> Ihr höchlichst Erhabenen,
> Vor jedem saftig besudelten Grabmal
> Der unlängst Begrabenen.
>
> Mir ist der Weg nicht mehr gangbar
> Stelzfüßig feierlich –
> Zwischen den Liedern so sangbar
> Schrecken die Geier mich.

All dies ist wahr genug. Wahr ist aber auch, daß diese Schrecken das ursprünglich große Wunder des Da-seins nicht zu vertilgen vermögen:

> Nicht zu fassen
> Dort der Baum
> In dem noch Vögel flöten.

Ja, der Baum ist immer noch da und die Vögel, wenigstens vorläufig noch, der Mond auch, trotz aller Anstrengungen, und die Sterne, der Wald und das Reh. Selbst

Die Kühe glöckeln sich nachdenklich in ihr Tal
Und alles klingt, als wär' es nie erklungen, nie
Gesungen worden. Nicht einmal dies eine Mal.

Unausrottbar ist das Poetische, solange es noch das Wundern gibt, das wir in der Kindheit gelernt haben, und wer die Dichter eigentlich sind, das kann man offenbar auch ganz unfeierlich auf berlinisch sagen:

Denn ick bin bloß auf Besuch hier,
so von eins bis hundert –
...
Und wo andre längst zu Haus sind,
wo se wohl teils Mann, teils Maus sind,
steh' ick permanent verwundert
mit der Klinke in der Hand.

Das Berlinische ist in dieser Sammlung mit Bedacht und gutem Grund ausgespart. Ungleich dem Plattdeutschen oder dem Alemannischen war das Berlinische niemals ein wirklicher Dialekt. Es war die Mund- und Denkart einer Stadt, der man gerade das Lyrische am wenigsten zugetraut hätte, bevor Gilbert ihr Platz und Rang im Poetischen verschaffte. Aber verschwunden ist das Berlinische auch in diesen hochdeutschen Gedichten keineswegs, es ist nur gewissermaßen gereinigt ins Hochdeutsche gehoben, als sollte die Berliner Denkart sich, allen regionalen Charmes entkleidet, nun erst recht erproben. Die eigene Biographie als *Leierkastenodyssee* zu erleben und zu beschreiben, das konnte nur ein Berliner; und dennoch steigt Heine nirgendwo sonst so deutlich »gewappnet hervor aus dem Grab«, wenn auch seltsam verändert: immer noch ein Jude, aber nun eingetreten »ins Weltgebäude, / Warschauerstraße überm Pferdestall«, immer noch »leichtsinnig« hinschreibend

Was nicht so unbedingt
Zwischen den Göttern und Laotse
Buchstabiert zu werden verdient,

weil jeder Augenblick dieses einen Lebens verlangt, festgehalten zu werden, und zwar in Versen, weil ihm sonst sein poetisches Wesen abhanden käme, aber nun in der Denkart der Großstadt, dieser äußerst geschwinden (die Odyssee liest man am besten, wenn man sie in schnellem Sing-sang vor sich hinspricht), nicht intelligenten, sondern blitzgescheiten Gangart eines Denkens, das sich nichts vormachen läßt, schon sicher nicht von sich selbst, und das weder sarkastisch noch humorig, weder zynisch noch je pathetisch immer das Kind beim Vornamen nennt, immer spricht, wie ihm der Schnabel gerade wächst. Diese Denk- und Sprechart, die nicht weniger natürlich ist als der Gesang des Vogels, der in den Zweigen wohnt, und der man sehr zu Unrecht den Asphalt, auf dem sie zu Hause ist, vorgeworfen hat, stammt noch aus der Zeit des »Stadtluft macht frei«. Nicht die Mundart, wohl aber die Denkart konnte daher mitauswandern in die großen Metropolen der westlichen Welt und sich sogar der fremden Mundart von Wien, der anderen deutschen Großstadt, bequemen, was wohl weder in Frankfurt noch in Leipzig möglich gewesen wäre. Von dieser Wanderung berichtet die Odyssee. Auf dieser Wanderung hat die Mundart ins Hochdeutsche gefunden wie andere Mundarten auch, aber die Denkart, der Mutterwitz ist geblieben. Die Denkart gibt es wohl noch, so möchte man hoffen, in Berlin; ihr Mutterwitz hat seine Parallelen immer noch in Paris und London, und selbst in New York, der bedrohtesten der Metropolen. Aber wer könnte leugnen, daß er im Verschwinden ist, nicht weil ihm der »esprit sérieux« der Literaten und Avantgardisten aller Art und Farbe den Garaus machen könnte, sondern weil eben die Städte unter dem doppelten Angriff einer rauschsüchtigen Konsumgesellschaft und eines unlösbaren Verkehrsproblems verwahrlosen und so offenbar ihre eigentliche Substanz zu verlieren im Begriff stehen. Zu dieser Substanz gehört die unbekümmerte Vitalität, die Freude am schieren Lebendigsein, die uns in diesen Versen überall entgegenschlägt. Zu ihr gehört aber auch die Denkart, für die jedes Ding zwei Seiten hat, für die unsere Comédie humaine weder je ganz Tragödie noch ganz Komödie ist, sondern immer und in jeder Minute beides in einem. Nur Tragikomödien können vor dieser geschwinden, sich immer auch gegen sich selbst wendenden Gescheitheit bestehen. Was hier als göttlich gilt, ist Lachen und Weinen in Einem.

Lieber Leser, dies ist ein Nachwort auf das, was eines empfehlenden Vorworts nicht bedarf, geschrieben von einem Leser wie Du es bist. Dir mögen andere Zeilen im Gedächtnis bleiben und andere Gedanken zu ihnen kommen. Der Möglichkeiten sind da viele. Vielleicht hat auch Dich der Dichter so schamlos mitteilsam gemacht wie mich. Das wäre das Beste; dann schriebest Du nämlich Dir Dein eigenes Nachwort und schicktest es dem Autor.

Nathalie Sarraute

*1902

Als Nathalie Sarraute 1948 ihren ersten Roman *Porträt eines Unbekannten* herausbrachte, reihte Sartre sie in einer Vorrede unter die Verfasser »völlig negativer Werke« ein, also unter Autoren wie Nabokov, Evelyn Waugh und den Gide der *Faux monnayeurs*, und bezeichnete die Gattung dieser Werke als »Anti-Roman«.[1] Im Laufe der fünfziger Jahre wurde der Anti-Roman zum Neuen Roman und Nathalie Sarraute zu dessen Begründerin. Freilich hat eine Zuordnung solcher Art stets etwas Künstliches, im Falle Nathalie Sarrautes sogar etwas Zweifelhaftes. Sie selbst hat als ihre geistigen Vorfahren Dostojewski (besonders den der *Aufzeichnungen aus einem Kellerloch*) und Kafka, seinen in ihren Augen rechtmäßigen Erben, namhaft gemacht.[2] Soviel trifft immerhin zu: Zumindest ihre beiden ersten Romane, *Porträt* und *Martereau* (1953), schrieb sie in Protest gegen die Konventionen des klassischen Romans, den des 19. Jahrhunderts, bei dem Autor und Leser sich in einer gemeinsamen Welt wohlvertrauter Tatbestände bewegen und bei dem mühelos zu unterscheidende Gestalten auf Grund der ihnen vom Autor zugeteilten Eigenschaften und Besitzstücke dem Leser verständlich werden können. »Seit jener Zeit«, bemerkt sie in ihrer Essaysammlung *Zeitalter des Argwohns*, hat die Romangestalt »alles verloren, ihre Vorfahren, ihr sorgsam erbautes Haus, das vom Keller bis hinauf zum Dachboden mit den verschiedensten Gegenständen, selbst den nichtigsten, angefüllt ist, die Quellen ihres Einkommens, ihre Kleider, ihren Leib, ihr Gesicht... ihre Persönlichkeit und häufig sogar ihren Namen.« Der Mensch als solcher ist heute ein Unbekannter, oder er ist wieder dazu geworden, und daher spielt es für den Romanschriftsteller nur eine geringe Rolle, wen er sich jeweils zum »Helden« wählt; eine noch geringere, in welche Art von Umwelt er ihn hineinstellt. Und da »die individuelle Romangestalt den Ehrenplatz zwischen Leser und Autor beanspruchen durfte«, da sie »am Kreuzungspunkt ihrer beider Zuneigung stand«, deutet diese Willkür der Wahl auf eine ernsthafte Störung im Prozeß wechselseitiger Verständigung hin.

Um etwas von diesem verlorenen Gelände gemeinsamer Übereinkunft zurückzugewinnen, machte Nathalie Sarraute klugerweise den Roman des neunzehnten Jahrhunderts, angeblich ein Stück des Autor und Leser gemeinsamen kulturellen Erbbesitzes, zur Ausgangsbasis ihres Schaffens, wie sie zunächst auch ihre Gestalten jener reich bevölkerten Welt entnahm. Sie angelte sie geradezu aus dem Werk Balzacs oder Stendhals heraus, entkleidete sie all jener sekundären Merkmale: Gewohnheiten, sittlichen Konventionen, Besitzgüter, an denen ihre zeitliche Herkunft abzulesen war, und beließ ihnen nur gewisse Grundeigenschaften, kraft derer sie in unserer Erinnerung fortleben: Habsucht – der geizige Vater, der mit seiner hausbackenen, altjüngferlichen, raffgierigen Tochter zusammenlebt, um deren zahlreiche Krankheiten, eingebildete oder tatsächliche, die ganze Handlung sich dreht (so etwa in *Porträt*); oder auch Haß und Lebensunlust – die stets zusammenklebende Einzelfamilie, wie sie heute in Frankreich noch fortbesteht, die »dunkle, völlig abgeschlossene Welt« von Mutter, Vater, Tochter und Neffen. So kreist in *Martereau* die Handlung um den »Fremden«, der dem Vater das Geld abschwindelt, das dieser dem Zugriff der Steuerbehörde hatte entziehen wollen. Selbst der Held des späteren *Planetarium* war der verkörperte Ehrgeiz (hier dient die an sich wohlvertraute Handlung der Schilderung seines ruchlosen »Aufstiegs im Raum der Gesellschaft«).

Nathalie Sarraute hat die »glatte, harte« Außenfläche solcher traditionellen Gestalten (die »nichts anderes als gut gemachte Puppen« sind) aufgebrochen, um dahinter jener unaufhörlichen Schwingungen der Stimmung und Empfindung gewahr zu werden, die, wenn im Makrokosmos der Außenwelt auch kaum sichtbar, den geheimen, von einer niemals endenden Folge von Erdbeben im Mikrokosmos des Ichs hervorgerufenen Erschütterungen gleichen. Dieses innere Leben – von ihr das »psychologische« genannt – hat an sich mit der »Oberflächenwelt« der Erscheinungen nicht mehr zu tun als das physiologische, das in den Innenorganen unter der Haut vor sich geht. Keines von beiden tritt aus eigenem Antrieb zutage. Und wie die physiologischen Lebensvorgänge sich auf natürliche Weise nur in den Symptomen einer Krankheit zu erkennen geben (die winzige Schwellung, die, um ihr eigenes Bild zu gebrauchen, den Ausbruch der Pest anzeigt), aber ein besonderes Instrument erfordern: Chirurgen-Skalpell oder Röntgenstrahlen, um überhaupt sichtbar zu werden, so rufen die psychologischen Veränderungen äußere Symptome nur im Fall einer Katastrophe hervor und bedürfen sonst zu ihrer Erkundung eines Mittels, wie es nur diesem Romanautor zur Verfügung steht: der vergrößernden Linse des Argwohns. Daß Nathalie Sarraute zum Schauplatz ihrer Experimente in psychischer Vivisektion gerade das vertraute Familienleben mit seinen Strindbergschen Obertönen, dem »Halbdunkel hinter geschlossenen Gardinen«, wählte und nicht die Couch des Analytikers, war ein fast genialer Einfall, denn eben hier wird die »fließende Grenze, die (sonst gewöhnlich) die hörbare Unterhaltung von der unhörbaren scheidet«, am ehesten hinfällig. Das innere Dasein des Ichs kann gewaltsam nach außen treten, und zwar in Vorgängen, die man gemeinhin als »Szenen« bezeichnet. Zweifellos stellen diese Szenen im grauen Einerlei einer nur mit sich selbst beschäftigten Welt die einzige Ablenkung dar. Zugleich aber bilden sie das rhythmische Grundmuster eines Höllendaseins, in dem wir dazu verdammt sind, uns »immer und ewig im Kreis zu drehen«, und in dem zwar alles Erscheinende mühelos zu durchdringen, niemals jedoch fester Boden unter den Füßen zu gewinnen ist. Hinter allen Lügen und Vortäuschungen bleibt zuletzt nichts anderes als die Schwingungen einer stets gegenwärtigen Reizbarkeit, ein »Chaos, in dem tausend Möglichkeiten miteinander in Konflikt liegen«, ein Sumpf, bei dem jeder Schritt tiefer in die Verderbnis führt.

Nathalie Sarraute war bereits zur meisterlichen Darstellerin dieses unaufhörlich gärenden, zum Ausbruch drängenden Innenlebens eines »allmächtigen Ichs« geworden, als sie mit der zweiten

Folge ihrer Romane begann, die trotz aller Ähnlichkeit in Stil und Technik einen anderen Typus verkörpern: *Das Planetarium* (1959) und *Die goldenen Früchte* (1963). Sowohl in ihren Essays, die sie während der ersten Schaffensperiode schrieb und 1956 veröffentlichte, wie auch in ihren Interviews und an zahlreichen Stellen der Romane selbst hat sie mit bemerkenswerter Klarheit ihre Absichten kommentiert, und der Rezensent fühlt sich versucht, ihre Erkenntnisse mit ihren eigenen Worten wiederzugeben. Sie hat jedenfalls mit äußerster Entschiedenheit von den »psychologischen Vorgängen« gesprochen, »die tatsächlich das Hauptelement meiner Untersuchung bilden«; sie hat auch, wenngleich mit etwas mehr Zurückhaltung, die Hoffnung geäußert, eines Tages ins Gebiet des Unbezweifelbar-Wirklichen vordringen zu können, nicht etwa zu dem, was bei Goethe das »Gute, Wahre und Schöne« heißt, sondern nur zu einem winzigen, unverfälschten, unverzerrten Stück Tatsachenwelt. Vielleicht wird sich zuletzt herausstellen, daß dieses »nichts oder fast nichts ist – der erste Grashalm ... ein noch geschlossener Krokus, ... die Hand eines Kindes, die in der Höhlung der meinen ruht«. Aber »glaubt mir, das ist das einzige, was zählt«. Zuletzt zitiert sie eine berühmte Stelle aus den *Brüdern Karamasow*, die als Motto über ihrem bisherigen Gesamtwerk stehen könnte: »Meister, was muß ich tun, um das ewige Leben zu gewinnen?« Der Staretz tritt ein wenig näher: »Vor allem mußt du wahr zu dir selber sein.« (In dieser Hinsicht wie in mancher anderen hat Nathalie Sarraute mehr mit Mary McCarthy gemein als sonst mit irgendeinem der heutigen Schriftsteller.)

Bei einer Autorin, die so oft und ausführlich ihr eigenes Schaffen erläutert hat, sind gewisse Elemente, die dem Leser zuerst ins Auge springen, von ihr aber nicht erwähnt werden, möglicherweise um so bemerkenswerter. Dazu gehört zunächst das völlig Negative ihrer Entdeckungen, das Sartre so außerordentlich fand. Weder aus ihrer Methode noch aus ihrer Themenwahl wird der Katastrophencharakter des Innendaseins erklärlich, die völlige oder fast völlige Abwesenheit von Liebe, Großmut, Weitherzigkeit und dergleichen in ihrem Werk. Jedes Wort ist, wenn nicht absichtlich zur Irreführung des Lesers bestimmt, eine »Waffe«, alle Gedanken stehen »wie die Soldaten einer großen, mächtigen Armee um ihr Banner geschart... bereit, loszuschlagen«. Überall finden sich bei ihr kriegerische Gleichnisse. Selbst bei Kafka – zu schweigen von Dostojewski oder von Proust und Joyce, den frühen Meistern des inneren Monologes – gibt es nach ihrer eigenen Feststellung jene »Augenblicke subjektiver Wahrheit, des Gnadenstandes«, die in ihrem Werk fehlen. Noch überraschender aber ist, zweitens, die Tatsache, daß sie selbst sich niemals eingehender über den bei ihr so wirksamen Gebrauch des »sie« (man, die anderen) ausgelassen hat, das heißt über die Verwendung des »Man sagt«, des Gemeinplatzes, des Klischees, der nur idiomatischen Redewendung, worauf viele ihrer Rezensenten und Bewunderer ausdrücklich hingewiesen haben. Das »Man« tauchte zuerst in *Porträt* auf, rückte dann beim *Planetarium* in die Mitte der Handlung und wurde schließlich zum »Helden« der *Goldenen Früchte*.

Im *Porträt* – das wie eine griechische Tragödie drei Hauptfiguren hat: Vater, Tochter und Beobachter, der, als Bote der alten Tragödie in neuer Verkleidung, die Geschichte berichtet – bildet das »Man« den Chorus. Sowohl Vater wie Tochter fühlen sich umhegt und getragen von einer »Schutzgarde« aus der Außenwelt: der Vater von seinen »alten Kumpanen«, mit denen er sich regelmäßig zum Zechen trifft, die Tochter von unaufhörlich schwatzenden älteren Frauen, die in den Toreingängen der großen Wohnblocks herumstehen und die sie um sich zu scharen pflegte, seit sie in der Wiege lag; Frauen, »mit den Köpfen wackelnd wie die bösen Patenfeen im Märchen«. Zeitlose Gemeinplätze verkündend, geben die verschiedenen Chöre den Hauptgestalten eine Art Rückhalt (»Kinder, glaubt mir's, sind immer undankbar«), und sie bilden hinter der eigentlichen Kampflinie einen »festen Schutzwall« der Gewöhnlichkeit, dem die Gestalten immer von neuem zustreben, um »Dichte, Gewicht und Standfestigkeit« zurückzugewinnen, um wieder »jemand« zu sein. Und Friede wird es erst, wenn die Tochter, die schließlich einen banalen Ehemann gefunden hat, ihrerseits mit Genugtuung dem Tag entgegenblickt, an dem sie selbst mit zum Chor gehören wird: »Frommen Sinnes werde ich in den Gesang der anderen mit einstimmen.«

Diese Beziehung zwischen dem »Ich« und dem »sie«, dem »Man«, steht in den späteren Romanen bisweilen unter umgekehrtem Vorzeichen. Sowohl im *Planetarium* wie in den *Goldenen Früchten* erscheint das »Man« häufig als Verkörperung des bösen Feindes, als Ursache all der Unglücksschläge, von denen das »Ich« betroffen wird – im ersten Augenblick der Unachtsamkeit werden »sie«, die andern, zur Stelle sein und das Opfer mitleidslos »auswittern und aufschnappen«, »Hunden gleich, die in jeder Ecke herumschnüffeln, um die Beute aufzustöbern, die sie zwischen den Zähnen davontragen werden, um sie nach einer kleinen Weile, noch warm und zuckend, demjenigen zu Füßen zu legen«, den sie in jenem besonderen Augenblick zufällig als ihren Herrn anerkennen.

Endlich findet sich bei Nathalie Sarraute das Motiv der »Verwandlung«, jener Augenblick der Wahrheit, um den jeder ihrer Romane kreist, wie die griechische Tragödie einst um den Augenblick des Erkennens, Wiedererkennens kreiste. Das aber ist es, was ihren Büchern etwas so Dramatisches verleiht, wie es in der heutigen Romankunst wohl einzigartig ist. (Wahrscheinlich entlehnte sie das Wort »Verwandlung« aus Kafkas berühmter Erzählung – in *Porträt* bedient sie sich sogar des ursprünglichen Bildes: Vater und Tochter treten einander gegenüber wie »zwei Rieseninsekten, zwei ungeheure Mistkäfer«.) Die Verwandlung begibt sich in den seltenen Augenblicken, in denen ein unhörbares Gespräch mit einem anderen zusammenstößt, das heißt etwa beim Abstieg von der Tageswelt gleichsam zum »Grunde eines Brunnenschachts«, wo nackt »sich aneinanderklammernd«, ausgleitend und kämpfend in einer Unterwelt, so abgeschlossen und unzugänglich wie die Welt der Wunsch- und Alpträume, die Gestalten sich in einer mörderischen Vertraulichkeit zusammenfinden, die keine Maske mehr duldet.

Mit ihrer grimmen Jagd nach der Wahrheit (So bist du nun einmal, mach dir selber nichts vor!) lösen die ersten beiden Romane im Leser eine Art Strindbergsches Mitgefühl für das ganze

Menschengeschlecht aus: »Es ist schade um die Menschen.« Die Familie ist schließlich die natürlichste aller menschlichen Gemeinschaften, und was sich in ihrem Rahmen enthüllt, scheint gewisse Rückschlüsse auf die »menschliche Natur« zuzulassen. Den Rahmen der zwei späteren Romane bildet die Gesellschaft, die im Vergleich zur Familie etwas »Künstliches« ist – in diesem besonderen Falle sogar etwas noch Künstlicheres als sonst, weil sie von einer literarischen Clique verkörpert wird. (Das Planetarium »ist nicht der richtige Himmel, sondern ein künstlicher Himmel«, erklärte Nathalie Sarraute in einem Interview mit François Bondy.[3]) Seltsamerweise ist infolge dieses äußeren Szenenwechsels auf der einen Seite die Wechselbeziehung zwischen vernehmlicher und unhörbarer Unterhaltung noch enger, auf der anderen aber alles, was in den früheren Büchern so verzweifelt traurig, fast tragisch klang, nun zu reiner, erheiternder Komödie geworden. Hier, in der Sphäre der Gesellschaftlichen, gibt es »nichts Heiliges... keine heiligen Stätten, keine Tabus«, die verletzt werden könnten. Hier »sind wir alle von gleicher Art, sind alle Menschen... sind einer wie der andere«, und wir bedürfen untereinander auch nicht der Vertrautheit, um uns gegenseitig die Maske vom Gesicht zu reißen. Jeder Rang- oder sonstige Unterschied – das ist ein »Zufall, ein merkwürdiger Auswuchs, das ist eine Krankheit«, vielleicht aber auch ein »kleines Wunder«, dann nämlich, wenn er sich vergegenständlicht, etwa zu einem Kunstwerk, »das jeder Erklärung spottet... aber alles übrige – was für eine Ähnlichkeit!«[4]

Das Planetarium enthält noch immer ein paar »Einzelgestalten«, Typen aus dem Familienleben: Vater, Tante und angeheiratete Verwandte, die keineswegs »einer wie die anderen« sind. Seine zwei Hauptfiguren sind Julien Sorel und Madame de Rênal in moderner Verkleidung: Der junge »ambitieux« ist zu einem gewöhnlichen gesellschaftlichen Streber geworden, zu einem »kleinen Schuft... Wenn er sich etwas in den Kopf gesetzt hat, kann nichts ihn davon abbringen, und es gibt nichts, dessen er nicht fähig wäre« – und die »femme passionnée« der guten Gesellschaft ist nunmehr eine prominente Autorin. Beide stehen in keiner engeren Beziehung zueinander. In dieser Gesellschaft gibt es keine

Leidenschaft mehr. Es sind keine echten Hauptakteure, sondern eher Mitglieder eines Chors, der seinen Vorsänger verloren hat, sind die fast zufällig gewählten Vertreter des »Man«.

Es wird hier berichtet, wie zwei Jungverheiratete, beide gesellschaftlich ehrgeizig, von der Tante des jungen Mannes ein Appartement übernehmen (sie haben zwar schon eine eigene Wohnung, brauchen aber noch eine andere, um Gäste bei sich empfangen zu können). Diese Tante hatte zu ihrem eigenen Kummer eine ganz neue Tür »in schlechtem Geschmack« einsetzen lassen müssen, und die meisten Verwicklungen in dieser Geschichte drehen sich um Möbelstücke und die unselige Tür. Die »Verwandlung« geht gegen Ende der Erzählung vor sich und betrifft, ein reizender Einfall, eben diese Tür: Der junge Mann führt die berühmte Autorin, um deretwillen er soviel Mühen auf sich genommen hatte, in der Wohnung umher. Er hat im Hinblick auf die Tür Todesängste auszustehen, aber er kommt mit heiler Haut davon. Während die prominente Autorin Umschau hält, »geht in einer einzigen Sekunde die erstaunlichste, die wunderbarste Verwandlung vor sich. Wie von einem Zauberstab berührt, nimmt die Tür, die für ihn beim ersten Anblick von dünnen Hartfaserplatten, dem häßlichen Beton der Vorstadthäuser eingefaßt schien... wieder ihr ursprüngliches Aussehen an: das nämlich, das ihr zu eigen war, als sie, leuchtend vor Lebendigkeit, in der Wand eines alten Klosters eingelassen war.« Leider ist es der armen Tür nicht lange vergönnt, im Zustand wiedergefundener Gnade zu verharren. In der Wohnung befindet sich noch ein anderer zweifelhafter Gegenstand – eine gotische Madonna, auf einer Seite durch einen restaurierten Arm entstellt, und die berühmte Autorin, o Schrecken, bemerkt es nicht: Sie »starrt unverwandten Blickes auf die Schulter, den Arm, schlingt beides gleichmütig hinunter, und ihr starker Magen verdaut es mühelos, und ihre Augen bewahren den gelassen-gleichgültigen Blick von Kuhaugen.« Dies ist der Augenblick der Wahrheit, in dem, in einem »einzigen Bruch, einer plötzlichen Spaltung, alles in Stücke fällt«: Sie verliert die Kraft, Wunder zu vollbringen, und zurück kehrt die »ovale Tür... schwebend, undeutlich, wie zwischen Himmel und Erde hängend... die massive alte Tür eines Klosters oder aber die eines billigen Vorstadthauses..., um ihn nun für immer heimzusuchen wie ein Gespenst.«

Dies ist, auf hohem Niveau, eine der komischsten Stellen, die ich in der heutigen Romanliteratur kenne: Es ist natürlich die Komödie der amerikanischen »Fremdbezogenheit« oder, im französischen Wortverstand, des »Uneigentlichen«. Aber wie dürftig, wie pedantisch klingen alle diese Worte im Vergleich zu der kläglich grotesken Wirklichkeit der Sache selbst! Das Komische liegt darin, daß alles sich im Milieu der vermeintlich »innengerichteten« Elite des »guten Geschmacks« und der feinen Lebensart abspielt, unter Intellektuellen, die sich der höchsten Maßstäbe rühmen, denen angeblich alles gleichgültig ist und die gewiß von nichts anderem als nur vom Allergeistigsten reden. Aufgefordert, sich selbst zu porträtieren, stellen sie sich als »hochempfindsame, gebrechliche Wesen vor, die mit einer dunklen, feindlichen Welt auf Kriegsfuß leben«, erklärt die *New York Times Book Review* zum Preise des Buches, als habe sie sich veranlaßt gefühlt, den Schwindel in Worte zu fassen, den *Das Planetarium* gerade entlarvt. Aber so muß es denn doch wohl sein, denn *Das Planetarium* und *Die goldenen Früchte* zusammen stellen die schärfste Attacke dar, die bisher gegen die »Intellektuellen« geritten wurde. Es ist, als habe Nathalie Sarraute ausgerufen: »La trahison des clercs? Daß ich nicht lache! Was haben denn diese Geschöpfe überhaupt zu verraten?«

Am reinsten ist die Komödie in *Die goldenen Früchte*. Hier ist »man« ganz unter sich, unbehelligt von allen nicht mit zur Clique Gehörigen. Das Buch berichtet die Geschichte eines anderen Buches, eines eben erschienenen Romans, betitelt »Die goldenen Früchte«, der zunächst einen sensationellen Erfolg hatte, dann aber allmählich in Vergessenheit geriet – sein weiteres Schicksal bleibt ungewiß.[5] Wir erfahren nichts weiter über das Buch selbst – nur sein Verfasser wird erwähnt, weil er mit zu der literarischen Clique gehört –, denn es ist die Geschichte von dem Jedermannsbuch, das das Pech hat, in die Hände des belesenen Jedermann zu geraten, dessen Geschrei und Geflüster so lange anhält, bis das Jedermannswort darüber gesagt ist.

Ja, sie alle sind hier beisammen: der Kritiker; der »Meister« und die in Bewunderung hinschmelzenden Damen; der »Schuldige«, der einmal der »Gnade verlustig ging«, weil er gegen den unfehlbaren Geschmack verstoßen hatte, der aber »nun schon seit längerem desinfiziert« ist; der Ehemann, der in Verdacht steht, die »Goldenen Früchte« nicht selber entdeckt zu haben – aber das hat er ja, das hat er wirklich getan, erklärt seine Frau; der Mann aus der Provinz, der, in weiter Entfernung vom »Man«, das Buch reichlich gemeinplätzig fand – aber das war es ja gerade »absichtlich«, und nun ist auch er überzeugt; die Gelehrten (»die Köpfe schwer von Wissen«), die die toten Autoren, je nachdem, in weniger bedeutende, durchschnittliche, große eingestuft haben und auch dem jüngsten Ankömmling gleich seinen Rang zuweisen können. Man findet sogar die Zweiflerin, jene »Verrückte, Überspannte, die barfuß und in Lumpen über die Erde wandelt« und ihren Frieden gefährdet, ja selbst »den Fremden, den Paria« (aber »Sie gehören ja mit zu uns, es kann gar nicht die Rede davon sein, Sie auszuschließen«). Und sie erschöpfen alle Gesichtspunkte, alle Argumente und überbieten sich so lange in Superlativen, bis sie wissen: »Man wird eines Tages die Leute einteilen in solche, die vor, und andere, die nach den ›goldenen Früchten‹ lebten.« In jedem vollzieht sich jener geheimnisvoll-köstliche Vorgang der »Selbstentleerung – bis man nur leeres Gefäß ist, bis zum Rande mit dem zu füllen, was die andern hineingießen werden.«

Und wer sind diese andern? Jeder ist das gleiche »allmächtige Ich«, dessen katastrophenhaftes Innendasein Thema der früheren Romane war. Jeder ist in der Hölle gewesen und muß fürchten, wieder dazu verdammt zu werden; denn er erinnert sich nur zu genau, was es hieß, allein zu sein, ein »armer Teufel, ein namenloser kleiner Wicht, ein unbekannter Autor«, der immer wieder versucht hat, im Kreis der Auserwählten Aufnahme zu finden und der sich immer wieder abgewiesen sah. Was wäre wohl mit ihm geschehen, hätte er sich nicht an »einem anderen Bild (seiner selbst) festgeklammert... einem Bild von gewaltigen Ausmaßen, das nach jeder Seite hin über die Ränder quoll?« Das ist gerade der Grund, warum die andern sich alle ähnlich sind und warum jeder von ihnen in der Gesellschaft der andern das Medium gefunden hat, in dem »die leiseste Schwingung sich unverzüglich in Mitteilung umsetzt« und sich »zu immer größerer Wellenbewegung verstärkt«. Diese Art Gesellschaft ist der Makrokosmos des »Ich«, ist das Ich, großgeschrieben. Vielleicht verhält es sich aber auch umgekehrt, und das »psychologische« Innenleben, dessen Zitterschwankungen Nathalie Sarraute erforschte, ist das »innere« Leben nur jener Ich-Besessenen, die, offenbar »außengelenkt«, in Wahrheit an niemand und nichts anderem interessiert sind als an sich selbst. Zumindest gleicht nichts in höherem Grade jener verhängnisvollen Unbeständigkeit wuchernder, schweifender Gefühle (denen alle Anhänglichkeit, Treue, Zuverlässigkeit notwendig fernbleiben müssen) als das ewige Auf und Ab, die Flutwellen des Modegeschmacks, von denen das »Man« hierhin und dorthin geworfen wird.

Gewiß folgt der Flut unmittelbar die Ebbe, und alles gerät ins Bröckeln – »man weiß nicht recht wie«. Man weiß lediglich, daß von einem Tag zum andern das Gegenteil gilt: Wir hören die gleichen Leute, den gleichen Kritiker, die gleiche, immer gleich liebevolle Frau des Mannes, »der von Anfang an sich nichts hat vormachen lassen«, und all die übrigen »andern«, bis dem Buch zuletzt der Gnadenstoß versetzt wird – »Sind Sie noch immer bei... den *Goldenen Früchten*?« »Man« gerät durch diesen radikalen Meinungsumschwung nicht in die geringste Verlegenheit, man bleibt in der gleichen Gesellschaft, im gleichen Medium, man bemerkt sogar kaum, was eigentlich vor sich gegangen ist. Und sollte irgendeiner der andern von Zweifeln heimgesucht werden, so sieht er sich auf die Geschichte verwiesen, die Göttin des Wechsels und Wandels, auf dessen Fluten »man so sicher dahintreibt... wie auf einem prachtvollen Ozeanriesen«.

Das ist echte Komödie, die, wie alle guten Komödien, mit etwas tödlich Ernsthaftem zu tun hat. Die Verlogenheit des intellektuellen »Man« ist um so peinlicher, als sie eines der empfindlichsten und gleichzeitig unentbehrlichsten Elemente menschlichen Zusammenlebens betrifft, das Element gemeinsamen Geschmacks, für das es in der Tat keinen »Wertmaßstab« gibt. Denn der Geschmack ist nicht nur für das Aussehen der Welt bestimmend, sondern auch für die »Wahlverwandtschaft« derer, die in dieser Welt zusammengehören. Die »geheimen Zeichen«, an denen wir einander erkennen – was besagen sie anderes als dies: »Wir sind Brüder, nicht wahr... ich biete dir etwas von diesem heiligen Brot an. Ich heiße dich an meiner Tafel willkommen.« Dieses Gefühl natürlicher Verwandtschaft ist inmitten einer Welt, zu der wir alle als Fremde kommen, heillos verkrüppelt in der Gesellschaft der Feinen, Verfeinerten, die aus der gemeinsamen Welt von Gegenständen Parolen und Talismane, Mittel zu gesellschaftlicher Organisation, gemacht haben. Aber ist es ihnen tatsächlich gelungen, jene Welt der Gemeinsamkeit zu vernichten? Kurz vor Ende des Buches kehrt Nathalie Sarraute von dem »Man« und dem »Ich« zum »Wir« zurück, dem alten Wir von Autor und Leser. Es ist der Leser, der spricht: »Wir sind so hinfällig, und sie sind so stark. Oder vielleicht... daß wir, du und ich, die Stärkeren sind, selbst jetzt.«

Waldemar Gurian

1902–1954

Er war ein Mann, der viele Freunde hatte, und er war seinerseits Freund – ihnen allen: Männern und Frauen, Priestern und Laien, Menschen in vielen Ländern und aus praktisch allen Lebensbereichen. Freundschaft war es, die ihn in dieser Welt beheimatet sein ließ, und wo immer seine Freunde waren – Land, Sprache oder gesellschaftliche Stellung spielten keine Rolle –, da fühlte er sich zu Hause. Wohl wissend, wie krank er war, machte er seine letzte Reise nach Europa; denn, so sagte er: »Ich möchte meinen Freunden Lebewohl sagen, bevor ich sterbe.« Als er zurückkam und ein paar Tage in New York blieb, tat er das gleiche, tat es bewußt, beinahe systematisch, ohne ein Anzeichen von Furcht oder Selbstmitleid oder Sentimentalität. Zeitlebens hatte er persönliche Gefühle nicht ohne allergrößte Verlegenheit auszudrücken vermocht, und so konnte er es auf eine in gewissem Sinne unpersönliche Weise, ja ohne Verlegenheit zu spüren, folglich auch ohne sie hervorzurufen. Der Tod muß ihm sehr vertraut gewesen sein.

Er war ein außergewöhnlicher und ein außergewöhnlich seltsamer Mann. Die Versuchung ist groß, durch beharrliche Hinweise auf die Weite und Tiefe seiner intellektuellen Fähigkeiten dieses Urteil zu verdeutlichen, und mit den wenigen Daten, die wir aus seinen frühen Jahren haben, jenes seltsame, sich immer wieder einstellende Gefühl, daß er von nirgendwoher käme, zu erklären. Doch alle solche Versuche würden hoffnungslos zu kurz greifen. Nicht sein Geist, sondern seine Person war außergewöhnlich, und seine frühe Geschichte würde nicht seltsam klingen, wenn er ihr nicht die gleiche zurückhaltende Indifferenz hätte angedeihen lassen wie allen persönlichen Daten und Umständen seines privaten und beruflichen Lebens, die er so behandelte, als ob sie wie alles schlicht Faktische nur langweilig sein könnten.

Nicht daß er jemals versucht hätte, etwas zu verbergen; direkt an ihn gestellte Fragen hat er immer ohne Umschweife beantwortet. Er entstammte einer jüdischen Familie aus St. Petersburg (Gurian ist die russifizierte Version des im allgemeinen bekannteren Namens Lurie), und da er zu Beginn des Jahrhunderts im zaristischen Rußland geboren wurde, zeigt bereits die Geburtsstadt an, daß er aus einer assimilierten und gutgestellten Familie kam; denn nur solchen Juden – meist handelte es sich um Kaufleute oder Ärzte – war es damals erlaubt, sich in einer der großen Städte außerhalb vorgeschriebener Wohnviertel anzusiedeln. Er muß ungefähr neun Jahre alt gewesen sein, als seine Mutter ihn und seine Schwester wenige Jahre vor dem Ausbruch des Ersten Weltkrieges mit nach Deutschland nahm und der Katholischen Kirche zuführte. Ich glaube nicht, daß ich, als ich ihn in den frühen dreißiger Jahren in Deutschland kennenlernte, etwas über seine russische Vergangenheit oder seine jüdische Herkunft wußte. Er war als deutscher katholischer Publizist und Schriftsteller bereits bekannt, als Schüler des Philosophen Max Scheler und des berühmten Professors für Staats- und Völkerrecht Carl Schmitt, der später Nazi wurde.

Man kann nicht sagen, die Ereignisse des Jahres 1933 hätten ihn in dem Sinne verändert, daß er auf seine Anfänge zurückgeworfen worden wäre. Entscheidend ist nicht, daß ihm seine jüdische Abstammung bewußt gemacht worden war, sondern daß er es nun für nötig hielt, darüber öffentlich zu reden, weil sie keine Tatsache des persönlichen Lebens mehr darstellte, sondern sich zu einer politischen Angelegenheit entwickelt hatte. Und für ihn war es etwas Selbstverständliches, sich mit denen, die verfolgt werden, zu solidarisieren. Er behielt diese Solidarität und ein beständiges Interesse am jüdischen Schicksal bis in die ersten Nachkriegsjahre hinein bei; ein hervorragender kurzer Abriß der Geschichte des deutschen Antisemitismus, der in den *Essays on Antisemitism* (New York 1946) veröffentlicht wurde, gibt Zeugnis von diesem Anliegen und gleichzeitig von seiner ungewöhnlichen Fähigkeit, in jeder ihn interessierenden Sache ein »Experte« zu werden. Später allerdings, als die Jahre der Verfolgung vorüber waren und der Antisemitismus kein zentrales politisches Problem mehr darstellte, ließ sein diesbezügliches Interesse nach.

Gleiches gilt nicht für den russischen Teil seiner Vergangenheit, der eine völlig andere, wahrlich beherrschende Rolle in seinem Leben gespielt hat. Nicht nur daß er ein bißchen »russisch« aussah (was immer das heißen mag), er hatte auch niemals die Sprache seiner frühen Kindheit verloren, obwohl der vollständige und radikale Wechsel der Umgebung es mit sich gebracht hatte, daß er sein ganzes Leben als Erwachsener in einem deutschsprachigen Milieu lebte. Seine Frau war eine Deutsche, und so blieb Deutsch die in seinem Haus in Notre Dame gesprochene Sprache. Doch in Geschmack, Einbildungskraft und Mentalität war das Russische bei ihm so ausgeprägt, daß er Englisch und Französisch mit einem deutlich russischen, nicht mit deutschem Akzent sprach, obgleich er das Russische – wie man mir erzählte – zwar fließend, aber nicht wie jemand beherrschte, dessen Muttersprache es ist. Die russischen Schriftsteller waren ihm so lieb und vertraut, daß keine andere Dichtung – ausgenommen vielleicht, in seinen späteren Jahren, die Rilkes – ihnen ihren Platz streitig machen konnte. (In der kleinen, aber bedeutenden russischen Abteilung seiner Bibliothek gab es eine in der Manier des beginnenden Jahrhunderts illustrierte Kinderbuchausgabe von *Krieg und Frieden*, ein völlig zerlesenes Exemplar mit herausfallenden Seiten, zu dem er im Laufe seines Lebens immer wieder zurückgekehrt war und das man bei seinem Tod auf dem Nachttisch fand). Und in der Gesellschaft von Russen war er, selbst wenn es sich um Fremde handelte, gelöster als in anderen Milieus, als ob er dorthin gehörte und dort zu Hause wäre. Seine ausgedehnten geistigen und politischen Interessen schienen ihn in alle möglichen Richtungen zu treiben. Aber in Wirklichkeit lag ihr Zentrum in Rußland, in dessen geistiger und politischer Geschichte, dessen Einfluß auf die westliche Welt, dessen ungewöhnlichem spirituellen Erbe und dessen religiöser Leidenschaftlichkeit, wie sie ihren Ausdruck zunächst im eigenartigen

Sektierertum des Volkes und später in der großen Literatur fand. Er wurde ein herausragender Experte in Fragen des Bolschewismus, weil ihn nichts mehr gefangen nahm, nichts tiefer beschäftigte als der russische Geist in allen seinen Ausformungen.

Ich weiß nicht, ob die drei Einschnitte, die sich in seinem frühen Leben ereigneten: die Auflösung der Familie, das Herausgerissenwerden aus Heimat und Muttersprache, schließlich der totale Wandel des sozialen Milieus, der mit der Konversion zum katholischen Glauben einherhing (für Glaubenskonflikte war er seinerzeit nicht nur zu jung, sondern wahrscheinlich hatte er vor seiner Konversion überhaupt keine religiöse Erziehung gehabt), seiner Persönlichkeit eine tiefe Verletzung zugefügt hatten; doch deren Seltsamkeit zu erklären, sind sie hoffnungslos ungeeignet. Da bin ich sicher und denke, aufgrund der wenigen von mir erwähnten Dinge kann es keinen Zweifel geben, daß er Wunden, wenn es sie gab, durch Treue geheilt hat, einfach indem er seine wesentlichen frühen Erinnerungen nicht preisgab. Jedenfalls wurde Treue zu seinen Freunden, zu jedem, den er je gekannt, zu allem, was er je geliebt, die Tonart, auf die sein Leben eingestimmt war, so daß man versucht ist zu behaupten, daß das ihm fernstliegende Verbrechen das des Vergessens war – ein Verbrechen, welches im Bereich der menschlichen Beziehungen vielleicht zu den schwersten gehört. Sein Gedächtnis hatte etwas Heimsuchendes und Heimgesuchtes, als wenn es niemals irgend etwas oder irgend jemanden hätte loslassen dürfen. Es war weit mehr als jenes Vermögen, das für Wissenschaft und Gelehrsamkeit benötigt wird, in denen es eines seiner Hauptinstrumente für objektive Leistung wurde. Im Gegenteil, seine Gelehrsamkeit stellte lediglich eine andere Ausdrucksform seiner großen Treuefähigkeit dar. Solche Treue ließ ihn die Schriften jedes Autors verfolgen, der einmal sein Interesse erregt und ihm einiges gegeben hatte – und zwar auch dann, wenn er ihm niemals begegnet sein mochte. Genauso veranlaßte sie ihn, seine Hilfe nicht nur Freunden, wenn sie in Not waren, bedingungslos zu gewähren, sondern auch nach deren Tod noch ihren Kindern, wenngleich er diese niemals gesehen hatte oder je hätte sehen wollen. Es war nur natürlich, daß sich die Zahl der toten Freunde vergrößerte, je älter er wurde, und obwohl ich ihn nie vom Kummer überwältigt erlebt habe, bemerkte ich die fast kalkulierte Sorgfalt, mit der er ihre Namen immer wieder erwähnte, als befürchtete er, sie würden der Gemeinschaft der Lebenden durch irgendeinen von ihm begangenen Fehler ganz entgleiten.

All dies war wirklich und deutlich genug wahrnehmbar, wenn man ihn besser kennenlernte, aber daraus ergibt sich noch keine Vorstellung von der ungewöhnlichen Seltsamkeit dieses riesengroßen Mannes mit dem noch größeren Kopf und den breiten Backen, die eine erstaunlich kleine, leicht nach oben zeigende Nase unterteilte – wodurch der einzige humorvolle Zug in sein Gesicht gelangte; denn seine Augen waren trotz ihrer Klarheit eher traurig, und sein Lachen, das das Fleisch von Backen und Kinn plötzlich zum Schmelzen bringen konnte, war zu sehr das Lachen eines einfach von Freude erfaßten Jungen, dem es nicht in den Sinn kam, daß Humor, vielleicht eine der erwachsensten Charaktereigenschaften, mit im Spiele sein könnte. Daß er ein seltsamer Mann war, dürfte jeder sofort bemerkt haben, selbst wer ihn nur in seinen späten Jahren kannte, als sich Seltsamkeit und Schüchternheit – nicht Ängstlichkeit und niemals, um das klarzustellen, so etwas wie ein Inferioritätsgefühl, aber ein instinktives Vor-der-Welt-zurückscheuen von Seele und Körper – unter den Bürden seiner offiziellen Stellung und Anerkennung in der Öffentlichkeit zurückgebildet, ja jenen sozusagen den Vortritt gelassen hatten. Was beim ersten Blick als seltsam auffiel, glaube ich, war dadurch hervorgerufen, daß er ein völlig Fremder in der Welt jener Dinge war, die wir dauernd gebrauchen und handhaben, unter denen wir uns ohne sie wahrzunehmen bewegen, so daß wir kaum merken, daß alles Leben bei jeder seiner Bewegungen in unbewegliche, nichtlebende Dinge eingepflanzt ist, von ihnen umgeben, geleitet und bedingt wird. Wenn wir innehalten, um darüber nachzudenken, werden wir eine Diskrepanz zwischen lebenden, beseelten Körpern und sich nicht bewegenden Gegenständen bemerken – eine Diskrepanz, die ständig durch Gebrauch, Handhabung, Beherrschung der Welt der toten Materie überbrückt wird. Aber hier hatte sich diese Diskrepanz in so etwas wie einen offenen Konflikt zwischen der Menschlichkeit des Menschen und der Dinglichkeit der Dinge ausgeweitet, und seine Unbeholfenheit hatte solch eine anrührende, überzeugende menschliche Qualität, weil sie alle Dinge als einfache Materie aufleuchten ließ, als Objekte im wörtlichsten Sinne, nämlich als *ob-jecta*, etwas dem Menschen Entgegengeschleudertes, und damit als etwas, das ein Stein des Anstoßes ist und seiner Menschlichkeit im Wege liegt. Es war, als wäre ständig eine Schlacht im Gange gewesen zwischen diesem Mann einerseits, dessen spezifische Menschlichkeit die Existenz von Dingen ausschloß, der in sich selbst deren potentiellen Baumeister und habituellen Beherrscher anzuerkennen sich weigerte, und den Objekten andererseits – eine Schlacht, in der er eigentümlicher- und wahrlich unerklärlicherweise niemals einen Sieg errang, aber auch nicht zu Boden gezwungen wurde. Die Dinge überlebten gewöhnlich eher besser, als man zu hoffen wagte; und niemals geriet er so stark in ihre Falle, daß es zu einer eindeutigen Katastrophe gekommen wäre. Dieser in sich seltsame und ergreifende Konflikt war um so typischer, als sein riesengroßer Körper gleichsam das erste, in gewisser Weise das Ur-»Ding« darstellte, in das die abzulehnende »res«-Eigenschaft der Welt inkarniert worden war.

Wir Menschen des modernen Zeitalters, für die die Fähigkeit, Dinge zu manipulieren und sich in einer objektbesetzten Welt zu bewegen, ein so wichtiger Teil der Lebensweise geworden ist, sind leicht versucht, Unbeholfenheit und Schüchternheit als semipathologische psychologische Phänomene mißzuverstehen, besonders wenn sie nicht auf Inferioritätsgefühle zurückgeführt werden können, die wir als »normal« ansehen. Doch die vor-modernen Zeiten müssen gewisse uns seltsam vorkommende Kombinationen von menschlichen Charakterzügen, die sie einem vielleicht nicht alltäglichen, aber doch wohlvertrauten Typ zuordnen konnten, gekannt haben. Die vielen ernsten und humoristischen mittelalterlichen Geschichten über fettleibige Menschen und die Tatsache, daß die Völlerei zu den Todsünden zu zählen war (was für uns etwas schwer zu verstehen ist), bezeugen dies. Denn die augenscheinliche Alternative zum Herstellen, Gebrauchen, Handhaben und Beherrschen von Dingen ist der Versuch, sich der Hindernisse zu entledigen, indem man sie verzehrt – und mitten in der modernen Welt war Gurian ein ausgezeichnetes Beispiel für diese quasi-mittelalterliche Lösung. (Chesterton scheint ein anderes gewesen zu sein, und ich vermute, daß vieles an seinen großartigen Einsichten nicht so sehr in die Philosophie als in die Person des hl. Thomas aus der einfachen Sympathie eines sehr häßlichen und dicken Mannes für einen anderen ebenfalls häßlichen und dicken Mann entsprang.) Auch im vorliegenden Falle fing es an, wie es, wenn überhaupt genuin, anfangen sollte: mit dem Essen und Trinken, wofür er, solange er sich guter Gesundheit erfreute, eine Kapazität gargantuanischen Ausmaßes hatte und was er mit einer Art triumphierender Freude tat. Doch sein Fassungsvermögen für geistige Nahrung war noch größer, und angestiftet von einem Gedächtnis ähnlich riesenhafter Dimensionen, war seine Neugierde in gleichem Maße gierig und unersättlich. Er war eine wandelnde Bibliothek von Nachschlagewerken, wodurch sich eine intime Beziehung zur Massigkeit seines Körpers ergab. Der Langsamkeit und Unbeholfenheit seiner Körperbewegungen korrespondierte eine Schnelligkeit im Absorbieren, Verdauen, Kommunizieren und Zurückhalten von Informationen – so wie ich das niemals bei jemandem erlebt habe. Wie sein Appetit war seine Neugierde. Sie wurde, von der oft leblosen Neugier des Wissenschaftlers und Experten weit entfernt, durch nahezu alles angefacht, was in der im strengen Sinne menschlichen Welt von Bedeutung war: von Politik und Literatur, Philosophie und Theologie ebenso wie von gewöhnlichem Klatsch, anekdotischen Belanglosigkeiten und den unzähligen Zeitungen, die er täglich lesen zu müssen glaubte. Alles, was mit menschlichen Angelegenheiten zu tun hat, geistig zu verschlingen und sich einzuverleiben sowie gleichermaßen das mit sublimer Indifferenz auszugrenzen, was in den physikalischen Bereich gehört – naturwissenschaftliche Themen ebenso wie das »Wissen« darüber, wie man einen Nagel in die Wand schlägt: Dies schien seine Art von Rache an der allgemeinmenschlichen Tatsache, wonach von einer Seele verlangt wird, in einem Körper zu leben, und von einem lebendigen Körper, sich in einer Umgebung »toter« Dinge zu bewegen.

Gerade diese Haltung gegenüber der Welt machte ihn so menschlich und zeitweise so überaus verletzlich. Wenn wir von jemandem sagen, er sei menschlich, denken wir gewöhnlich an eine gewisse, spezifische Freundlichkeit und Güte, daran, daß man sich ihm leicht nähern kann oder dergleichen mehr. Ebenso und aus dem bereits erwähnten Grund, nämlich weil wir so sehr an eine Welt aus von Menschen gemachten Dingen gewöhnt sind und uns in ihr so selbstverständlich bewegen, neigen wir dazu, uns mit dem, was wir machen und tun, zu identifizieren. Dabei vergessen wir häufig, daß es das große Vorrecht jedes Menschen bleibt, daß er wesensmäßig und allzeit mehr ist als alles, was er herstellen oder erreichen kann; daß er nicht nur nach jeder Arbeit oder Leistung als der noch nicht erschöpfte, gänzlich unerschöpfliche Quell weiterer Leistungen weiterbesteht, sondern sich in seinem wirklichen Wesen jenseits aller Leistungen befindet, unberührbar und durch sie nicht eingegrenzt ist. Wir wissen, wie die Menschen täglich und freudig dieses Vorrecht verwirken und wie sie sich, stolz auf ihre Intelligenz oder ihre Arbeit oder ihr Genie, mit dem, was sie tun, ganz identifizieren, wobei nicht zu bestreiten ist, daß eine derartige Identifikation bemerkenswerte Ergebnisse zeitigen kann. Doch so eindrucksvoll die Ergebnisse auch sein mögen, bei solcher Haltung geht das spezifisch Menschliche, das zur Größe gehört, nämlich größer zu sein als alles Getane, beständig verloren. Wahre Größe erscheint selbst in Kunstwerken, wo der Kampf zwischen der Größe des Genies und der noch größeren Größe des Menschen besonders zutage tritt, nur dann, wenn wir hinter dem berührbaren und verstehbaren Produkt ein Wesen spüren, das größer und geheimnisvoller bleibt, weil das Werk selbst auf eine dahinter befindliche Person zeigt, deren Wesen durch das, was zu vollbringen auch immer in ihrer Macht stehen mag, weder erschöpft noch völlig enthüllt werden kann.

Diese spezifisch menschliche Qualität von Größe, die eigentliche Ebene, Intensität, Tiefe, Leidenschaftlichkeit der Existenz selbst, war ihm in einem außergewöhnlichen Maße vertraut. Weil er sie als das Natürlichste von der Welt selbst besaß, hat er es meisterhaft verstanden, sie in anderen zu finden – und zwar absolut unabhängig von deren gesellschaftlicher Stellung oder Leistung. In dieser Hinsicht hat er nie geirrt, und sie ist seine letzte Richtschnur beim Urteilen geblieben, deretwegen er nicht nur die oberflächlichen Maßstäbe des weltlichen Erfolges verwarf, sondern auch die legitimen, objektiven Normen, die er, andererseits, bis zur Vollkommenheit beherrschte. Von einem Mann zu sagen, er habe einen unfehlbaren Sinn für Qualität und Relevanz, klingt hohl, wie eine von Höflichkeit und gesellschaftlicher Konvention diktierte Floskel. Dennoch: In den nicht häufigen Fällen, in denen Menschen diesen Sinn besaßen und sich entschlossen, ihn nicht gegen leichter erkennbare und annehmbare Werte einzutauschen, hat er sie untrüglich weit getragen, über die Konventionen und etablierten gesellschaftlichen Normen hinaus und direkt hinein in die Gefahren eines Lebens, das nicht mehr von den Mauern der Objekte und den Stützpfeilern objektiver Wertungen geschützt wird. Das heißt dann, mit Menschen befreundet zu sein, denen auf den ersten und sogar noch den zweiten Blick nichts gemeinsam ist, ständig Menschen zu entdecken, die nur durch unglückliche Umstände oder irgendeine skurrile Eigenart ihrer Begabung daran gehindert sind, ganz sie selbst zu werden; es bedeutet, systematisch, wenn auch nicht notwendigerweise bewußt, alle, selbst die anständigsten Normen der Anständigkeit zu verwerfen. Ja, es führt unweigerlich in eine Art von Leben, das vielen ein Ärgernis ist, das viel Kritik auf sich lenkt und zu häufigen Mißverständnissen Anlaß gibt. Immer werden Konflikte mit denen entstehen, die die Macht haben, und zwar ohne daß der Angreifer dies beabsichtigte und ohne Böswilligkeit auf seiten des Angegriffenen, sondern einfach deshalb, weil Macht entsprechend objektiven Normen ausgeübt werden muß.

Was ihn immer wieder davor bewahrte, in Schwierigkeiten zu geraten, waren nicht nur, und vielleicht nicht einmal in erster Linie, seine außerordentliche geistige Kraft und der hohe Rang seiner Leistungen. Es war noch mehr jene eigentümlich jungenhafte, zuweilen leicht schelmische Unschuld, die man in dieser komplizierten und schwierigen Persönlichkeit nicht erwartete, und die immer dann in überzeugender Reinheit aufleuchtete, wenn ein Lachen seine ansonsten eher melancholische Gesichtslandschaft erhellte. Was letztlich selbst jene, die er durch gelegentliche Temperamentsausbrüche verärgert hatte, überzeugte, war, daß er es niemals wirklich böse meinte. Die Provokation, das heißt provoziert zu werden ebenso wie selbst zu provozieren, war für ihn im wesentlichen ein Mittel, die wirklichen und bedeutsamen Konflikte offenzulegen – jene Konflikte, die wir in der feinen Gesellschaft so sorgsam ersticken und mit sinnlosen Artigkeiten, mit jenem Scham-Mitgefühl, das wir das »Nicht-des-anderen-Gefühle-verletzen« nennen, zudecken. Er freute sich, wenn er diese Barrieren der sogenannten zivilisierten Gesellschaft niederreißen konnte, weil er in ihnen Schranken sah, die menschliche Seelen voneinander trennen. Unschuld und Mut waren der Quell dieser Freude – die Unschuld in um so bezauberndrer Weise, als sie sich in einem Mann ereignete, der sich so extrem gut in der Welt auskannte und deshalb allen Mut, dessen er fähig war, benötigte, um seine ursprüngliche Unschuld lebendig und unversehrt zu halten. Er war ein sehr mutiger Mann.

Mut wurde von den alten Griechen und Römern als die politische Tugend par excellence angesehen. Mut, in einem alle möglichen Bedeutungsvarianten umfassenden Sinn, hat ihn wahrscheinlich in die Politik getrieben, was verwirrend scheint bei einem Mann, dessen ursprüngliche Leidenschaft zweifellos den Ideen galt und der ganz eindeutig die Konflikte des menschlichen Herzens zu seinem tiefsten Anliegen machte. Für ihn war die Politik ein Kampfplatz der Seelen und Ideen, nicht der Körper – der einzige Ort, wo Ideen sich herausbilden und Gestalt annehmen können, bis sie sich gegenseitig bekämpfen würden, um aus diesem Kampf als die wahre Wirklichkeit der »condition humaine« und die innersten Lenker des menschlichen Herzens hervorzugehen. In diesem Sinne war die Politik für ihn eine Art Verwirklichung der Philosophie, genauer: der Bereich, in dem das bloße Fleisch der für das menschliche Zusammenleben notwendigen materiellen Bedingungen von der Leidenschaft der Ideen aufgezehrt wird. Sein politischer Verstand richtete sich deshalb im wesentlichen auf das Dramatische in Geschichte, in Politik, in allen Kontakten zwischen Mensch und Mensch, Seele und Seele, Idee und Idee. Und geradeso wie er in seinen wissenschaftlichen Arbeiten die Kulminationspunkte des Dramas aufspürte, wo alles Bedeckende, Beschützende abgebrannt ist und Ideen und Menschen in einer Art nicht-materieller Nacktheit aufeinanderstoßen (das heißt unter den Bedingungen der Abwesenheit solcher materiellen Umstände, ohne die wir gewöhnlich das Licht des Geistes ebenso wenig ertragen können wie das Licht der Sonne in einem wolkenlosen Himmel) – geradeso schien er manchmal in seinem Verkehr mit Freunden beinahe von einem Drang besessen, die Möglichkeiten für Dramatisches, die Gelegenheiten für eine große, lodernde Schlacht der Ideen, für einen gigantischen Kampf der Seelen, in dem alles ans Licht gebracht würde, herauszufinden.

Er tat dies nicht oft. Was ihn davon abhielt, war niemals ein Mangel an Mut – davon hatte er eher zuviel als zu wenig –, sondern ein hochentwickelter Sinn des Mitempfindens, der, weit über jedwede Höflichkeit hinausgehend, sich mit seiner Schüchternheit aus frühen Jahren, welche er niemals ganz verloren hatte, verband. Wovor er sich am meisten fürchtete, war die Verlegenheit – eine Situation, in der er jemanden in Verlegenheit brächte oder andere ihn verlegen machten. Die Verlegenheitssituation, deren volle Tiefe wahrscheinlich nur Dostojewski ausgelotet hat, ist in einem gwissen Sinne die Kehrseite jener lodernden, triumphalen Schlacht der Seelen und Ideen, in der sich der menschliche Geist manchmal von all seinen Bedingungen und Bedingtheiten befreien kann. Während die Menschen sich im Kampf, in der Nacktheit der Konfrontation der Ideen frei, in einer Extase der Souveränität, über ihre Bedingungen und schützenden Hüllen erheben, indem sie sich nicht verteidigen, sondern gänzlich ohne jede Verteidigungsmittel bestätigen, *wer* sie sind, stellt die Verlegenheitssituation sie bloß und macht gerade dann auf sie aufmerksam, wenn sie am wenigsten bereit sind, sich zu zeigen, wenn Dinge und Umstände sich unerwartet verschworen haben, um die Seele ihrer natürlichen Verteidigungsmittel zu berauben. Das Problematische liegt darin, daß die Verlegenheitssituation das gleiche schutzlose Selbst ins grelle Licht zerrt, das frei zu zeigen der Mensch nur in der höchsten Anstrengung des Mutes ertragen kann. Verlegenheit spielte eine große Rolle in seinem Leben (er fürchtete sie nicht nur, sondern war auch ihrer Anziehungskraft ausgeliefert), weil sich hier – auf der Ebene der menschlichen Beziehungen, also auf genau der Ebene, die er immer und in jeder Hinsicht anzuerkennen bereit war – die Entfremdung des Menschen von der Welt der Dinge wiederholt. Genauso wie für ihn Dinge tote Objekte, Feinde der lebendigen Existenz des Menschen sind, die diesen im Extremfall zu ihrem hilflosen Opfer machen, so sind in der Verlegenheitssituation Menschen die Opfer von Umständen. Dies ist in sich demütigend, und dabei bleibt es ziemlich gleichgültig, ob das, was ins Licht gezerrt wird, etwas Ehrenrühriges oder Ehrenhaftes ist. Dostojewski war es, der in seiner überragenden Genialität diese unterschiedlichen Aspekte der Verlegenheit in einer einzigen Situation zusammengefaßt hat: Als der Fürst in der berühmten Szene seines Romans *Der Idiot* die wertvolle Vase während einer Abendgesellschaft zerbricht, wird er, seine Ungeschicklichkeit, seine Unfähigkeit, sich in die Welt der von Menschen gemachten Dinge einzupassen, bloßgestellt; doch gleichermaßen offenbart diese ungeschützte Lage seine »Güte«, daß er »zu gut« ist für diese Welt. Das Demütigende liegt in der Tatsache, daß er als jemand bloßgestellt wird, der gut *ist*, der nicht anders als gut sein kann, genauso wenig wie es ihm möglich ist, anders als ungeschickt zu sein.

Demütigung bezeichnet den äußersten Punkt der Verlegenheit. Damit verbunden, ja eng verknüpft mit dem Impuls, den Konventionen und aller etablierten Macht zu trotzen, war bei ihm eine wahrhafte Leidenschaft für die Besitzlosen, die Entrechteten und Unterdrückten, für diejenigen, denen das Leben oder die Menschen übel mitgespielt hatten, die ungerecht behandelt worden waren. Er, der sich normalerweise nur dann angezogen fühlte, wenn er Intelligenz und geistige Kreativität wahrnahm, vergaß in solchen Fällen alle seine anderen Maßstäbe; selbst seine große Angst vor der Langeweile konnte ihn nicht daran hindern, über seinen Schatten zu springen, um solchen Menschen zu begegnen. Immer wurde er deren Freund und verfolgte, was in ihrem Leben geschah, mit einer Intensität, die sich von Indiskretion ebenso weit entfernt hielt wie von reinem Mitleid. Es waren nicht so sehr die Menschen, die ihn faszinierten, sondern ihre Geschichte, das Drama als solches – und zwar so, als ob er beim Hören neuer Nachrichtenbrocken atemlos und immer und immer wieder zu sich sagte: So ist das Leben, so ist das Leben. Er hatte einen tiefen und aufrichtigen Respekt für diejenigen, die das Leben dazu ausersehen hat, seine eigene Geschichte zu schreiben, die dann nicht so sehr ihr normales, trauriges Ende nimmt, sondern eher aus einer Aufeinanderfolge von traurigen Endsituationen besteht, und er zeigte solchen Menschen gegenüber niemals Mitgefühl, als wenn er es nicht gewagt hätte, sie zu bedauern. Das einzige, was er tat (abgesehen natürlich davon, daß er half, wo immer er konnte), war, sie mit Bedacht in die Gesellschaft hineinzuführen, in Kontakt zu bringen mit seinen anderen Freunden, um die Demütigung und Schmach, welche die Gesellschaft beständig dem Unrecht des Unglücks hinzufügt, wettzumachen, soweit es in seiner Macht stand. Ohne den Umgang mit den Besitzlosen und Entrechteten konnte die dramatische Wirklichkeit von Leben und Welt, wie er sie sah, niemals vollständig sein, ja nicht einmal sich zu entfalten beginnen.

Diese Einsicht in den wahren Charakter der Demütigung und diese Leidenschaft für die Unterdrückten sind uns durch die großen russischen Schriftsteller so gut bekannt, daß wir kaum umhin können, nicht zu bemerken, wie »russisch« er in seinem Christsein war. Doch war bei ihm dieses russische Gefühl für das, was das Wesen des menschlichen Lebens ist, mit einem ganz westlichen Wirklichkeitssinn vermischt. Und genau in diesem Sinne war er Christ und Katholik. Sein kompromißloser Realismus, der vielleicht das herausragende Kennzeichen seiner Beiträge zur Geschichte und Politischen Wissenschaft bildet, war für ihn das natürliche Ergebnis der christlichen Lehre und einer katholischen Erziehung. (Alle Arten von Perfektionisten verachtete er zutiefst und wurde niemals müde, ihren fehlenden Mut zur Wirklichkeit anzuprangern.) Er wußte sehr wohl, was er jenen dafür schuldete, daß er hatte bleiben können, was er war, ein Fremder in der Welt, niemals ganz in ihr zu Hause, und zur gleichen Zeit ein Realist. Da er die Welt sehr gut kannte, wäre es ihm leicht gefallen, sich einzupassen – leichter noch jedoch und mit aller Wahrscheinlichkeit die größere Versuchung wäre es für ihn gewesen, in irgendein utopisches Denksystem zu flüchten. Seine ganze geistige Existenz war auf die Entscheidung, sich niemals einzupassen und niemals davonzulaufen, aufgebaut, womit nur in anderer Weise gesagt ist, daß sie auf Mut gründete. Er blieb ein Fremder und wenn immer er kam, war es, als träfe er aus dem Nirgendwo ein. Doch als er starb, trauerten seine Freunde um ihn, als wäre ein Familienmitglied von ihnen gegangen und hätte sie allein zurückgelassen. Er hatte erreicht, was uns allen aufgegeben ist: In dieser Welt hatte er seinen Wohnsitz errichtet und sich durch Freundschaft ein Zuhause auf der Erde geschaffen.

Ich erinnere an Wystan H. Auden

Ich bin Auden erst spät in seinem und meinem Leben begegnet, zu einer Zeit also, da die einfache, wissende Vertrautheit einer in jungen Jahren geschlossenen Freundschaft nicht mehr erreichbar ist, weil man zu wenig Lebenszeit hat oder erwartet, welche man miteinander teilen könnte. So waren wir sehr gute, aber nicht intime Freunde. Mehr noch: Eine gewisse Reserviertheit bei ihm war dazu angetan, Intimität zu erschweren. Nicht daß ich mich je dagegen aufgelehnt hätte; nein, ich habe sie gerne als notwendig respektiert, als die Verschlossenheit des großen Dichters, der sich früh beigebracht haben mußte, nicht in Prosa unverbindlich und beiläufig über Dinge zu reden, die er viel angemessener in der verdichteten Sprache der Poesie zu sagen vermochte. Schweigsamkeit ist vielleicht die »déformation professionelle« des Dichters.

In Audens Fall schien dies um so eher möglich, als vieles von seinem Werk in äußerster Einfachheit aus dem gesprochenen Wort kam, aus gewissen Idiomen der Alltagssprache – so etwa[1]

> Lay your sleeping head, my love,
> Human on my faithless arm.

Solche Perfektion ist sehr selten. Wir finden sie in einigen der größten Gedichte von Goethe; sie muß auch überwiegend in Puschkins Werk gegeben sein, weil vieles davon bezeichnenderweise nicht übersetzbar ist. In dem Augenblick, in dem Gedichte dieser Art ihrem ursprünglichen Daseinsort entrissen werden, verschwinden sie in einer Wolke der Banalität. Alles hängt hier, wie der Kritiker Clive James[2] hervorhob, an den »flüssigen Gesten«, mit denen Tatsachen aus dem Prosaischen ins Poetische gehoben werden. Wo solch flüssiger Ausdruck erreicht wird, stellt sich bei uns auf magische Weise die Überzeugung ein, daß die alltägliche Rede latent poetisch ist, und wenn von den Dichtern unterwiesen, öffnen sich unsere Ohren für die wahren Geheimnisse der Sprache. Es war eben diese Unübersetzbarkeit eines der Gedichte von Auden, die mich vor vielen Jahren von seiner Größe überzeugte. Drei deutsche Übersetzer hatten ihr Glück versucht und eines meiner liebsten Gedichte, nämlich »If I could tell you«, gnadenlos vernichtet. Dieses Gedicht lebt aus zwei Redewendungen des alltäglichen Sprachgebrauchs: »time will tell«, die Zeit wird erzählen, erklären, was war, und »I told you so«, ich hab's dir (doch) gesagt.

> Time will say nothing but I told you so,
> Time only knows the price we have to pay;
> If I could tell you I would let you know.
>
> If we should weep when clowns put on their show,
> If we should stumble when musicians play,
> Time will say nothing but I told you so.
> . . .
> The winds must come from somewehre when they blow,
> There must be reasons why the leaves decay;
> Time will say nothing but I told you so.
> . . .
> Suppose the lions all get up and go,
> And all the brooks and soldiers run away;
> Will Time say nothing but I told you so?
> If I could tell you I would let you know.[3]

Ich bin Auden im Herbst 1958 begegnet, hatte ihn aber vorher, in den späten vierziger Jahren, schon einmal auf einer Party eines Verlegers gesehen. Obwohl wir bei jener Gelegenheit nicht ein einziges Wort wechselten, blieb er mir sehr wohl im Gedächtnis, der gutaussehende, bestens gekleidete, sehr englische, der freundliche und ausgeglichene »gentleman«. Zehn Jahre später erkannte ich ihn nicht wieder; denn nun war sein Gesicht so von jenen berühmten, tiefen Falten durchzogen, als wenn das Leben selbst eine Art Gesichtslandschaft gezeichnet hätte, um »die unsichtbaren Stürme des Herzens« offenkundig zu machen. Wenn man auf ihn hörte, gab es nichts, was trügerischer hätte sein können als dieses Aussehen. Immer wieder, wenn er allem Anschein nach nicht mehr kämpfen konnte, wenn seine schmutzige, heruntergekommene Wohnung so kalt war, daß die Wasserleitung nicht mehr funktionierte und er die Toilette in der Spirituosenhandlung an der Ecke benutzen mußte, wenn sein Anzug (niemand konnte ihn davon überzeugen, daß ein Mann mindestens zwei Anzüge braucht, damit einer gereinigt, oder zwei Paar Schuhe, damit eines repariert werden kann – dies Thema einer sich endlos über die Jahre hinziehenden Debatte zwischen uns) fleckig oder so abgetragen war, daß seine Hosen plötzlich von oben bis unten aufreißen konnten – kurz, wann immer Unheil sich direkt vor deinen Augen ereignete, begann er gewöhnlich, eine in hohem Maße idiosynkratische Variation von »count your blessings« mehr oder weniger feierlich anzustimmen: Du mußt an das denken, womit du gesegnet bist. Wiewohl er nie etwas Unsinniges oder offensichtlich Verrücktes sagte und mir immer bewußt blieb, daß dies die Stimme eines sehr großen Dichters war, hat es viele Jahre gedauert, bis ich erkannte, daß der Schein in seinem Fall nicht getrogen hatte, und bis ich einsah, daß es in fataler Weise falsch gewesen war, das, was ich von seiner Lebensführung wahrgenommen hatte, der harmlosen Exzentrizität eines typischen englischen »gentleman« zuzuschreiben.

Schließlich sah ich das Elend, und ganz vage wurde mir klar, daß er gezwungen war, es hinter der »count your blessings«-Litanei zu verbergen. Doch fand ich es schwer, ganz zu verstehen, warum er so elend dran war und so unfähig, etwas gegen die absurden Umstände, welche ihm das Alltagsleben derart unerträglich machten, zu unternehmen. Sicherlich lag der Grund nicht in mangelnder Anerkennung. Denn Auden war ziemlich berühmt, und im übrigen ist ihm Ehrgeiz in dieser Beziehung fremd gewesen: Unter allen Autoren, die mir begegnet sind, war er derjenige, der am wenigsten eitel war, ja gänzlich unanfällig gegenüber den zahllosen Anfechtungen der gewöhnlichen Eitelkeit. Nicht daß er bescheiden oder unterwürfig gewesen wäre. Selbstvertrauen schützte ihn vor der Schmeichelei, und dieses existierte vor Anerkennung und Ruhm, selbst vor der literarischen Leistung. Geoffrey Grigson überliefert den folgenden Dialog zwischen dem sehr jungen Auden und seinem Tutor Nevill Coghill in Oxford: »Tutor: ›Und was werden Sie tun, Herr Auden, wenn Sie die Universität verlassen?‹ Auden: ›Ich werde ein Dichter werden.‹ Tutor: ›Gut, in diesem Falle müßten Sie es eigentlich als sehr nützlich empfinden, Englisches gelesen zu haben.‹ Auden: ›Sie verstehen mich nicht. Ich werde ein großer Dichter werden.‹«[4] Das Selbstvertrauen hat ihn nie verlassen, weil es nicht durch vergleichendes Messen an anderen oder durch Gewinnen eines Wettbewerbs erworben, sondern vielmehr naturgegeben war – verbunden, aber nicht identisch mit seiner ungeheuren Fähigkeit, mit der Sprache zu machen, und zwar schnell zu machen, was immer ihm gefiel. (Wenn Freunde ihn um ein Geburtstagsgedicht für 6 Uhr des nächsten Abends baten, konnten sie sicher sein, es zu bekommen; das geht, ganz eindeutig, nur dann, wenn man ohne Selbstzweifel ist.) Doch auch diese Begabung stieg ihm nicht zu Kopf; denn letzte Perfektion beanspruchte er nicht, ja hat sie vielleicht nicht einmal angestrebt. Dauernd überarbeitete er seine Gedichte, war also der gleichen Auffassung wie Valéry: Ein Gedicht wird niemals vollendet, sondern höchstens aufgegeben.[5] Mit anderen Worten, er war mit jenem seltenen Selbstvertrauen gesegnet, das keine Bewunderung und nicht die gute Meinung anderer braucht, das sogar der Selbstkritik und -prüfung standhalten kann, ohne dem Selbstzweifel in die Falle zu gehen. Das hat nichts mit Arroganz zu tun, wird aber leicht damit verwechselt. Auden war niemals arrogant, außer wenn man ihn mit etwas Vulgärem provozierte. Dann schützte er sich mit Hilfe jener recht unhöflichen Abruptheit, wie sie unter englischen Intellektuellen typischerweise anzutreffen ist.

Stephen Spender, der Freund, der ihn so gut kannte, hat darauf hingewiesen, daß die Liebe das Thema gewesen sei, das Audens Dichtung in ihrer ganzen Entwicklung durchzogen habe.[6] (War es nicht Auden, dem eingefallen war, Descartes' »cogito ergo sum« abzuwandeln, den Menschen als die »bubble-brained creature«, das blasenköpfige Wesen, zu definieren und sagen zu lassen: Ich werde geliebt, also bin ich?) Und Spender erzählte am Ende der Ansprache, die er zum Gedenken an seinen verstorbenen Freund in Oxford in der Christ Church hielt, davon, daß er Auden einmal über eine Lesung in Amerika befragt hätte: »Sein Gesicht erhellte sich mit einem Lachen, das die Züge veränderte, und er sagte: ›Sie haben mich geliebt!‹«[7] Sie bewunderten ihn nicht, sie *liebten* ihn. Hier, denke ich, liegt der Schlüssel zu seiner außergewöhnlichen Unglückseligkeit und gleichermaßen zur außergewöhnlichen Größe, Intensität seiner Dichtung. Erst jetzt mit der traurigen Weisheit der Erinnerung sehe ich ihn als einen Kenner der unendlichen Varianten unerwiderter Liebe, unter denen sich eine, das rasend machende Ersetzen von Liebe durch Bewunderung, hoch auftürmte. Und unterhalb dieser Emotionen muß es von Anfang an eine gewisse kreatürliche »tristesse« gegeben haben, die Verstand und Glaube nicht bezwingen konnten.

> The desires of the heart are as crooked as corkscrews,
>   Not to be born is the best for man;
> The second-best is a formal order,
>   The dance's pattern; dance while you can.[8]

Als ich ihn kannte, hätte er »the best« nicht mehr erwähnt, so sehr hatte er sich für das Zweitbeste, »the formal order«, entschieden. Und das Ergebnis war, was Chester Kallman so treffend »das liederlichste Kind aller Zuchtmeister« genannt hat. Ich denke, es war diese »tristesse« und ihr »tanz, so lange du kannst«, die dafür sorgten, daß Auden sich vom berüchtigten Berlin der zwanziger Jahre so sehr angezogen und dort fast zu Hause fühlte – jenem Berlin, in dem das Carpe-Diem dauernd in vielen Varianten gelebt wurde. Er bezeichnete einmal sein frühes Verfallensein an die deutsche Sprache als »Krankheit«; aber viel hervorstechender als dieses und weit schwieriger, sich davon zu lösen, war der offensichtliche Einfluß von Bertolt Brecht, mit dem er, meiner Auffassung nach, mehr gemeinsam hatte, als er je zuzugeben bereit gewesen wäre. (In den späten fünfziger Jahren übersetzte er zusammen mit Chester Kallman Brechts *Aufstieg und Fall der Stadt Mahagonny*.⁹) Schon in sprachlicher Hinsicht kann Brechts Einfluß leicht in Audens Balladen nachgewiesen werden, zum Beispiel in der späten, wunderbaren »Ballad of Barnaby«¹⁰, der Geschichte des Gauklers Barnaby, der, alt und fromm geworden, die Mutter Gottes ehrt, indem er ihr seine Kunststücke vorführt; oder in der frühen kleinen Geschichte

. . .
About Miss Edith Gee;
She lived in Clevedon Terrace
At Number 83.¹¹

Was diesen Einfluß möglich machte, war, daß beide, Brecht und er, zu der Generation der vor dem Ersten Weltkrieg Geborenen gehörten, mit ihrer eigenartigen Mischung aus Verzweiflung und Lebenslust (»joie de vivre«), ihrer Verachtung für die überkommenen Regeln und ihrer Neigung, die Dinge nicht an sich herankommen zu lassen, »to play it cool« – was sich, wie ich vermute, in England darin äußerte, daß man die Maske des Snobs trug, während es sich in Deutschland in einer weitverbreiteten Vortäuschung von Sündhaftigkeit, so ähnlich wie etwa in Brechts *Dreigroschenoper*, ausdrückte. (In Berlin machte man, wie über alles, auch über diese umgekehrte Heuchelei seine Witze: »Er geht bös über den Kurfürstendamm« – was soviel heißt wie: Das ist wahrscheinlich alles Böse, dessen er fähig ist. Nach 1933, denke ich, machte keiner mehr Witze über das Böse-Sein.)

In Audens Fall diente, wie bei Brecht, die umgekehrte Heuchelei dazu, eine unwiderstehliche Neigung zum Gut-sein und Gutestun zu verbergen – etwas zu verstecken, das zuzugeben beide sich schämten, ganz zu schweigen davon, daß sie es jemals propagiert hätten. Bei Auden scheint dies verständlich, weil er schließlich Christ geworden ist. Gleiches über Brecht zu vernehmen mag dagegen zunächst schockieren. Doch eine genaue Lektüre seiner Gedichte und Stücke scheint mir den Beweis zu erbringen. Nicht nur gibt es da die Stücke *Der gute Mensch von Sezuan* und *Die hl. Johanna der Schlachthöfe*, sondern auch und vielleicht mit größerer Überzeugungskraft, weil mitten im Zynismus der *Dreigroschenoper*, die folgenden Zeilen:[12]

> Ein guter Mensch sein! Ja, wer wär's nicht gern?
> Sein Gut den Armen geben, warum nicht?
> Wenn alle gut sind, ist *Sein* Reich nicht fern,
> Wer säße nicht sehr gern in Seinem Licht?

Was diese im tiefsten unpolitischen Dichter auf die chaotische politische Bühne unseres Jahrhunderts trieb, war Robespierres »zèle compatissant«, dieses starke Sich-hingezogen-fühlen zu den Unglücklichen, den »malheureux«, welches sich von allem Bedürfnis, handelnd für die öffentliche Glückseligkeit tätig zu sein, ebenso unterscheidet wie von dem Wunsch, die Welt zu verändern.

Auden, so viel weiser – aber keinesfalls klüger – als Brecht, wußte schon früh, daß die Dichtung nichts zum Geschehen bringt.[13] Für ihn war es glatter Unsinn, wenn ein Dichter besondere Privilegien beanspruchte oder um Vergünstigungen bat, die wir ja aus schlichter Dankbarkeit ohnehin mit Freuden gewähren. Nichts an Auden war bewundernswerter als sein absolut gesunder Verstand und sein fester Glaube an eben diesen gesunden Verstand. Alle Arten von Verrücktheit verwiesen in seinem Verständnis auf einen Mangel an Disziplin, waren Ungezogenheiten – »naughty, naughty«, wie er gewöhnlich sagte. Das Wichtigste war, keine Illusionen zu haben und keine Gedanken, keine theoretischen Systeme zu akzeptieren, die einen für die Wirklichkeit blind machen würden. Er wandte sich gegen seine frühen linken Auffassungen, weil bestimmte Ereignisse (die Moskauer Prozesse, der Hitler-Stalin-Pakt, ferner Erfahrungen während des Spanischen Bürgerkrieges) sie als »unredlich« entlarvt hätten, und zwar in »beschämender« Weise, wie er im Vorwort zu seinen *Collected Shorter Poems* sagte, als er mitteilte, wie er das, was er einst geschrieben, vernichtet hätte:

> History to the defeated
> may say alas but cannot help nor pardon.[14]

Dies zu sagen, bemerkte er, hieße »Güte mit Erfolg gleichsetzen«. Er beteuerte, daß er niemals an diese »gottlose Lehre« geglaubt hätte – eine Behauptung, die ich bezweifle, nicht nur weil die Zeilen zu gut sind, zu präzise, um nur des »rhetorisch wirkungsvollen« Ausdrucks wegen produziert worden zu sein, sondern auch weil dies die Lehre war, der in den zwanziger und dreißiger Jahren jedermann angehangen hatte. Dann kam die Zeit, als ...

In the nightmare of the dark
All the dogs of Europa bark, ...

Intellectual disgrace
Stares from every human face, ...[15],

die Zeit also, da es für eine ziemlich lange Weile so aussah, als ob das Schlimmste passieren und das Rein-Böse Erfolg haben könnte. Der Hitler-Stalin-Pakt war der Wendepunkt für die Linke; nun mußte man allen Glauben an die Geschichte als den letzten Richter in menschlichen Angelegenheiten aufgeben.

In den vierziger Jahren gab es viele, die sich von ihren früheren Auffassungen abwandten, aber sehr wenige, die einsahen, was an diesen Auffassungen falsch gewesen war. Weit davon entfernt, ihren Glauben an die Geschichte und den Erfolg aufzugeben, haben die vielen einfach gleichsam den Zug gewechselt. Der Zug des Sozialismus und Kommunismus war der falsche gewesen, und sie bestiegen daraufhin den des Kapitalismus oder Freudianismus, irgendeines verfeinerten Marxismus oder einer hochentwickelten Kombination aus allen drei Ismen. Nicht so Auden. Er wurde Christ, das heißt er stieg aus dem Zug *der* Geschichte ganz aus. Ich weiß nicht, ob Stephen Spender mit seiner Behauptung, daß »das Gebet seinem tiefsten Bedürfnis entsprach«[16], recht hat. Ich vermute, daß das Verse-schreiben einfach sein tiefstes Bedürfnis war – wobei ich mir allerdings ziemlich sicher bin, daß sein gesunder Verstand, der große »good sense«, der seine Prosatexte (Essays und Rezensionen) erhellte, in einem nicht geringen Maße dem schützenden Schild eines orthodoxen Christentums geschuldet war. Dessen altehrwürdige, kohärente Sinngebung, die verstandesmäßig weder bewiesen noch widerlegt werden kann, verhalf ihm wie seinerzeit Chesterton zu einem intellektuell befriedigenden und emotional ziemlich komfortablen Refugium gegen den Angriff dessen, was er »rubbish« nannte, das heißt gegen die zahllosen Verrücktheiten des Zeitalters.

Nachdem ich Audens Gedichte in chronologischer Reihenfolge wiedergelesen und mir vergegenwärtigt habe, wie es ihm während der letzten Jahre seines Lebens ergangen ist, als Elend und Unglück mehr und mehr unerträglich wurden, ohne daß es ihnen allerdings gelungen wäre, die göttliche Gabe oder die gesegnete Leichtigkeit des Talents auch nur anzutasten, bin ich mir sicherer denn je, daß Verletztsein ihn zum Dichten getrieben hat, mehr noch als Yeats (»Mad Ireland hurt you into poetry«[17]), und daß, trotz seiner Anfälligkeit für das Mitleid, öffentliche politische Umstände nicht nötig gewesen sind, um ihn so zu verletzen, daß er zur Dichtung »gequält« wurde. Was ihn zum Dichter machte, waren seine außergewöhnliche Leichtigkeit im Umgang mit Worten und seine Liebe zum Wort; was ihn darüber hinaus zu einem großen Dichter werden ließ, war die unproblematische Bereitschaft, mit der er sich in den »Fluch« schickte, durch »menschliche Mißerfolge« auf allen Ebenen der Existenz – die Vertracktheit der Wünsche, die Untreue des Herzens, die Ungerechtigkeiten der Welt – verletzt zu werden.

> Follow, poet, follow right
> To the bottom of the night,
> With your unconstraining voice
> Still persuade us to rejoice;
>
> With the farming of a verse
> Make a vineyard of the curse,
> Sing of human unsuccess
> In a rapture of distress;

> In the deserts of the heart
> Let the healing fountain start,
> In the prison of his days
> Teach the free man how to praise.[18]

»Praise« (preisen/lobpreisen, die Lobpreisung), ist das Schlüsselwort dieser Zeilen, nicht im Sinne des Lobes für »die beste aller möglichen Welten« – so als ob es die Aufgabe des Dichters (oder des Philosophen) sei, Gottes Schöpfung zu rechtfertigen, sondern im Sinne eines Lobens, das sich all dem, was auf dieser Erde am Menschsein besonders unbefriedigend ist, entgegenstemmt und daraus seine Kraft zieht, das so ähnlich wie die Dichter und Sänger im alten Griechenland aus der Überzeugung lebt, die Götter ersännen Unglück und Böses für die Sterblichen, damit diese Geschichten erzählen und Lieder singen können.

> I could (which you cannot)
> Find reasons fast enough
> To face the sky and roar
> In anger and despair
> At what is going on,
> Demanding that it name
> Whoever is to blame:
> The sky would only wait
> Till all my breath was gone
> And then reiterate
> As if I wasn't there
> That singular command
> I do not understand,
> *Bless what there is for being*,
> Which has to be obeyed, for
> What else am I made for,
> Agreeing or disagreeing?[19]

Und der Triumph der privaten Person lag darin, daß die Stimme des großen Dichters niemals die kleine, aber durchdringende Stimme des reinen, gesunden Menschenverstandes, mit dessen

Verlust göttliche Gaben so oft bezahlt worden sind, zum Schweigen gebracht hat. Auden hat es sich nie erlaubt, seinen Verstand zu verlieren, das heißt im dabei aufkommenden »Entzücken« das »Leid« loszulassen:

> No metaphor, remember, can express
> A real historical unhappiness;
> Your tears have value if they make us gay;
> O *Happy Grief!* is all sad verse can say.[20]

Natürlich dürfte es sehr unwahrscheinlich sein, daß der junge Auden, als er sich entschied, ein *großer* Dichter zu werden, den Preis kannte, den er würde bezahlen müssen, und ich halte es sehr wohl für möglich, daß er am Ende – als nicht die Intensität seiner Gefühle und nicht die Gabe, sie in Lobpreisungen zu verwandeln, sondern einfach des Herzens physische Kraft, sie zu ertragen und mit ihnen zu leben, allmählich schwand – diesen Preis als zu hoch empfand. Wir, sein Publikum, seine Leser und Hörer, können jedenfalls nur dankbar dafür sein, daß er seine Rechnung bis auf den letzten Heller beglichen hat – zum unvergänglichen Ruhme der englischen Sprache. Und seine Freunde mögen ein wenig Trost in seinem schönen, über den Tod hinausweisenden Scherz finden: »Sein weises unbewußtes Selbst« hat sich, wie Spender sagte, »einen guten Tag zum Sterben ausgesucht«,[21] und dies aus mehr als einem Grund. Die Weisheit des Wissens darüber, wann sie leben und wann sterben sollen, ist den Sterblichen verwehrt, doch Wystan, so möchte man gerne denken, könnte sie empfangen haben – als höchste Belohnung, die die grausamen Götter der Dichtkunst dem gehorsamsten ihrer Diener gewährten.

Randall Jarrell

1914–1965

Ich bin ihm kurz nach Kriegsende begegnet, als er nach New York gekommen war, um in Margaret Marshalls Abwesenheit den Besprechungsteil der Zeitschrift *The Nation* zu betreuen, und als ich für den Verlag Schocken Books arbeitete. »Geschäfte« sind es gewesen, die uns zusammenbrachten: Ich, von einigen seiner Kriegsgedichte sehr beeindruckt, bat ihn, eine Reihe deutscher Gedichte für den Verlag zu übersetzen, und er redigierte verschiedene Buchbesprechungen von mir für *The Nation* (besser gesagt, er übertrug sie ins Englische). Wie bei Geschäftspartnern üblich, war es uns zur Gewohnheit geworden, miteinander zu Mittag zu essen, und diese Mittagessen wurden, so befürchte ich, aber erinnere mich nicht mehr, wechselweise von unseren Arbeitgebern bezahlt; denn zur damaligen Zeit waren wir alle noch arm. Das erste Buch, das er mir gab, war *Losses*[1], und als Widmung schrieb er hinein: »Für Hannah (Arendt) von ihrem Übersetzer Randall (Jarrell)«, womit er mich im Scherz gemahnte, seinen Vornamen zu benutzen. Das fiel mir schwer – aber nicht, wie er vermutete, wegen der typisch europäischen Abneigung gegen den Gebrauch von Vornamen, sondern weil Randall für mein un-englisches Ohr kein bißchen intimer klang als Jarrell, ja beide sich ziemlich ähnlich anhörten.

Ich weiß nicht, wie lange ich brauchte, um ihn zu uns nach Hause einzuladen; seine Briefe helfen da nicht weiter, weil sie alle undatiert sind.[2] Aber einige Jahre lang kam er in regelmäßigen Abständen, und wenn er seinen nächsten Besuch ankündigte, würde er beispielsweise schreiben: »Sie könnten für Sa., 6. Okt., So., 7. Okt., in Ihren Terminkalender eintragen: Wochenende im Zeichen amerikanischer Dichtung.« Und genau das wurde jedesmal daraus. Stundenlang las er mir englische Gedichte vor – alte und neue, nur selten eigene, welche er allerdings eine Zeitlang per Post zu schicken pflegte, sobald sie aus seiner Schreibmaschine kamen. Er eröffnete mir eine ganz neue Welt von Tönen und Versmaßen und lehrte mich die spezifische Schwere englischer Worte, deren relatives Gewicht letztlich, wie in allen Sprachen, durch ihren Gebrauch in der Dichtung und die entsprechenden Regeln bestimmt ist. Was immer ich über die englische Dichtung und möglicherweise den Geist dieser Sprache weiß, verdanke ich ihm.

Eine einfache Tatsache war es, derentwegen er sich ursprünglich nicht nur zu mir oder zu uns, sondern zu unserem Heim hingezogen fühlte, die Tatsache nämlich, daß dies ein Ort war, an dem Deutsch gesprochen wurde. Denn: »Ich glaube – ganz bestimmt, ich glaube wirklich: Das Land, das mir am besten von allen gefällt, ist deutsch.«[3] »Land« meinte offensichtlich nicht Deutschland, sondern das Deutsche, eine Sprache, die er kaum kannte und die zu lernen er sich beharrlich weigerte. »Ach, mein Deutsch ist nicht ein *bißchen* besser geworden: Wenn ich übersetze, wie kann ich dann Zeit haben, Deutsch zu lernen? Wenn ich nicht übersetze, vergesse ich das Deutsche«, schrieb er mir anläßlich meines letzten, nicht sehr nachdrücklichen Versuches, ihn dazu zu bewegen, eine Grammatik und ein Wörterbuch zu benutzen: »Durch Vertrauen und Liebe und Rilke-Lesen ohne ›ein Wörterbuch‹ – nur so lernt man Deutsch.«[4] In seinem Falle war das, alles in allem, nur zu wahr; denn auf diese Weise hatte er Grimms Märchen und *Des Knaben Wunderhorn* gelesen – so als ob er völlig zu Hause wäre in der fremden und gefühlsbetonten deutschen Volksdichtung, den Märchen und Liedern, die ebenso unübersetzbar deutsch sind, wie, nun ja, *Alice in Wonderland* unübersetzbar englisch ist. Wie dem auch sei, dieses volkstümliche Element in der deutschen Dichtung war es, das er liebte und in Goethe, ja sogar in Hölderlin und Rilke wiederfand. Ich habe oft gedacht, er käme tatsächlich aus jenem Land, das die deutsche Sprache für ihn repräsentierte; denn bis in seine physische Erscheinung hinein glich er einer Figur aus der Märchenwelt. Es war so, als wäre er von irgendeinem magischen Wind in die Städte der Menschen geblasen worden oder aus den Märchenwäldern unserer Kindheit aufgetaucht, hätte die Zauberflöte mitgebracht und hoffte nun nicht nur sondern *erwartete*, daß alle und alles sich zum mitternächtlichen Tanz einfänden. Was ich damit sagen möchte, ist, daß Randall Jarrell selbst dann ein Dichter gewesen wäre, wenn er nicht ein einziges Gedicht geschrieben hätte – genauso wie jener sprichwörtliche Raffael, der, auch ohne Hände geboren, ein großer Maler gewesen wäre.

Während einiger Wintermonate in den frühen fünfziger Jahren standen wir in nächster Verbindung. Damals war er in Princeton, das er »*sehr* viel princetonischer als, ja selbst als Princeton« fand, und an den Wochenenden kam er nach New York, wobei er, wie er es schilderte, ein Haus zurückließ voller ungeputzter Zimmer, nicht abgewaschenen Geschirrs und Gott weiß wie vieler streunender Katzen, mit denen er sich angefreundet hatte. In dem Augenblick, in dem er unsere Wohnung betrat, hatte ich das Gefühl, daß alles verzaubert wurde. Ich habe niemals herausgefunden, wie er das eigentlich fertigbrachte; aber es gab keinen festen Gegenstand, kein Gerät oder Möbelstück, was nicht einem subtilen Wandel unterworfen gewesen wäre und dabei seine alltäglich-prosaische Funktion verloren hätte. Diese poetische Verwandlung konnte in ärgerlicher Weise wirklich werden, wenn er sich wie so oft entschloß, mir in die Küche zu folgen und mich zu unterhalten, während ich das Essen zubereitete. Oder er mochte meinen Mann aufsuchen, um ihn in eine lange, hitzige Debatte über die Verdienste und den Rang von Schriftstellern und Dichtern zu verwickeln; dann wurden beider Stimmen gewöhnlich lebhaft in dem Versuch, sich gegenseitig zu übertrumpfen und vor allem zu überschreien: Wer hat *Kim* besser zu würdigen gewußt?, wer war der größere Dichter, Yeats oder Rilke? (wobei Randall natürlich für Rilke, mein Mann für Yeats stimmte) und so weiter, über Stunden hinweg. Nach einem solchen Wortgefecht schrieb Randall einmal: »Es erfüllt (einen Enthusiasten) immer mit Ehrfurcht, jemanden zu treffen, der enthusiastischer ist als du selbst – wie wenn der zweitdickste Mann der Welt dem dicksten begegnet.«

In seinem Gedicht über Grimms Märchen hat er das Land, aus dem er kam, beschrieben:⁵

Listening, listening; it is never still.
This is the forest ...

⟨where⟩

The sunlight fell to them, according to our wish,
And we believed, till nightfall, in that wish;
And we believed, till nightfall, in our lives.

Er war keinesfalls der Typ eines Menschen, der aus der Welt flieht und sich ein Traumschloß baut; im Gegenteil, er bot der Welt die Stirn. Und die Welt war, zu seinem immerwährenden Erstaunen, wie sie war – nicht von Dichtern bewohnt, auch nicht von Lesern literarischer Werke, die seiner Auffassung nach zur gleichen Menschenrasse gehören, sondern sie war bevölkert von Fernsehzuschauern und *Reader's-Digest*-Lesern und, am schlimmsten, von jener neuen Spezies, dem »Modernen Kritiker«, der nicht länger »der kritisierten Stücke und Geschichten und Gedichte wegen« sondern seiner selbst wegen existiert, der weiß, »wie Gedichte und Romane gemacht werden«, während der arme Dichter »sie nur gemacht hat. Das ist das gleiche, wie wenn während eines Wettbewerbs, bei dem Schinken begutachtet werden, ein Schwein auf dich zuwankte, und du mit Ungeduld sagtest: ›Geh weg, Schwein! Was weißt denn du schon vom Schinken?‹« In anderen Worten: Die Welt hat, wie er meinte, den Dichter nicht willkommen geheißen, war ihm für den Glanz, den er brachte, nicht dankbar, schien seine »jahrhundertealte Kraft, die Dinge dieser Welt sichtbar und fühlbar und in Worten lebendig zu machen«, nicht zu benötigen und verurteilte ihn daher zur Unklarheit, um sich anschließend darüber zu beklagen, daß er zu »unklar« und nicht zu verstehen sei, bis schließlich »der Dichter sagte: ›Da du mich nicht lesen willst, werde ich dafür sorgen, daß du es nicht kannst.‹« Alle diese Klagen waren nichts Besonderes, sie waren so gewöhnlich, daß ich anfangs nicht verstehen konnte, warum er sie überhaupt vorbrachte. Erst allmählich wurde mir klar, daß er nicht zu »den wenigen Glücklichen, die Tag für Tag weniger und unglücklicher werden«, gehören wollte, und zwar aus dem einfachen Grund, weil er in seinem innersten Wesen ein Demokrat war, mit »einer wissenschaftlichen Ausbildung und einer radikalen Jugend«, der »altmodisch genug war, um wie Goethe an den Fortschritt zu glauben«. Und ich muß gestehen, daß ich noch länger brauchte, um gewahr zu werden, daß sein wunderbarer Witz, womit ich die Sicherheit seines Lachens meine, nicht daraus erwuchs, daß für ihn alles Billige und Vulgäre, welcher Art auch immer, nicht existierte, oder daß er der Meinung gewesen wäre, jeder, mit dem er in Berührung kam, hätte wie er ein absolutes Gefühl (vergleichbar dem absoluten Gehör) für Qualität, verfügte über ein solches untrügliches Urteil in allen künstlerischen wie menschlichen Angelegenheiten, sondern daraus, daß es hier auch den spöttisch-ironischen Ton gab, den auf andere und sich selbst gerichteten »Ton dessen, dem Hilflosigkeit vertraut ist« (worauf er seinerseits in »The Obscurity of the Poet«[6] hingewiesen hatte). Ich setzte auf diese überreichlich bei ihm vorhandene Heiterkeit, dachte und hoffte, daß sie ausreichen werde, alle Gefahren, denen er so offensichtlich ausgesetzt war, zu bannen, weil ich sein Lachen so eindeutig richtig fand. Was schließlich könnte angesichts jenes einen Satzes von ihm (in *Pictures from an Institution*[7]): »Präsident Robbins hatte sich seiner Umgebung so angepaßt, daß man manchmal nicht sagen konnte, welches die Umgebung und welches Präsident Robbins war« – ja, was von all dem gelehrten oder hochgestochenen Quatsch zum Thema »Anpassung« könnte da auch nur zu bestehen hoffen? Und wenn man den Quatsch nicht weglachen kann, was hilft denn dann? All den Unsinn, den unser Jahrhundert produziert hat, Punkt für Punkt zu widerlegen, würde zehn Leben erfordern, und am Ende wären Widerleger und ihre Opfer ebenso wenig zu unterscheiden wie der College-Präsident und seine Umgebung. Randall jedenfalls hatte nichts, was ihn vor der Welt schützte – außer seinem herrlichen Lachen und dahinter einen riesengroßen, reinen Mut.

Als ich ihn zum letzten Mal, nicht lange vor seinem Tod, sah, war das Lachen fast verschwunden und er beinahe soweit, seine

Niederlage einzugestehen. Es war die Niederlage, die er mehr als zehn Jahre zuvor in dem Gedicht mit dem Titel »Ein Gespräch mit dem Teufel« bereits vorausgesehen hatte:[8]

> Indulgent, or candid, or uncommon reader
> – I've some: a wife, a nun, a ghost or two –
> If I write for anyone, I wrote for you;
> So whisper, when I die, *We was too few*;
> Write over me (if you can write; I hardly knew)
> That I – that I – but anything will do,
> I'm satisfied ... And yet –
>   and yet, you *were* too few:
> Should I perhaps have written for your brothers,
> Those artful, common, unindulgent others?

Anmerkungen

Vorwort (S. 13–16)

Übersetzt und mit Anmerkungen versehen von Ursula Ludz.

1 Bertolt Brecht, »An die Nachgeborenen«, in: ders., *Gesammelte Gedichte*, 4 Bde., Frankfurt am Main: Suhrkamp, 3. Aufl., 1981, Bd. 2, S. 722. In ihrem Brecht-Essay hat Hannah Arendt dieses Gedicht ausführlich zitiert und interpretiert, s. S. 243 ff.
2 Zum besseren Verständnis vgl. die ausführliche Interpretation des Romans von Sartre in einem frühen Artikel von Hannah Arendt: »French Existentialism«, in: *The Nation* 162/8, 23. Februar 1946, S. 226.
3 Martin Heidegger, *Sein und Zeit*, §§ 34 ff., in: ders., *Gesamtausgabe*, Frankfurt am Main: Klostermann, Bd. 2 (1977), S. 213 ff.
4 Auch der in die vorliegende Ausgabe neu aufgenommene Essay Arendts über Heidegger (s. S. 172 ff.) widmet sich nicht diesen Themenstellungen.
5 Vgl. Heidegger, *Sein und Zeit*, S. 170.

Gedanken zu Lessing (S. 17–48)

Rede, gehalten am 28. September 1959 bei Entgegennahme des Lessing-Preises der Freien und Hansestadt Hamburg; Nachdruck entsprechend der Ausgabe der Piper-Bücherei aus dem Jahre 1960. Der Text wurde mit der englischen Übersetzung in *Men in Dark Times* (S. 3–31) verglichen und, entsprechend den hier zugrunde gelegten Editionsprinzipien (s. S. 10 f.), durchgesehen. Auf der Grundlage von Lektürenotizen Arendts zu Lessing, die sich in ihrem Nachlaß in der Library of Congress befinden, konnten darüber hinaus die wichtigsten Zitate belegt werden. Weder der ursprünglichen deutschen noch der späteren englischen Fassung (= MDT-Fassg.) waren Anmerkungen beigegeben; die in den Anmerkungen 9 und 10 aufgeführten Verweise waren in den Text inkorporiert.

1 Gotthold Ephraim Lessing, *Sämtliche Schriften*, hrsg. von Karl Lachmann, 3., aufs neue durchges. und vermehrte Aufl. von Franz Muncker, 23 Bde., Stuttgart etc. 1886–1924 (im folgenden = *Schriften*), Bd. 1, S. 253.
2 *Schriften*, Bd. 4, S. 422.
3 Lessing an Moses Mendelssohn, 2. Febr. 1757, *Schriften*, Bd. 17, S. 90.
4 Lessing in einem seiner Briefe, nach Franz Mehring, *Die Lessing-Legende* (1893), Ausg. Ullstein Buch Nr. 2854, S. 273.
5 *Schriften*, Bd. 16, S. 476.

6 Vgl. Lessing an seinen Bruder Karl Gotthelf, 2. Februar 1774, *Schriften*, Bd. 18, S. 101; ferner *Schriften*, Bd. 14, S. 160.
7 *Schriften*, Bd. 10, S. 187f.
8 Lessing an Friedrich Nicolai, 25. Aug. 1769, *Schriften*, Bd. 17, S. 298.
9 Cicero, *Tusc. Disputationes* III 21.
10 A. a. O. IV 56.
11 Der Satz wurde entsprechend der MDT-Fassg. gekürzt. Die frühere deutsche Fassung lautet (gekürzte Stelle in Klammern): »Das Recht auf die Wärme der Pariavölker erstreckt sich nicht mehr auf diejenigen, die (sich mit ihnen solidarisieren, weil sie) auf Grund ihrer andersgearteten Stellung in der Welt eine Verpflichtung für die Welt haben...«
12 Der erste dieser beiden durch Semikolon verbundenen Sätze fehlt in der MDT-Fassg.
13 In der MDT-Fassg. ist dieser Satz an zwei Stellen abgeändert; er lautet dort (ersetzte deutsche Stellen kursiv, neue englische in Klammern): »Ich fürchte, ihre Bemühungen... waren... von der Hoffnung geleitet, ... der unheimlichen Realitätslosigkeit *der reinen Menschlichkeit* (dieser Weltlosigkeit) zu widerstehen – jeder auf seine Weise, und einige Wenige dadurch, daß sie... auch das Unmenschliche *noch zu verstehen und auch das Ungeheuerliche in der Vorstellung noch nachzuvollziehen* (und die geistigen und politischen Ungeheuerlichkeiten einer aus den Fugen geratenen Zeit noch zu verstehen) suchten.«
14 In der MDT-Fassg. ist der zweite Teil dieses Satzes ein selbständiger Satz, der das Gemeinte verdeutlicht; er lautet: »Ich meinte vielmehr nichts als die schlichte Anerkennung einer politischen Tatsache, wodurch meine Zugehörigkeit zu dieser Gruppe alle anderen Fragen der personalen Identität überlagerte oder, besser, sie im Sinne des Anonymen, des Namenlosen entschieden hatte.«
15 In der »Zueignung« zu *Faust*.
16 In der MDT-Fassg. fehlt der vorausgehende Relativsatz: »die gerade noch im Bereich dessen liegt, was dem einzelnen in seiner Menschlichkeit möglich ist«.
17 An dieser Stelle ist in der MDT-Fassg. folgender Satz eingefügt: »Ein Gesetz, das den Verkehr von Juden und Deutschen verbot, konnte von denjenigen, die die Wirklichkeit der Unterscheidung leugneten, umgangen, aber nicht verachtet werden.«
18 *Schriften*, Bd. 4, S. 422.
19 In der MDT-Fassg. wurde folgender Satz hinzugefügt: »Und das hätte das Ende der Menschlichkeit bedeutet.«
20 Franz Kafka, *Briefe an Milena*, in ders., *Gesammelte Werke*, hrsg. von Max Brod, Frankfurt am Main: S. Fischer, 1952, S. 72.
21 Der letzte Satzteil: »um sie als Irrlehre... zu entlarven« fehlt in der MDT-Fassg.
22 In der MDT-Fassg. hat Arendt den letzten Teil dieses Satzes verdeutlicht. Dort heißt es: »... so daß aus den vielen Meinungen eine hervorginge, als ob nicht Menschen in ihrer unendlichen Pluralität die Erde bewohnten, sondern der Mensch im Singular, eine Spezies und ihre Exemplare. Falls dies sich ereignete, würde die Welt, die sich immer nur zwischen den Menschen in ihrer Vielfalt bilden kann, überhaupt verschwinden.«
23 Lessing an Johann Albert Heinrich Reimarus, 6. April 1778, *Schriften*, Bd. 18, S. 269.

Rosa Luxemburg (S. 49–74)

Deutsche Fassung von »A Heroine of Revolution«, in: *The New York Review of Books* 7/5, 6. Oktober 1966, S. 21–27, zuerst erschienen in: *Der Monat* 20/12, Dezember 1968, Nr. 243, S. 28–40. Es handelt sich um eine Übersetzung, die Hellmut Jaesrich anfertigte und Hannah Arendt überarbeitete. Für den Abdruck in diesem Band wurde sie mit der zweiten englischen Fassung in *Men in Dark Times* (S. 33–59) verglichen und, entsprechend den zugrunde gelegten Editionsprinzipien (s. S. 10 f.), durchgesehen.

Der Artikel ist eine Besprechung der Biographie *Rosa Luxemburg* von J. P. Nettl (2 Bde., Oxford University Press, 1966), die in verbesserter und überarbeiteter Form auch in deutscher Sprache erschienen ist: Peter Nettl, *Rosa Luxemburg*, aus dem Englischen von Karl Römer, Köln–Berlin: Kiepenheuer & Witsch, 1967.

In den zwei englischen und der deutschen Fassung dieser Besprechung hat Hannah Arendt die Zitate aus Nettls Text und aus den zitierten Quellen nicht belegt. In der deutschen Fassung sind sie zudem teilweise aus dem Englischen direkt übersetzt, anderteils aus der deutschen Nettl-Ausgabe übernommen worden. Diese Mängel wurden im hier wiedergegebenen Text für die längeren und einigermaßen vollständigen Zitate, nicht jedoch für zitierte Satzbruchstücke beseitigt, d. h. erstere wurden belegt und im Wortlaut einheitlich nach der deutschen Nettl-Ausgabe zitiert. Ferner sind von Hannah Arendt selbst (im Text oder in den wenigen Fußnoten) gegebene Hinweise in den Anmerkungsapparat hineingenommen sowie die bedeutenderen Abweichungen der deutschen von der zweiten englischen Fassung (= MDT-Fassg.) annotiert worden.

1 In der MDT-Fassg. hat Hannah Arendt die beiden ersten Absätze neu gestaltet und dabei die anglo-amerikanische Tradition der biographischen Geschichtsschreibung einerseits ausführlicher gewürdigt, andererseits, unter Hinweis auf die Hitler-Biographie von Alan Bullock und die Stalin-Biographie von Isaac Deutscher, problematisiert. (Anm. d. Hrsg.)

2 *Bulletin des Presse- und Informationsamtes der Bundesregierung*, Nr. 27, 8. Februar 1962, S. 223. (Anm. d. Verf.) – Der Satz ist in der MDT-Fassg. abgeändert und lautet dort wie folgt: »Die Bonner Regierung... hat zu verstehen gegeben, daß es Moskau dank der Freikorps nicht gelungen sei, ganz Deutschland nach dem Ersten Weltkrieg in ein ›rotes Imperium‹ einzugliedern, und daß die Morde an Liebknecht und Luxemburg ›standrechtliche Erschießungen‹ gewesen seien. Dies geht weit über das hinaus, was die Weimarer Republik jemals für sich in Anspruch genommen hatte; denn sie hatte nie öffentlich zugegeben, daß die Freikorps tatsächlich ein Arm der Regierung waren, und sie hatte die Mörder ›bestraft‹...« Vgl. auch bei Nettl, dt. Ausg., S. 733 ff. (Anm. d. Hrsg.)

3 George Lichtheim in seiner Besprechung von Nettls Luxemburg-Biographie, in: *Encounter* 26/6, Juni 1966, S. 58. (Anm. d. Verf./Hrsg.)

4 In: Rosa Luxemburg, *Briefe an Freunde*, hrsg. von Benedikt Kautsky, Hamburg: Europ. Verlagsanstalt, 1950, S. 85. (Anm. d. Verf./Hrsg.)

5 So Rosa Luxemburg an Diefenbach, 8. März 1917, a. a. O., S. 84. Vgl. bei Nettl, dt. Ausg., S. 51 f. (Anm. d. Verf./Hrsg.)

6 Rosa Luxemburg, *Die Akkumulation des Kapitals*, Berlin: Buchhandlg. Vorwärts P. Singer, 1913, S. 338. Vgl. bei Nettl, dt. Ausg., S. 507 ff., S. 797 ff. – In der MDT-Fassg. fehlt das Zitat. (Anm. d. Hrsg.)

7 Nettl, dt. Ausg., S. 510, nach: *Leninskij Sbornik* (Lenin-Sammelband), Bd. 22, S. 337. (Anm. d. Hrsg.)

8 Rosa Luxemburg an Leo Jogiches, 17. Mai 1898, zitiert bei Nettl, dt. Ausg., S. 136. (Anm. d. Hrsg.)

9 Vgl. bei Nettl, dt. Ausg., S. 78. – In der MDT-Fassg. fügte Hannah Arendt zu Plechanow die folgende Information ein: »der Papst der russischen Emigration in der Schweiz während der neunziger Jahre«. (Anm. d. Hrsg.)

10 Brief Rosa Luxemburgs aus dem Juli 1909, zitiert bei Nettl, dt. Ausg.,S. 370, vgl. auch S. 543 ff. (Anm. d. Hrsg.)

11 Karl Radek, »November« (1926), zitiert bei Nettl, dt. Ausg., S. 740. (Anm. d. Hrsg.)

12 In der MDT-Fassg. heißt es über den Revisionismusstreit: »Diese berühmte Debatte war durch Eduard Bernstein ausgelöst worden und ist in die Geschichte unter der Alternative: Reform oder Revolution, eingegangen.« Nettl behandelt diesen Streit ausführlich, dt. Ausg., S. 202 ff. (Anm. d. Hrsg.)

13 An dieser Stelle ist in die MDT-Fassg. zusätzlich eingefügt: »aber dieser Widerwille erfuhr eine große Steigerung durch das unabdingbare Interesse der Partei am Status quo, den Bernsteins Analyse bedrohte«. Und Hannah Arendt fährt fort: »Was auf dem Spiele stand, war der Status der SPD als eines ›Staates im Staate‹.« (Anm. d. Hrsg.)

14 In: *Past and Present*, Nr. 30, April 1965, S. 65–95. (Anm. d. Verf.)

15 Die Situation hat eine gewisse Ähnlichkeit mit den angeblichen Staatsstreichversuchen der französischen Armee in den neunziger Jahren, deren Harmlosigkeit Rosa Luxemburg als einzige durchschaute: »Der Auflehnung der hohen Militärs lag somit die Bestrebung zu Grunde, ihre Selbständigkeit der republikanischen Zivilgewalt gegenüber zu behaupten und nicht diese Selbständigkeit an einen Monarchen vollständig zu verlieren.« Rosa Luxemburg, »Die sozialistische Krise in Frankreich«, in: *Die Neue Zeit* 19, 1900–1901, I. Hlbbd., S. 521. (Anm. d. Verf.)

16 Eduard Bernstein, *Die Voraussetzungen des Sozialismus und die Aufgaben der Sozialdemokratie*, neue, verb. und erg. Ausg., Stuttgart: Dietz, 1920, S. 184; Hervorhebg. d. Verf. (Anm. d. Hrsg.)

17 August Bebel auf dem Dresdener Parteitag der SPD im Jahre 1903, vgl. bei Nettl, dt. Ausg., S. 126. (Anm. d. Hrsg.)

18 Der zweite Teil des Satzes lautet in der MDT-Fassg.: »... in ihrer Betonung, daß nicht nur individuelle sondern öffentliche Freiheit unter allen Umständen von absoluter Notwendigkeit sei«. (Anm. d. Hrsg.)

19 An dieser Stelle wird in der MDT-Fassg. der Satz beendet (es entfallen also die Worte »große revolutionäre Organisationen dagegen hinderlich«), und Arendt fügt folgende Anmerkung ein: »Lenin hat Clausewitz' *Vom Kriege* (1832) während des Ersten Weltkriegs gelesen; seine entsprechenden Exzerpte und Notizen sind in Ost-Berlin in den fünfziger Jahren veröffentlicht worden. Nach Werner Hahlberg (»Lenin und Clausewitz«, in: *Archiv für Kulturgeschichte* 36, 1954) befand sich Lenin unter dem Einfluß von Clausewitz, als er die Möglichkeit in Betracht zu ziehen begann, daß der Krieg, der Zusammenbruch des

Systems der europäischen Nationalstaaten, an die Stelle des von Marx vorausgesagten Zusammenbruchs der kapitalistischen Wirtschaft treten könne.« (Anm. d. Hrsg.)
20 W. I. Lenin, »Notizen eines Publizisten«, in: ders., *Werke*, ins Deutsche übertragen nach der 4. russischen Ausgabe, Berlin: Dietz, Bd. 33 (1962), S. 195; vgl. bei Nettl, dt. Ausg., S. 753. (Anm. d. Hrsg.)
21 Dieser Satz ist in der MDT-Fassg. gestrichen. (Anm. d. Hrsg.)

Angelo Giuseppe Roncalli – Der christliche Papst (S. 75–88)

Deutsche Fassung von »The Christian Pope«, in: *The New York Review of Books* 4/10, 17. Juni 1965, S. 5–7, erschienen unter dem Titel »Der christliche Papst: Bemerkungen zum ›Geistlichen Tagebuch‹ Johannes XXIII.«, in: *Merkur* 20/4, April 1966, S. 362–372; der Übersetzer ist nicht genannt. Für den Abdruck in diesem Band wurde der Text mit der zweiten englischen Fassung in *Men in Dark Times* (= MDT-Fassg.) verglichen und, entsprechend den zugrunde gelegten Editionsprinzipien (s. S. 10f.), durchgesehen.

1 Herder-Verlag, 1964. Hannah Arendt zitiert nach der englischen Ausgabe des *Giornale dell'Anima*, nach der auch übersetzt wurde: *Journal of a Soul*, McGraw-Hill. (Anm. d. Übers.)
2 In der MDT-Fassg. wurde der erste Teil dieses Satzes gekürzt, so daß folgende Fassung zustande kam: »So hieß er den schmerzhaften und vorzeitigen Tod als Bestätigung seiner Berufung willkommen: ...« Dem folgenden Absatz ist in MDT ein Satz vorangestellt; er lautet: »Es ist nicht schwer zu verstehen, daß die Kirche jene wenigen, deren einziges Streben es war, Jesus von Nazareth nachzufolgen, nur widerwillig in hohe Ämter berief.« (Anm. d. Hrsg.)
3 Frankfurt: Scheffler, 1965. (Anm. d. Verf.)
4 In der MDT-Fassg. ist an dieser Stelle eine Fußnote eingefügt, in der Arendt auf folgenden Titel verweist: Jean Chelini, *Jean XXIII, pasteur des hommes de bonne volonté*, Paris 1963; Augustin Pradel, *Le ›bon pape‹ Jean XXIII*, Paris 1963; Leone Algisi, *John the Twenty-Third*, aus dem Italienischen von P. Ryde, London 1963; Loris Capovilla, *The Heart and Mind of John XXIII: His Secretary's Intimate Recollection*, aus dem Italienischen übersetzt, New York 1964; Alden Hatch, *A Man Named John*, Image Books 1965. (Anm. d. Hrsg.)
5 In der MDT-Fassg. ist folgender Satz hinzugefügt: »und der Gestalt dieses Mannes kann nur dann ihre Größe genommen werden, wenn das Skandalmoment außer Betracht bleibt«. (Anm. d. Hrsg.)
6 Diese und die vorangehenden Geschichten werden mitgeteilt von Hatch, *A Man Named John*. (Anm. d. Verf./Hrsg.)

Laudatio auf Karl Jaspers (S. 89–98)

Nachdruck aus: Karl Jaspers, *Wahrheit, Freiheit und Friede*, und Hannah Arendt, *Karl Jaspers* (Reden zur Verleihung des Friedenspreises des Deutschen Buchhandels 1958), München: Piper, 1958, S. 29–40. Der Text wurde mit der zweiten englischen Fassung in *Men in Dark Times* (= MDT-Fassg.) verglichen und, entsprechend den hier zugrunde gelegten Editionsprinzipien (s. S. 10 f.), durchgesehen.

1 Cicero, *De Oratore* I, 141. (Anm. d. Verf.)
2 In der MDT-Fassg. ist ein weiteres Mal, bei dem Jaspers in Fragen der Tagespolitik eingegriffen hat, erwähnt: »unmittelbar nach dem Zusammenbruch des Dritten Reiches in *Die Schuldfrage*«, und der letzte Teil des Satzes lautet: »weil er gleich dem Staatsmann weiß, daß politische Fragen viel zu ernst sind, als daß sie den Politikern überlassen werden sollten«. Zusätzliche Erwähnung verdient in diesem Zusammenhang Jaspers' 1966 erschienene Schrift *Wohin treibt die Bundesrepublik?* (Anm. d. Hrsg.)
3 Wahrscheinlich hat Hannah Arendt hier aus dem Gedächtnis zitiert. Vgl. aber beispielsweise Jaspers: »Der einzelne Mensch für sich allein kann nicht Mensch werden.« Karl Jaspers, »Über meine Philosophie« (1941), in: ders., *Rechenschaft und Ausblick: Reden und Aufsätze*, München: Piper, 1951, S. 352. (Anm. d. Hrsg.)
4 In der MDT-Fassg. ist »ihr« ersetzt durch »our ère de soupçon (Nathalie Sarraute)«. (Anm. d. Hrsg.)
5 In der MDT-Fassg. fügte Arendt den Hinweis ein, daß Gertrud Jaspers jüdischer Herkunft sei. (Anm. d. Hrsg.)

Karl Jaspers: Bürger der Welt (S. 99–112)

Nachdruck aus: Paul Arthur Schilpp (Hrsg.), *Karl Jaspers*, Stuttgart: Kohlhammer, 1957, S. 532–543. Die deutsche Fassung ist aus der englischen »Karl Jaspers as Citizen of the World« (in: Schilpp ⟨Hrsg.⟩, *The Philosophy of Karl Jaspers*, Lassalle, Ill.: Open Court Publ. Comp., 1957, S. 539–549), die Charlotte Beradt übersetzte und Hannah Arendt bearbeitete, hervorgegangen. Eine erneute Überarbeitung, nun aber am originalen deutschen Text, nahm Arendt anläßlich der Wiederveröffentlichung in *Men in Dark Times* vor. Für den Abdruck in dieser Ausgabe wurde die 1957 veröffentlichte deutsche Fassung mit der zweiten englischen (= MDT-Fassg.) verglichen und, entsprechend den zugrunde gelegten Editionsprinzipien (s. S. 10 f.), durchgesehen; Unterschiede zwischen der ersten englischen und der ersten deutschen Fassung sind nicht ausgewiesen.

1 Karl Jaspers, *Vom Ursprung und Ziel der Geschichte*, Zürich: Artemis, 1949, S. 251 ff. (Anm. d. Verf.)
2 Immanuel Kant, *Idee zu einer allgemeinen Geschichte in weltbürgerlicher Absicht* (1784), A 407 ff. (Anm. d. Verf./Hrsg.)
3 Vgl. Karl Jaspers, *Weltgeschichte der Philosophie: Einleitung*, aus dem Nachlaß hrsg. von Hans Saner, München–Zürich: Piper, 1982. (Anm. d. Hrsg.)
4 Karl Jaspers, *Vernunft und Existenz*, Groningen, 1935, S. 41. (Anm. d. Verf.)
5 Karl Jaspers, »Vom lebendigen Geist der Universität« (1946), in: ders., *Rechenschaft und Ausblick: Reden und Aufsätze*, München: Piper, 1951, S. 185. (Anm. d. Verf.)
6 Siehe Karl Jaspers, »Über meine Philosophie« (1941), in: ders., *Rechenschaft ...*, a. a. O., S. 350 und 352. (Anm. d. Verf.)
7 Jaspers gebraucht diesen Ausdruck nicht. Er erwähnt oft, daß Philosophieren

»innere Aktion«, Praxis usw. ist. Die Beziehung zwischen Denken und Leben kann hier nicht erörtert werden. Aber der folgende Satz mag zeigen, in welchem Sinne meine Auslegung und Benutzung von »ancilla vitae« gerechtfertigt werden kann: »Was im denkenden Leben getan werden muß, dem soll ein Philosophieren dienen, das erinnernd und vorausgreifend die Wahrheit offenbar macht.« A. a. O, S. 356. (Anm. d. Verf.)

8 Die MDT-Fassung enthält folgenden Zusatz: »se non è vero, è bene trovato«. (Anm. d. Hrsg.)
9 In der MDT-Fassg. lautet das Ende dieses Satzes: »... wie jeder andere Mythos, der von einer Vielheit von Anfängen und Zielen berichten mag«. (Anm. d. Hrsg.)
10 Jaspers, *Vom Ursprung*..., a. a. O., S. 19. (Anm. d. Verf.)
11 Ihre Aussage in diesem Nebensatz hat Arendt in der MDT-Fassg. wie folgt präzisiert: »... so daß von da an die rein chronologische Abfolge von Ereignissen zu einer erzählten Geschichte (story) werden und die erzählten Geschichten (stories) hineingearbeitet werden konnten in eine Geschichte (history), d. h. einen bedeutsamen Gegenstand der Reflexion und des Verstehens«. (Anm. d. Hrsg.)
12 Jaspers, *Vom Ursprung*..., a. a. O., S. 330. (Anm. d. Verf.)
13 Karl Jaspers, »Vom europäischen Geist« (1946), in: ders., *Rechenschaft*..., a. a. O., S. 260. (Anm. d. Verf.)
14 *The Federalist*, No. 51. (Anm. d. Verf.) – *The Federalist: A Commentary on The Constitution of the United States*..., mit einer Einleitung von E. M. Earle, Washington, D. C.: Mittell, 1937, S. 337: »But what is government itself, but the greatest of all reflections on human nature?« (Anm. d. Hrsg.)
15 Kant, *Idee zu einer allgemeinen Geschichte*..., A 388. (Anm. d. Verf./Hrsg.)
16 Siehe Immanuel Kant, *Über den Gemeinspruch: Das mag in der Theorie richtig sein, taugt aber nicht für die Praxis* (1973). (Anm. d. Verf.) – In der MDT-Fassg. ist dieser Satz durch folgenden ersetzt: »Was man von der Menschen ›Tun und Lassen auf der großen Weltbühne aufgestellt sieht... (scheint) im großen aus Torheit, kindischer Eitelkeit, oft auch aus kindischer Bosheit und Zerstörungssucht zusammengewebt‹, und es kann nur dann einen Sinn bekommen, wenn wir annehmen, daß eine geheime ›Naturabsicht in diesem widersinnigen Gange menschlicher Dinge‹ existiert, welche hinter dem Rücken der Menschen am Werke ist.« Zitat aus Kant, *Idee zu einer allgemeinen Geschichte*..., A 387. (Anm. d. Hrsg.)
17 An dieser Stelle wird in Anmerkung 14 der MDT-Fassg. auf folgende Kant-Stelle verwiesen: »... dem verehrten, aber zur Praxis ohnmächtigen allgemeinen, in der Vernunft gegründeten Willen...«, *Zum ewigen Frieden* (1795), B 60. (Anm. d. Hrsg.)
18 Kant, a. a. O., B 69. (Anm. d. Verf./Hrsg.)

Isak Dinesen (S. 113–130)

Übersetzt und mit Anmerkungen versehen von Meino Büning nach dem Text in *Men in Dark Times*, S. 95–109. Die nicht belegten Dinesen-Zitate im Text entstammen weitgehend der deutschen Ausgabe des jeweils genannten Werkes; hin und wieder allerdings hat sich der Übersetzer zu einer eigenen Version genötigt gesehen. Für die Anmerkungen, die in der englischen Druckfassung fehlen, wurden Notizen von Hannah Arendt, die sich in einem Arbeitsexemplar des Manuskriptes in der Library of Congress befinden, herangezogen. – Eine erste Fassung der Übersetzung erschien in *die tageszeitung* (Berlin), 2. Oktober 1986, S. 19–22.

1 Isak Dinesen in einem Interview mit Daniel Gillès, in: *Isak Dinesen: A Memorial*, hrsg. von Clara Svendsen, New York: Random House, 1965, S. 181.
2 Isak Dinesen in einem Interview mit Eugene Walter (in der Folge »The Art of Fiction«), in: *The Paris Review*, Nr. 14, Autumn 1956, S. 51.
3 Dt.: Ich bin eine Geschichtenerzählerin und sonst nichts. Mich interessiert nur die Geschichte, und wie ich sie erzählen kann. Isak Dinesen im Interview mit Gillès, a. a. O., S. 178. Für die vorangegangenen Zitate vgl. *Isak Dinesen: A Memorial*, S. 150 f. (d. i. Dinesen im Gespräch mit Elisabeth Montagu) und S. 175 (Gillès-Interview).
4 Aus einem geplanten Roman *Albondocani* in: *The Paris Review*, Autumn 1956, S. 59.
5 Ibid.
6 In: *Isak Dinesen: A Memorial*, S. 94.
7 Parmenia Migel, *Titania: The Biography of Isak Dinesen*, New York: Random House, 1967.
8 Vgl. Anmerkung 1.
9 Robert Langbaum in seinem Buch *The Gayety of Vision* (1964), auszugsweiser Abdruck in: *Isak Dinesen: A Memorial*, S. 119.
10 Vgl. *Die Erzählungen aus den Tausendundein Nächten*, übers. von Enno Littmann, Bd. I., Wiesbaden: Insel, 1953, S. 32.
11 Tania Blixen, *Schatten wandern übers Gras*, übers. von W. E. Süskind, Stuttgart: Deutsche Verlagsanstalt, 1986, S. 16 f.
12 Lied aus Shakespeares *Wie es euch gefällt*, erste Strophe zitiert bei Blixen, a. a. O., S. 102.
13 Migel, *Titania*, S. 69.
14 Thomas Dinesen, »Karen Dinesen – Karen Blixen – Isak Dinesen«, in: *Isak Dinesen: A Memorial*, S. 10.
15 Tania Blixen, »Die erste Erzählung des Kardinals«, in: dies., *Widerhall*, übers. von Wolfheinrich von der Mülbe und W. E. Süskind, München: dtv, 1968, S. 8.
16 Tania Blixen, »Die Träumer«, übers. von W. E. Süskind, in: dies., *Sieben phantastische Geschichten*, Stuttgart: Deutsche Verlags-Anstalt, 1979, S. 254.
17 Thomas Dinesen, a. a. O., S. 8.
18 Migel, *Titania*, S. 36.
19 Robert Langbaum in *The Gayety of Vision*, zitiert nach Migel, *Titania*, S. 154.
20 Migel, Titania, S. 38 f.
21 A. a. O., S. 10.

Hermann Broch (S. 131–171)

Nachdruck der »Einleitung« zu Hermann Broch, *Dichten und Erkennen: Essays*, in: ders., *Gesammelte Werke*, Bde. 6, 7, hrsg. und eingel. von Hannah Arendt, Zürich: Rhein Verlag, 1955, Bd. 6, S. 5–42. – Diese deutsche Originalfassung wurde entsprechend den hier zugrunde gelegten Editionsprinzipien (s. S. 10 f.), mit der in *Men in Dark Times* (dort S. 111–151) veröffentlichten, übersetzten Fassung (= MDT-Fassg.) verglichen. Die Anmerkungen sind gemäß der MDT-Fassg. gestaltet; *Essays I* verweist auf Band 6 der *Gesammelten Werke*, *Essays II* auf Band 7. NB: Die *Kommentierte Werkausgabe* von Hermann Broch, hrsg. von Paul Michael Lützeler, für die siebzehn Bände geplant sind, begann 1974 im Suhrkamp Verlag zu erscheinen, konnte also von Hannah Arendt nicht berücksichtigt werden.

1 »Gedanken zum Problem der Erkenntnis in der Musik«, *Essays II*, S. 100.
2 »Hofmannsthal und seine Zeit: Eine Studie«, *Essays I*, S. 140:
3 *Der Versucher: Roman*. Mit einem Nachwort des Herausgebers Felix Stössinger, in: Broch, *Gesammelte Werke*, Zürich: Rhein, Bd. 4 (1953). – Leider ist erst zu spät aus den nachgelassenen Papieren bekannt geworden, daß der Roman eigentlich *Der Wanderer* hätte heißen sollen; dies ist insofern nicht ohne Bedeutung, als daraus ersichtlich ist, daß Broch bei der letzten Überarbeitung die Figur des Arztes, und nicht die des Marius Ratti, als den Helden des Buches verstand.
4 »The Style of the Mythical Age: An Introduction to Rachel Bespaloff's ›Iliad‹«, *Essays I*, S. 249 ff. – Leider ist dies Wunder der Umformung in der jetzigen Ausgabe, in der aus Gründen der Lesbarkeit die zweite und dritte Version (die dritte Fassung ist die letzte) zusammengefügt wurden, nicht mehr zu eruieren. – Zusatz d. Hrsg.: In deutscher Sprache erschien der Essay als »Mythos und Altersstil«, aus dem Englischen von HF Broch de Rothermann, erstmals in: Broch, *Kommentierte Werkausgabe*, Bd. 9/2 (1976), S. 212 ff.
5 Gemeint sind die Texte in *Essays I* und *Essays II*, s. die obige bibliographische Vorbemerkung.
6 »Hofmannsthal...«, *Essays I*, S. 105.
7 A. a. O., S. 49.
8 A. a. O., S. 55.
9 A. a. O., S. 96 ff.
10 »Das Weltbild des Romans: Ein Vortrag«, *Essays I*, S. 237.
11 »Hofmannsthal...«, *Essays I*, S. 152. Broch bezieht sich hier auf Goethe, der von seinen Werken behauptete, sie seien alle »Bruchstücke einer großen Konfession« (siehe *Dichtung und Wahrheit*, II. Teil, 7. Buch).
12 »James Joyce und die Gegenwart«, *Essays I*, S. 207.
13 »Die mythische Erbschaft der Dichtung«, *Essays I*, S. 246.
14 »James Joyce...«, *Essays I*, S. 208.
15 »The Style of the Mythical Age...«, *Essays I*, S. 263. – Zusatz d. Hrsg.: Dt.: »Der Mensch als solcher ist das Problem unserer Zeit; die menschlichen Probleme aber verschwinden, ja sie sind schier unerlaubt, moralisch unerlaubt geworden. Die persönlichen Belange des Individuums sind Anlaß des Gelächters der Götter, und die Götter haben recht in ihrer Mitleidslosigkeit.« Broch, »Mythos und Altersstil«, a. a. O., s. Anm. 4, S. 231.

16 Ibid. (Hervorhebg. vom Verf.) – Zusatz d. Hrsg.: Dt.: »Er ist an dem Punkt des Entweder-Oder angelangt: entweder vermag Dichtung zum Mythos vorzustoßen, oder sie hat ihren Bankrott zu erklären. Kafka, in der ahnenden Erfassung einer neuen Kosmogonie, der Ahnung jener neuen Theogonie, deren Erstellung ihm aufgetragen war, *im Ringen mit seiner Liebe zur Literatur und seinem Abscheu vor dem Literarischen, verzweifelnd an der schließlichen Untauglichkeit jeglichen künstlerischen Bemühens,* kam letztlich zu dem Entschluß (gleichwie Tolstoi, der sich vor die gleiche Entscheidung gestellt sah), sich aus der Literatur zurückzuziehen, und folgerichtig ordnete er letztwillig die Vernichtung seines Werkes an, kompromißlos im Bewußtsein eben jener kommenden Welttotalität, deren mythische Vorschau ihm verliehen worden war.« Ibid.
17 »James Joyce...«, *Essays I,* S. 196.
18 A. a. O., S. 206.
19 »Das Böse im Wertsystem der Kunst«, *Essays I,* S. 313.
20 »Hofmannsthal...«, *Essays I,* S. 59.
21 »James Joyce...«, *Essays I,* S. 210.
22 A. a. O., S. 184.
23 »Hofmannsthal...«, *Essays I,* S. 65.
24 A. a. O., S. 60.
25 A. a. O., S. 125.
26 A. a. O., S. 154.
27 »Das Böse...« (erstmals 1933 veröffentlicht), *Essays I,* S. 313 f.
28 »Das Weltbild des Romans«, *Essays I,* S. 216 f.
29 »Politik: Ein Kondensat (Fragment)«, *Essays II,* S. 227.
30 A. a. O., S. 232 f.
31 A. a. O., S. 248.
32 A. a. O., S. 233.
33 »Das Weltbild des Romans«, *Essays I,* S. 231.
34 »Gedanken zum Problem der Erkenntnis in der Musik«, *Essays II,* S. 99.
35 Aus dem noch unveröffentlichten »Entwurf für eine Theorie massenwahnartiger Erscheinungen«. – Zusatz d. Hrsg.: Erstdruck in: Broch, *Kommentierte Werkausgabe,* Bd. 12 (1979), S. 43 ff., die von Arendt zitierte Stelle auf S. 47.
36 »Über syntaktische und kognitive Einheiten«, *Essays II,* S. 194.
37 »Preliminary Table of Contents« zu »A Study on Mass Hysteria: Contributions to a Psychology of Politics«, *Essays II,* S. 262. – Zusatz d. Hrsg.: In der von P. M. Lützeler ins Deutsche übertragenen Fassung lautet der von Arendt zitierte Satz: »Wenn die Gesamtheit aller menschlichen Eigenschaften wirklich erfaßt werden könnte, so würde dieses Modell uns die Bedingungen für jede künftige geschichtliche Erfahrung liefern,« in: Broch, *Kommentierte Werkausgabe,* Bd. 12 (1979), S. 73.
38 »Politik...«, *Essays II,* S. 204.
39 A. a. O., S. 217.
40 A. a. O., S. 255.
41 A. a. O., S. 247.
42 »James Joyce...«, *Essays I,* S. 197.
43 A. a. O., S. 203 f.
44 »Hofmannsthal...«, *Essays I,* S. 176.
45 »Das Böse...«, *Essays I,* S. 330.

46 »James Joyce...«, *Essays I*, S. 203.
47 »Werttheoretische Bemerkungen zur Psychoanalyse«, *Essays II*, S. 70.
48 »Über syntaktische und kognitive Einheiten«, *Essays II*, S. 168.
49 A. a. O., S. 201 f.
50 »Die mythische Erbschaft...«, *Essays I*, S. 239.
51 »Werttheoretische Bemerkungen...«, *Essays I*, S. 74.
52 A. a. O., S. 73.
53 A. a. O., S. 74.
54 »Der Zerfall der Werte: Diskurse, Exkurse und ein Epilog«, *Essays II*, S. 10.
55 »Gedanken zum Problem der Erkenntnis in der Musik«, *Essays II*, S. 99.
56 »Über syntaktische und kognitive Einheiten«, *Essays II*, S. 158.
57 A. a. O., S. 153.
58 »James Joyce...«, *Essays I*, S. 209, 192.
59 A. a. O., S. 192 f. (Hervorhebg. vom Verf.)
60 »Politik...«, *Essays II*, S. 209.
61 A. a. O., S. 210.
62 A. a. O., S. 233 f.
63 »Über syntaktische und kognitive Einheiten«, *Essays II*, S. 169.
64 A. a. O., S. 151.
65 »Das System als Welt-Bewältigung«, *Essays II*, S. 121.
66 »Werttheoretische Bemerkungen...«, *Essays II*, S. 67.
67 »Über syntaktische und kognitive Einheiten«, *Essays II*, S. 166.
68 »Die mythische Erbschaft...«, *Essays I*, S. 244.
69 A. a. O., S. 245 f.
70 »Über syntaktische und kognitive Einheiten«, *Essays II*, S. 187.
71 »Politik...«, *Essays II*, S. 247.
72 »Das System als Welt-Bewältigung«, *Essays II*, S. 111 ff.
73 »Über syntaktische und kognitive Einheiten«, *Essays II*, S. 200.
74 »Politik...«, *Essays II*, S. 208.
75 »Über syntaktische und kognitive Einheiten«, *Essays II*, S. 169.
76 »Gedanken zum Problem der Erkenntnis in der Musik«, *Essays II*, S. 98.
77 »Das Weltbild des Romans«, *Essays I*, S. 231.
78 »James Joyce...«, *Essays I*, S. 186.
79 »Das Böse...«, *Essays I*, S. 317.
80 »Hofmannsthal...«, *Essays I*, S. 123.
81 »Der Zerfall der Werte...«, *Essays II*, S. 14.
82 »Das System als Welt-Bewältigung«, *Essays II*, S. 122.
83 A. a. O., S. 134.
84 A. a. O., S. 122 f.
85 »Politik...«, *Essays II*, S. 247.
86 »Über syntaktische und kognitive Einheiten«, *Essays II*, S. 178 ff.
87 A. a. O., S. 183.
88 »Werttheoretische Bemerkungen zur Psychoanalyse«, *Essays II*, S. 71.
89 »Politik...«, *Essays II*, S. 218 f. und 247 f.
90 A. a. O., S. 252 f.
91 »Der Zerfall der Werte...«, *Essays II*, S. 40.
92 »Das Weltbild des Romans«, *Essays I*, S. 212.
93 »James Joyce...«, *Essays I*, S. 204.

Martin Heidegger ist achtzig Jahre alt (S. 172–184)

Nachdruck eines Vortrages zu Heideggers achtzigstem Geburtstag, der vom Bayerischen Rundfunk ausgestrahlt wurde, aus: *Merkur* 23/10, Oktober 1969, S. 893–902. Die Anmerkungen wurden, entsprechend Hannah Arendts maschinenschriftlichem Manuskript, das sich in der Library of Congress befindet, neu gestaltet.
   Die englische, von Albert Hofstadter besorgte Übersetzung »Martin Heidegger at Eighty« (in: *The New York Review of Books* 17/6, 21. Oktober 1971, S. 50–54) wurde zum Vergleich herangezogen; doch waren die Abweichungen von der deutschen Fassung nicht so erheblich, daß sie, gemäß den hier zugrunde gelegten Editionsprinzipien (s. S. 10f.), hätten annotiert werden müssen.

1 Plato, *Gesetze* 775.
2 Martin Heidegger, *Aus der Erfahrung des Denkens* (1947), Pfullingen: Neske, 1954, S. 9.
3 Martin Heidegger, *Zur Sache des Denkens*, Tübingen: Niemeyer, 1969.
4 Dies ist der Titel einer Sammlung von Texten aus den Jahren 1929–1962: Martin Heidegger, *Wegmarken*, Frankfurt am Main: Klostermann, 1967.
5 Aus der Vorbemerkung zu *Holzwege*, einer Sammlung von Essays aus den Jahren 1935–1946, erschienen Frankfurt am Main: Klostermann, 1950.
6 Martin Heidegger, *Gelassenheit*, Pfullingen: Neske, 1959, S. 15.
7 A. a. O., S. 16.
8 Heidegger, *Zur Sache des Denkens*, S. 61.
9 Martin Heidegger, *Nietzsche*, 2 Bde., Pfullingen: Neske, 1961, Bd. I, S. 618.
10 Heidegger, *Zur Sache des Denkens*, S. 30, 78, und Heideggers Vorwort zu William J. Richardson, S. J., *Heidegger: Through Phenomenology to Thought*, The Hague: Nijhoff, 1962.
11 Hegel am 23. Januar 1807 an seinen Schüler Christian Gotthilf Zellmann, zitiert in: Hermann Glockner, *Hegel*, in: G. W. F. Hegel, *Sämtliche Werke: Jubiläumsausgabe*, Stuttgart: Frommanns, Bd. 21, S. 390.
12 Siehe Plato, *Sophist* 263 e und *Theaitet* 190 a.
13 Plato, *Theaitet* 155 d.
14 Anläßlich einer Interpretation von Heraklit, Fragment 16, in: Martin Heidegger, *Vorträge und Aufsätze*, Pfullingen: Neske, 1967, S. 259. (Hervorhebg. v. Verf.)
15 Anläßlich einer Parmenides-Interpretation, in: Heidegger, *Zur Sache des Denkens*, S. 75.
16 »Zur Erörterung der Gelassenheit. Aus einem Feldweggespräch über das Denken«, in: Heidegger, *Gelassenheit*, S. 45.
17 Martin Heidegger, *Einführung in die Metaphysik*, Tübingen: Niemeyer, 1953, S. 10.
18 Plato, *Theaitet* 173 d bis 176.
19 Aristoteles, *Politik* 1259 a 6ff.
20 Plato, *Der Staat* 388.
21 Diese Eskapade, die man heute – nachdem die Erbitterung sich beruhigt hat und vor allem die zahllosen Falschmeldungen einigermaßen berichtigt sind – zumeist als den »Irrtum« bezeichnet, hat vielfache Aspekte, und unter anderen

auch den der Zeit der Weimarer Republik, die sich den in ihr Lebenden keineswegs in dem rosigen Licht zeigte, in dem sie heute gegen den furchtbaren Hintergrund dessen, was auf sie folgte, gesehen wird. Der Inhalt des Irrtums unterschied sich beträchtlich von dem, was an »Irrtümern« damals gang und gäbe war. Wer außer Heidegger ist schon auf die Idee gekommen, in dem Nationalsozialismus »die Begegnung der planetarisch bestimmten Technik und des neuzeitlichen Menschen« (*Einführung in die Metaphysik*, S. 152) zu sehen – es sei denn, er hätte statt Hitlers *Mein Kampf* einige Schriften der italienischen Futuristen gelesen, auf die sich der Faschismus im Unterschied zum Nationalsozialismus hie und da berufen hat. Dieser Irrtum ist unerheblich gegenüber dem viel entscheidenderen Irren, das darin bestand, der Wirklichkeit in den Gestapokellern und den Folterhöllen der Konzentrationslager, die unmittelbar nach dem Reichstagsbrand erstanden, in angeblich bedeutendere Regionen auszuweichen. Was in jenem Frühjahr 1933 wirklich geschah, hat Robert Gilbert, der deutsche Volks- und Schlagerdichter, unvergeßlich in vier Verzeilen gesagt:
Keiner braucht mehr anzupochen,
Mit der Axt durch jede Tür –
Die Nation ist aufgebrochen
Wie ein Pestgeschwür.
Diesen »Irrtum« hat Heidegger zwar nach kurzer Zeit eingesehen und dann erheblich mehr riskiert, als damals an den deutschen Universitäten üblich war. Aber das gleiche kann man nicht von den zahllosen Intellektuellen und sogenannten Wissenschaftlern behaupten, die nicht nur in Deutschland es immer noch vorziehen, statt von Hitler, Auschwitz, Völkermord und dem »Ausmerzen« als permanenter Entvölkerungspolitik zu sprechen, sich je nach Einfall oder Geschmack an Plato, Luther, Hegel, Nietzsche oder auch an Heidegger, Jünger oder Stefan George zu halten, um das furchtbare Phänomen aus der Gosse geisteswissenschaftlich und ideengeschichtlich aufzufrisieren. Man kann wohl sagen, daß das Ausweichen vor der Wirklichkeit inzwischen zum Beruf geworden ist, das Ausweichen nicht in eine Geistigkeit, mit der die Gosse nie etwas zu tun hatte, sondern in ein Gespensterreich von Vorstellungen und »Ideen«, das von jeder erfahrenen und erfahrbaren Wirklichkeit so weit ins bloß »Abstrakte« gerutscht ist, daß in ihm die großen Gedanken der Denker alle Konsistenz verloren haben und gleich Wolkenformationen, bei denen auch ständig die eine in die andere übergeht, ineinander fließen.
22 »Zur Erörterung der Gelassenheit...«, S. 32–34.

Walter Benjamin (S. 185–242)

Nachdruck von »Walter Benjamin«, aus: *Walter Benjamin – Bertolt Brecht: Zwei Essays*, München: Piper (Serie Piper 12), 1971, S. 7–62. Der Text wurde durchgesehen und hat, in Anlehnung an die englische Fassung in *Men in Dark Times* (dort S. 153–206), eine Einleitung erhalten (s. S. 185–190). Die Anmerkungen sind, soweit sie nicht vorhanden waren, der englischen Fassung entnommen und vereinheitlicht worden. Obwohl ungefähr zur gleichen Zeit erschienen, unterscheiden sich deutsche und englische Fassungen dieses Essays, vor allem im ersten Teil,

stark voneinander; eine Annotierung der Abweichungen hätte den Rahmen dieser Edition gesprengt und ist deshalb unterblieben.
Arendt zitierte nach folgenden Benjamin-Ausgaben: Walter Benjamin, *Schriften*, hrsg. von Theodor W. Adorno, 2 Bde, Frankfurt: Suhrkamp, 1955 (= *Schriften I, II*); Walter Benjamin, *Briefe*, hrsg. und mit Anmerkungen versehen von Gershom Scholem und Theodor W. Adorno, 2 Bde., Frankfurt: Suhrkamp, 1966 (= *Briefe I, II*). Die nach Hannah Arendts Tod erschienene Ausgabe: Walter Benjamin, *Gesammelte Schriften*, unter Mitwirkung von Theodor W. Adorno und Gershom Scholem, hrsg. von Rolf Tiedemann und Hermann Schweppenhäuser, 5 Bde., Frankfurt am Main: Suhrkamp, 1977 ff. (= *Gesammelte Schriften*), wurde für solche von Arendt erwähnten Benjamin-Titel herangezogen, die nicht in den *Schriften* erschienen sind.

1 *Schriften I*, S. 650 f.
2 »Zum Bilde Prousts«, in: *Gesammelte Schriften*, Bd. II/1, S. 322.
3 *Briefe I*, S. 300.
4 *Briefe I*, S. 303.
5 Gershom Scholem, »Walter Benjamin«, in: Year Book ⟨of the Leo Baeck Institute⟩ 10, 1965, S. 115. – Zusatz d. Hrsg.: Es handelt sich um die englische Übersetzung eines Vortrages, den Scholem im Leo Baeck Institute, New York, in deutscher Sprache gehalten hat. Deutsche Originalfassung in *Die Neue Rundschau* 76, 1965, S. 1–21.
6 *Briefe I*, S. 366.
7 *Briefe II*, S. 523.
8 *Briefe II*, S. 814.
9 Siehe Scholem, »Walter Benjamin«, S. 118.
10 *Briefe I*, S. 341.
11 *Briefe I*, S. 327.
12 *Briefe I*, S. 298.
13 *Briefe II*, S. 511. – Es scheint, daß der Briefwechsel zwischen Benjamin und Scholem vollständig erhalten ist. Scholem besitzt natürlich Benjamins Briefe, und Scholems Briefe sollen sich im Archiv in Potsdam befinden. Eine vollständige und gesonderte Veröffentlichung dieser über mehr als drei Jahrzehnte kontinuierlich geführten Korrespondenz wäre sehr zu begrüßen, da sie, nach den veröffentlichten Briefen zu urteilen, wohl zu den in der Literatur sehr seltenen Dokumenten einer wirklichen Männerfreundschaft gehört. – Zusatz d. Hrsg.: Inzwischen sind alle erhalten gebliebenen Briefe veröffentlicht worden: Gershom Scholem, *Walter Benjamin – die Geschichte einer Freundschaft*, Frankfurt am Main: Suhrkamp (Bibliothek 467), 1975, sowie Walter Benjamin und Gershom Scholem, *Briefwechsel 1933–1940*, hrsg. von Gershom Scholem, Frankfurt am Main: Suhrkamp, 1980. In seinem »Vorwort« zur letztgenannten Veröffentlichung berichtet Scholem über die Geschichte der Briefe.
14 Die Unbestechlichkeit von Benjamins Urteil, die letztlich unantastbare Unabhängigkeit seiner Person sind vielfach zu belegen. Nirgends erweisen sie sich überzeugender und großzügiger als in der Empfehlung eines Autors, von dessen gewissermaßen edelfaschistischer Gesinnung er sich nicht nur »entscheidend geschieden sieht«, sondern der ihm auch in dem oft bombastischen Stil der frühen Werke, die er allein kannte, sehr gegen den Geschmack gegangen

sein muß. Dem Freund in den Rücken zu fallen (»Wer nie am Bruder den Fleck für den Dolchstoß ermaß / Wie arm ist sein Leben und wie dünn das Gedachte«, wie George meinte), entsprach durchaus der Stimmung der Zeit; aber den Widersacher zu ehren, das war gerade in Deutschland, wo es eine Solidarität der Geistigen, wie sie etwa die Ecole Normale in Frankreich heranbildet, nie gegeben hat, so gut wie unbekannt. – Zusatz des Hrsg.: Siehe Benjamins Kommerell-Rezensionen »Wider ein Meisterwerk« und »Der eingetunkte Zauberstab«, in: *Schriften II*, S. 307 ff., S. 342 ff.

15 Anm. d. Hrsg.: Sie ist in den *Gesammelten Schriften*, Bd. II/2, S. 705–739 zu finden, vgl. auch Bd. II/3, S. 1465 ff.
16 Adorno in: *Briefe II*, S. 785, 787.
17 *Briefe II*, S. 526.
18 Dies haben beide bestätigt – Scholem in seinem Vortrag im Leo Baeck Institute (s. Anm. 5), in dem er erklärte: »I am inclined to consider Brecht's influence on Benjamin's output in the thirties baleful, and in some respects disastrous« (S. 130); und Adorno in einer Äußerung an seinen Schüler Rolf Tiedemann, derzufolge Benjamin ihm gestanden habe, er hätte »den Kunstwerk-Aufsatz (geschrieben), um Brecht, vor dem er sich fürchtete, an Radikalismus zu überbieten« (zitiert bei Tiedemann *Studien zur Philosophie Walter Benjamins*, Frankfurt: Europ. Verlagsanstalt, 1965, S. 89). Daß Benjamin gesagt hat, er fürchte sich vor Brecht, ist unwahrscheinlich, wohl auch von Adorno nicht behauptet; was aber die übrige Bemerkung angeht, so ist leider nur zu wahrscheinlich, daß Benjamin sie gemacht hat, weil er sich vor Adornos Kritik fürchtete. Denn er hatte zwar eine große Scheu im Umgang mit Menschen, die er nicht seit seiner Jugend kannte, aber gefürchtet hat er sich immer nur vor solchen, von denen er abhängig war. Eine solche Abhängigkeit von Brecht hätte sich nur ergeben, wenn er dessen Anregung, aus Paris nach dem erheblich billigeren Dänemark in seine unmittelbare Nähe überzusiedeln, gefolgt wäre. Gegen ein solches ausschließliches »Angewiesensein auf einen Menschen« im fremden Land mit einer »ganz unbekannten Sprache« hatte er dann in der Tat schwere Bedenken (s. *Briefe II*, S. 596, 599). – Zusatz des Hrsg.: In der Zeitschrift *Merkur*, in der Arendts Benjamin-Essay zunächst erschien, enthielt diese Anmerkung zusätzlich Bemerkungen über das Verhältnis Benjamins zum Institut für Sozialforschung, *Merkur* 22, 1968, Nr. 1–2, S. 57; vgl. auch die daraus entstandene Kontroverse: a. a. O., Nr. 6, S. 576, und Nr. 10, S. 968.
19 *Briefe II*, S. 594.
20 Sollte die folgende Strophe in Scholems Kafka-Gedicht (*Briefe II*, S. 611) nicht an Benjamin gerichtet sein?
Schier vollendet bis zum Dache
ist der große Weltbetrug.
Gib denn, Gott, daß der erwache,
den dein Nichts durchschlug.
21 Walter Benjamin, *Versuche über Brecht*, Frankfurt: Suhrkamp (edition 172), 1966, S. 122.
22 Zitiert bei Tiedemann (a. a. O., S. 123) aus dem »Passagen«-Manuskript.
23 Der einzig streng philosophische Text von Bedeutung – nach den Jugendversuchen – sind die erkenntniskritischen Seiten in der Vorrede zu *Ursprung des deutschen Trauerspiels*. Er spricht dann später, im Jahre 1930, von der Notwen-

digkeit einer ähnlichen Vorrede für die »Passagenarbeit«, um sie geschichtsphilosophisch abzusichern, und von dem Vorsatz, sich ernstlich mit Marx und Hegel zu beschäftigen. In den Briefen und den veröffentlichten Schriften findet sich keine Spur einer solchen Beschäftigung, es sei denn, man wollte einer flüchtigen Notiz aus dem Jahre 1938, Brecht habe ihn bei der Lektüre des *Kapital* angetroffen, ernstliche Bedeutung zumessen (*Versuche über Brecht*, S. 132).

24 *Briefe II*, S. 786 und 793.
25 *Briefe II*, S. 685.
26 Scholem, »Walter Benjamin«, S. 120 f.
27 *Schriften I*, S. 162 f.
28 *Einbahnstraße*, in: *Schriften I*, S. 549.
29 Die klassische Beschreibung des Flaneurs findet sich bei Baudelaire in dessen berühmtem Essay über Constantin Guys, »Le Peintre de la vie moderne«, siehe Charles Baudelaire, *Œuvres*, Paris: Gallimard (Bibliothèque de la Pléiade), 1954, S. 885–891. In seinem Baudelaire-Essay bezieht sich Benjamin häufig indirekt darauf und zitiert daraus.
30 *Schriften I*, S. 496.
31 *Schriften I*, S. XIX.
32 *Schriften I*, S. 499. (Hervorhebg. v. Verf.)
33 *Briefe II*, S. 785.
34 Homer, *Ilias* IX, 4–8.
35 A. a. O., IV, 422–428.
36 *Briefe II*, S. 683.
37 Benjamin in der Rezension »Brechts Dreigroschenroman«, in: *Versuche über Brecht*, S. 90 f.
38 Siehe *Briefe II*, S. 839 (Brief an Max Horkheimer in französischer Sprache).
39 A. a. O., S. 810, 790. – Schon 1934 hatte ihn die »Tatsache, daß das Institut für Sozialforschung nach Amerika übersiedelte«, sehr beunruhigt: »Eine Lösung, ja nur Lockerung meiner Beziehung zu seinen Leitern könnte leicht davon die Folge sein. Was das bedeutet, will ich nicht ausführen.« (A. a. O., S. 624.) Nun schien dies Bedrohliche unmittelbar vor der Tür zu stehen.
40 A. a. O., S. 614.
41 A. a. O., S. 764.
42 *Schriften I*, S. 140.
43 Heute scheint es so, als ob nahezu alles gerettet werden konnte. Die in Paris versteckten Manuskripte sind, gemäß Benjamins Weisung, an Theodor W. Adorno geschickt worden und befinden sich in Adornos privater Sammlung in Frankfurt (nach Tiedemann, *Studien zur Philosophie Walter Benjamins*, a. a. O., S. 212). Nachdrucke und Kopien sind darüber hinaus in Gershom Scholems Sammlung in Jerusalem vorhanden. Das von der Gestapo beschlagnahmte Material ist in der DDR wieder aufgetaucht, siehe Rosemarie Heise, »Der Benjamin-Nachlaß in Potsdam«, in: *alternative: Zeitschrift für Literatur und Diskussion* 10, 1967, Nr. 56/57, S. 186 ff. – Zusatz d. Hrsg.: S. auch oben Anmerkung 13.
44 *Briefe II*, S. 841.
45 *Briefe I*, S. 56.
46 A. a. O., S. 445.
47 Werner Kraft, »Walter Benjamin hinter seinen Briefen«, in: *Merkur* 21/3, März 1967, Nr. 228, S. 226 ff.

48 Vgl. Pierre Missac, »L'Eclat et le secret: Walter Benjamin«, in: *Critique* 22, 1966, Nr. 231–232, S. 69 ff.
49 *Briefe I*, S. 56.
50 A. a. O., S. 421.
51 Max Rychner, der kürzlich verstorbene Herausgeber der Zeitschrift *Neue Schweizer Rundschau*, war eine der kultiviertesten und feinsinnigsten Persönlichkeiten im geistigen Leben der Zeit. Wie Adorno, Ernst Bloch und Scholem veröffentlichte er seine »Erinnerungen an Walter Benjamin«, siehe *Der Monat* 18/9, September 1966, Nr. 216, S. 35 ff.
52 *Briefe I*, S. 443 ff.
53 A. a. O., S. 217.
54 Rychner, a. a. O., S. 44.
55 Dt.: Das Ziel, das ich mir gesetzt habe, ... ist, als der erste Kritiker der deutschen Literatur betrachtet zu werden. Die Schwierigkeit dabei ist, daß die Literaturkritik in Deutschland seit mehr als fünfzig Jahren nicht mehr als seriöses Genre gilt. Sich in der Kritik einen Platz zu erwerben, das ... heißt sie als Genre neu zu schaffen.« *Briefe II*, S. 505.
56 *Briefe I*, S. 216.
57 A. a. O., S. 293.
58 A. a. O., S. 292.
59 A. a. O., S. 340 und 292.
60 *Briefe II*, S. 563.
61 Kafka, der in diesen Dingen realistischer gesehen hat als irgendein anderer, meinte, daß der »Vaterkomplex, von dem sich mancher geistig nährt, ... das Judentum des Vaters betrifft« und zwar »mit unklarer Zustimmung der Väter (diese Unklarheit war das Empörende)« zu dem Austritt der Söhne aus dem Judentum: »Mit den Hinterbeinchen klebten sie noch am Judentum des Vaters und mit den Vorderbeinchen fanden sie keinen neuen Boden.« Siehe Franz Kafka, *Briefe 1902–1924*, in: ders., *Gesammelte Werke*, hrsg. von Max Brod, Frankfurt am Main: Fischer, o. J. ⟨1958⟩, S. 337.
62 Kafka, a. a. O., S. 55.
63 Siehe *Briefe II*, S. 505 (Brief an Scholem in französischer Sprache).
64 In: *Schriften I*, S. 582 ff.; für die folgenden Zitate s. S. 643, 632.
65 Kafka, *Briefe 1902–1924*, S. 339 f.
66 A. a. O., S. 337.
67 *Versuche über Brecht*, S. 122.
68 *Briefe I*, S. 152 f.
69 Brief an Max Brod, geschrieben im Juni 1921, in: Kafka, *Briefe 1902–1924*, S. 336–338.
70 Franz Kafka, *Tagebücher 1910–1923*, in: ders., *Gesammelte Werke*, hrsg. von Max Brod, Frankfurt am Main: Fischer, o. J. ⟨1951⟩, S. 42.
71 Kafka, *Briefe 1902–1924*, S. 347.
72 A. a. O., S. 378.
73 Zitiert in Max Brod, *Franz Kafkas Glauben und Lehre: Kafka und Tolstoi. Eine Studie*, München: Desch, 1948, S. 107.
74 *Schriften II*, S. 174.
75 *Versuche über Brecht*, S. 123.
76 *Briefe I*, S. 189 ff.

77 *Schriften II*, S. 179.
78 In: »Linke Melancholie: Zu Erich Kästners neuem Gedichtband«, erstmals erschienen in *Die Gesellschaft* 8 (1931); dann von Benjamin 1934 in seinem Vortrag »Der Autor als Produzent« zitiert, s. *Versuche über Brecht*, S. 109.
79 *Briefe I*, S. 310.
80 Vgl. Heidegger, *Sein und Zeit*, in ders., *Gesamtausgabe*, Frankfurt am Main: Klostermann, Bd. 2 (1977), S. 170. – Zusatz d. Hrsg.: Siehe auch das Vorwort zum vorliegenden Buch, S. 15.
81 *Briefe I*, S. 44.
82 A. a. O., S. 222, 208.
83 *Briefe II*, S. 655.
84 A. a. O., S. 531.
85 Kafka, *Briefe 1902–1924*, S. 183.
86 Siehe *Briefe II*, S. 526. – Pierre Missac kommt in dem oben zitierten Aufsatz (s. Anm. 48) auf die gleiche Briefstelle zu sprechen und meint: »Sans sous-estimer la valeur d'une telle réussite ⟨d'être le successeur de Hamann et de Humboldt⟩, on peut penser que Benjamin recherchait aussi dans le marxisme un moyen d'y echapper.«
87 *Schriften II*, S. 174.
88 Bertolt Brecht, »Vom armen B. B.«, in ders., *Gesammelte Gedichte*, 4 Bde., Frankfurt am Main: Suhrkamp (edition 835–838), 1967 ff., Bd. I, 262. – Zu erwähnen ist ferner ein bemerkenswerter Aphorismus von Kafka aus dessen »Aufzeichnungen aus dem Jahre 1920« unter dem Titel »Er«: »Alles, was er tut, kommt ihm zwar außerordentlich neu vor, aber auch entsprechend dieser unmöglichen Fülle des Neuen außerordentlich dilettantisch, kaum einmal erträglich, unfähig historisch zu werden, die Kette der Geschlechter sprengend, die bisher immer wenigstens zu ahnende Musik der Welt zum erstenmal bis in alle Tiefen hinunter abbrechend. Manchmal hat er in seinem Hochmut *mehr Angst um die Welt als um sich.*« Franz Kafka, *Beschreibung eines Kampfes: Novellen ... aus dem Nachlaß*, in: ders., *Gesammelte Werke*, hrsg. von Max Brod, ⟨3. Ausg.⟩, Frankfurt am Main: Fischer, o. J. ⟨1954⟩, S. 291. (Hervorhebg. v. Verf.)
Vorläufer für diese Stimmung ist wiederum Baudelaire: »Le monde va finir. La seule raison pour laquelle il pourrait durer, c'est qu'il existe. Que cette raison est faible, comparée à toutes celles qui annoncent le contraire, particulièrement à celle-ci: qu'est-ce que le monde a désormais à faire sous le ciel? ... Quant à moi qui sens quelquefois en moi le ridicule d'un prophète, je sais que je n'y trouverai jamais la charité d'un médecin. Perdu dans ce vilain monde, coudoyé par les foules, je suis comme un homme lassé dont l'œil ne voit en arrière, dans les années profondes, que désabusement et amertume, et devant lui qu'un orage où rien de neuf n'est contenu, ni enseignement, ni douleur.« Charles Baudelaire, *Journaux intimes*, in: ders., *Œuvres*, a. a. O., S. 1203–1205.
Zusatz des Hrsg.: Wegen der Übernahme dieser von Arendt in die MDT-Fassg. neu eingefügten Anmerkung ist der Kafka-Aphorismus aus dem Textteil der ursprünglichen deutschen Fassung herausgestrichen worden.
89 *Briefe II*, S. 698.
90 *Schriften I*, S. 571.
91 *Schriften II*, S. 192.
92 *Schriften I*, S. 142–143.

93 Siehe *Briefe I*, S. 193, 138.
94 Kafka, *Briefe 1902–1924*, S. 173.
95 *Briefe II*, S. 763.
96 *Schriften I*, S. 146.
97 *Briefe II*, S. 763.
98 Eine Auswahl erschien unter dem Titel *Parables and Paradoxes* in einer zweisprachigen Ausgabe des Verlages Schocken Books (New York 1961).
99 *Schriften I*, S. 415 f.
100 A. a. O., S. 416.
101 Von Benjamin zitiert in seiner »Rede über das Sammeln« unter dem Titel »Ich packe meine Bibliothek aus«. Siehe *Gesammelte Schriften*, Bd. IV/1, S. 388 f.
102 A. a. O., S. 395 f.
103 Siehe a. a. O., S. 390.
104 *Schriften II*, S. 313.
105 A. a. O., S. 314.
106 »Lob der Puppe« (1930), in: *Gesammelte Schriften*, Bd. III, S. 216.
107 *Briefe II*, S. 820.
108 Martin Heidegger, *Kants These über das Sein*, Frankfurt am Main: Klostermann, 1962, S. 8.
109 *Briefe I*, S. 329.
110 *Schriften I*, S. 151 f.
111 *Briefe I*, S. 339.
112 A. a. O., S. 329 f.
113 Siehe Benjamins Vorwort »Die Aufgabe des Übersetzers« zu seiner Übertragung von Charles Baudelaires *Tableaux parisiens*, in: *Schriften I*, S. 40. (Hervorhebg. v. Verf.)
114 A. a. O., S. 41.
115 Siehe Martin Heidegger, »Hegel und die Griechen«, in: *Die Gegenwart der Griechen im neueren Denken: Festschrift für Hans-Georg Gadamer*, Tübingen: Mohr, 1960, S. 53.
116 *Briefe II*, S. 762.
117 *Briefe I*, S. 197.
118 Heidegger, »Hegel und die Griechen«, S. 55.
119 *Schriften I*, S. 49.
120 »Les langues imparfaites en cela que plusieurs, manque la suprême: penser étant écrire sans accessoires, ni chuchotement mais tacite encore l'immortelle parole, la diversité, sur terre, des idiomes empêche personne de proférer les mots qui, sinon se trouveraient, par une frappe unique, elle-même matériellement la vérité.« Stéphane Mallarmé, »Variations sur un sujet« unter der Überschrift »Crise de vers«, in: *Œuvres complètes*, Paris: Gallimard (Bibliothèque de la Pléiade), 1945, S. 363 f. Siehe *Schriften I*, S. 49.

Bertolt Brecht (S. 243–289)

Nachdruck von »Bertolt Brecht« aus: *Walter Benjamin – Bertolt Brecht: Zwei Essays*, München: Piper (Serie Piper 12), 1971, S. 63–107. Der Text wurde unter Benutzung der englischen Fassung in *Men in Dark Times* (dort S. 207–249) durchgesehen und mit Anmerkungen versehen.

Der Essay ist aus einem in englischer Sprache gehaltenen Vortrag hervorgegangen und von Hannah Arendt selbst, zunächst ebenfalls zu Vortragszwecken, ins Deutsche übertragen und überarbeitet worden. Die Annotierung der Abweichungen zwischen der deutschen und der englischen Fassung ist, gemäß den zugrundegelegten Editionsprinzipien (s. S. 10 f.), unterblieben.

Brechts Gedichte werden zitiert nach der vierbändigen Ausgabe Bertolt Brecht, *Gesammelte Gedichte*, hrsg. vom Suhrkamp Verlag in Zusammenarbeit mit Elisabeth Hauptmann (edition suhrkamp 835–838), 3. Aufl., Frankfurt am Main 1981 (= *Gedichte I, II, III, IV*); die übrigen Werke nach Bertolt Brecht, *Gesammelte Werke* ⟨Werkausgabe edition suhrkamp in 20 Bänden⟩, Frankfurt am Main: Suhrkamp, 1967 (= *Gesammelte Werke*).

Hannah Arendts Brecht-Interpretation hat Kontroversen vor allem über Brechts Verhältnis zu Stalin ausgelöst: einmal in der Zeitschrift *Merkur*, vgl. dort die Leserbriefe von Iring Fetscher und Sidney Hook in den Heften vom September 1969, S. 888 f., und November 1969, S. 1082 f.; zum anderen, im englischen Sprachraum mit John Willett, in *T. L. S.*, vgl. dort die Nummern vom 26. März, 9. und 16. April, vom 18. Dezember 1970, sowie *The New York Times* vom 28. März 1970.

1 »Hollywood«, in: *Gedichte III*, S. 848.

2 »Sonett in der Emigration«, in: *Gedichte III*, S. 831.

3 Um Mißverständnisse zu vermeiden, sei erwähnt, daß es Brecht bei den kommunistischen Literaturkritikern nicht besser erging, und was er 1938 über sie sagte, gilt gleichermaßen für seine »anti-kommunistischen« Kritiker: Lukács, Gabor, Kurella sind »Feinde der Produktion. Die Produktion ist ihnen nicht geheuer. Man kann ihr nicht trauen. Sie ist das Unvorhersehbare. Man weiß nie, was bei ihr herauskommt. Und sie selber wollen nicht produzieren. Sie wollen den Apparatschik spielen und die Kontrolle der andern haben. Jede ihrer Kritiken enthält eine Drohung.« Brecht im Gespräch mit Walter Benjamin, s. Benjamin, *Versuche über Brecht*, hrsg. und mit einem Nachwort versehen von Rolf Tiedemann, neu durchges. und erw. Ausg., Frankfurt am Main: Suhrkamp (edition 172), 1978, S. 168.

4 »Briefe über Gelesenes«, in: *Gedichte III*, S. 869.

5 Die einzigen Spuren sind zu finden im Band 12 der *Gesammelten Werke*, in den postum veröffentlichten *Me-ti*-Aufzeichnungen, *Me-ti, Buch der Wendungen*, S. 421 ff. Dort wird Stalin als »der Nützliche« gepriesen, und seine Verbrechen werden gerechtfertigt (S. 467 und 500 f.). Unmittelbar nach Stalins Tod schrieb Brecht, dieser sei »die Verkörperung« der Hoffnung der »Unterdrückten von fünf Erdteilen« gewesen (*Sinn und Form* 5, 1953, Heft 2, S. 10). Vgl. ferner das Gedicht »Tschaganak Bersijew oder Die Erziehung der Hirse«, in: *Sinn und Form* 2, 1950, Heft 5, S. 128. – Zusatz d. Hrsg.: Um die Auslegung dieser und anderer Äußerungen Brechts zu Stalin geht es u. a. in den o. g. Kontroversen,

s. die Literaturangaben im Vorspann zu diesen Anmerkungen. Wenn mit »Gesamtausgabe« die Frankfurter *Gesammelten Werke* gemeint sind, so hat sich Arendt geirrt. Die von ihr herangezogenen Stellen aus den Veröffentlichungen in der Zeitschrift *Sinn und Form* sind dort zu finden in Bd. 20, S. 325 (redaktionelle Überschrift »Zum Tod Stalins«) und in Bd. 10, S. 979 ff. (»Die Erziehung der Hirse«).

6 »Böser Morgen«, in: *Gedichte III*, S. 1010.
7 »Vom armen B. B.«, in: *Gedichte I*, S. 261.
8 Benjamin, *Versuche über Brecht*, S. 154.
9 A. a. O., S. 154 f.
10 S. oben Anm. 5.
11 »Maßnahmen gegen die Gewalt«, in: *Gesammelte Werke*, Bd. 12, S. 375 f.
12 »Die Lösung«, in: *Gedichte III*, S. 1009 f.
13 Angelus Silesius, *Cherubinischer Wandersmann* (1657), in: ders., *Sämtliche poetische Werke*, neu überarb., 3. Aufl., München: Hanser, Bd. 3 (1949), S. 39. – Brechts Gedicht aus den »Buckower Elegien« ist abgedruckt in: *Gedichte III*, S. 1020.
14 In: *Gedichte III*, S. 994.
15 Benjamin, *Versuche über Brecht*, S. 169.
16 Als »Fragment« veröffentlicht in: *Gesammelte Werke*, Bd. 7, S. 2993 ff.
17 Siehe Marianne Kesting, *Bertolt Brecht in Selbstzeugnissen und Bilddokumenten*, Hamburg: Rowohlt (Monographien 37), 1959, S. 161. – Zusatz d. Hrsg.: Zu Arendts Behauptung, Brecht habe erwogen, in die Schweiz zu ziehen, siehe die Kontroverse mit John Willett in *T. L. S.*, (genaue Angaben im Vorspann zu den Anmerkungen dieses Essays).
18 Anm. d. Hrsg.: Zitat nicht gefunden.
19 »Gedanken über die Dauer des Exils«, in: *Gedichte II*, S. 719.
20 Anm. d. Hrsg.: Denys Finch-Hatton etwa, der Geliebte von Karen Blixen, gehörte dazu, vgl. in diesem Buch, S. 118 ff.
21 »Vom armen B. B.«, in: *Gedichte I*, S. 262.
22 »Ballade von den Abenteurern«, in: *Gedichte I*, S. 217.
23 *Gedichte I*, S. 192–194.
24 Anm. d. Hrsg.: Anspielung auf den gleichnamigen Roman von James Joyce.
25 »Verjagt mit gutem Grund«, in: *Gedichte II*, S. 721.
26 »Lob der illegalen Arbeit«, in: *Gedichte II*, S. 465.
27 »Meines Bruders Tod«, in: *Gedichte I*, S. 88.
28 *Gedichte I*, S. 107.
29 *Gesammelte Werke*, Bd. 2, S. 448.
30 »An die Nachgeborenen«, in: *Gedichte II*, S. 722–725.
31 »Ich, der Überlebende«, in: *Gedichte III*, S. 882.
32 Siehe »Die Landschaft des Exils«, in: *Gedichte III*, S. 830 f.
33 »Deutschland«, in: *Gedichte III*, S. 488.
34 Zitiert nach Kesting, *Bertolt Brecht...*, S. 139.
35 Siehe Sidney Hook, »A Recollection of Bertolt Brecht«, in *The New Leader*, 10. Oktober 1960. – Nach Benjamins Aufzeichnungen (s. *Versuche über Brecht*, S. 168) verfolgte Brecht alles, was Trotzki in den dreißiger Jahren geschrieben hatte; er sagte, Trotzkis Schriften enthielten Beweise für einen gerechtfertigten Verdacht, der eine skeptische Betrachtung der russischen Dinge fordere. Sollte

dieser sich eines Tages bestätigen, dann müsse man das russische Regime bekämpfen – und zwar *öffentlich*, aber »leider oder Gott sei Dank, wie Sie wollen«, wäre der Verdacht noch nicht zur Gewißheit geworden. – Neuerdings gibt es ein interessantes Zeugnis von Brechts verzweifelten Versuchen, sich mit Stalins Herrschaft abzufinden: ein eigenartiges Bändchen mit hauptsächlich aus den dreißiger Jahren stammenden Aphorismen, die nach Brechts Tod unter seinen Papieren gefunden wurden. Uwe Johnson hat es herausgegeben und 1965 unter dem Titel *Me-ti, Buch der Wendungen*, veröffentlicht (s. Anm. 5). – Zusatz d. Hrsg.: S. Hook hat Arendts Interpretation seines Gespräches mit Brecht in einem Leserbrief an die Zeitschrift *Merkur* (s. die Literaturangaben im Vorspann zu diesen Anmerkungen) zurückgewiesen.

36 *Gedichte I*, S. 234 f.
37 *Gesammelte Werke*, Bd. 1, S. 3–4 (»Choral vom großen Baal«).
38 *Gedichte I*, S. 232.
39 In: *Aufstieg und Fall der Stadt Mahagonny*, in: *Gesammelte Werke*, Bd. 2, S. 535.
40 »Ballade von den Seeräubern«, in *Gedichte I*, S. 224.
41 *Gedichte I*, S. 216.
42 *Gedichte I*, S. 260.
43 Aus dem Gedicht »The Garden of Proserpine«, in: Algernon Charles Swinburne, *Poems and Ballads (First Series)*, London: W. Heinemann, 1917, S. 171.
44 *Gedichte I*, S. 99.
45 *Gesammelte Werke*, Bd. 2, S. 526.
46 *Gedichte II*, S. 723.
47 »Erstes Dreigroschen-Finale: Über die Unsicherheit menschlicher Verhältnisse«, in: *Gesammelte Werke*, Bd. 2, S. 430.
48 Zitate aus *Me-ti*, in: *Gesammelte Werke*, Bd. 12, S. 565.
49 *Der kaukasische Kreidekreis*, geschrieben 1944–1945, in: *Gesammelte Werke*, Bd. 5, Zitat auf S. 2024–25.
50 »Die Schlußstrophen des Dreigroschenfilms«, in: *Gesammelte Werke*, Bd. 2, S. 497.
51 »Das Manifest«, in: *Gedichte III*,, S. 911–930, Zitat auf S. 912.
52 Bei Benjamin (*Versuche über Brecht*, S. 165) liest man mit Vergnügen, daß Brecht in dieser Hinsicht seine Zweifel hatte. Er vergleicht die marxistischen Theoretiker mit den »Pfaffen«, gegen die er einen »eingewurzelten, von der Großmutter her ererbten Haß« hege: Wie die Pfaffen werden die Marxisten »immer eine pfäffische Kamarilla bilden... Der Marxismus bietet sich eben allzu leicht der ›Interpretation‹ dar.«
53 Dies sind die beiden letzten Zeilen aus dem »Dritten Dreigroschen-Finale«, in: *Gesammelte Werke*, Bd. 2, S. 486.
54 *Gesammelte Werke*, Bd. 2, S. 652 (»Ändere die Welt: Sie braucht es«).
55 *Gesammelte Werke*, Bd. 2, S. 657 (»Lob der Partei«).
56 »Lob des Lernens«, in: *Gedichte II*, S. 463.
57 *Gesammelte Werke*, Bd. 2, S. 650 f. (»Song der Ware«).
58 *Gedichte II*, S. 457.
59 Es sieht so aus, als ob Brecht sich doch mehr Gedanken in dieser Sache gemacht hat. In einem Artikel »The Other Germany: 1943«, der im Februar 1968 von der amerikanischen SDS-Publikation *CAW* ohne Quellenangabe veröffentlicht wurde, versucht Brecht zu erklären, warum die deutsche Arbeiterklasse für

Hitler war. Der Grund: »Unemployment was done away with ⟨by the Third Reich⟩ in short order. Indeed the speed and scope of the abolition were so extraordinary that it seemed like a revolution.« Die Erklärung hierfür war, nach Brecht, in der Kriegsindustrie zu suchen, und: »The truth is that war is in ⟨the workers'⟩ interest so long as they cannot or will not shake off the system under which they live... The regime had to choose war because the whole people needed war; but the people needed war only under this regime and therefore have had to look for another way of life.« – Zusatz d. Hrsg.: Es handelt sich um einen erstmals 1966 veröffentlichten Artikel, den Brecht 1943/44 in deutscher Sprache geschrieben und Eric Bentley übersetzt hat. Er ist abgedruckt in: *Gesammelte Werke*, Bd. 20, S. 283 ff., Zitate auf den Seiten 285–287, Rohübersetzung ins Deutsche (die Originalfassung ist unauffindbar) von R. Dornbacher, a. a. O., S. 278 ff.

60 *Gedichte II*, S. 661.
61 *Gedichte II*, S. 664.
62 »Bemerkungen« zu *Der aufhaltsame Aufstieg des Arturo Ui*, in: *Gesammelte Werke*, Bd. 17, S. 1177.
63 »Verhör des Guten«, aus: *Me-ti*, in: *Gesammelte Werke*, Bd. 12, S. 462 f.
64 *Gedichte I*, S. 218.

Robert Gilbert (S. 290–297)

Nachdruck des Nachwortes zu Robert Gilbert, *Mich hat kein Esel im Galopp verloren: Gedichte aus Zeit und Unzeit*, München: Piper, 1972, S. 133–141. Der Text wurde nach den hier zugrunde gelegten Editionsprinzipien (s. S. 10 f.) durchgesehen.

Außer dem Gedichtband, zu dem Arendt das Nachwort schrieb und aus dem sie zitiert, sind folgende Gedichtsammlungen von Gilbert veröffentlicht worden: *Meine Reime, deine Reime: Berliner, Wiener u. a. Gedichte*, New York: P. Th. Fisher, 1946; *Meckern ist wichtig – nett sein kann jeder*, Berlin: Blanvalet, 1950; *Vorsicht! Gedichte! Vier lyrische Sektoren*, Berlin: Blanvalet, 1951; *Frischer Wind aus der Mottenkiste: Berliner Gedichte mit hochdeutschen Zwischenrufen*, Berlin: Blanvalet, 1960. – Das zitierte Gedicht von Heine ist »Doktrin« überschrieben und als eines der »Zeitgedichte« in dessen Sammlung *Neue Gedichte* (1844) erschienen.

Nathalie Sarraute (S. 298–309)

Nachdruck aus: *Merkur* 18/8, August 1964, S. 785–792. Dies ist die von Wolfgang von Einsiedel besorgte Übersetzung eines Artikels, den Hannah Arendt zum Erscheinen der englischen Ausgabe von Sarrautes Roman *Les Fruits d'or* in der *New York Review of Books* 2/2, 5. März 1964, S. 5–6, veröffentlicht hat. Für den Abdruck in dieser Ausgabe wurde der deutsche Text, entsprechend den zugrunde gelegten Editionsprinzipien (s. S. 10 f.), durchgesehen und mit Anmerkungen versehen.

Die Zitate aus Sarrautes Werken sind aus dem Englischen übersetzt worden. Es sei aber auf die deutschen Übersetzungen hingewiesen: *Porträt eines Unbekannten:*

Roman, aus dem Französischen von Elmar Tophoven, Köln-Berlin: Kiepenheuer & Witsch, 1962; *Zeitalter des Argwohns: Über den Roman*, aus dem Französischen von Kyra Stromberg, Köln-Berlin: Kiepenheuer & Witsch, 1963; *Das Planetarium: Roman*, aus dem Französischen von Elmar Tophoven, Köln-Berlin: Kiepenheuer & Witsch, 1960; *Die goldenen Früchte: Roman*, aus dem Französischen von Elmar Tophoven, Köln-Berlin: Kiepenheuer & Witsch, 1964.

1 Sartres »Vorwort« ist auch in der deutschen Ausgabe des Romans *Porträt eines Unbekannten* enthalten. (Anm. d. Hrsg.)
2 Siehe Nathalie Sarraute, »Von Dostojewski zu Kafka«, in: dies., *Zeitalter des Argwohns: Über den Roman*, S. 11 ff. (Anm. d. Hrsg.)
3 François Bondy, »Von Nichts an schaffen: Ein Gespräch mit Nathalie Sarraute«, in: *Der Monat*, 16. Jg., Heft 183, Dezember 1963, S. 28. (Anm. d. Verf./Hrsg.)
4 Zitate aus *Die goldenen Früchte*. (Anm. d. Verf.)
5 Die Aufnahme des Sarraute-Romans in Frankreich war zuerst, soviel ich weiß, nicht gerade enthusiastisch, vielleicht weil die Rezensenten im Hinblick auf ein Buch, in dem jedes Klischee, jede Äußerung scharf- oder schwachsinnigen Lobes oder Tadels bereits vorweggenommen und als bloßes Geschwätz entlarvt ist, um Worte verlegen waren. (Anm. d. Verf.)

Waldemar Gurian (S. 310–323)

Übersetzt von Ursula Ludz nach dem Text in *Men in Dark Times*, S. 251–62. Dieser ist eine leicht überarbeitete Fassung des Nekrologs, den Hannah Arendt auf Waldemar Gurian geschrieben hat, und der erstmals in *The Review of Politics* 17 (1955), Nr. 1, S. 33–42, erschienen ist.

Ich erinnere an Wystan H. Auden (S. 324–334)

Übersetzt und mit Anmerkungen versehen von Ursula Ludz nach »Remembering Wystan H. Auden, Who Died in the Night of the Twenty-Eighth of September, 1973«, in: *The New Yorker*, 20. Januar 1975, S. 39 f., 45 f., unter Hinzuziehung der Fassung in Stephen Spender (Hrsg.), *W. H. Auden: A Tribute*, London: Weidenfeld & Nicolson, 1975, S. 181–185.
Der Artikel ist hervorgegangen aus einer Rede, die Hannah Arendt nach dem Tode von Auden auf einem »dinner meeting« des National Institute of Arts and Letters (New York) am 14. November 1973 gehalten hat.

1 Anfangszeilen eines 1937 entstandenen und später »Lullaby« betitelten Gedichtes, in: W. H. Auden, *Collected Shorter Poems: 1927–1957*, London: Faber & Faber, 1966, S. 107. Dt.: Leg, meine Liebe, deinen schlafenden Kopf / menschlich auf meinen treulosen Arm.
2 In seinem Essay »Auden's Achievement« in: *Commentary* 56/6, Dezember 1973, S. 563.
3 Auden, *Collected Shorter Poems*, S. 201. Eine weitere Überschrift des Gedichtes lautet »But I can't«. – Die drei deutschen Übersetzungen (von Hans Egon

Holthusen, Kurt Hoffman und Georg von der Vring) sind zuerst in der Zeitschrift *Merkur* erschienen und wurden wiederabgedruckt in W. H. Auden, *Gedichte / Poems*, Wien: Europaverlag, 1973, S. 31–33. Im Anschluß an die erstgenannte deutsche Veröffentlichung haben *Merkur*-Leser weitere Übersetzungen eingesandt (s. *Merkur* 21, 1967, Nr. 230, S. 497–500).

4 Geoffrey Grigson, »A Meaning of Auden«, in: Stephen Spender (Hrsg.), *W. H. Auden: A Tribute*, London: Weidenfeld & Nicolson, 1975, S. 16.

5 Vgl. Auden: »I agree with Valéry: ›A poem is never finished; it is only abandoned‹«, in »Foreword« zu ders., *Collected Shorter Poems*, S. 16.

6 Stephen Spender, »Valediction« (Address given on 27 October 1973 at Auden's memorial service in Christ Church), in: ders. (Hrsg.), *W. H. Auden*, S. 247.

7 A. a. O., S. 248.

8 Aus dem Gedicht »Death Echo«. Dt. (von Astrid Claes und Edgar Lohner): »Die Wünsche des Herzens sind wie Spiralen gewunden. / Nicht geboren zu sein, ist für den Menschen das Beste; Das Zweitbeste ist eine vorgezeichnete Regel, / Des Tanzes Muster; tanze, so lange du kannst.« Auden, *Gedichte / Poems*, S. 11.

9 Hieran schließt Arendt folgende Bemerkungen: »Der Text wurde, vermutlich wegen Copyright-Problemen, niemals veröffentlicht. Bis 'zum heutigen Tag ist mir keine Übersetzung bekannt, in der Brecht adäquater ins Englische übertragen worden wäre.« – Der von B. C. Bloomfield und Edward Mendelson zusammengestellten Bibliographie von Audens Werken (2. Aufl., Charlottesville: University Press of Virginia, 1972) ist zu entnehmen, daß die Übersetzung am 1. 9. 1960 das Copyright erhielt. 1976 ist sie veröffentlicht worden: *The Rise and Fall of the City of Mahagonny*, translated by W. H. Auden and Chester Kallman, Boston: D. R. Godine, 1976.

10 Ein Libretto, erstmals am 23./24. 5. 1969 an der Wykeham Rise School Washington (Conn.) aufgeführt; die Musik wurde von den Schülern komponiert. Der Text ist veröffentlicht in *The New York Review of Books* 13/11, 18. Dez. 1969, S. 1.

11 Auden, *Collected Shorter Poems*, S. 109 ff. Dt.: Dies ist die Geschichte / von Miss Edith Gee; / sie lebte in Clevedon Terrace / im Hause Nr. Eighty-three.

12 Aus »Erstes Dreigroschen-Finale: Über die Unsicherheit menschlicher Verhältnisse«, in: Bertolt Brecht, *Gesammelte Werke* (Werkausgabe edition suhrkamp in 20 Bänden), Frankfurt am Main: Suhrkamp, 1967, Bd. 2, S. 430.

13 Auden: »... poetry makes nothing happen ...« Aus dem Gedicht »In Memory of W. B. Yeats (d. Jan. 1939)«. Dt. (von Ernst Jandl): »Dichtung bewirkt nichts ...«, in: Auden, *Gedichte / Poems*, S. 39.

14 Auden, *Collected Shorter Poems*, S. 15. Dt.: Die Geschichte mag zu dem Besiegten sagen »ach«, helfen kann sie nicht und auch nicht verzeihen. – Die Zeilen stammen aus dem Gedicht »Spain« (April 1937), das wiederabgedruckt ist in: W. H. Auden, *Selected Poems*, new edition, ed. by Edward Mendelson, New York: Vintage Books (V-506), 1979, S. 55.

15 Aus dem Gedicht »In Memory of W. B. Yeats ...«. Dt. (von Jandl): »In der Nächte grauer Mahr / Bellt Europas Hundeschar ... / Menschengeistes Schande spricht / Jedes menschliche Gesicht ...« Auden, *Gedichte/Poems*, S. 39.

16 Spender: »Valediction«, S. 247.

17 Aus dem Gedicht »In Memory of W. B. Yeats...«. Dt. (von Jandl): »Narr Ireland quälte dich zur Dichtung.« Auden, *Gedichte/Poems*, S. 37.
18 Aus dem Gedicht »In Memory of W. B. Yeats...«. Dt. (von Jandl, a. a. O., S. 39):
Folge, Dichter, folg bedacht
Bis zum tiefen Grund der Nacht,
Deine Stimme unzerstört,
Helfe uns, daß Jubel währt;

Mit dem Pfluge im Gesicht
Weinberg mach aus Strafgericht,
Hingerissen von der Not
Sing, was alle uns bedroht;

In des Herzens Wüsten laß
Quellen strömen heilend Naß,
In der Tage Kerker lehr
Freien Mann das Wort: ich ehr.
19 Aus dem Gedicht »Precious Five«, in: Auden, *Collected Shorter Poems*, S. 288. Dt.: Ich könnte (was du nicht kannst) / Gründe finden, die hurtig genug sind, / um dem Himmel zu begegnen, / in Wut und Verzweiflung / über das, was geschieht, zu brüllen / und zu fordern, daß er den nennt, / wer immer die Schuld trägt. / Der Himmel würde lediglich warten, / bis all mein Atem verbraucht ist / und dann, / als ob ich gar nicht da sei, / genau den einen Befehl / wiederholen, den ich nicht verstehe: / *Rühme was da ist, weil es ist*, / (– den Befehl), der befolgt werden muß; / wozu denn bin ich geschaffen, / zum Ja-sagen oder Nein-sagen?
20 Aus dem Gedicht »The Truest Poetry is the most Feigning«, in: Auden, *Collected Shorter Poems*, S. 316. Dt.: Bedenke: Keine Metapher kann / wirklich historische Unglückseligkeit ausdrücken; / Deine Tränen sind von Wert, wenn sie uns fröhlich machen; / *Oh glücklich Leid!* Das ist alles, was traurige Verse sagen können.
21 Spender, »Valediction«, S. 248.

Randall Jarrell (S. 335–340)

Übersetzt und mit Anmerkungen versehen von Ursula Ludz nach dem Text in *Men in Dark Times*, S. 263-267. Dieser war ursprünglich in einem Gedenkband für Randall Jarrell erschienen: Robert Lowell, Peter Taylor und Robert Penn Warren (Hrsg.), *Randall Jarrell, 1914–1965*, New York: Farrar, Straus & Giroux, 1967, S. 3–9.

1 Randall Jarrell, *Losses: Poems*, New York: Harcourt, Brace, 1948.
2 Die erhalten gebliebenen Briefe von Randall Jarrell an Hannah Arendt befinden sich im Arendt-Nachlaß in der Library of Congress (dort Container 10). Im folgenden zitiert Hannah Arendt des öfteren aus diesen Briefen, was nicht im einzelnen angemerkt wird.
3 »I believe – / I do believe, I do believe – / The country I like best of all is German.« Vgl. Das Gedicht »Deutsch Durch Freud«, in: Randall Jarrell, *The*

Complete Poems, London: Faber & Faber, 1971, S. 266 ff., dessen erste Zeile lautet: »I believe my favorite country's German.«

4 »It is by Trust and Love and reading Rilke / Without *ein Wörterbuch*, that man learns German.« Aus dem Gedicht »Deutsch Durch Freud«, in: a. a. O., S. 267.

5 Dt.: Hören, hören; es ist niemals still. / Das ist der Wald... / (wo) / Das Sonnenlicht zu ihnen herabfiel, unserem Wunsche gemäß / Und wir glaubten, bis zum Einbruch der Nacht, an diesen Wunsch / Und wir glaubten, bis zum Einbruch der Nacht, an unser Leben. Aus dem Gedicht »The Märchen (Grimm's Tales)« in: Jarrell, *The Complete Poems*, S. 82.

6 Randall Jarrell, »The Obscurity of the Poet«, in: Randall Jarrell, *Poetry and the Age*, London: Faber & Faber, 1955, S. 27.

7 Randall Jarrell, *Pictures from an Institution: A Comedy*, Chicago–London: University of Chicago Press, 1986, S. 11.

8 Dt.: Nachsichtiger, oder ehrlicher, oder ungewöhnlicher Leser / – einige habe ich: ein Weib, eine Nonne, ein Gespenst oder zwei – / Falls ich für irgend jemand schreibe, schrieb ich für dich; / so, wenn ich sterbe, flüstere: *Wir war zu wenig*; / Schreib über mich (wenn du schreiben kannst; ich könnte es kaum), / daß ich, daß ich – ja, so gut wie alles ist recht – / Befriedigt bin... Und doch – und doch, du *waren* zu wenig; / Hätte ich vielleicht für deine Brüder schreiben sollen, / Jene kunstverständigen, gewöhnlichen, unnachsichtigen Anderen? – Erste Strophe des Gedichtes »A Conversation with the Devil« in: Jarrell, *The Complete Poems*, S. 29.

Namensregister

Adams, J. 276
Adorno, Th. W. 186, 198, 201 f., 204 f., 207, 355 ff.
Algisi, L. 345
Angelus Silesius 250, 361
Aragon, L. 213
Aristophanes 182
Aristoteles 20 f., 30, 40, 158, 177, 181 f., 353
Auden, W. H. 9 f., 243, 276, 287, 324–334, 364 ff.
Augustinus 106 f., 152

Balzac, H. de 113, 299
Bataille, G. 208
Baudelaire, Ch. 186 ff., 197 f., 202, 207, 356, 358 f.
Beaufret, J. 175
Bebel, A. 49, 53, 69, 74, 344
Benjamin, W. 7, 10, 185–242, 247, 252, 262, 283, 353 ff., 360 ff.
Benn, G. 266
Bernstein, E. 66 ff., 344
Bertram, E. 195
Blixen, H. B. 126
Blixen, T. – s. Dinesen, I.
Bloch, E. 195, 357
Bondy, F. 304, 364
Borchardt, R. 196, 225, 294
Braque, G. 172
Brecht, B. 7, 9 f., 14, 26, 186, 197 ff., 203 ff., 224 f., 236, 243–289, 328 ff., 341, 355 f., 358, 360 ff., 365
Brentano, C. 293
Broch, H. 7, 10, 131–171, 349 ff.
Brod, M. 222, 357
Buber, M. 231

Buddha 107
Bullock, A. 343

Capovilla, L. 83, 345
Céline, L.-F. 248, 266
Chaplin, Ch. 9
Chelini, J. 345
Chesterton, G. K. 316, 332
Chruschtschow, N. S. 84
Cicero 30, 185, 190, 342, 346
Clausewitz, C. von 344
Coghill, N. 327
Cole, B. 119

Dante Alighieri 140, 284
Daumier, H. 292
Descartes, R. 328
Deutscher, I. 343
Diefenbach, H. 55, 63, 343
Dinesen, I. 7, 10 f., 113–130, 347 f., 361
Dinesen, Th. 348
Dostojewski, F. M. 77, 86, 271, 298, 302, 320 f.
Dserschinski, F. E. 57
Du Bos, Ch. 210
Duncker, H. 74

Eichendorff, J. von 292
Eliot, T. S. 248
Engels, F. 274, 282
Erzberger, M. 51
Euripides 248, 284

Faulkner, W. 36
Fetscher, I. 360
Finch-Hatton, D. 114, 118 ff., 129, 361

368

Fischer, R. 73
France, A. 233
Frank, A. 35
Freud, S. 216

Gabor, A. 360
George, St. 173, 195 ff., 294, 353, 355
Gide, A. 138, 210, 298
Gilbert, J. 292
Gilbert, R. 9 ff., 290–297, 353, 363
Gillès, D. 348
Giraudoux, J. 213
Glockner, H. 352
Goeckingk, L. F. G. von 237
Goethe, J. W. von 19, 21, 37, 57, 127, 129, 150, 192, 194, 199 f., 207, 231, 247, 254, 286, 301, 324, 336, 339, 342, 349
Goldstein, M. 221 f., 224
Grigson, G. 327, 365
Grimm, J. und W. 290, 336, 338
Guilbert, Y. 293
Gundolf, F. 194 f.
Gurian, W. 7, 10, 310–323, 364
Guys, C. 356

Haase, H. 51
Hahlberg, W. 344
Hamann, J. G. 228, 358
Hatch, A. 87, 345
Haussmann, G. E. Baron 210 f.
Haym, R. 21
Hebbel, F. 256
Hebel, J. P. 116
Hegel, G. W. F. 55 f., 105 f., 109 ff., 178, 182, 200, 202, 352 f., 356
Heidegger, M. 9 f., 15, 172–184, 232, 237 f., 240, 341, 352 f., 358 f.
Heine, H. 9, 127, 214, 284, 290 ff., 295, 363
Heise, R. 356
Hemingway, E. 117, 254
Heraklit 352
Herder, J. G. von 21
Hitler, A. 34 f., 50, 95, 142, 185, 200, 203, 208, 245, 248, 252, 281 ff., 286, 330 f., 343, 353, 363
Hobbes, Th. 146

Hochhuth, R. 81
Hofmannsthal, H. von 134 f., 140, 150, 186 f., 192 ff., 206, 213, 238, 277, 294
Hölderlin, F. 293, 336
Homer 107, 204
Hook, S. 264, 360 f.
Horkheimer, M. 205, 356
Humboldt, W. von 228, 358
Husserl, E. 157, 173 f.

James, C. 324
Jarrell, R. 7, 10, 335–340, 366 f.
Jaspers, G. 96, 346
Jaspers, K. 7, 10, 89–98, 99–112, 174, 178, 345 ff.
Jaurès, J. 49, 61
Jeanne d'Arc 275
Jean Paul 234
Jesus Christus 76, 78, 80 f., 83, 85 ff., 106, 145, 345
Jogiches, L. 51, 61 ff., 73, 344
Johannes XXIII. – s. Roncalli, A. G.
Johannes vom Kreuz 76
Johnson, U. 362
Joseph (bibl. Erzvater) 81
Joyce, J. 138, 140, 154, 302, 361
Jünger, E. 353

Kafka, F. 9, 45, 137, 172, 186 ff., 206 f., 209, 217, 220 ff., 230 ff., 236, 238, 240, 293, 298, 302 f., 342, 350, 355, 357 ff.
Kallman, Ch. 328 f.
Kant, I. 43 f., 91 f., 95, 97, 100, 102, 104, 109 ff., 149, 152, 159, 176, 183 f., 188, 233, 346 f.
Kästner, E. 292
Kautsky, K. 49, 68, 70
Kennedy, J. 84
Kesting, M. 361
Kierkegaard, S. 86
Kipling, R. 337
Klee, P. 203
Kleist, H. von 116
Klinger, K. 78
Knopf, A. A. 133
Koch, K. 262

Kommerell, M. 197, 355
Konfuzius 107, 248
Kraft, W. 210, 356
Kraus, K. 186, 209, 221, 224, 228 f.
Kurella, A. 360

Landauer, G. 51
Langbaum, R. 118, 128, 348
Laotse 107, 284, 295
La Rochefoucauld, F. de 218
Laughton, Ch. 244, 284
Lawrence of Arabia 255
Lazare, B. 9
Leavis, F. R. 186
Leibniz, G. W. 157
Lenin, W. I. 49, 54, 56 f., 63 f., 70 ff., 248, 270, 274, 282, 344 f.
Leo XIII. 84
Lessing, G. E. 7, 10, 17–48, 110, 214, 341 f.
Lessing, K. G. 342
Lesskow, N. 186, 233
Levi, P. 73
Leviné, E. 51, 64
Lichtenberg, G. Ch. 214
Lichtheim, G. 52, 343
Liebknecht, K. 50 f., 64 f., 74, 343
Lukács, G. 186, 360
Lukrez 276
Luther, M. 77, 353
Luxemburg, R. 7, 10, 49–74, 343 ff.

Machiavelli, N. 274
Madison, J. 109, 347
Mallarmé, St. 241 f., 359
Mann, K. 197
Marchlewski, J. 57
Marshall, M. 335
Marx, K. 55 f., 66 f., 69, 111, 200, 270, 274, 282, 345, 356
McCarthy, M. 301
Mehring, F. 55, 63, 74, 341
Mendelssohn, M. 341
Migel, P. 116, 118, 122, 126, 348
Millerand, A. 49
Missac, P. 210, 357 f.
Montagu, E. 348
Montaigne, M. E. de 218

Montesquieu, Ch. de Secondat 218
Mörike, E. 57, 277
Mussolini, B. 248

Nabokov, V. 298
Napoléon I. 190
Neander, J. 270
Nero 141 f.
Netschajew, S. G. 64
Nettl, J. P. 49–74, 343 ff.
Nicolai, F. 342
Nietzsche, F. 59 f., 86, 141, 178, 183, 214, 270, 353
Noske, G. 50

Oelssner, F. 74
Ovid 284

Pabst, W. (Hauptmann) 50
Panofsky, E. 193
Papen, F. von 80
Parmenides 15, 44, 352
Parvus (= A. I. Helphand) 68
Pascal, B. 218
Péguy, Ch. 213
Piaf, E. 293
Picasso, P. 172
Pilsudski, J. 58
Pius XII. 81
Plato 15, 44, 109, 141, 143 f., 172, 174, 179, 181 ff., 240, 247, 249, 352 f.
Plechanow, G. W. 49, 63, 68, 344
Pound, E. 247 f.
Pradel, A. 345
Proust, M. 186 f., 191, 206 f., 209, 302
Puschkin, A. S. 324

Radek, K. 65
Raffaello Santi 337
Rathenau, W. 51, 224 ff.
Reimarus, J. A. H. 342
Richardson, W. J. 352
Rilke, R. M. 140, 312, 336 f.
Rivière, J. 191
Robespierre, M. 29, 274, 330
Roncalli, A. G. 7, 10, 75–88, 345
Rosenfeld, K. 52
Rousseau, J.-J. 27, 29, 40

Runge, O. (Husar) 51
Rychner, M. 212f., 357
Ryde, P. 345

Saint-John Perse 206
Saint-Just, L. 276
Sarraute, N. 9 ff., 298–309, 346, 363 f.
Sartre, J.-P. 14, 266, 298, 301, 341, 364
Schacht, H. 283
Scheffler, J. – s. Angelus Silesius
Scheler, M. 174, 311
Schlegel, F. 48, 214
Schmitt, C. 311
Scholem, G. 186, 188, 193, 195 f., 198, 201, 207, 209, 217, 222, 226, 228, 230 f., 354 f., 356 f.
Seneca 186
Shakespeare, W. 122, 229, 240, 284, 348
Spender, St. 327 f., 331, 334, 365 f.
Stalin, J. W. 54, 72, 74, 246, 249, 252, 264, 279 f., 288, 330 f., 343, 360, 362
Steffin, M. 262
Steiner, G. 186
Stendhal 299
Stifter, A. 98
Strindberg, A. 300, 303
Swinburne, A. Ch. 271, 362

Thales 182
Thomas a Kempis 87
Thomas von Aquin 316
Thyssen, F. 283

Tiedemann, R. 355 f.
Tolstoi, L. 137 f., 350
Trotzki, L. 49, 64, 264, 278, 361
Tucholsky, K. 292

Ulbricht, W. 253

Valéry, P. 327, 365
Varnhagen von Ense, R. 8
Villon, F. 249, 267, 284
Vogel, K. (Oberleutnant) 51
Voltaire 82, 284
Voss, J. H. 127

Walter, E. 348
Waugh, E. 298
Wedekind, F. 277
Weigel, H. 285
Welty, E. 116
Westarp, K. von 63
Willett, J. 360 f.
Wilson, E. 186
Wittgenstein, L. 241
Wolf, J. 66
Wolff, H. 190

Yeats, W. B. 332, 337

Zarathustra 107
Zellmann, Ch. G. 352
Zetkin, C. 53
Zille, H. 292
Zweig, St. 9

# Hannah Arendt/Karl Jaspers

Briefwechsel 1926–1969

Herausgegeben von Lotte Köhler und Hans Saner.
859 Seiten. Leinen im Schuber

In der Geschichte des Denkens ist dies die bisher einzige umfangreiche Korrespondenz zwischen einer Philosophin und einem Philosophen, die veröffentlicht wird. Sie umfaßt 29 Briefe aus der Vorkriegszeit (1926–38) und 403 aus der Zeit von 1945 bis 1969, dem Todesjahr von Karl Jaspers. Mit Ausnahme weniger Briefe, die z. Z. als verloren gelten müssen, ist die Korrespondenz vollständig. Sie wird durch wenige Briefe der beiden Ehepartner – Gertrud Jaspers und Heinrich Blücher – ergänzt, wo die Gesprächslage es erfordert. Ein umfangreicher Anhang bringt die nötigen Erklärungen über Personen und Ereignisse, auf die Bezug genommen wird; ein Personen- und ein Werkregister schlüsseln die Ausgabe auf.

Man darf ohne Übertreibung sagen, daß dieser Briefwechsel eines der großen Dokumente unserer Zeit ist. In ihm spiegelt sich die Zeitgeschichte der ersten Nachkriegsjahrzehnte: der Berliner Aufstand, die ungarische Revolution, der Mauerbau, der Eichmann-Prozeß, die Kubakrise, die Ermordung Kennedys, der Vietnamkrieg, der 7-Tage-Krieg Israels bis hin zu den weltweiten Studentenunruhen von Berkeley bis Berlin. Problemkomplexe der deutschen und internationalen Geschichte und Politik – die deutsche Schuldfrage, der Widerstand gegen den Nationalsozialismus, die Atombombe, die amerikanischen Verhältnisse, die Anerkennung der DDR, die Berlinfrage, das Judentum und Israel, der Ost-West-Konflikt – werden ausführlich erörtert.

Zugleich wird die Lebensgeschichte zweier Menschen bis ins Detail sichtbar, die das Stigma der Zeit – die nationale Bodenlosigkeit – als Chance bejahen. Die Freundschaft wurde im Laufe der Jahre so verläßlich, daß beide Partner einander nichts verschweigen mußten. Die Offenheit einer sehr klugen, oft visionären Frau von hinreißendem Temperament und die eines in der Unbestechlichkeit rücksichtslosen, aber in der Vernunft kommunikativen Denkers begegnen einander und werden sich zu einer Art Heimat.

Der Briefwechsel zeichnet das Persönlichkeitsprofil der beiden Gestalten direkt und indirekt mit verläßlicher Exaktheit auf, er wird zu einem vielfältigen Spiegel der in Einzelheiten so verschiedenen und letztlich doch verwandten Denkungsarten. Darüber hinaus ist er ein wirkliches Lesevergnügen: belehrend, unterhaltend und beeindruckend zugleich für jeden, der sich für die kulturelle und politische Geschichte unseres Jahrhunderts interessiert.

Piper